KB267729

운명의 바코드

사주팔자

운명의 바코드 사주팔자

초판 1쇄 인쇄　2010년 07월 20일

초판 1쇄 발행　2010년 07월 25일

지은이 | 정영화

펴낸이 | 손형국

펴낸곳 | (주)에세이퍼블리싱

출판등록 | 2004. 12. 1(제315-2008-022호)

주소 | 서울특별시 강서구 방화3동 316-3 102호

홈페이지 | www.book.co.kr

전화번호 | (02)3159-9638~40

팩스 | (02)3159-9637

ISBN 978-89-6023-401-7　03810

팔자를 알면 행복이 보인다

운명의 바코드

글 정영화

사주팔자

ESSAY

정확한 통계가 없어서 확실한 것은 알 수 없지만 한국인은 일생동안 '팔자'란 말을 평균 몇 번 정도나 하고 살까를 생각해 본 적이 있다. 팔자! 우리 한국인의 정체성 확립에 이 단어만큼 지대한 기여를 한 단어도 그리 흔치 않을 것이다. 고난과 좌절의 끝에서 또는 억울함을 당해서도 '그저 팔자려니' 스스로를 위로하며, 자기합리화 하는 돌파구도 다름 아닌 사주팔자였다.

인간이 태어나서 죽을 때까지 바꿀 수도, 바뀔 수도 없는 단 두 가지 중 하나가 유전형질이고, 나머지 하나는 사주팔자이다. 따라서 사주팔자는 개인에 있어 유전형질과 더불어 신이 부여한 천부적 운명이라는 불가역적 트랜드를 형성하게 된다. 인간은 그 누구도 시대와 부모를 선택해서 태어날 수 없으며, 출생을 원한다고 결코 태어날 수 있는 것도 아니다.

기왕에 태어날 수밖에 없는 인생이라면 모두가 다 가난과 질병의 굴레를 벗고, 유한한 인생을 행복하게 살았으면 좋으련만 우리의 현실적 삶은 결코 그 바람과는 거리가 멀 뿐 아니라, 자신의 의지와는 전혀 다른 방향으로 삶의 모습이 전개되기도 하는 것이다. 따라서 미래에 내한 불안과 끊임없이 부딪칠 수밖에 있는 불확실한 현실적 삶을 미리 예견하고, 능동적 대처방식을 찾고자 노력한 인간적 흔적이 곧 사주추명학이다.

비록 현재의 고난보다는 미래의 삶에 대한 소박한 기복의 민중심리가 반영된 사주추명학은 인간의 운명을 점쳐보는 수많은 시스템 중에서도 그 학문적 사유체계와 정연한 논리의 전개방식으로 인하여, 수수천년의 세월을 초월하여 인류의 삶에 회자되어온 고급 학문임에는 틀림없다. 그러나 일부 술사들에 의해 곡학아세(曲學阿世)하는 사술(邪術)로 또는 혹세무민하는 술법의 도구로 전락되어 일정 부분은 학문 그 본래의 빛을 보지 못하고 오늘에 이르고 있는 것도 사실이다.

자신의 미래를 알고 운명에 대처하고자 한 소박한 민중의 꿈을 외면해온 사계(斯界)의 후학들을 원망하여 무엇 하랴. 이 책은 개인의 운명적 바코드라 할 수 있는 사주팔자를 누구의 도움도 없이 가볍게 읽어가는 중에 자연히 터득할 수 있도록 씌어졌다. 시중에는 사주추명학 관련 서적만도 줄잡아 수백 종에 이르고 있어 이 분야의 국민적 관심을 대변하고 있지만, 앞 선 책의 재편집에 그치거나 그 내용이 그 내용인 책을 비롯하여, 그 기술내용이 상이하여 읽는 이로 하여금 혼란만 가중 시키는 책들도 비일비재한 실정이다.

설령 저자가 열정을 가지고 고전과 경험에 충실한 저술을 남겼다 해도, 일반 대중은 그 학문적 난해함 때문에 입문 도중에 손을 들어버리고 마는 것이 본 학문이기도 하다. 따라서 사주학을 나름대로 수십 년 연구해 오면서 기존 학문의 오류를 바로잡고, 초심자들이 가벼이 읽으면서 자연스럽게 사주학을 일상으로 터득할 수 있는 텍스트 같은 책을 저술해야겠다는 욕심을 오래 전부터 가지게 되었다.

가볍게 읽고 사주학의 족집게 도사가 되어 본인은 물론, 어려움에 처한 이웃에게 삶의 이정표 역할을 해 준다는 것은 얼마나 가슴 뛰는 일인가? 그래서 책의 제목도 『운명의 바코드 사주팔자』 「팔자를 알면 행복이 보인다」 로 붙였다. 경솔한 말로 들릴지 모르겠으나 이 책한 권을 읽으면 수십 권의 역학서를 읽는 것보다 나을 것이라는 자부를 해본다.

그만큼 역학이론 중에서도 검증되고 핵심이 되는 것만을 골라 가급적 쉬운 문장으로 엮는데 고심을 하였다. 또한 사이사이에 이해를 돕는 도판과 사주에 얽힌 일화와 역사, 이야기꺼리 등을 실어 지루하고 딱딱한 역학철학에서 흥미를 잃지 않도록 최대한 배려를 하였다. 그러나 천학비재한 필자의 역량으로서 오히려 오묘한 학문세계에 흠집을 내고, 출판의 파지만 더하는 게 아닌가 하는 두려움도 끊이지 않는다. 강호제현들의 질책을 기대하며, 이 책을 읽는 독자들이 자신의 운명의 주인공이 되어 창조적이고, 능동적인 행복한 삶을 영위해 가기 바라는 마음 간절하다.

2010년 7월
정영화

사주학 몸 풀기, 사주학의 원리

이제 우리들은 역학철학의 오묘한 세계로의 여행을 할 참이다. 어떤 학문이든 그 바탕이 되는 기본원리와 본질에 대해 알지 못하면 완성을 기대하기가 어렵다. 따라서 일정 부분은 좀은 딱딱하게 느껴지는 원리 이론에 할애할 수밖엔 없겠다. 그렇다고 고등수학을 푸는 것 같은 어려운 것이 아니라, 우리가 알고자하는 사주추명학의 근본 이론으로서 역학의 역사와 원리 그리고 철학적 근본체계 등에 대해서 이것만은 정확히 알아야할 부분에 대해서만 가급적 쉬운 전개방식을 동원하여 한정하는데 그칠 것이다.

꼭 이해를 해야 하거나, 암기를 할 수밖에 없는 부분에는 굵은 글씨나, 암기를 당부하였다. 제1부의 내용은 어디까지나 사주학의 기본원리가 되는 주역의 체계와 철학적 사유방식에 대한 원론적 이해를 돕기 위한 이론으로 구성된 만큼 일부 단원은 자칫 지루하고 딱딱한 전개가 될 지도 모르겠다. 따라서 읽어가면서 내용이 어렵거나 이해가 잘 되지 않는 부분은 그냥 표시만 해 둔 다음 읽어나가기 바란다.

이후 다시 돌아와 검토해 보면 보다 쉽게 원리에 접근할 것이라 믿는다. 그러면 지금부터 역학의 깊이 있는 세계로 한 걸음 발을 들여놓도록 하자.

01 역학이 뭐지?

'역(易)'이란 말의 문자적 의미는 ① 쉽다, ② 바뀐다. 등으로 해석된다는 것쯤은 누구나 알고 있는 상식이지만, 이 '역'이란 세계의 철학은 한마디로 그 끝이 없다고 해도 과언이 아니다.

그러니 공자 같은 성인도 "역을 좀더 알았으면 스스로 허물이 없었을 것이다."라고 술회한 것을 보면, 그 끝은 과연 심오한 것임은 틀림없는 것인가 보다. 그래서 요즈음 흔히 쓰고 있는, 가죽 끈을 새롭게 한다는 뜻의 개혁(改革)이란 단어도 공자가 주역책을 너무나 많이 읽어 그 책을 묶은 가죽 끈이 세 번이나 닳아 떨어졌다는 위편삼절(韋編三絶)에서 비롯된 것을 보면 알만한 일이 아닌가?

최첨단 IT문화가 세계질서를 지배하는 이 시대에 있어서도 우리 주변에 널리고 널린 것이 역술이라는 간판을 달고 있는 철학관이다. 그 역술이 곧 역학을 차용한 술법이란 말이겠는데, 그렇다면 우리가 알고자 하는 사주팔자와 역학은 도대체 무슨 관계란 말인가? 솔직히 사주팔자 푸는 구체적 방법이나 곧바로 가르쳐서 내 팔자, 남의 팔자 보는 재주나 전해주면 되지, 무슨 역학의 정의니, 본질이니 하는가? 라고 성질 급한 독자는 따지고 들지 모르겠으나 이 점에 대해서는 짚고 넘어가야할 이유가 있으니 그것은 곧 사주추명학이 바로 이 역학에서 비롯되었다는 것이고, 원리와 개념을 반드시 알아야 각론의 이해가 빠르다는 것이다.

본래 '역'은 '주역(周易)'의 역을 말한다. 즉 중국 주(周)나라 文王이 괘(卦)에 사(辭)를 붙였다고 하여 주나라의 역 곧 주역이라 하는데, 본래 점을 치는 책이었던 것이 유교의 기본경전이 되면서 역경(易經)이 되었다.

그 구성체계는 하늘과 땅을 상징하는 천(天) 곧, 하늘 '건(乾)'과 지(地)즉, 땅 '곤(坤)'의 양(—)과 음(--)으로 우주의 태극을 본뜨고, 그 음과 양이 각각 모여 네 가지 사상(四象)을 생성하니 그것이 바로 사상체질 운운할 때의 태양(太陽 ⚌), 태음(太陰 ⚏), 소양(少陽 ⚍), 소음(少陰 ⚎)의 사상이 되면서, 중성자인 土(중앙)가 더하여져 앞으로 우리가 배우고자 하는 화두와 다름없는 오기(五氣), 이른바 음양+오행(陰陽五行)이 탄생하는 것이다.

또 나아가 이들 네 가지 상(象)에 음양 각각 두 개를 곱하면 4×2=8 괘가 되고, 그 8괘가 상하 각 8괘이니 8×8=64하여 주역64괘가 되는데, 그 여덟 가지 괘상(卦象)에 천지만물과 동서남북, 사계절이 다 배속되어 끝없이 생장소멸을 거듭하게 되므로, 주역을 우주의 축소판이라 하는 이유가 여기에 있다. 아래 [표 1]의 주역의 생성체계 도표를 보면 이해가 빠를 것이다. 원리이해 차원에서 읽어주기 바란다.

[표 1] 주역의 생성체계

우주 (宇宙)	천지 (天地)	양의 (兩儀)	사상				팔괘								
			사상	괘상	계절	오행	팔괘	괘상	방위	상징					
										형태	인간	성질	사물	신체	동물
태극 (太極)	하늘 (乾天)	양(+)	태양	=	여름	火	1 乾	☰	서북	하늘	아버지	강건	대평원	머리	말
							2 兌	☱	서	연못	작은딸	기쁨	골짜기	입	양
			소음	==	봄	木	3 離	☲	남	불	가운데딸	美	문서	눈	꿩
							4 震	☳	동	우레	맏아들	결단	나무	발	용
	땅 (坤地)	음(-)	소양	==	가을	金	5 巽	☴	동남	바람	맏딸	入	초목	다리	닭
							6 坎	☵	북	물	가운데딸	정착	술, 약	귀	돼지
			태음	==	겨울	水	7 艮	☶	동북	산	중간아들	멈춤	집, 성	손	개
							8 坤	☷	서남	땅	어머니	온순	殿,음식	배	소

- 사상 중 오행에는 중성자에 해당하는 중앙방위의 土가 더해져 각 계절의 환절기 역할을 하며 음양오행이 생성되는 것이다.
- 팔괘는 상하 8괘가 각각 모여 8×8=64괘가 되고, 여기에 6개의 효(爻)가 각각 있으니 64×6=384효가 되어 천변만화 하는 인간사의 변화를 유추예단 하는 주역점을 볼 수 있게 된다.

태극형상	●	◖	◐	◗	○
음양상태	純陰	陰中之陽	陰陽中和	陽中之陰	純陽
오행	水	金	土	木	火

- 음양중화가 된 상태를 비로소 완전한 태극이라 하고 오행으로는 중앙의 土로서 중간자 역할을 하게 된다

	음양의 비율	五行	명칭(名稱)
陰體	음의 기운이 전체를 장악했을 때	水	(陰中之陰)
陽體	음의 기운에서 양의 기운으로	木	(陽中之陰)
中間	양과 음의 기운이 균형을 이룸	土	(陰陽中和)
陽體	양의 기운이 전체를 장악했을 때	火	(陽中之陽)
陰體	양의 기운에서 음의 기운으로	金	(陰中之陽)

- 음에서 양으로, 양에서 음으로 또 양에서 양으로, 음에서 음으로 극성(極盛)과 극진(極盡)을 다하며 우주는 영원한 생장소멸을 반복하게 된다.

그러면 이러한 오묘한 사유체계를 담고 있는 주역의 기원은 언제이며, 누가 만든 것일까? 안타깝게도 정확한 문헌기록은 없다. 다만 많은 기록들이 신화시대의 삼황오제(三皇五帝)[1] 중 삼황(三皇)의 한 인물인 복희씨(伏羲氏)가 약 5~6천 년 전 황하강가에 나타난 용마(龍馬)의 등에 신비한 그림이 있었는데, 그 그림에서 역의 괘상을 정립했다는 것이다.

참 황당한 이야기가 아닐 수 없다. 용마란 동물부터가 다분히 신화적 요소를 안고 있다하겠는데, 그때의 용마의 그림이 바로 주역의 본체(體:하드웨어, 선천적, 靜的인 요소)에 해당하는 '하도(河圖)'라는 다음의 [그림 1]이란 것이다. 하도라는 용어도 황하의 강'하(河)'자를 따서 하도라 했대나?

글쎄, 용마라면 말의 형상을 닮은 것이 분명할 텐데, 왜 그 동물이 황하에 홀연히 나타났으며, 어찌해서 등에 그런 그림이 그려져 있었는지를 필자는 알지 못한다. 필자의 과문한 탓이겠지만, 안타깝게도 지금껏 어느 문헌에서도 이와 관련한 명쾌한 답을 내 놓은 자료를 보지 못했다. 일부 문헌에는 신물(神物)이었다는 주장도 있으나 주역의 이론을 연역적으로 추론해 볼 때, 모든 신화시대의 산물이 그렇듯, 이는 다분히 후대의 학자가 신비주의적 색채를 가미함으로서 논리의 우월성과 정당성을 부여받고자 한 색채가 짙다.

아무튼 하도라는 그림을 할일 없을 때 자세히 들여다보면 기가 막힌 철학적 체계가 내재되어 있음을 알 수 있다. 우리가 알고 있는 모든 수는 1에서 시작하여 10이 되면 다시 1에서 시작하고, 다시 다음

---

1) 복희(伏羲) 영감님은 배달국(倍達國) 환웅(桓雄)의 아들로 BC 3,528년 진국(震國)을 창건했다고 전한다. 여기서 삼황(三皇)은 복희, 여와(女媧), 신농(神農)을 이르고, 오제(五帝)는 황제헌원(黃帝軒轅)·전욱고양(顓頊高陽)·제곡고신(帝嚳高辛)·제요방훈(帝堯放勳:陶唐氏)·제순중화(帝舜重華:有虞氏)를 이르는데, 세계 4대문명의 발생이 기원전 3,000년경에서 기원전 2,000년 정도이니 4대문명의 발생보다 약6세기가 앞선 것인 역의 문화이다.

진법의 수로 돌아가게 된다. 모든 생명이 하나에서 시작하여 0으로 돌아가므로 0이 없으면 탄생도 죽음도 없다는 것이다.

이처럼 시작이 있으므로 종말이 있고, 종말이 있으므로 탄생이 있으니, 부처께서는 반야심경에서 '색불이공 공불이색(色不異空 空不異色)' 즉, 색이 공이요, 공이 곧 색이니 색도 없고 공도 없으며, 죽음도 없고 탄생도 없다고 하였던 것이다. 여기서 말하는 색이란 1차원적 현상계를 말하며, 공이란 3차원의 입체를 말한다.[2]

편의상 색을 보이는 것이라 하고, 공을 보이지 않는 것이라고 가정해보자. 그러면 부처님의 말씀은 "보이는 것이 곧 보이지 않는 것이고, 보이지 않는 것이 곧 보이는 것이다."라는 말이 된다. 말장난 같지만 사실이다. 실증적 예를 들어보겠다. 빛(空)을 프리즘에 통과시키면 곧바로 일곱 가지의 색이 나타난다. 공이 곧 색으로 나타난 것이다.[3]

색이란 물체 에너지와 빛 에너지가 반응하여 일으키는 허상에 불과한 것이다. 원래 없었던 것이란 말이다. 그러니 우리가 곱고 아름답다거나, 추하다고 느끼는 색깔을 본다는 것은 그 물체의 질량에너지와 빛 에너지가 융합되어 발산하는 입자파동의 허구의 상(象)을 보는 것에 불과하다. 이 세상의 어떤 수도 1에서 10까지의 숫자 속에 포함되어 있는데, 하도[그림 1]에는 1에서 10까지를 더한 총수인 55개의 흑백 점이 중앙수인 5와 10을 중심으로 사방에 배속되어 있다. 양수(홀수)인 1+3+7+9를 너하면 20이 되고, 음수(짝수)인 2+4+6+8을 더해도 20인 바, 이는 사시사방의 기가 안정되게 조화를 이루어 형평적인 우주

---

2) 고대 그리스 시대에도 길이, 폭, 높이가 차원이며, 공간은 이 3가지 차원을 가지고 있는 장소의 집합이라고 생각하였다. 점과 선을 1차원, 평면을 2차원, 입체를 우리들이 살고 있는 3차원의 세계라 할 때, 차안(此岸)에서 피안(彼岸)으로 이르는 차원이동은 4차원 세계로의 이동이라 할 수 있겠다.

3) 아인슈타인의 상대성 이론 $E=mc^2$에서 E는 에너지, m은 질량을, c는 광속을 말하는 바, 이는 곧 에너지가 질량이란 뜻이니 눈에 보이지 않는 무형의 에너지가 눈에 보이는 질량이라는 말인데, 부처께서는 2,500년 앞서 이 진리를 말씀하신 것이다.

의 체를 이루고 있음을 말하는 것이다.

홀수인 양수(陽數)를 흰점, 짝수인 음수(陰數)를 검은 점으로 구분하여 음양을 나타내었고, 4방과 중앙 오방(五方)에 각각 음양수를 배치하여 사계절을 구별하면서 오기(五氣)를 나타내고 있다. 이는 우주의 창조가, 혼재되었던 흑암이 빛과 어두움으로 편재됨으로서 음양의 세계인 태극이 형성되었음을 말해주는 것과 같다. 그러니 흑백의 음양이 떨어져 있어도 태초에는 무극(無極)으로 하나였던 것처럼, 음 속에 양이 있고, 양 속에 음이 있다는 말도 된다.

그럼 동서남북 중앙의 숫자는 복희 영감님이 그저 생각나는 대로 갖다 붙인 것일까? 그건 결코 아니다. 즉, 각 방위에 배치된 수는 정확하게 상대적으로 대칭을 이루며, 음과 양 홀짝끼리 서로 마주 보고 자리를 잡고 있는데, 이는 곧 이것이 있음에 저것이 생겨난다는 연기설에 입각한 상대성 원리이다. 그럼 왜 1과 6이 북쪽이고 수(水)가 되는가? 당연한 의문이다.

여기서는 희랍의 철학자 탈레스 아저씨의 논리를 잠간 써먹어야겠다. 그가 비몽사몽간에 지껄여댄 말이 무엇이었던가? "만물의 근원은 물"이라고 했다. 이 말은 그가 하지 않았어도 누군가가 했어야할 말씀이지만, 대단한 진리가 아닐 수 없다. 물의 분자식이 H_2O로서, 수소 두 분자의 음과 산소 분자인 양으로 만물의 근원이 시작 된다는 말이다. 우주의 존재 원리가 음양의 편재로 되어 있는 것이라 했다.

그러면 왜 음양의 분자가 공평하게 하나씩이 아니고 음은 두개고, 양은 하나인가? 간단한 대답이 준비되어 있다. 음은 수축하는 성질이고, 양은 분열, 팽창하는 성질이니 웅크리려는 것과 늘어나려는 것이 모이면 그대로가 아닌가? 그러니 숫자의 으뜸으로서 만물의 시작인 물의 수(數)가 생수(生數)의 시작인 1과 성수(成數)의 시작인 6이 되어 음양 대칭이 되는 것이다.

그렇다면 1, 6 물이 왜 겨울이고 북방인가? 그것은 간단하다. 물의 성질은 차갑기 때문이고, 추운 계절은 겨울이며, 방위로는 북쪽이 제일 서늘하기 때문이다. 그런데 물만 있으면 만물이 생성되는 걸까? 아니다. 거기에는 반드시 에너지원인 빛이 있어 뜨겁게 달구어 주어야한다. 그래서 다음 수인 2와 7은 불이 되고, 여름이며 남쪽이다.

이렇게 하여 물이 있고 햇빛으로 달구어지면 생명체인 초목이 탄생된다. 그래서 다음은 3과 8의 木이고, 나무는 자라며 뻗어나가는 기상이니 해가 뜨는 동쪽이며, 계절로는 만물이 생동하는 봄이다. 마치 주라기 공원을 보는 듯하다. 이렇게 영양원인 식물이 탄생하고 나서야 먹이사슬의 상위단계인 동물이 탄생될 수 있었을 것이다.

이처럼 어렵게 탄생된 생명체는 지구의 자전과 공전에 의해 필연적으로 가을이라는 죽음의 종말을 맞을 수밖에 없다. 젊은 날 죄 없는 지구를 안주 삼아 "지구야! 멈춰라!"고 악을 쓰며 술을 마시던 날을 기억해 보면 알 수 있다. 그대로 멈추면 그야말로 끝이다. 지구가 멈추면 늙지도 않고 죽지도 않을 것 같지만, 눈꺼풀 하나 꼼짝할 수 없는 마비가 오고, 지구 위의 생명체는 종말이다. 어디 조물주가 심심해서 지구를 돌아가는 회전구조로 만들었겠는가? 거기엔 다 끊임없는 생명체의 영속을 위해서 죽음을 통한 새로운 탄생을 예비한 거룩한 뜻이 담겨져 있는 것이다.

그래서 4와 9는 생수와 성수의 마지막 5와 10을 남겨둔 수로서, 오행으로는 금기(金氣), 계절로는 가을이고, 방위로는 해가 지는 서쪽이 될 수밖에 없다. 겨울이 오지 않고 어찌 봄이 오기를 기다리겠는가.

셸리라는 시인이 추운 자취방에서 '겨울이 오면 봄은 멀지 않으리라' 라고 이빨 부딪치며 시를 읊은 이유도 여기에 있다. 아무튼 이 땅의 생명체는 그 어떤 것도 예외 없이 가을이 오면 결실을 맺어, 긴 겨울이 기다리는 죽음의 세계로 들어간다. 따라서 어떠한 것도 영원한 것이 없고, 변하지 않는 것도 없다.

잠시 고개를 돌려 주변을 돌아보라. 영원히 변하지 않을 것 같은 태산도 옛날의 모습이 아니다. 태산도 언젠가는 무너져 내려 흙 알갱이 한 톨로 흩어지고, 모래알이 다시 모여 언젠가는 또 다시 태산이 되는 것이다. 이 세상 우주 삼라만상의 모든 존재는 끝없이 변화하며, 그 다함을 이끌어 낸다. 바로 이 변화를 예측하는 시스템이 주역이며, 그 시스템을 작동시키는 도구중의 하나가 사주추명학이다.

수명이 천년을 간다는 학도 반드시 늙기 때문에 죽는다. '금일지아 비명일지아(今日之我 非明日之我)'라고 하였다. 즉, 오늘의 그대는 이미 어제의 그대가 아니고, 또한 내일의 그대는 오늘의 그대가 아니다.

그렇기 때문에 지금 이 순간이 가장 중요한 것이다. 지금 이 순간을 속절없이 보내지 않기 위해 우리는 바로 이 공부를 하자는 것이며, 그 필연의 인연으로 우리는 만난 것이다. 장황한 설명이 되었지만, 바로 이것이 역학의 시작이고 전부이다.

누군가가 "역학이 무어냐?"고 물으신다면 자신 있게 한마디로, 눈물의 씨앗이 아니라, 변하고 바뀌는 걸 공부하는 학문이라고 답하면 된다. 결국 바뀌고 변하는 시간상의 공간에너지를 읽어내어 인간사에 대응시키는 것이 역학이라는 말씀이다.

여기서 土라는 오행에 대해서 알아보자. 1에서 5까지의 생수와 6에서 10까지의 성수의 끝자리들로 이루어져 있는 5와 10의 土는 그 자체로서의 역할을 하는 것이 아니라, 계절과 계절 사이의 환절기처럼, 타 오행의 작용에 촉매 역할을 하는 것이다. 그래서 토기(土氣)는 어느 방위에도 쏠리지 않는 중앙의 자리를 차지하고, 각 에너지를 조화, 순환 시키는 역할을 하면서도 자신의 존재는 나타내지 않는다. 따라서 대지는 모든 생명체를 화육(化育)하여, 결실을 맺어주지만 대가를 바라는 바가 없다. 이 얼마나 찬연한 가르침이며 발견인가?

그런대도 아인슈타인 아저씨의 $E=mc^2$이라는 이론은 전 인류의 과학적 진리로 받아들이면서 본 학문을 운운할라치면 신비주의자나, 미신신봉자로 몰아 부친다. 1905년에 발표된 아인슈타인의 특수상대성이론은 관측자가 어떠한 운동을 하고 있든, 빛의 속도는 일정하다는 것인데, 이는 기존의 갈릴레이의 상대이론으로 설명할 수 없던 우주팽 창이론의 단초를 연 것이었다.

그런데 실은 이 특수상대성이론은 주역에서 이미 불역(不易)이라는 개념으로 정립되어, 음 가운데 양이 있고, 양 가운데 음이 있어 4상8 괘에 8×8=64괘가 되고, 64괘에 상효3개, 하효 3개 하여 6개로 변하니 64×6=384효가 되어 천변만화의 변화를 일으키지만, 변하는 본질 자 체는 고정된 상수로 궁극적으로 변하지 않는다는 이론을 옛날 하고도 아주 먼 옛날에 알고 있었던 것이다.

앞으로 이 음양과 '木火土金水' 오행이 본 저서의 처음이자 끝이 되는 것 이다. 이 우주 삼라만상의 모든 물상을 다 고려해 보아도 음양과 다섯 가지 속성에 해당되지 않는 것이 없다. 물론 애매한 것도 있긴 하지만, 남자는 양(陽), 여자는 음(陰), 탁자는 木, 칼은 金, 이런 식으로 따져보 면 어디에든 속하는 성질을 발견하게 될 것이다. 그러니 말이야 역학 철학이니, 사주추명학이니 하며 거창하지만, 음양오행으로 구성된 여 덟 글자 즉 사주팔자 상호작용과 공간배치, 조화와 생극(生剋) 따위를 보는 것일 뿐이다. 그런 관계 작용을 해석하고 응용하는 능력을 키우 기 위한 단계로 이 고생을 하는 것이라 생각하면 된다.

[표 2] 하도의 오행과 방위 체계

구분	수			화			목			금			토		
	숫자	방위	계절	숫자	방위	계절	숫자	방위	계절	숫자	방위	계절	숫자	방위	계절
생수 (탄생수)	1	북쪽	겨울	2	남쪽	여름	3	동쪽	봄	4	서쪽	가을	5	중앙	순환
성수 (완성수)	6			7			8			9			10		

• 뒤에 다시 강조하지만 오행별 방위, 숫자, 계절만은 반드시 숙지해야 한다.

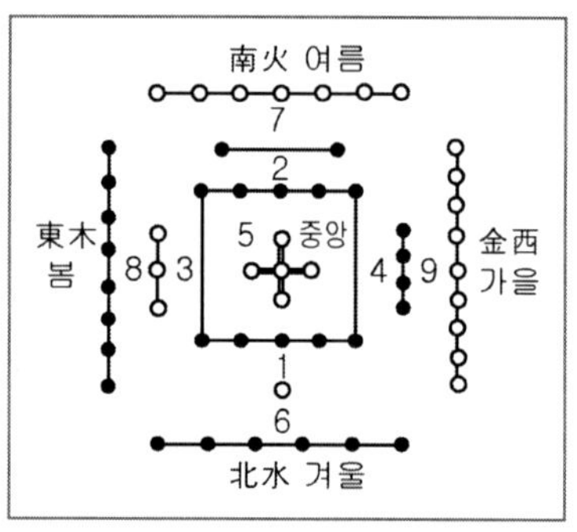

[그림 1] 하도

역을 정의하는 관점에는 몇 가지 설이 있다.
첫째, 역을 도마뱀이라는 상형문자로 보는 설(도마뱀은 하루에도 여러 번 색깔
　　을 바꾼다)
둘째, 역을 日과 月의 복합자로 보는 설(易이란 글자자체가 日+月로 이뤄지고
　　음양이다)
셋째, 역을 字意로 보는 설(간역, 변역, 불역으로, 그 자체의 변하는 기능으로
　　보는 설)

◆ 주역이 걸어온 길
계사전(繫辭傳 : 주역점을 치는 방법과 원리 등을 해설해 놓은 보충 설명서)에
의하면, 복희씨(伏羲氏)가 8괘를 만들고, 주나라 문왕(文王)이 괘에 사(辭)를 붙
여 ≪주역≫의 경문(經文)이라고 하며, 뒤에 주공(周公)이 효사(爻辭)를 지어 완
성하였고, 이에 공자가 계사(繫辭)를 자세히 풀이한 것을 계사전(繫辭傳)이라고
하는데, 주역은 유교경전의 하나로 시경(詩經), 서경(書經), 예기(禮記), 춘추(春
秋), 역경(易經) 등 유교의 오경(五經)중 하나라는 것도 알아두자.

　　이상에서 역학의 발생기원과 '하도'라는 요상한 도표를 통해 음양오
행의 생성원리를 설명해 보았다. 복희 영감님이 하도를 끌어들여 그럴
듯한 우주의 생성원리를 설명하지 않았더라도 지구는 돌고 있었을 것

이며, 동에서 해가 뜨고 서로 지는 역사의 반복은 계속되었을 것이다.

'갈릴레이'가 종교재판에서는 목숨을 건사하려고 지구가 돌지 않는다고 거짓말은 했지만, 그런다고 어디 도는 지구가 멈추는 건 아닐 테고, 일단은 지구가 돌지 않는다는 거짓말로 목숨은 건졌지만 사나이로서 자존심 한번 왕창 상했던 터라 집에 돌아와 이불을 덮어 쓰고, "니들이 지구를 알아! 그래도 지구는 돌아여!"라고 혼자 악을 썼대나?

기록대로라면 지금부터 약 5,500년쯤 전에 복희 영감님은 지동설의 뿌리를 알았다는 이야기인데, 5,500년 전이라면 인류의 4대문명 발상 시기보다 훨씬 앞선 시점이 아닌가? 뭐 아무렴 어떠랴. 우리는 복희 영감님 덕분에 앉아서 이렇게 고급 학문을 접할 수 있게 된 것이다.

그런데 하도는 앞에서 주역의 체(體)4)에 해당되어 선천적이며, 정적(靜的)인 것이라 했다. 그러면 용(用)에 해당되어 후천적이고 동적(動的)인 것은 무엇인가? 당연히 있다. 하도 자체에도 음양이 있듯, 정적인 것이 있으면 동적인 것이 있어야 하고, 자동차라는 본체에 해당하는 정적인 쇳덩이가 있으면, 뒤따라서 동적인 운전수를 써서(用) 부려야 굴러가게 된다.

컴퓨터도 그 자체(하드)는 고철덩어리인데, 프로그램과 동적인 소프트웨어를 운용하는 입력자가 있어야 다양한 기능을 운용할 수 있는 것과 같다. 바로 그 후천적이고 동적이며, 용(用)에 해당하는 것이 지금부터 설명할 '낙서(洛書)'란 것이다. 어감이 벽에다 장난삼아 길기는 낙서로 들릴지 모르지만 이 '낙서'라는 훌륭한 운용프로그램이 있어서 주역은 그 찬연한 빛을 보게 된 것이다.

낙서는 BC 2,000년경 하(夏)나라 우왕(禹王)이 낙수(洛水)라는 곳에서 치수공사를 하는데, 신기하게 생긴 거북이 나타나 그 등을 살펴보

---

4) 앞 장에서 空(보이지 않는 것)과 色(보이는 것)을 예를 들어 설명한 것처럼, 보이지 않는 마음을 체(體)로, 보이는 육체는 용(用) 즉, '쓰임'이라 하는데, 우주는 본체와 작용이라는 두 체계의 상호 대립과 보완으로 존재하게 된다.

니 [그림 2]와 같은 도형이 그려져 있더라. 이를 본 따서 정리한 것이 곧 낙서더라. 뭐 낙서도 대충 이런 식의 탄생배경을 지니고 있다.

어찌해서 허구 많은 동물 중에 말과 거북의 몸에 점박이 무늬가 그려져 나타났다는 것인지는 알 일도, 알 수도 없는 일이지만, 이 낙서란 도형을 조용히 또는 가만히 들여다보면, 하도와는 확연히 구분되는 점을 발견하게 된다. 즉 1, 3, 7, 9 홀수는 정 사방에 똑바로 자리 잡고 있고 2, 4, 6, 8 음수는 모서리에 위치하고 있는데, 홀수인 양을 군주와 남자에 비유했다면, 짝수인 음을 신하와 여자에 비유한 것이라 보면 된다.

여성가족부장관이나, 여성운동가가 보면 그 잘생긴 얼굴에 쌍심지를 켜고 화를 내며 달려들 일일지 모르나, 그것이 천지 음양의 조화인 것을 어쩌랴. 아무리 세상이 바뀌어도 여자가 남자 안 되고, 남자가 여자 안 된다. 하긴 게이도 있고 성전환자도 있더라만 그건 별론(別論)으로 하고, 이 낙서는 하도와는 달리 중앙에 10이 없고, 중앙의 5를 건너뛰어 짝을 이루며 대칭하는 수끼리 합하면 10이 되도록 만들어져 있다. 그것은 새로운 합을 통하여 분열하는 양상을 말하는 것으로 이 낙서가 있음으로써, 탄생이 있으면 반드시 분열과 죽음이 있게 됨을 알 수 있게 되는 것이다.

[그림 2]에서 보는 것처럼, 음양은 생이 있으면 자라나서 반드시 멸이 있게 된다. 그래서 **하도를 선천의 상생의 법칙**이라 하고, **낙서를 후천의 생극의 법칙**이라고도 하는 것이다. 낙서의 수 1에서 9까지를 모두 더하면 45가 되니, 하도의 수 총합과는 딱 10의 차이가 난다. 따라서 낙서의 수는 가로, 세로 또는 대각선 어디로 더하여도 15가 되고, 중앙수 5를 공유하여 3층의 가로, 세로, 대각선이 있으니 이들의 총합은 45가 되므로 아래 [표 3]과 같은 마방진(魔方陣) 도표가 성립되는 것이다.

마방진의 행과 열을 수학용어로 n차수라 하는데, 이 차수가 n=4차수면 880가지, n=5차수로 올라가면 그 경우의 수는 7000만 가지로 늘어난다. 서양에도 마방진을 Magic Squar라고 하여 피타고라스학파에 의하여 은밀히 전수된 것으로 알려져 있다. 피타고라스가 살아서 팔딱 댈 때가 고작 기원전 6세기경이니 낙서보다 한참을 지구가 돌아간 뒤에 나온 것이 된다. 참 알고 보면 기가 막힌 논리가 아닐 수 없다.

좀 장황한 설명이 되고 말았지만, 긴 시간을 할애하여 시작부터 이 책의 흥미를 떨어뜨리는 위험을 감수하면서까지 강조한 이유가 결국 역이란 것이 이러한 사유체계를 바탕으로 음양이 생기고, 오행이 생겨 주역, 사주(四柱), 기문(奇門), 육임(六壬), 태을(太乙) 따위의 별의별 역학철학이 생겨나는 학문적 근간이 되었기 때문인데, 중요 강조 부분만 머리에 새기며, 이제부터는 좀은 가벼운 마음으로 읽으면 되는 다음 장으로 넘어가도록 하자.

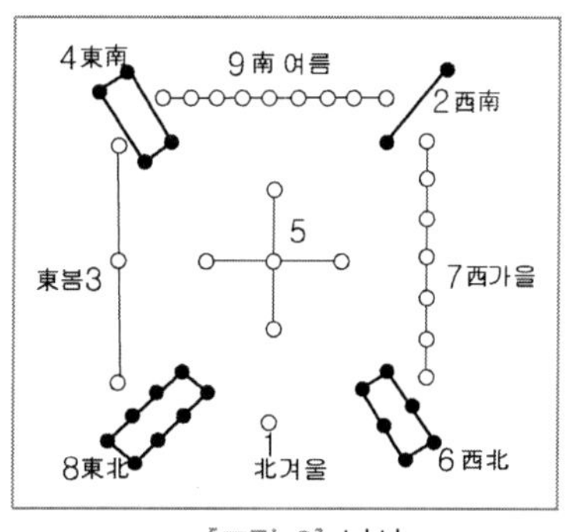

[그림 2] 낙서

[표 3] 마방진

4	9	2
3	**5**	7
8	1	6

• 낙서의 수리배치와 일치한다.

⓶ 나는 왜 태어났는가?

참 한심한 질문도 다 있다. "왜 태어나긴? 우리 엄마 아부지가 덩더쿵 덩덕하여 나도 정신없이 태어난 것이지 뭐." 말이야 맞다. 미물짐승도 암수가 상배하지 않고 태어날 수 없거늘 만물의 영장인 인간이 어찌 부모님의 음양조화운동 없이 이 세상에 태어날 수 있겠는가? 이 세상 어느 누구도 뿌리인 부모의 음양조화 없이 태어난 사람 없고, 자신이 원하여 이 땅에 온 사람도 없으며, 이 시대를 선택하여 태어난 사람도 없다. 그렇다고 부모님은 지금의 '나'라는 '나'를 알고 만들 수 있었겠는가?

우리 부모님이 나 홍길동 아무개를 만들고 싶다고 만들어지는 것이 아니다. 바로 그 점이다. '나'라는 존재는 '나'로 태어나지 않으면 안 될 필연의 존재였다는 것이다. 나는 왜 돈 많고 행복한 뒷마을 최 부자(富者)로 태어나지 못했으며, 나는 왜 조선시대 양반으로 태어나서 마음대로 첩질이나 하며 종을 부리고, 풍류에 음풍농월이나 하는 시대에 태어나지 못해 이 험한 세월에 처자식 벌여 먹여 살리려고 이 고생을 하는 걸까?

여기서 한번 내가 태어나기 전의 나는 어떤 모습이었을까를 생각해 볼 필요가 있다. 10달 뱃속에서 어머니 복벽을 발길질 하며, 못살게 굴었던 그 이전의 나의 존재는 없던 것이었을까? 아니다. 분명 나의 존재는 다른 모습으로 존재하였던 것이다. 수태되기 전에는 아버지의 몸속에 수 천 억 개 정자중의 하나로 존재하였을 것이며, 정자로 생성되기 이전에는 골수세포의 하나로서 존재하였을 것이고 또 아버지가 탄생하기 이전의 나는 할아버지 또 그 아버지로 이어지는 조상의 혈구 중 어느 한 세포의 DNA형질로 존재하였을 것이다.

인체의 세포 수는 약 60~100조에 이르는데, 그 하나하나가 필연의 생명체요, 모두가 다 신(神)이란 것이다. 이 얼마나 기막히고도 무서운

인연의 굴레이랴! 그러면 200억년으로 추정되는 지구가 생성되기 이전에도 '나'라는 존재는 존재하였단 말인가? 물론이다. 아니 현대 과학이 밝혀놓고 있는 200억년 이전 전에도 '나'라는 존재는 오늘날의 나로 태어나지 않으면 안 될 숙명으로 예비 되어 있었던 것이다. 그러니 수 수 수억 만분의 일의 축복받은 탄생의 필연을 지니고 태어난 것이 오늘날의 나인 것이다.

삶이 괴롭고 고달프더라도 쉽게 절망하고 포기해서는 안 되는 이유가 여기에 있다. 긴 수식이 필요 없이 한마디로 필연이라는 말로 압축하면 된다. 한 가지 실례를 들어보자. 주전자에 2리터의 물을 붓고, 뭐 3리터도 괜찮고 10리터도 좋겠다. 계속 가열하면 결국엔 그 물이 한 방울도 없이 증발하여, 빈 주전자가 되고 애꿎은 주전자만 태워 먹게 되는 경우를 모르는 사람이 없을 것이다. 그러면 그 물은 어디로 사라진 걸까? 이 우주를 떠나 아주 먼 외계로 떠났거나 소멸된 것이 아니다. 형체만 바뀐 것이지, 그 물은 수증기의 존재로 변하여 이 지구 대기권의 어딘가에 곱다시 존재하고 있다가 기압골의 형태로 압축되면 다시 이 땅의 어딘 가에로, 비나 또는 안개 등이 되어 내려앉는다. 보이는 색(色.물)에서 보이지 않는 공(空.수증기)으로 변한 것일 뿐이다.

참 쉬운 논리라 생각되지만 바로 이 점이 우리의 인연적 삶이 창조되는 논리인 것이다. 수증기가 만들어진 곳은 우리 집 부엌이었지만, 내리는 곳은 아프리카의 징글 속일 수도 있고, 아메리카의 라스베가스 카지노 지붕위일 수도 있는 것이다. 우주의 원운동에 의한 회전력의 결과인 것이다.

이 생에 태어난 곳은 우리 엄마 아부지가 있는 우리 집이었지만, 다음 생에는 북유럽의 코 큰 엄마 아부지 집에서 태어날 수도 있는 것이고, 변소에 떨어지는 빗방울이 있듯, 축생의 마구간을 내 집으로 태어나야할 숙명도 있는 것이다. 존재의 형태만 달라졌을 뿐, 자체의 질량에는 추호의 변화도 없는 것이다. 그래서 이 지구상의 물의 량은 천지

개벽 이후 한 방울도 줄거나 붓지 않았다는 논리가 성립된다.

물 뿐만이 아니라 모든 형상과 존재의 질량의 총합은 더하지도 덜하지도 않은 불변의 상태로 항상(恒常)하게 된다. 부처님도 '불증불감(不增不減)' 즉, 이 우주는 그 어느 것 하나도 더하지도 않고, 줄지도 않는다고 하셨으니 내 말도 터무니없는 말은 아닐 것이다. 그래서 '나'라는 존재는 그 자체로서 우주적 존재의 가치를 지니는 것이다. 물방울이 수증기가 되었다가 다시 물로 이 땅에 내려오듯, 내가 태어나는 것도 필연이며, 죽는 것도 필연이고, 다음 생에 어떤 형태로든 다시 오는 것도 필연이다.

우리가 힘들다고 가볍게 삶을 포기해서는 안 되는 이유가 여기에 있는 것이다. 부처님 같은 대각인(大覺人)이 왜 '천상천하유아독존(天上天下唯我獨尊)'이라고 하셨겠나? 이런 엄숙하고도 무서운 인연의 법칙을 대 철인답게, 명문대학을 졸업해서가 아니라, 독학으로 간파하여 꾀 뚫어 보았기 때문이다. 부처의 위대함이 바로 이 부분이다. 부처가 누구를 스승으로 의지하여 간접지식을 전수받은 것이 결코 아니라 명상과 구도를 통해 이러한 우주심의 본질을 관통하셨기 때문이다.

그러니 우리도 굳이 부처에 매달릴 필요 없이 이러한 우주심의 본질을 간파하고 그 원리대로 살면 누구나 부처가 될 수 있는 것이다.

우주의 진리를 설파한 부처의 핵심적 가르침이 화엄경 법성게에 나타나있으니, '일미진중함시방 일체진중역여시(一微塵中含十方 一切塵中亦如是)'즉, 티끌 속에 시방세계가 다 들어있고 모든 티끌이 또한 그러하다는 말이다.

티끌 속에도 음과 양, 오행의 세계, 다시 말해 10天干과 12地支의 세계가 다 들어있기 때문이다. 물질을 구성하는 본질인 양자와 전자가 곧 음양이라는 말이다. 음양이 뭐냐? 상대적인 것이다. 티끌 하나를 수 억 개로 쪼개면 그 티끌은 쪼개진 작은 티끌에 비해서는 큰 우주가 되는 것이다. 그래서 그 작은 티끌에서 큰 티끌로 넘어가는 단계, 즉 작은 것도 아니고, 큰 것도 아닌 단계를 현대 물리학에서는 중성자라 한다.

물리학이라면 대단한 것 같아도 이렇게 음양오행의 초보단계의 학문인 것이다. 우리 인간도 인체를 구성하는 60조개 하나하나의 세포에 비하면 큰 우주가 되는 것이다. 뭐 내가 부처를 만나보지는 못했지만 그게 틀림없는 얘기다. 인간의 운명도 마찬가지다. 우리들이 불가사의해 하고, 한 치 앞도 예측할 수 없다고 느끼는 미래의 일도, 음양오행의 상생상극과 그 변화하는 조화의 큰 틀을 벗어날 수 없는 것이다. 그래서 우리 인간세상의 속성을 음양오행의 범주에 예속시키면 그에 따르는 운명의 변화를 예측할 수 있다는 것이다.

지금 이 글을 읽고 있는 나는 어쩌면 카드 빚에 시달려 자살하고 싶은 나일 수도 있고, 자식이 고등고시에 합격하여 동네방네 자랑하고 싶어 안달이 난, 살맛나는 나일 수도 있다. 또는 평생을 문 밖 출입도 못하는 장애인이거나, 밀린 월세를 못 내어 길바닥에 나 앉게 생긴 나일 수도 있으며, 수 만 명 직원을 거느린 재벌 회장으로서 외국 출장길의 기내 VIP석에서 심심풀이로 이 책을 읽고 있는 나일 수도 있는 것이다.

왜 이런 결과가 만들어지는 것일까? 이 책은 그 원인과 이유를 밝히고, 그 운명의 굴레를 미리 알아 자신의 삶에 주인이 되기 위하여 비싼 출판비를 투자하여 쓰고 있는 것이다. 이 책을 다 읽고 나면 적어도 사신의 운명을 원망하는 일은 없게 될 것이다.

사람으로 태어나면 사람으로 살아야 되고, 개로 태어나면 개 같은 일생을 살아야 한다. 우주에 존재하는 그 어떤 것 하나도 자신이 탄생되어진 시간과 공간적 조건을 초월하여 살 수는 없는 것이 아닌가? 다만 유일한 방법이 있다면 과학적 이론의 가설일 뿐이지만, 시간을 초월하는 방법이 있긴 있다. 그것은 빛의 속도 이상으로 빨리 달리는 비행기를 타고 날아가면 비행체 안의 생명체는 빛의 속도를 초월하는 속도만큼 과거로 돌아갈 수 있다는 것인데, 나 참! 그것이 어디 제주행 비행기

표 끊어 탑승하듯이 타고 싶다고 탈 수 있는 일이겠는가?

그러니 내가 태어난 곳이 경상도의 어느 깊은 산골짜기이고, 화전(火田) 농사짓는 두 분을 부모로 하여, 태어난 때가 구한말시대라면 그 시대, 그 환경을 시간과 공간의 조건적 업력으로 하여 살아가는 수 밖에는 없다.

문명과 공부와는 거리가 먼 채, 다만 현상적 삶을 이어가기 바쁘게 농사짓고 그러다 같은 골짝 누구네 딸과 만나 결혼하여, 자식 낳고 사는 것이 운명의 얼개가 된다. 여기서 경상도 산골이라는 조건은 대한제국이라는 조건에 지배되고, 대한제국은 지구라는 조건에 지배되며, 지구는 태양계의 조건에 지배되고, 태양계는 은하계의 조건에 지배 되지 않을 수 없다. 그리고 해방전이라는 조건은 시간적 조건의 지배를 받는 운명적 요인이 되는 것이다.

그래서 그 때, 내가 태어난 때의 경상도 산골짝 → 대한제국 → 지구 → 태양계 → 은하계로 이어지는 당시의 공간적 종속지배를 받지 않을 수 없게 된다. 그것이 운명이고 그 가는 운명의 행로를 알기 위해 탄생한 것이 주역이며, 그 주역의 학문체계를 방법론으로 하여 운명을 예측해 보는 많은 학문분야 중의 한 분야가 사주추명학이다.

그러나 개로 태어났더라도 매일 국산 한우 안심에 사람도 잘 못하는 우유 목욕을 하는 애완견이 있고, 여름날 가마솥에서 최후를 마치는 똥개도 있다. 비록 개로 태어났더라도 주인을 잘 만나 충성을 다하면 적어도 주인의 가마솥에서 일생을 마치는 일은 없듯이, 타고난 숙명에 자신의 창조적 의지를 다해 노력하면, 좋은 곳에 떨어지는 빗방울처럼 다음 생을 기약할 수는 있게 되는 것이다.

물론 화전민의 자식으로 태어나도 일찍이 대처로 나와 공장의 직공이 되기도 하고, 장사꾼이나 독립운동가가 되기도 하며, 공부를 하여 학자, 정치인이 될 수도 있다. 그래서 주어진 사주적 조건에 자기의 창조 의지를 더하면 운명의 행로를 어느 정도는 바꿀 수가 있는 것이다.

그래서 사주학에서는 완전한 조화예정은 있을 수 없다고 하는 것이다.

사주학의 한계는 바로 이 부분이다. 태어난 연월일시 네 기둥의 조건에 해당하는 우주의 시간적 조건인자를 찾아내어 그 사람의 운명을 추측하는 것일 뿐, 개인의 능동적 의지의 단면을 그대로 읽어낼 수는 없는 것이다. 그것은 사주가 시간적 조건을 우선시하기 때문이다. 그러나 사람의 후천적 의지는 타고난 사주의 시간적 인자를 전혀 무시하고 닦아 갈 수 있는 것은 아니다. 그것은 마치 옷감을 짜는 올실과 날실과 같아서, 이들은 상호의 조건에 따라 짜지면서 색깔과 무늬를 내는 것과 같다.

그래서 사주의 큰 틀은 불변이고, 앞의 화전민 아들의 경우와 같이 타고난 신분의 큰 얼개를 벗어난 신분의 파격적 상승이 있었다면 그러한 특수 격국에 해당하는 신분변화의 운명적 암시를 사주에 지니고 있었다고 보아야할 것이다. 사주를 운명의 바코드라고도 부르는 것도 이때문이다. 지금 이 글을 쓰고 있는 금년도는 서력 태양력으로 기원 후 2010년 庚寅年 세운(歲運)이며, 계절로는 봄이고, 음력 절기 月로는 청명 월건(月建)에 들어와 있다. 지금 이 순간에도 지구는 태양의 주위를 1초에 18마일의 무서운 속도로 공전하면서 사계절을 만들어내고, 그 결과 춘하추동이 겹쳐오게 되며, 365일 5시간 48분 46초 만에 우리는 원하든, 원하지 아니하든 한 살 나이를 먹을 수밖에 없는 것이다. 그러니 세월이 쏜 살 같다느니, 더디 가서 지겹다느니 말할 필요도 자겨도 없다.

그냥 태어난 순리대로 살면 되는 것이다. 이렇듯 변함없이 이어지는 우주의 법칙에서 삼라만상의 어떤 생명과 물질이 예외일 수 있겠는가? 꽃은 봄이 와야 꽃술을 틔울 수 있으며, 여름의 뜨거운 태양이 있어야 열매가 영글어 인간에게 필요한 결실의 수확을 맞을 수 있는 것이다. 따라서 씨앗을 뿌리고, 김을 매어 수확을 거두어들이는 일은 인간이 해야 할 일이며, 꽃을 피우고 열매를 맺게 하는 일은 인간이 결코 할 수 없는 하늘의 영역에 속한다.

　어느 누가 지구의 회전을 멈추게 할 것이며, 지구공전의 속도를 빠르게 또는 더디게 하여 계절의 순환을 임의로 조절할 수 있을 것인가?

　지금 계절은 무르익는 봄의 가운데에 와 있다. 하루가 다르게 꽃의 색깔은 무르익어 가고, 신록의 향취는 그 짙음을 더해가고 있다. 봄이면 꽃이 핀다는 걸 모르는 사람은 없다. 그러나 그 봄은 어찌하여 오는 것이며, 왜 와야만 하는지 그리고 그 봄은 어떤 양상으로 인간세상의 변화를 이끌어 내는 지에 대하여는 모르며 살아가고 있는 것이 우리들 인간이다.

　바로 이 부분, 순리에 입각한 우주변화의 본질을 궁리하여 인간세상의 변화를 유추 · 예단함으로서, 널리 인간 세상을 이롭게 하자는 학문이 지금부터 우리가 추구하고자 하는 역학이라는 학문의 논리적 근거가 될 것이다. 따라서 역학은 결코 점을 치는 것만이 궁극의 목적이 아니고, 우주변화의 본질에 편승한 인간의 변화주체를 궁리하는 천문학이자 철학인 것이다.

　인간에게는 눈에 보이는 것만을 믿는 속성이 있어, 지동설에 입각한 코페르니쿠스적 대반전이 있기까지의 수 천 년의 세월을 인간은 태양의 움직임이 천지 변화의 주체라고만 믿으며, 강요된 세계관과 종교관으로 세계질서가 지배되어 왔다. 인간성은 종교권력에 의해 철저히 말살되었고, 지배와 피지배 계층 간의 복종적 양상은 왕과 노예처럼 극명하게 대조적으로 나타났으며, 가난하고 힘없는 백성은 그것을 당연한 숙명으로 감수한 채 핍박의 세월을 견뎌왔던 것이다.

　하늘 아래 태어난 모든 생명은 그 자체로서 숭고한 존재적 가치를 지니고 있음에도 불구하고, 참된 본성을 깨우치지 못한 탓에 죄와 악의 구렁텅이에서 영원토록 헤매며, 사바의 굴레를 스스로 벗어날 수 없었던 것이다. 그래서 성인과 현철(賢哲)들은 인류를 향해 깨어나라고 외쳤던 것이며, 진리가 너희를 자유롭게 하리라며 눈물로서 순교의 가시밭길을 걸어갔던 것이다.

　감히 오늘날의 기독교인. 특히 교회권력을 이용하여 신앙을 전파하며, 예수를 팔아 왜곡된 교리를 강요하는 수많은 교회 성직자들에게 고하거니와, 예수는 결코 자신을 믿으란 말을 어디에서도 하지 않았고, 다만 하느님의 세계를 믿으며 진리의 편에 서라고 가르쳤었다는, 누구나 알고 있는 또 알아야 할 명료한 사실을 가르쳐 주고 싶다.

배타적 이분법에 의한 문자적 성경의 해석에 입각하여 집단체면에 걸린 채, 순교의 길을 간 예수를 수수 백 번 죽이는 일을 그리스도의 참 믿음이라고 도처에서 부르짖는 교회 중독자들에게 정말로 이제는 깨어나라고 우리가 부르짖을 때이다.

진리의 저 높은 길을 가는 데에는 여러 갈레의 길이 있다. 의타종교에 의한 신앙의 길이 있을 수 있을 것이며, 솔성(率性)을 찾아 견성(見性)의 단계에 이르는 부처의 길 그리고 학문의 길에서 우주심의 지혜를 깨닫는 구도의 길 등, 실로 그 길은 다양하다. 그 길은 누가 대신해 갈 수 없는 것이며, 깨우친 사람은 다만 그 길을 가리킬 뿐이다. 그래서 우리는 지금, 진리를 찾아가는 길의 하나의 방편으로 역학의 사유체계에 입각한 철학의 길로 접어들고자 하는 것이다.

진리란 교회의 성전에만 있는 것이 아니요, 저 높은 히말라야 설산 꼭대기에만 있는 것도 아니고, 대학의 강의실에만 있는 것은 더더욱 아니다. 하잘 것 없는 똥 작대기 하나도 나에게 진리를 가르치는 스승이 될 수 있음을 알아야한다. 역학을 궁리하는 목적은 하늘의 뜻과 땅의 작용을 깨달아 천명의 순리에 따르고, 사언과 인간을 진실로 사랑할 줄 아는 자애로운 덕성을 함양함에 그 학문의 목적이 있는 만큼, 자중자애 널리 인간을 이롭게 하는 방편으로서의 학문을 닦음에 다른 뜻이 없어야할 것이다.

겨울에 수증기가 된 물방울의 팔자는 눈이 되어 내려오고, 여름철 수증기는 태풍이 되거나 장맛비가 되어 내려온다. 그 물은 낮은 데로 흐르고 흘러, 논밭의 곡식이나 채소를 가꾸는 물이 되기도 하고, 정수장의 수돗물이 되면 어느 사람이 마시는 물과 함께 그 사람의 세포를 구성하는 원형질이 되어 다음의 윤회를 거듭하게 되는 것이다.

이 책을 다 읽고 나면 내가 왜 나처럼 살지 않으면 안 되는가 하는 의문은 사라지게 된다. 하늘을 원망하지 않고, 운명을 한탄하지 않는 자, 그가 바로 예수고 부처며, 노자와 공자에 다름 아닌 것이다. 그래서 사주팔자 여덟 글자에 담긴 하늘의 뜻을 알아 자신이 해야 할 노력을 다하고, 다음에 하늘의 뜻을 기다려야 함이니, 어찌 '진인사대천명 (盡人事待天命)'이라는 말이 그저 나온 말일 수 있겠는가. "나는 왜 태어났는가?" 그래도 이해가 되지 않는다면 그냥 또 다음 장으로 넘어가 보도록 하자.

여기서 뜬금없이 상해임시정부 주석이었던 김구 선생의 사주이야기를 잠시 해보자. 김구 선생이 일본군 중위를 살해하고 공주 마곡사에 은신 중 그곳에서 역학을 공부했다는 기록이 전해지는데(어떤 기록에는 관상을 공부했다고도 전하지만 백범 선생이 역학을 깊이 공부했던 것만은 사실인 것 같다), 그의 사주가 타고난 거지팔자인 것을 알고, 기왕에 거지가 될 것이면 거지 중에도 의로운 거지가 되고자 홀연히 떠난 길이 상해행이었다. 사실 그는 평생을 독립자금을 구걸하며 조국 독립을 위해 노력했으니, 실은 거지 중에도 큰 거지팔자대로 살았다 할 수 있겠다. 그러니 자신의 사주를 알아 옳고, 의로운 길을 갔다 할 수 있을 것인바, 이것이 곧 운명에 순응하면서도 운명을 초월한 자아의 창조의지가 아니겠는가?

03 나는 누구인가?

지금까지 이 책을 읽어온 독자라면 지금쯤 서서히 싫증을 느낄 수 있을지 모르겠다. 뭐 그냥 가볍게 읽기만 하면 사주팔자 족집게 도사가 된다더니 딱딱하기만 한 하도와 낙서가 어떻고, 필연이니 윤회니 하며 핵심 없는 언저리만 맴 돈단 말인가? 그러나 나 자신의 근본이 어떤 존재이며, 광활한 우주공간 속에서 나는 어떤 의미를 지니는가 하는 정도는 알아야 내 팔자는 물론, 앞으로 남의 팔자 정도는 봐 줄 수 있을 게 아닌가. 그러니 앞으로의 팬 서비스를 위해서라도 뭔가 좀 유식하게 보이는 인기관리는 해두는 게 좋을 것이다. 그래서 좀은 더 술법과는 거리가 먼 원론적 이야기를 할 수밖엔 없겠다.

할 일 없는 날 또는 실연을 하여, 죽고 싶은 마음에 소주 몇 병 나팔 불고, 밤하늘을 쳐다본 일이 있는가? 아니면 내 모든 걸 다 주어도 아깝기는커녕 더 줄 게 없어 안달이 날만큼 사랑하는 연인과 풀밭에 누워 밤하늘의 별들을 쳐다본 일이 있는가? 똑 같은 별인 데도 내 마음 눈물지게 하는 별이 있고, 아름답다 못해 나를 위해 빛나고 있는 별처럼 보이는 별도 있다. 그 별이 뭘 어쨌기에 이리도 보이고, 저리도 보이는 걸까? 그것은 별 즉, 우주심인 하늘은 모두를 똑같이 사랑하는데 인간의 편벽된 마음이 하늘의 자애심에 색칠을 한 때문이다.

 지구의 운행질서

지금 지구의 지축은 동쪽으로 23.5° 기울어져 불완전한 채로 태양주위를 회전함으로서 지구는 상하보다 좌우가 길고, 필연적으로 원에 가까운 타원 형태로 태양 주위를 공전하고 있다. 이 기울어진 지축이 바로서는 시점이 지구의 후천개벽시대라는 우주의 가을이라는 것인데, 기울어진 지축이 어느 날 갑자기 비아그라 먹고 약발 받는 남근처럼, 벌떡 바로서는 게 아니라, 지구에 1년 4계절(360일)이 있듯 태양계의 4계절은 129,600년(360년×360년)만에 돌아온다는 것이다.

그때는 음양의 질서가 바뀌면서 인류의 찬란한 문명의 꽃이 결실을 맺게 되는 후천개벽의 결실의 수확시대가 오므로, 인간의 편벽된 마음자리도 바뀐다는 것이다. 일찍이 김일부 선생이 정역(正易)에서, 증산교의 교주 강증산은 개벽신앙(증산교 도전)을 통해서 '1년 우주이론'에 입각한 후천개벽시대를 예견한 바 있다.

하늘은 영화, 근화, 명숙, 광숙 등등을 차별하여 만들지 않았고, 끝없는 사랑과 자애로움으로, 인간을 신의 모습으로 창조하였다.

그러니 인간을 육화(肉化)된 신이라 부르는 것이다. 그렇다면 인간도 하느님의 창조 섭리대로 사랑과 자애로움으로 누구나 복락을 누리며 선하게만 살아야겠건만, 인간의 후천적 두 얼굴인 욕심과 자비심은 자신을 사기꾼 아무개로 또는 살인자 누구, 성직자 누구누구로도 만드는 것이다.

그렇다면 여기서 의문이 생긴다. 하느님도 야속하시지, 포괄적 예정을 주재하시는 무소불위의 창조주 하느님이시라면, 기왕에 만드실 때 이러한 후천적 욕심까지도 애초에 없게 하셔서 영원토록 싸우지 말고, 복락을 누리도록 만드실 일이지, 왜 이리도 험한 세상이 되도록 인간들의 마음자리를 편벽되게 만드셨단 말인가?

당연한 의문이다. 필자도 이 점에 대해서는 하느님이 계시는 곳을 알면 공개질의서를 보내든지, 이 메일이라도 보내서 기필코 답장을 받아내고 싶은 심정이다. 그러나 다시 한 번 생각해 보자. 정말 그렇게 되면 이 우주에 영원한 것이 존재하게 된다.

하늘은 영원을 통한 종말보다, 종말을 통한 새로운 창조를 선택하셨던 것이다. 지구의 지축이 기울었다가 바로 서고, 다시 기울며 변화를 이끌어내듯이, 우주 전체에도 순환의 사계절이 필요하기 때문이다. 그래서 인간에게도 변화의 주체로서의 후천적 창조 의지는 인간의 선택으로 남겨두셨던 것이다.

지금 우리는 일초에 18마일의 속도로 태양의 주위를 빠르게 돌아가고 있는 지구 위에서 용케 떨어지지 않고 붙어서 살아가고 있다. 젊은 날 술에 취해 "지구야 멈춰라!"고 악을 써보았지만 어디 지구란 것이 눈썹 하나라도 까딱이나 하던가.

지구는 태양 주위를 공전하면서 원에 가까운 타원궤도를 돌며 황도(黃道)를 만들고, 365.2422일 만에 1년을 만들어 12달 24절기를 생성한다. 그런 지구를 포함한 9개 행성(수성, 금성, 지구, 화성, 목성, 토성, 천왕성, 혜왕성, 명왕성 - 명왕성은 왜소 행성으로 최근 26차 국제천문연맹 결의에 따라 행성의 지위를 상실하였다.)이 저마다 충돌하지 않고 제 갈 길 알아서 태양의 괘도를 회전하고 있는 것은 누구의 지시일까? 그러한 태양계가 1,000억 개 정도 모인 것이 하나의 은하계이며 또 1.000억 개 정도의 은하계가 모인 것이 우리가 살고 있는 우주라는 공간이다.

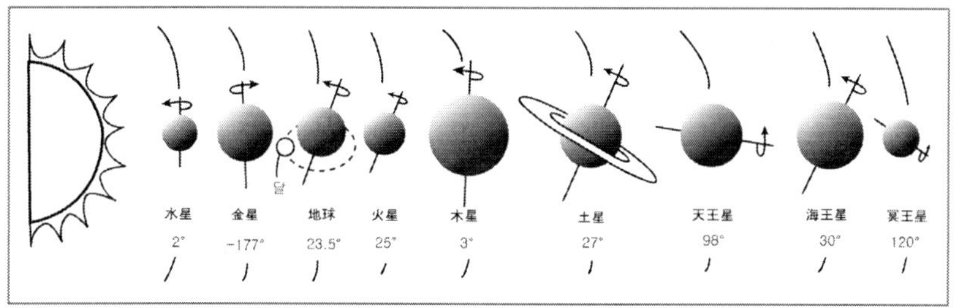

• 도표로 보면 몇 cm에 불과하지만, 지구에서 목성까지의 거리는 6억 3천만km이다.

[그림 3] 태양계의 9행성도

그러나 우리가 볼 수 있는 은하계는 우리가 속한 대성운(大星雲) 은하계와 안드로메다 성운, 마젤란 성운 정도가 고작이다. 이토록 하고 많은 성단(星團)이 한 치의 어긋남이 없이 제 갈 길 알아서 가며, 자신의 역할과 생명을 다한 별들은 사람과 같이 죽음의 블랙홀(오행의 북방 黑)로 빨려들어 가는 것이다. 이 얼마나 숙연해지는 우주의 질서인가? 인간도 여기에 생사의 시스템을 맞추어 놓으신 것이다.

여기서 우리는 창조주 하느님[5]의 존재를 인정치 않을 수 없다. 그럼 하느님은 어느 별에 사시며 우리를 주재하는 것일까? 그런 곳은 단연코 없다. 하느님이 사람이나, 그림에 나오는 그 많은 신 가운데의 한 모습이라면 어떻게 불편해서 이 많은 우주의 별들을 제 갈길 갈 수 있도록 무소불위의 조화예정을 부리겠는가? 다만 **창조심과 영속적 사랑을 끊임없이 주시는 우주심의 근본 자체가 하느님일 뿐이다.**

그래서 내가 이 우주심의 본심과 하나 될 때, 내가 곧 신이 되고 하늘이 되는 것이지, 예수와 부처를 지극정성 믿어, 수 만 배 절과 평생 하루도 빠지지 않는 새벽기도를 한다고 내가 구원을 받아 천당 가고, 극락 가는 것이 아니다. 죽은 예수와 부처가 어찌 살아있는 나를 천당으로 인사발령을 내고, 극락으로 사후 전근을 보낼 수 있겠는가?

우주가 창조되기 이전부터 있었던 지옥과 천당이 아니라, 어차피

---

5) 기독교에서는 하나 뿐인 유일한 절대신이란 뜻에서 '하나' 곧 '하나님'이라고 하지만 '한울' 즉, 큰 우리라는 뜻에서 어원이 전승된 '하느님'이 맞다.

인간이 만들어낸 신화의 세계가 천당과 지옥이다. 내 마음의 지옥심이 지옥을 만들고, 선량한 천심이 천당을 만든다. 전술한 것처럼 이 광활한 우주 어느 한구석에 한가롭게 건축자재를 옮겨가, 무시무시한 인테리어 자재를 시공하여 무간지옥과 유황지옥을 만들어 놓을 수 있을 것이며, 어느 별 한 구석에 꿀이 흐르는 낙원의 땅을 마련해 둘 수 있단 말인가?

하느님은 그리 한가한 분이 아니시다. 우주의 창조심의 본질이 무엇인가를 깨달아 본래가 선하게 만들어진 생명의 존엄성대로 착하게, 열심히 사랑하며 살아가는 것이 곧 신의 길이고, 그 길만이 삶 속에 있으면서도 삶에 얽매이지 않는 유일한 길이다. 부처나 예수도 고작 이 우주심의 창조적 사랑의 본질만을 깨달았던 것에 불과하다. 부처도 예수도 그 세계로 가는 길을 가리켰을 뿐, 그 길은 누구도 대신 갈 수는 없는 것이다. 그러나 사람들 스스로 그 길을 가려하지 않고, 가리키는 손가락만 쳐다보며 매달리고 있지 않는가?

결국 종교적 가르침이란 강을 건너는 배나 방편에 불과하다. 어찌 배에만 오른다고 피안에 이를 수 있을 것인가? 믿고 안다는 것과 행하는 것은 다르다. 스스로 노를 저어야한다. 믿기만 하면, 믿는 순간 천당에 간다는 기독교의 유일 신앙적 근본주의는 마땅히 수정되어야 할 것이고, 인간은 이러한 우주심의 창조적 사랑의 본질대로만 살면 누구나 다 신이 되고, 하느님이 되는 것이다.

 하느님에 대한 기독교 교리의 모순

구약성서 창세기 22장에는 "하나님이 아브라함으로 하여금 그의 아들 이삭을 번제물(燔祭物)로 바칠 것을 명하신다. 아브라함은 기꺼이 이삭을 번제 헌공할 것을 다짐하고, 칼을 잡고 아들을 잡으려하니, 하늘에서 그 아들에게 손을 대지 말라고 하셨다. 비로소 하나님께서 아브라함이 하나님을 경외함을 인정 하신다고 믿은지라, 아브라함이 숫양을 아들 대신 잡아 번제를 드렸다."라고 전하고 있다.

사랑하는 아들을 불에 구워서 바치시라니… 무엇 때문에 하나님께서 사랑의 본성인

자식을 불고기로 바치라 하셨단 말인가? 이 부분 기독교인들은 하나님께서는 이삭을 재창조하시기 위함이셨다고 해석하고 있다. 그러나 하나님이 그토록 무책임한 분이셨을까? 실수로 이삭을 창조하고, 서비스로 교환해 주는 그런 분이 하나님이라면 과연 그 하나님을 절대적 창조주로서 믿을 수 있을까?

그리고 출애굽기에는 모세의 애굽 탈출을 돕기 위해 하느님 자신이 창조한 수 백만 애굽의 병사를 홍해바다에 수장시켜버린다. 나라의 부름을 받고 부모와 처자식을 고향에 두고 떠나온 선량한 애굽 병사 백만 명을 눈물 한 방울 없이 죽임으로 몰고 가는 하나님이라면 과연 그 하나님을 맹목적으로 믿고 따른다는 것은 아무리 생각해 봐도 무모한 짓이란 생각이 든다.

기독교인들은 이 장면을 '비극과 영광'이란 대극적 이원논리로 미화 시키고 있지만 배타적 목적수행을 위해 처음부터 죽임이 난무하는 구약사상은, 백 번을 양보해도 사랑과 창조심이 본질이신 하나님을 기독교인 스스로가 폄훼한 모순이요 기독교의 한계라 아니할 수 없다.

만약 기독교인들이 이 책을 읽으면 하나님(기독교인의 입장에서 그대로 하나님이라 하자)의 아들이신 절대구주 그리스도를 폄하했다는 이유로 필자를 사탄의 즙을 빨아 마신 이단의 마귀로 볼지 모르지만, 그래도 사실인 걸 어쩌랴. 기독교는 <예수=천당, 불신=지옥>이라 가르친다. 즉 예수만 믿으면 믿는 것 자체로 천당엘 가고, 믿지 않으면 그 자체로 지옥에 간다는 것이다. 명쾌한 이분법이긴 해도 전혀 동의할 수 없는 근거가 준비되어 있다.

우리나라에 기독교가 전파된 것이 고작 200여년인데, 그 이전의 우리나라에서 살다간 수많은 사람은 예수를 믿으려고 해도 예수가 있는지 없는지 몰라시 믿질 못했다. 그렇다면 이 땅의 그 하고 많은 현철, 성인, 대덕, 효자, 효부 모두가 다 지옥에 가 계신다는 말씀이 되는데, 과연 그 논리에 동의할 수 있겠는가?

평생을 농사지으며 착하고 가난하게, 정직하게만 살아온 농부들도 가 있을 것이고, 자애롭고 인정 많아 세상사람 모두가 좋아하던 나의 어머니도 가 계시는 그런 곳이 지옥이라면 나도 그런 곳은 기꺼이 가고 싶다. 맹목적 신앙이 아니라 올바른 가르침을 깨닫고 실현하면 되는 것이다. 부처는 견성(見性) 하라고 했고, 예수는 깨어나라고 했다.

기분 나쁘리만치 같은 말이다.

그러면 우주의 창조심이란 무엇인가? 예를 하나 들어보자. 봄이면 농부가 씨앗을 뿌린다. 거름을 주고, 물을 주는 일은 농부의 창조적 의지로 할 수 있는 일이다. 그러나 그 싹을 나게 하는 것은 누구인가?

흙 속의 씨앗의 싹을 틔우는 일은 결코 농부가 할 수 있는 일이 아니다. 농부가 땅속의 씨알을 향해 주문을 외운다고 될 일이 아니며, 초능력을 터득해서 한 방의 기합으로 싹을 틔울 수 있는 일도 아니다.

바로 이 부분, 싹을 틔우는 생명 탄생의 주체가 곧 영속적 우주심인 것이다. 그래서 예수도 한 알의 밀알이 떨어져 그대로이면 싹을 틔울 수 없을 것이라 가리켰다. 한 톨의 씨알 그 어디에 그리도 많은 양의 알곡이 들어 있었던 것일까? 이제 여기서 "나는 누구인가?"에 대한 결론에 도달해 보자.

지금도 팽창을 계속하고 있는 이리도 광활한 우주 중에서, 티끌보다도 작은 지구 속에 나는 또 티끌보다도 못한 작은 존재의 생명체일 뿐이다. 그러나 그 티끌 하나하나도 우주의 창조심에 의해 만들어진 피조물이며, 그 속에도 우주의 모든 질서가 편재되어 있는 하나의 또 다른 우주인 것이다. 인체를 구성하는 60조개의 체세포 하나하나도 또 하나의 인간인 것과 같다.

우주 속의 티끌이라는 말은 사실 천문학을 전공하지 않은 사람에게는 아무런 실감이 나지 않는 말이 된다. 우물 안의 개구리를 운운할 것도 없이 에드윈 허블에 의해 은하계는 수많은 은하계 중의 하나이고, 우주는 지금도 팽창하고 있다는 우주팽창설의 단초를 연 것이 고작 20세기 중반의 일이다.

우리가 속한 은하계 하나의 가로 지름은 약 10만 광년. 1초에 지구를 7바퀴 반을 도는 빛의 속도로 10만년을 달려야 도착할 수 있는 거리이니, 아마 이 책을 쓰는 필자나 독자들도 우리가 은하계 끝으로 소풍을 가보고 죽긴 글러 먹은 것 같다.

현재의 천체망원경으로는 130억 광년 거리의 행성도 발견되고 있는데, 발견 당시의 망원경에 포착된 광경은 이미 130억 년 전에 출발한 별빛이 이제야 지구에 있는 관측자의 눈에 도착된 모습일 뿐이다.

앞 장에서 살펴본 것처럼, 나는 왜 태어났으며 어디에서 왔던가? 나는 200억 년 전 또는 그 이전에 우주대폭발이 일어나기 전의 무한 공간 속의 한 올 공간입자였을 지도 모른다. 아니면 고생대 석탄기의 석탄더미에 묻혔던 탄소 입자였을 수도 있다. 분명한 것은 우리가 그 시작은 모르지만 나는 분명 지금의 이 자리에 있다는 것이다. 지금 이 자리에 있지 않으면 안 될 필연의 존재였다는 것이다.

어떻게 태어난 우리들인가? 석탄기의 탄소분자 하나가 수없이 윤회하여, 아버지의 수 억 개 중 하나의 정자가 되었다가, 어머니의 난자 하나와 만나 내가 태어났다고 생각해보자. 그것이 곧 천지 음양, 우주의 창조심에 의한 천지부모의 자식으로 내가 태어났다는 증거인 것이다.

하늘을 아빠로 삼고, 땅을 엄마로 삼았으니 애초에 탄생도 없고, 죽음도 없이 모양만 바뀐 채 영속적 삶을 이어가게 된다. 그 바뀌는 모양. 천지간의 수많은 생명체 중에서도 가장 신에 가까운 모습으로 고급윤회를 한 우리 인간은 그만금 지극히 소중하고도 극귀한 존재직 가치를 지니고 태어난 것이다.

다만 부귀빈천과 수요장단이 나누어지는 것은 인간의 행위의 인과(因果)가 거듭된 윤회의 과정에서 발생한 선악의 업장 에너지의 차이에 의해, 우주라는 절대 삭제 불가의 필름에 저장되고, 그에 따라 태어나는 연월일시가 정해지며, 이것이 바로 우리 인간들이 부여받는 바코드라 할 수 있는 사주팔자가 되는 것이다. 그러니 내가 이 생에 잘못한 일도 없는데, 갖은 고초와 질고액난을 겪는 것도 이처럼 인과에 의한 필연이므로 원통해 할 필요가 없다.

태양계 행성 중에 유일하게 고등 생명체가 살고 있는 지구는 2/3가 물로 이루어져 있다. 이 물은 생명체를 유지하게 하는 물질로서 세포의 분열을 가능케 하는 질매인 것이다. 인체의 장기(臟器)와 수분함량은 지구의 구성성분과 너무나 닮아있어 인체를 우리는 소우주(小宇宙)라고 부른다.

우주의 본질은 음양으로 되어있고, 물질의 속성은 다섯 가지 오행으로 나누어진다. 인체도 양으로 상징되는 장기인 심장이 상반신인 가슴에 위치하고, 음으로 상징되는 장기인 신장(腎臟)을 향해 태양이 지구에 에너지를 내려주듯 화기(火氣)를 내려주면, 신장은 수기(水氣)로 이를 조절하여 에너지 대사를 가능케 해 주는 것이다.

양의 기운인 태양빛만 이글댄다면 지구의 생명체는 존재할 수가 없으니, 지표의 수분이 증발하여 구름을 만들고 다시 비를 뿌려 순환해 줌으로서, 지구는 영속하게 된다. 이처럼 양기인 화기는 하늘에서 내려오고, 음기인 수기는 땅에서 하늘을 향해 위로 증발하니 이를 곧 수승화강(水昇火降)이라고 하는 것이다.6)

인류의 죄를 대신하여 예수가 짊어진 십자가도 수평은 음기의 땅을 의미하는 것이며, 수직은 양기인 태양의 내림을 말하는 것이다. 그래서 우리는 음양이 조화된 상태를 십(十) 또는 씹이라고 하니, 이를 일컬어 태극이라 한다. 그러니 씹이 절대 욕이 아니고, '씹할'은 인간이 되라는 말에 다름 아니다.

태극은 태극 이전의 공허한 상태인 무극(無極)에서 음양이 조화하여 태극을 이루고, 비로소 생명의 탄생을 가능케 한다.7) 구약성서 창

---

6) 여기에도 음양의 원리가 내재되어 있음을 알 수 있다. 앞에서 물분자는 수렴하려는 성질의 음기인 수소 두 분자와 팽창하려는 성질의 양기인 산소 분자 하나로 구성되어 있다고 한 것처럼, 인체의 장기(臟器)도 陽인 심장이 한 개인 반면, 陰인 신장은 좌우 두개로 이루어져 있다.

7) 무극이란 한마디로 극이 없다는 말이다. 즉, 치우침이 없는 상태를 이름이다. 우

세기에 나오는 "태초의 말씀이 있기 전의 상태" 즉 흑암(黑暗)이 혼재되어 태허(太虛)한 상태가 곧 무극인 것이다. 태극은 그 형상이 음양의 두 극을 서로가 감싸고 무궁히 이어지는 생명 탄생의 기상을 담고 있으니 [그림 5]와 같은 도형이 되는 것이다.

마치 두 음양의 태아가 서로를 보듬은 채 영원히 감싸 안고 돌아가는 모습이다. 숫자 '69'를 옆으로 뉘어 놓은 모습이다. 양은 음에서 나오고, 음은 또한 양에서 나왔으니 양은 음의 중심인 자궁으로 들어가려하고, 음은 양의 상징인 남근을 머금고 돌아가니 심리학에서는 이를 자궁회귀본능이라 하고, 연애박사들은 69체위라 하여 애용하는 체위가 되는 것이다.

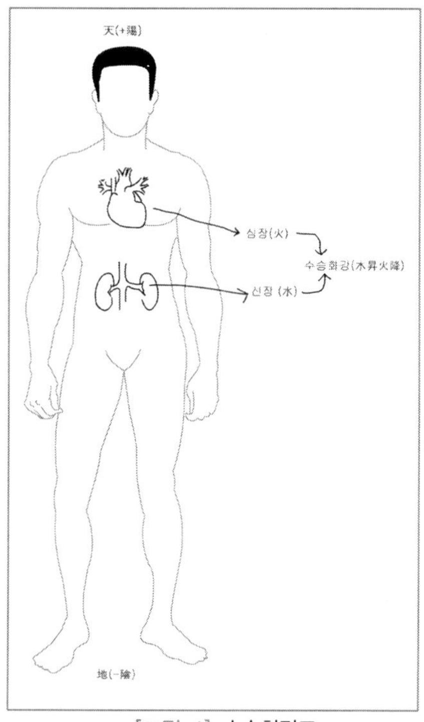

[그림 4] 수승화강도

문제의 핵심을 조금은 빗어나긴 했지만, 생명의 댓줄이 두 극의 중앙을 이어, 우주심(宇宙心)의 중앙으로 연결됨으로써 인간은 비로소 생명을 얻게 되는 것이며, 이러한 탄생시점의 태양계 우주의 조건과 그 생명체의 형성조건이 일치하게 됨으로써, 인간은 운명적으로 지구와 가까운 오행성의 영향의 그늘을 벗어나지 못하고 살아갈 수밖에 없게 된다. 그러므로 인간이 출생한 시점인 연월일시의 4가지 조건 즉 사주팔자가 인간의 운명의 굴레를 지배하게 되는 것이다.

주는 무극에서 시작하며 음도, 양도 없고 중심도 없는 현상계 이전의 자리이다.

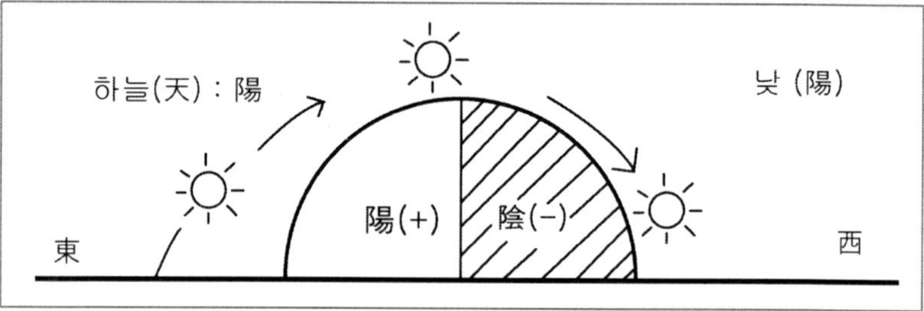

• 음양의 모습이 마치 태아의 형상으로, 서로를 향해 안고 들어가는 것이 태극이다.
• 陽에 속하는 낮 중에도 오전에 陽이었던 언덕이 오후에는 반대로 東쪽이 陰이 된다. 이처럼 음과 양은 대극적 불변의 영역이 아니라 상호 혼융하고 내재하면서 영속적 생명의 탯줄로 이어진다.

[그림 5] 태극의 원리와 태극도

역학은 바로 이 네 가지 조건의 음양오행학적 기호체계를 분석하여 자신의 본질을 알고, 그에 따른 운명에 순응하며 미래를 예지하여, 악한 운기(運氣)에는 인내와 성실로 대응하는 능력을 기르고, 좋은 운기는 안분자족하며 자만하지 않는 덕성과 지혜를 길러주고자 하는데 학문본질의 목적을 두고 있는 것이다. 장황한 설명이 되었지만, 바로 이 거역할 수 없는 숙명적 사주팔자를 가지고 살아가야 하는 것이 나라는 것이다.

운명을 알면 하늘을 원망하지 않고, 나를 알면 남을 미워하지 않게 된다.

04 사주학은 언제 생기고 왜 생겼을까?

　지금까지 다뤄온 주제 중에서 가장 쉽게 접근할 수 있는 부분이다. 이제부터는 그리 딱딱한 설명형 이론은 없이 읽어만 주면 되겠다. 그럼 사주학은 왜 생겼을까? 좀 싱거운 답이 될지 모르겠으나, 정답은 필요해서 생긴 것이라는 것이다.

　점(占)은 인류의 역사와 그 맥을 같이 해 왔다는 설을 부정할 근거가 별로 없다. 그만큼 점은 인간의 삶에 필수불가결한 것이었다. 흔히들 점을 친다하면 <점=미신>이라는 등식으로 치부해 버린다. 그러나 차지한다는 뜻의 占이란 한자(漢字) 글자의 생긴 꼬라지를 한번 보자. 영락없는 열쇠를 세워 놓은 모습이다. 즉, 나의 미래가 차지하고 있는 비밀의 문을 열고 들어가 본다는 소박한 인간적 염원이 점인 것이다.

　한때는 필자도 학문적 사유체계에 입각한 사주추명학을 점으로, 그 학문을 하는 사람을 점쟁이로 일괄 매도하는 것에는 강한 거부감을 지녔었다. 그러나 궁극적으로 미래를 예측하고, 길흉에 미리 대비하고자 하는 인간적 노력이라는 차원에서는 이 역시 점일 수밖엔 없다. 이처럼 '점'이란 단어의 본말이 왜곡되긴 했지만 뭐, 누가 우리를 점쟁이라고 부르면 어떠랴! 쟁이란 말이 장인(匠人)에 어원을 두고 있는 걸 보면 마음먹기 따라서는 그리 불쾌할 일도 아니잖은가?

광의로 해석하면 미래를 예측하는 모든 시스템 도구들 이를테면, 주역점(周易占), 점성술(占星術), 풍수(風水), 육임(六壬), 기문(奇門), 관상(觀相), 사주추명(四柱推命), 간단한 풀 가지나 조개, 짐승 등의 도구를 이용하는 복점(卜占)과 시초점(蓍草占) 등 모든 술학은 모두 점이라 할 수 있다.

끊임없는 자연에 대한 도전 속에서 척박한 삶을 이어갈 수밖에 없었던 인간에게 있어 다가올 미래는 가장 큰 관심사였을 것이다. 언제 큰 비바람이 불 것이며, 언제 큰 맹수의 습격을 받을 것이며, 언제 또 난리와 역병으로 양식이 떨어져 기근으로 굶주리다 죽어가야 할 것인가 하는 것 등의 문제는 고대 인류의 삶에 가장 큰 관심사가 아닐 수 없었을 것이다. 그래서 오랜 원시시대부터 주술(呪術)과 점술은 필연적으로 발생할 수밖에 없었을 것이거니와 이 점과 기복(祈福)을 주관하며, 주술을 담당하는 제사장(祭司長)이 자연히 최고의 정치적 지배 권력을 가지게 되었을 것임은 쉽게 상상할 수 있는 사실이다.

우리가 학교에 다닐 때 역사시간에 배운 '제정일치(祭政一致)시대'가 바로 그런 시대이다. 시험에도 자주 나왔던 것 같은데, 이 시대의 점은 특수한 영적(靈的)능력을 지닌 사람이 천지자연의 기 에너지와 소통을 하여 영현적(靈顯的) 미래의 사실을 알아내는 일종의 초능력 점이었다.

지금도 영계(靈界)와 소통을 하여 점을 치는 영매(靈媒)나 무당이 세계 도처에서 성업 중인 걸 보면, 아마도 이 직종이 인류 최초의 직업이 아니었을까 하는 생각도 든다.

그러면 사주학은 언제 생겼을까? 앞에서 사주학의 철학적 사유체계는 주역의 사상팔괘와 하도, 낙서의 오행을 기반으로 한다고 하였다. 그러니 사주학의 역사는 주역의 체계가 완성된 이후가 되겠는데, 문헌상의 기록으로는 <후한서(後漢書)>에 황제시대의 대요(大橈)씨가 육십갑자 납음오행(納音五行)을 만들었다고 전한다.

그런데 사주학의 창제라면 아무래도 **중국 춘추전국시대 초나라의 귀곡자(鬼谷子)라는 이인을 사주학의 비조로** 꼽는데 이설이 없는 듯 하다. 초나라라면 지금으로부터 약 2천 3~4백 년 전쯤이 되겠는데, 이 양반도 기인답게 정확한 출생년도와 사망기록이 없다. 성씨도 '귀'씨란 성이 있었는지는 모르겠는데, 하필이면 '귀곡자'라니 귀신이 사는 골짜기의 남자란 뜻이 아닌가? 이름부터가 어째 으스스하게 기분 나쁜 분위기이긴 하지만 이 양반이 능히 천문과 인사의 과거, 미래를 모르는 것이 없었다고 하니, 우리가 신의 경지라고 삼국지에서 읽은 제갈량의 능력도 귀곡자가 알고 있는 학문의 일부에 지나지 않았다는 기록이고 보면 그의 역량은 가히 신의 경지였던 것도 같다.

그가 일찍이 다룬 학문이 산수(算數), 음양이었다고 하니 세계 사주학의 시조어른이신 셈이다. 그러니 이 책으로 사주학을 공부하여 도사가 되려는 우리들의 두목쯤 되시는 분이라고 알아두자. 그의 제자에 소진과 장의가 있었고, 이후 당나라의 이허중이라는 좀 배웠다는 관리가 소위 오늘날 말하는 당사주를 개발하였으며, 송나라 대에 와서 서대승이라는 아저씨가 그의 저술 『연해자평(淵海子評)』을 통해 일간(日干) 중심의 사주학을 확립한 것이 오늘날의 사주추명학의 단초가 되었고, 명대에 와서는 유백온이란 양반이 『적천수주(滴天髓註)』를 저술하였다는데, 이 양반은 강호에 묻혀 사주나 봐주면서 밥이나 해결한 가난한 선비가 아니라, 명나라를 세운 주원장의 왼팔이라 할 수 있는 일급 책사로 병법(兵法)과 기문둔갑(奇門遁甲)을 구사하며, 학문과 인품을 고루 갖춘 지식인이었다고 하니, 사주학의 고전적 텍스트북으로 채택되어 역사에 남을만한 업적을 이룬 셈이다.

그리고 청대(淸代)에는 임철초가 『적천수징의(滴天髓徵義)』를, 심효첨이 『자평진전(子平眞詮)』, 진소암이 『자평약언(子平約諺)』등의 저술을 내놓았고, 근대에는 서락오가 『궁통보감(窮通寶鑑)』이란 저술을 세상에 선보이며 학문으로서의 자리를 굳혀오게 된다.

이들 저술의 모델은 대부분 『연해자평』과 『적천수』등을 텍스트로 하고 있다고 보면 되는데, 지금 시중에는 이들 저술을 번역하거나 산삭(刪削)하여 자신의 저술로 둔갑한 수많은 저술이 나와 있으나 모두들 그것이 그것이고, 오히려 혼란만 가중시킬 따름이니 이런 현상이 본서를 집필하게 된 동기에 일조를 한 셈이다.

아무튼 뭐 대충 이런 족보를 지닌 것이 사주학의 역사 정도로 알아두면 되겠다. 사실 이러한 역사를 모른다고 사주학을 공부하는데 아무런 지장이 없겠으나, 명색이 도사가 되고자 하는 우리가 사주학의 역사 정도는 알아두어야 할 게 아닌가.

05 운명을 예측하는 도구에는 무엇이 있나?

전술한 것처럼 운명을 예측하는 모든 행위를 점이라 할 수 있겠는데, 그 점은 크게 세 부류로 나눌 수 있다. 사주, 기문, 육임, 태을, 풍수, 관상, 매화역수(梅花易數), 구궁(九宮), 역점 등 주역의 학문체계와 음양오행 시스템을 응용하여 인간사의 길흉을 예측하는 **철학적 부류와** 점성술, 자미두수(紫薇斗數), 구성기학(九星氣學) 같은 역학의 사유방식과는 달리 별자리나 천문의 운행법칙에 바탕을 둔 **천문 기학적 부류** 그리고 이러한 학문적, 경험칙의 사유방식과는 전혀 별개인 신굿, 영매점(靈媒占), 쌀점, 동물점, 추나 엘로드점, 타로카드점, 신점(神占) 등의 개인의 주관과 잠재적 능력에 의존하는 초능력 점 등의 세 부류로 나눌 수 있겠다.

물론 두 번째 부류는 넓은 의미에서 우주의 질서가 음양오행에 기초하고 있다고 볼 때, 주역의 학문적 체계를 원용하고 있다하겠으나, 우리가 짚고 넘어가야할 부분은 첫 번째에 한한다. 당근 사주학은 앞으로 이 책에서 물고 늘어질 분야이니 제외하고, 그러한 운명 예측도구들은 어떻게 인간의 운명에 접근하고 있는지 그리고 어떤 특징과 학문적 특성을 지니는지에 대해 중요한 법술들에 한해서만 알아봄으로써, 사주학의 특질과 비교 검토할 수 있는 지식을 제공코자한다.

우리나라에는 각 분야마다 자칭, 타칭 도사들이 포진하고 있다.[8] 저마다 자신이야 말로 족집게 도사이며, 자신의 분야야말로 백발백중 하는 신묘하고도 진귀한 학문이라고 침을 튀기고들 있지만 뭐, 그런 것 신경 쓸 것 없이 사주학을 통달하기 위한 상식 섭취 차원에서 읽어두면 되겠다.

1) 기문둔갑(奇門遁甲)

무협지나 만화 꽤나 읽은 독자라면 둔갑술이란 걸 읽은 기억이 있을 것이다. 그때의 기억으로 둔갑술이란 몸을 자유자재로 변하게 하여 상대나 적이 자신을 알아볼 수 없도록 무력화 하는 신출귀몰한 도술을 말하는 것이었다. 그 주인공은 산 속에서 도인 같은 스승을 만나 수 십 년을 수련한 후 둔갑술과 무술을 익히고 하산하여, 아버지의 원수를 갚게 되는데, 불가사의한 것은 어떤 영화나 소설에도 그 놈의 원수는 죽지 않고 꼭 살아있을 뿐 아니라, 더욱 출세하여 수 백, 수 천 명의 병사가 호위하는 세도가가 되어 있더란 것이다.

그런 걸 보면 나쁜 짓 저지르는 놈이 더 잘산다는 세간의 말도 틀린 말은 아닌 듯 하다. 그러나 우리의 주인공이 누구신가? 그 삼엄한 호위를 뚫고 새나, 나비 등으로 둔갑하여 고도의 무예로 그 원수를 적결한다. 대충 이런 구도여서 공부하라는 부모의 불호령에도 아랑곳없이 밤새워 읽던 기억이 새롭잖은가?

그러나 실은 둔갑이란 다른 이름으로 팔문둔갑학(八門遁甲學), 기문학으로도 불리는데 기문둔갑이라는 법술은 병법 술수의 하나였다. 현대전도 예외는 아닐 터이지만, 고대전투에서는 천시(天時)와 지리(地

利)를 이용하는 비술이 승리의 결정적 역할을 했을 것임을 쉽게 알 수 있다. 따라서 천시 즉, 좋은 시간을 택해서 지리, 좋은 방향으로 진군하여 인화(人和), 사람을 화합하여 움직인다면 백전백승이 아니겠는가? 바로 이러한 법술을 시험, 승진, 사업 등 현대의 실생활에 체계적으로 인용한 것이 오늘날의 기문둔갑이다.

기문둔갑이란 태양계 행성의 유동작용이 연월일시마다 다르게 나타나는 현상에 비추어 인간의 이동방향에 어떤 영향을 미치는가를 응용하는 학문이다. 따라서 시간적 인자 위에 공간적 요소를 우선하는 지구의 방위 생체리듬이라고 보면 된다. 기문둔갑의 구성은 연판, 월판, 일판, 시판으로 구성되거니와 그 중에서도 시판이 가장 중요한데 모두 1,080개로 되어있다. 구체적 방법은 9등분된 도판에 십천간 열 자를 천간과 지간으로 나누어 적어 넣고, 8門 과 9星, 8神, 9宮 등의 구성요소를 배열하여 그 배합과정을 보고 길흉의 방위를 판단하는 것이다.

기문둔갑이란 말은 천간 중 乙, 丙, 丁 삼기(三奇)와 팔문(八門 : 개문(開門), 휴문(休門), 생문(生門), 상문(傷門), 두문(杜門), 경문(景門), 사문(死門), 경문(驚門))을 더하여 '기문(奇門)'이고, 9등분도판에 천간을 배치할 때 배치되지 않는 한 개의 천간 甲이 은둔하게 된다고 하여 '둔갑(遁甲)'이니 곧 기문둔갑이 된 것이다. 사주학이 운명을 예측하고 미래의 길흉을 점칠 수는 있으나, 이것만으로 운명에 영향을 미칠 수 없기 때문에 여기에서 나아가 능동적인 행동의 개운을 통해 좋은 운을 만들어가자는 법술이 기문둔갑이다.

2) 풍수지리(風水地理)

바람과 물 그리고 땅의 이치란 말이다. 참 한가한 해석이지만 그 말 밖엔 달리 적절한 해석이 떠오르지 않는다. 풍수! 한국인치고 풍수라는 말을 들어보지 않은 사람이 있을까? 바람과 물이라는 막연한 용어 뒤에는 한국인의 정체성이 그대로 복제되어 있는 것은 아닌지 모르겠다.

산악국가인 선(線)구조의 산맥과 강에 기대어 살아온 우리 민족에게 풍수는 한마디로 민중의 기복신앙에 다름 아니었다. 조상의 유골을 길지에 매장하여 후손의 발복을 노린 소박한 민중의 염원은 한국인의 집단 무의식으로 유전자에 각인되었다고 할 수 있다.

인걸은 지령이라는 말 그대로, 땅의 논리와 자연의 생리를 인간의 삶에 이용후생하자는 학문이 풍수지리학이다. 따라서 인간이 사는 집터와 마을의 읍기(邑基), 나아가 나라의 도읍을 정하는 양택풍수에서부터 죽어서 묻히는 묘지의 길흉을 따지는 음택풍수에 이르기까지 풍수지리는 자연에 기대어 살아갈 수밖에 없는 인간이 가장 인간의 모습으로 자연에 가까이 가고자한 친환경학문이었던 것이다.

그 사상적 배경에는 땅을 모든 생명을 잉태하는 어머니와 같은 존재로 여기는 '대지모 자궁숭배사상(大地母 子宮崇拜思想)'과 산악숭배에 근거한 '산신(山神)사상' 그리고 조상의 기운과 후손은 혈기가 같은 동기라는 '동기감응(同氣感應) 사상'등이 여러 형태로 습합되어 풍수사상으로 나타난다.

풍수지리의 4대 요소는 地, 水, 火, 風이고, 풍수학의 4대 요소는 산, 수, 사람, 방위이며, 풍수방위의 4대 요소는 사신사(四神砂) 즉, 좌청룡(左靑龍), 우백호(右白虎), 북현무(北玄武), 남주작(南朱雀)이다. 이들 요소 상호간에도 음양오행을 사상적 근거로 하여, 조화와 생극 그리고 이들 각각이 상징하는 구성 요소기 결국은 인간의 삶에 길흉으로 작용한다는 사상이 풍수지리사상이다. 따라서 풍수지리학은 역을 사상의 근본으로 하여 환경적 인자를 인간의 생활에 적용시킨 자연과학에 가깝다.[9]

태양계의 행성들이 자전과 공전을 하면서 발산하는 지자기와 그에 따른 지기와 풍향, 기압골의 형성 그리고 물길의 방향이나 산세의 흐름 등은 자연계 생명체에 절대적 영향을 미치게 된다. 바로 이러한 요

---

[9] 풍수지리에 대한 논리의 전개방식을 더 알고자하는 독자는 필자의 논문『풍수설화 연구』1999. 계명대학 석사학위 논문을 참고하기 바란다.

인들로부터 어떻게 가장 쾌적한 삶터나 음택을 지켜내는가 하는 관건이 풍수의 목적인만큼 그에 따른 부작용과 희비는 상상을 초월할 만큼 많았다. 따라서 보는 법과 학풍에 있어 어떤 역술의 분과보다 말도 많고, 탈도 많은 분야가 풍수학이다.

자연의 형세와 형국을 우선시 하는 형기(形氣)풍수론과 좌향과 방위 등의 이론을 우선하는 이기(理氣)풍수론 그리고 기감(氣感)에 의존한다는 기감풍수에, 당나라의 양균송이 비전으로 전했다는 현공(玄空)풍수학까지 다양한 법술이 저마다의 학설이 정법이라며 우기고 있다.

그러나 풍수학의 요체는 자연과 인간을 잘 조화시키려는 노력일 뿐이다. 인간이 자연의 일부로서, 땅과 자연을 더불어 살아있는 실체로 접근할 때만이 풍수는 21세기의 자연과학으로 자리매김 될 수 있을 것이다.

우리나라에 풍수가 밝은 세상 밖으로 나와서 학문적 자리매김을 시작한 것은 고작 20여 년 전의 일이다. 물론 조선조에는 호순신의『地理新法』등의 교재로 풍수지관을 뽑는 과거제도가 있었으나, 이제는 풍수학도 그간의 답보에서 벗어나 시대정신에 맞게 인간과 자연이 조화로운 상생의 길을 찾는 인간학으로의 변모를 할 때라고 본다.

3) 자미두수(紫薇斗數)

동양의 점성술이라고 보면 된다. 천문학의 역사는 동서를 막론하고 매우 오랜 역사를 지닌 채 발전을 거듭해 왔다. 과연 별자리의 변화가 인간사에 영향을 미치는가? 하는 문제는 이견이 있을 수 있다. 그러나 인간을 하나의 소우주라고 볼 때, 별자리 상호간에 작용하는 우주적 에너지가 인간에 영향을 미치는 것은 당연할 것이다.

서양의 점성술에는 천칭좌, 쌍어좌, 목우좌, 사자좌 등등의 22개 성좌가 활용되는데 비해 자미두수는 일종의 천문학으로서 108개나 되는 많은 성좌들이 인간에게 각각 어떤 영향을 미치는 지를 연구하는 성상학(星象學)이라고 보면 되겠다.

태어난 연월일시를 기본 자료로 하여 12궁 즉, 명궁(命宮), 형제자매궁(兄弟姉妹宮), 부부궁(夫婦宮), 자녀궁(子女宮), 재백궁(財帛宮), 질액궁(疾厄宮), 천이궁(遷移宮), 교우궁(交友宮), 사업궁(事業宮), 전택궁(田宅宮), 복덕궁(福德宮), 부모궁(父母宮) 이렇게 12개의 궁에 108개 별자리가 배치되는데, 이렇게 배치된 별자리의 도판을 명판(命板)이라 하고, 이 명판을 기준하여 인간의 운명의 변화와 미묘한 인간사의 길흉을 판단하는 것이다.

자미성(紫微星)은 남북두 중앙에 위치하며, 오행은 기토(己土 : 陰土)에 속한다. 자미성(紫微星)은 [거문성(巨門星)] [무곡성(武曲星)] [염정성(廉貞星)] [천기성(天機星)] [천동성(天同星)] [천량성(天梁星)] [천부성(天府星)] [천상성(天相星)] [칠살성(七殺星)] [탐랑성(貪狼星)] [태양성(太陽星)] [태음성(太陰星)] [파군성(破軍星)]과 더불어 14주성의 하나인데, 별들의 제왕으로서 모든 별들을 다스린다. 직업적인 성공, 번영, 명예, 행운, 건강 등에 가장 강력한 영향력을 발휘하며, 가장 중요하고 길함을 가져다주는 중심성이다.

그러나 아직 우리나라에는 이 자미두수의 보급과 이를 다루는 학자들이 많지 않다. 자미두수는 재물, 건강, 수명, 복덕, 사업 등 매우 복잡한 인간문제에 대한 구체적 해답을 구할 수 있기 때문에 사주학이 넘어설 수 없는 분야에 대한 보조 법술로서의 활용이 가능하다.

4) 육임(六壬)

아마도 점단(占斷)의 적중률을 따지자면 음양오행을 바탕으로 하는 법술 중에는 이 육임이 매우 높은 편에 들어간다고 하겠다. 육임은 음양오행을 사상적 배경으로 하지만, 사주학과는 달리 점치는 사안이 매우 구체적이고 즉석답안이 가능하다는 특징을 지닌다.

육임의 특징은 점단을 구하는 래문자(來問者)를 만나는 날의 일진

을 우선으로 하여, 만난 시간과 월장(月將)이라는 태양의 운행 황도
(黃道)를 가하여 하나의 조식(造式)을 만들어 운명을 추단한다.

황도는 12개의 별자리를 지나면서 정원(正圓)에 가까운 타원궤적을
그리며 운행하는데, 따라서 매 월에 해당하는 태양이 운행하는 위치가
바로 월장이 되는 것이다. 이 월장과 일진, 시간 사이에 만들어진 조식
을 가지고 인간의 운명과 현재의 천기를 밝혀내는 학문이 육임학이다.

육임학은 60갑자 일진과 황도상의 12개의 별자리와 신장(神將), 12
시각의 시간과 월장의 기운 및 720개 육임 신과(神課)[10]를 통하여 궁
극적으로 길흉의 암시를 읽어내는 것이다. 사주학이 결정된 운명을 알
아내어서 흉운을 소극적으로 피해가는 학문이라면, 육임학은 결정된
운명을 적극적으로 개척하는 다분히 예언적 학문이라고 보면 된다.

5) 성명학(姓名學)

사람의 이름은 특수한 경우를 제외하고는 선천적으로 부여받는 사
주처럼 일생을 따라다니는 자신만의 고유한 기호체계이다. 성명학이
학문으로 정립된 구체적 역사는 확실치 않다. 사기(史記)나 삼국지 등
의 기록에 나오는 사람들의 대부분의 이름이 외자인 것을 보면 지금
처럼 원형이정격(元亨利貞格)이니, 음령오행(音靈五行) 등을 고려하지
않았을 것이란 추측이 가능하다.

지금은 여성시대가 되어서 우리나라도 엄마의 성과 아버지의 성을
번갈아 쓸 수도 있는 한마디로 막가자는 세상이 되었지만, 고려시대
이후 성이란 것은 선택할 수도 바뀔 수도 없는 천정적인 것이었고, 가
문마다 대를 따라 불리는 항렬이란 글자가 있어 실제로 선택할 수 있
는 이름자는 단 한 글자뿐이었거니와 막연히 후천적으로 선택된 운명

---

10) 10개의 천간이 각기 12개의 달을 만날 수 있으므로 10×12=120개이고, 여기
　　에 각 천간이 만날 수 있는 지지의 종류는 6개가 되기 때문에 120×6=720과
　　식이 된다.

이라는 데는 문제가 없지 않다.

그러나 성명은 사주팔자와 더불어 평생을 같이 가야하는 후천적 바코드와 같은 것이기에 성명에 암시된 길흉을 어느 정도는 받는다는 것은 확실한 것 같다. 현재의 성명학의 요체는 음양의 조화와 상생에 있다. 각 이름의 음성이 아음(牙音), 설음(舌音), 후음(喉音), 치음(齒音), 순음(脣音)의 어느 오행에 해당하는가를 따져서 상생이면 길하고, 상극이면 흉하다고 판단한다.

또한 글자의 뜻이 함유하고 있는 오행의 속성과 한자의 자획을 조합하여 나온 고유의 수리(數理) 영동력(靈動力)의 암시에 따라 길흉을 판단한다. 이름은 무수히 불리고 사용하게 됨으로써 무의식적으로 반복되는 가운데 고유한 음파가 대뇌에 저장되어지고, 잠재적으로 후천적 운명을 창조하게 된다는 것이 성명학의 본질이다.

06 사주학으로 어떻게 사람의 운명을 알아맞힌다는 건가?

사실 이 문제는 이 책의 시작이고, 끝이기도 한 화두와도 같은 문제이다. 사주학이 주역의 음양오행 이론을 응용한 운명예측 도구이기는 하지만, 왜 인간의 삶이 음양오행의 사유체계를 따라가는 지는 솔직히 필자는 알지 못한다. 아니 이 문제에 대한 답을 정확히 제시할 수 있는 사람은 지구상에는 없을 것이다.

앞의 장에서 나는 왜 태어났으며, 나는 누구인가? 태어난 시점의 태양계와 은하계의 조건이 어떻고, 죄 없는 물주전자를 태우며 수증기가 되어 내려온다는 둥의 비유를 들며, 온갖 필자 나름대로 악다귀를 쓰며 설명해 대긴 했지만, 태어난 연월일시가 어떻게 운명을 좌우한다는 건지 그 이유는 명확히 설명할 수가 없다.

약속해 둔 60갑자 운명의 기호가 음양오행으로 무엇 무엇이니까, 육친으로 보아 관성이 많고, 재성이 약해서 용신은 무엇인데, 대운의 흐름이 불길해서 질고액난이 많고, 처복이 없으며, 어쩌구 저쩌구 당신의 운명은 이렇게 전개된다. 뭐 이런 식인데, 왜 하필 100갑자가 아닌 60갑자인가? 또 세상만물의 물질의 근본이 어찌 오행뿐일 것이냐? 등등으로 태클을 건다면 딱히 이해시킬 말이 그리 만만치 않은 게 사실이다.

혹자는 말할 것이다. 인간이 사는 태양계에는 해와 달 음양이 있고, 태양의 주위를 水星, 金星, 地球, 火星, 木星이 각각 공전을 하니, 봐라! 그래서 日月(음양)에 火水木金土(오행)의 요일이 있는 게 아니냐? 구약성서 창세기에도 그렇게 되어 있잖느냐? 그러니 허튼소리 그만하고 본론으로 들어가서 사주 푸는 방법이나 빨리 가르쳐 주라! 그런다면 정말로 필자도 고마울 따름이다. 좀 더 이해가 빠른 독자라면 "지구상의 모든 수는 1에서부터 시작하여 10에서 끝나고, 1부터 5는 생수(生數)요, 6부터 10은 성수(成數)가 아니냐? 그러니 10天干이 생긴 것이고, 생수+성수 하나씩 짝을 이뤄 다섯 가지 오행을 이룬 게 아니냐? 그리고 오행은 각기 계절과 방위가 있으니 4계절마다 음양이 다른, 같은 오행이 하나씩 있고, 환절기에 해당하며 중앙을 상징하는 土가 각 계절마다 하나씩 따라붙으니 12지지가 된 게 아니냐? [표 2]는 폼으로 그려뒀냐? 나도 공부 좀 했는데, 오운육기(五運六氣)란 것도 있다더라. 앞에서 네가 하도니, 낙서니 싫다하는 사람 억지로 배우라고 해놓고선 이제 와서 무슨 딴소리냐?"고 대충 넘어가 준다면 솔직히 고맙겠다.

쉬어가는 코너　　**오운육기의 이해**

지구의 공전에 의해 사계가 생기고, 그 진동에너지인 천기가 중앙을 중심으로 오행의 물체를 생성하니 오운이며, 천기로 생성된 오행의 생명이 '풍, 한, 서, 습, 조, 화(風 寒 暑 濕 燥 火)' 육기 속에서 함께 살아가야 한다는 뜻인데. 천기, 지기 각각 음양이 더하여 5×2=10간 6×2=12지가 된다. 10간 12지의 최소공배수는 60갑자가 되고, 오행과 육기가 하나씩 정지한 4와 5는 4×5=20이 되니, 여기에 낙서 9궁의 방향에 따라 다르게 나타나므로 20×9=180년이 되어 60년씩 각각 상, 중, 하원갑자의 시작인 바, 그 속의 허와 실의 기운에 따라 살아가야 하는 생명체의 운명도 달라진다는 것이다.

　그런데 그것이 그리 간단하고, 만만치가 않다. 왜 60甲子, 60개란 말이냐? 1에서 10까지 10진수이니, 100갑자 아니 1,000갑자를 만들었으면 더 세분화 되고 팔자가 중복되는 경우도 줄어들지 않았을까? 1에서 10까지 고정된 기호를 매기고, 그것을 천간과 지지로 하여, 10회 또는 100회씩 순열로 조합하면 100갑자, 1,000갑자가 될 터인데 말이다. 왜 乙丑甲子라 하지 않고, 甲子乙丑이라 했을까? 등등의 여러 가지 의문은 여전히 유효하다.

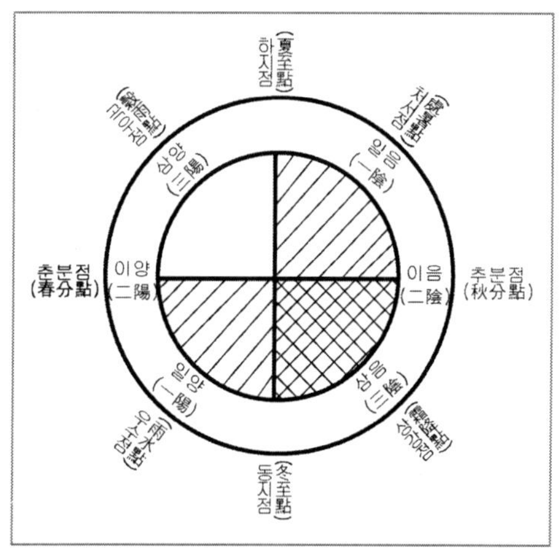

[그림 5-1] 음양(二氣) ⇒ 사상(四氣) ⇒ 삼음삼양(六氣)가 생성되는 원리도[11]

　어떤 학자는 木星의 대양 공전주기를 근거로 제시하기도 한다. "목성의 공전주기가 12년이니, 12地支와 일치하고, 12지마다 오행성을 거쳐야하니 12×5=60으로 정확히 일치한다. 그래서 60년이 지나야만 태양과 목성을 포함한 모든 행성 간에 지구와의 위치·관계가 다시 거의 같은 지점으로 자리하게 될 것이다."는 주장이다.[12]

---

11) 이 三陰三陽은 역학의 월별 심천(深淺)을 적용하는 기준으로서 사주추명에 단골로 써먹는 이론이니 만큼 원리이해를 반드시 해두기 바란다. 음양의 기운이 상하고 쇠한다는 논리이니 아주 쉽게 이해하면 된다. 두 달씩 나누면 삼음삼양이 되지만 월별로 나누면 육음육양이 된다. 당연한 기초셈법이다.

그러나 목성의 공전주기는 11.86년이다. 그런데 그는 "우리가 60년만에 회갑을 맞는 것은 목성 덕분이라면서, 목성을 세성(歲星)이라고 한다."라고 하였다. 그래서 인생 60년을 회갑 즉, 60갑자가 돌아왔다 하지 않느냐? 맞는 말이다. 그러나 이 문제는 좀더 논리적이고, 과학적인 접근이 필요하다.

태양계 행성이 태양을 중심으로 일직선상에 위치하는(실제로 각도가 0°가 되는 일은 없다) 혹성직렬 현상이 나타나는 주기가 대체로 180년인데[13) 이 180년을 3등분하여 上元甲子 60년, 中元甲子 60년, 下元甲子 60년이라 하며, 1984년은 하원갑자 원년이고 따라서 2010년은 하원갑자 27년 庚寅년이며, 개천(開天)으로부터는 10,947년이 되어 끝없이 순환한다는 논리가 되는 것이다. 또 어떤 역학서에는 태양계는 북극성을 중심으로 120년을 주기로 공전을 하는데, 그 한 바퀴가 우주의 1년이라고 설명하고 있다.[14) 그러나 태양도 자전은 하지만, 공전을 한다는 설에 대하여는 이론이 많다. 지금까지 알려진 이론으로는 태양은 은하 중심을 따라 타원궤도를 돌며 2억5천만년에 걸쳐 공전을 한다는 정도이다.

지구에서 태양까지의 거리는 빛의 속도로 약 8분 거리이고, 북극성은 빛의 속도로 800광년의 거리인데, 태양의 공전속도를 250km/sec라고 보면, 이는 정확한 공전주기라기보다는 1체(우주 본체), 3원(자미원, 태미원, 천시원), 28수(宿)로 우주를 본 오랜 동양천문관의 소산이 아닌가 한다.

---

12) 서우선 저 『변화를 이용하는 지혜 주역』 1995년. 문학아카데미
13) 실제로는 179년이다. 이때에 지구상에 홍수, 기근, 전쟁 같은 재앙이 나타남이 통계로 증명되고 있다
14) 김봉준 『쉽게 푼 역학』 209쪽. 삼한출판사. 1998

최초 역(曆)이 시작된 역원(曆元)을 보는 견해

역원(曆元)의 시작을 동지로 보느냐, 입춘으로 보느냐 하는 문제도 간단하지 않다. 태양력의 입장에서 천간은 새로운 양의 기운이 시작하며, 낮이 다시 길어지기 시작하는 동지에서 시작하고, 지지는 입춘을 시작점으로 잡는다. 세상에 최초로 曆이 생긴 曆元의 시작한 해(年)의 간지를 동지일로 기준하였다면 癸亥년이 되었어야하고, 월은 당연히 甲子월, 甲子일로부터 이어져왔을 것이므로, **甲子년, 甲子월, 甲子일, 甲子시**의 4甲子가 나란히 서는 사주 구성은 절대 불가하다는 결론이 나온다.

한편 새해는 지지의 1월인 寅월을 기준하여, 태양이 황경 315° 지점에 온 시점인 입춘일 즉, 양력으로 2월4일 전후가 한 해의 시작이 되어 실제로는 이 날이 설이 되는 셈인데, 이 역원의 기산방법에 대하여는 많은 이견과 학설이 있다는 정도로 알아두자.

중요한 것은 인생의 행로가 탄생시점의 태양계 조건이 상징하는 음양오행의 상호작용에서 파생하는 인과관계를 대체로 따라간다는 것이다. 반복하지만 음양이란 본래 어둠과 밝음을 의미하는 것이다. 1년 동안에 낮과 밤이 변하는 가운데에서 이분(二分. 즉 춘분과 추분)과 이지(二至. 즉 하지와 동지)가 황도(黃道 : 지구가 공전하는 불변의 궤도)를 넷으로 나누는데, 동지에서 춘분까지를 소양(少陽)이라 하고, 춘분에서 하지까지를 태양(太陽)이라고 한다. 따라서 이분과 이지를 경계로 4상(象)이 나누이게 되니 시간적 인자와 공간적 인자에 의한 기가 정해지는 것이다.

뭐 간단히 말하면 춘하추동이 4상의 음양에 의해 특징 지워 진다는 말이 된다.15) 하늘과 땅, 곧 음과 양은 태극의 형상으로 끊임없이 서

---

15) 사상과 계절을 그림으로 나누면 다음과 같다.

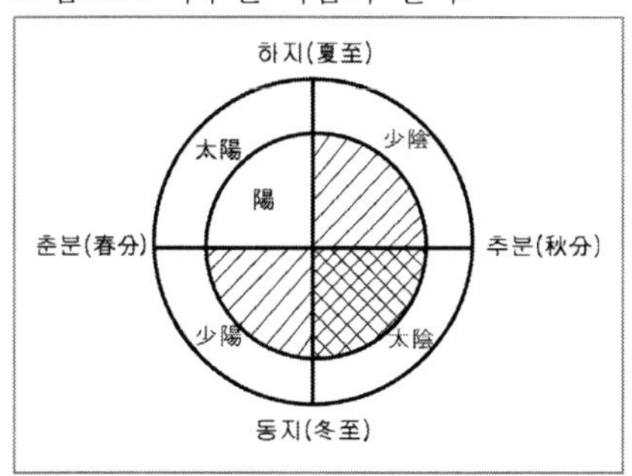

로에게 영향을 미치면서 순환, 상생의 반복을 계속하고, 오행성은 주어진 궤도를 공전함으로서 상호 동조와 간섭의 영향을 미친다.

지구가 태양 주위를 공전하여 일회 하면 일 년이 되고, 달은 지구 주위를 일회 하면 한 달이 되는데, 이에 따라 썰물과 밀물이 생기며, 소우주인 인체에도 생리변화의 주기가 결정되는 것이다. 한자에서 고기 '육(肉)'변을 육달월변이라 하여 인체를 지칭하는 글자에 달월이 들어가는 것도 우연이 아니다. 여자의 멘스를 월경이라 하는데, 월경의 주기가 달의 지구 일회와 일치하지 않을 때 우리는 생리불순이라 한다.

왜 여자가 14세경에 생리를 시작하고, 왜 그 주기가 28일이 되는지를 현대의학은 내분비설과 영양설로 설명하지만 그 작용기전에 대해서는 전혀 알지 못한다. 그것은 주역의 괘상에 7이라는 숫자는 少陽으로서 양기가 서서히 발동하는 시점인데, 7×2(음, 양)=14이기 때문이며, 대체적으로 49세에 폐경을 맞는 것도 7, 7 소양의 변역(變易)에 기인하는 때문이다.

지구의 자전으로 하루가 생기고, 태양의 전·후면에 놓이는 공간적 위치에 따라 열 두 시가 정해지게 된다. 이들의 순환반복체계를 문자적 기호로 표시하기 위해서 만들어진 것이 바로 **陽天干 10字와 陰地支 12字**인 것이다.

이 22자의 조합과 순열을 통하여 우리는 오묘한 역학의 세계로 들어갈 수 있는 기호체계를 부여받게 되는데, 이는 마치 한글이 소리를 내기 위해 홀소리 10자와 닿소리 14자가 조합을 이루는 것과 같이, 子音 곧 자식인 지구와 母音인 하늘이 상응하여 음양을 생성하고, 새로운 뜻글자를 창출한다는 이치와 같다.

뭐, 어떤 책에는 아득하고 아득한 옛날에 황제(그야말로 그냥 황제다)가 하늘에 제를 올리니 하늘에서 10간 12지를 내리셨는데, 10간은 둥글게 펴서 하늘을 만들고, 12지는 모나게 펴서 땅을 만들었다. 그래서 하늘은 둥글고 땅은 모났다라고 하여 천원지방(天圓地方)이라고 하였대나? 그리고 훗날에 '대요(大橈)씨라는 영감님이 우주의 이치를 홀연히 깨닫고 60갑자를 만들어 이를 근본 삼아 다스렸다. 대충 이런 황당한 역사 같잖은 역사도 있기는 하다.

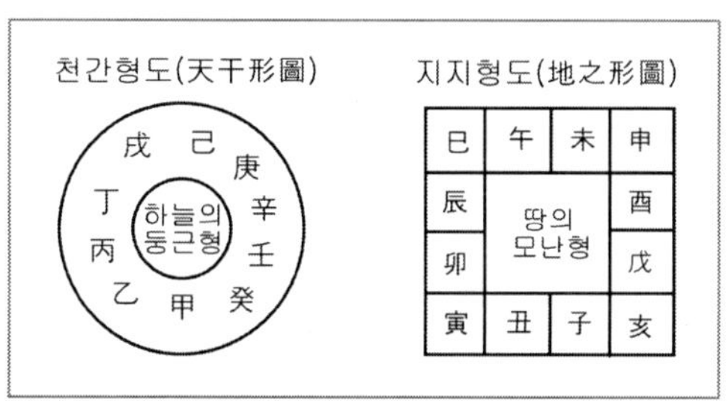

[그림 6] 천간형도(天干形圖)와 지지형도(地支形圖)

아무튼 과학의 법칙은 아인슈타인의 일반상대성이론(一般相對性理論)에서 "관측자가 어떠한 운동을 하고 있음에도 불구하고 동일해야 한다."는 이론처럼, 누구나 사주팔자대로만 똑같은 행로로 살아야한다는 얘긴데, 그것은 이 책의 전편에서 자주 회자되는 이론이니 별론(別論)으로 하고, 여기서는 왜 10간 12지가 되고, 60갑자가 되어 사주팔자로서 운명을 예측할 수 있는 근거가 되는 지를 밝혀보자. 아래의 숫자 배열을 보시라.

◆ 자연수 : 1 2 3 4 5 6 7 8 9 10
　→ 陽數, 기수(奇數), 천수(天數) : 1 3 ⑤ 7 9 (양수로서 탄생작용)
　→ 陰數, 우수(偶數), 지수(地數) : 2 4 ⑥ 8 10 (음수로서 생장작용)
　　☞ 生數 : 1 2 3 4 5
　　☞ 成數 : 6 7 8 9 10

모든 숫자는 1에서 10까지의 무한반복으로 이루어진다고 했다. 위의 양수의 중앙인 ⑤와 음수의 중앙인 ⑥이 모이면 곧 5장(臟) 6부(腑)가 되며, 5×2(음, 양) = 10이 되어 천간 10자가 탄생하고, 6×2(음,

양)=12 하여 지지 12자가 탄생하며, 이들 천간 10자와 지지 12자를 순열로 조합하면, 60개의 간지 즉, 우리가 흔히들 "바보가 을축갑자"한다는 속설이 있는 [표 4]의 60갑자가 생겨나게 되고, [표 5]처럼 이들 간지는 각기 천간 지지별 음양오행에 배속되는 것인 바, 이러한 진리를 모르고 깨춤을 추는 어리석은 사람을 우리들은 절기와 4철을 모른다하여, "절부지(節不知)" 곧 "철부지"라 부른다.

[표 4] 60갑자 배열표

順\列	1	2	3	4	5	6	7	8	9	10	空亡
甲子	甲子	乙丑	丙寅	丁卯	戊辰	己巳	庚午	辛未	壬申	癸酉	戌. 亥
甲戌	甲戌	乙亥	丙子	丁丑	戊寅	己卯	庚辰	辛巳	壬午	癸未	申. 酉
甲申	甲申	乙酉	丙戌	丁亥	戊子	己丑	庚寅	辛卯	壬辰	癸巳	午. 未
甲午	甲午	乙未	丙申	丁酉	戊戌	己亥	庚子	辛丑	壬寅	癸卯	辰. 巳
甲辰	甲辰	乙巳	丙午	丁未	戊申	己酉	庚戌	辛亥	壬子	癸丑	寅. 卯
甲寅	甲寅	乙卯	丙辰	丁巳	戊午	己未	庚申	辛酉	壬戌	癸亥	子. 丑

- 공망이란 당해 順중에는 없는 지지 글자를 말하는데. 사주 8글자 중 공망이 들면 해당 星의 인연이 없는 것으로 본다.
- 1번열에서부터 갑자, 을축, 병인, 정묘 순으로 무한 반복 되는데. 앞 글자는 하늘이란 뜻으로 천간(天干). 뒷 글자를 땅이라 하여 지지(地支)라 하고, 묶어서 간지라 하는데, 앞으로 수 천 번 듣게 되는 글자이니 개념을 정립해두자.
- 천간과 지지 간지는 양은 양끼리, 음은 음끼리만 조합을 한다. 따라서 갑축년. 을자년. 병묘년 등은 성립되지 않는다.

[표 5] 천간과 지지의 음양오행 및 계절과 방위

구분\오행	木		火		土		金		水	
천간	甲	乙	丙	丁	戊	己	庚	辛	壬	癸
지지	寅	卯	午	巳	辰戌	丑未	申	酉	子	亥
음양	양(+)	음(−)	양(+)	음(−)	양(+)	음(−)	양(+)	음(−)	양(+)	음(−)
계절	봄		여름		환절기		가을		겨울	
방위	동		남		중앙		서		북	
오상(五常)	인(仁)		예(禮)		신(信)		의(義)		지(智)	

- 甲寅은 木이요, 乙卯도 木이니 甲寅은 양이고, 乙卯는 음이라… 이런 식으로 암기해 두자.

따라서 사주학에서는 이들 60갑자 중에서 사주 4기둥 즉, 태어난 연월일시의 시점에 해당하는 천간지지 8글자를 사주팔자라고 하고, 그 글자 상호 간의 음양오행의 작용관계를 유추해봄으로써 사람의 운명을 예측할 수 있는 것이다.

⑦ 사주팔자가 똑같을 확률은 얼마나 되며, 팔자가 같으면 운명도 똑같을까?

명리학을 공부한 사람은 마치 바리세인 교도 같은 독설을 던지는 사람들을 간혹 만나게 된다. 그들이 들고 나오는 질문에 빠지지 않는 것이 바로 "팔자가 같으면 일생의 길흉도 똑같아야 하지 않느냐?" 하는, 솔직히 말해서 답하기 곤란한 난감한 질문인데, 그 정도 물고 늘어지는 사람이라면 어느 정도 이 학문에 대한 짧은 지식을 갖추고 있는 경우가 많고, 또 실제의 같은 사주의 예를 제시하는 경우도 있다.

"누구와 나는 똑 같은 동갑에 같은 날 태어났는데, 누구는 어찌해서 수십억을 주무르고, 나는 어찌해서 집도 한 칸 없어 요 모양, 요 꼴이냐? 그러니 사주학이라는 것이 천하의 쓸모없는 말장난 밖에 더 되느냐?" 그럴 때는 "니 꼬라지부터 알아라!"란 말이 입 밖으로 튀어나오는 걸 참아야 한다. 그 요설과 쌍판을 보면 집 한 칸은 고사하고, 빌어먹기 딱 좋겠다는 말을 해주고 싶을 때가 많지만 뭐, 대가도 아닌 내가 멱살잡이 당하면 그 분풀이 하느라 죄 없는 술값만 날아갈 게 아닌가?

하긴 다산 정약용 선생 같은 실학의 대학자 같은 양반도 『여유당전서(與猶堂全書)』「甲乙論」에서 "사주는 학문이 아니라 잡술이다."라고 전제하면서, "지금 한나라 무제 이후에 사람이 붙여놓은 명칭으로써 천지의 법칙을 안다면, 또 이 법칙으로써 달(月)을 기록하고, 시를 기록한 다음 사주라 하여 사람의 귀천이 하나 같이 사주의 예에 정해져 있다고 하니, 가령 그 말이 참으로 근거한 데가 있다고 하여도 그 이용하는 것이 그 법과 어긋나게 되니, 이것은 꿈속에서 또 꿈을 꾸는 것과 같은 것이다."라고 하였으니, 그 말의 진의가 사실과 다르다는 실증을 해보이기가 지난한 일이기는 하다.

　같은 사주팔자이면서 신분과 지체의 차이가 비교할 수 없을 정도로 심한 두 사람을 비교할 때 인용되는 설화에 조선조 21대왕 영조와 기생 논개의 동일사주가 등장한다. 1574년 9월 3일생인 논개에 비해 1694년 9월9일생인 영조 임금은 꼭 120년 즉, 60갑자의 두 갑자 뒤에 태어나고, 연월일시의 사주간지가 모두 똑 같은 甲戌年, 甲戌月, 甲戌日, 甲戌時가 되는데, 한 사람은 일국의 왕이고, 한 사람은 천한 기생 출신이었다. 논개는 1593년 임진왜란 중 왜장 게야무라 로구스케를 안고 강물에 투신하여 사망하였으니, 그녀의 나이 겨우 20세였고, 영조는 1776년에 사망하니 그의 나이 83세였으며, 조선조 임금 중에 가장 오랜 재위 기록인 52년을 임금으로 재위하였다.

　두 사람 모두 역사적으로 비중 있는 인물이었고, 이분들은 왕조실록이나 여러 기록을 통해서 이들의 생몰 년대는 거의 정확하리란 것을 알 수 있다. 그러나 필자는 똑같은 甲과 戌이라는 이 여덟 글자만 가지고, 영조는 어떻게 왕이 될 수 있었으며, 그토록 오랜 세월 최고 권좌의 자리에 있을 수 있었는지 또 6명의 아내를 거느리고 80세가 넘도록 장수를 했는지를 설명할 재주가 없다.

　그리고 논개는 왜 머리를 얹어준 남편도 없이 기생이 될 수밖에 없었으며, 그 꽃다운 나이에 양귀비꽃보다도 더 붉은 그 마음으로, 강낭콩 꽃보다도 더 푸른 물결 위에 몸을 던져 산화했는지를 사주학으로 해석해 낼 재간이 없다. 아마도 사주학을 공부하는 학인으로서 아직도 학문의 미숙이 원인이겠으나, 세상에 나와 있는 책에서처럼 두리 뭉실 결과론적 해석을 할 수도 없는 게 아닌가?

　다만 전통 사주학의 이론을 따르자면 이 사주는 천간 甲木과 지지 戌土를 소통시켜주는 火가 통관용신이 되기 때문에 대운에서 용신인

火運이 들어오거나, 불을 생해주는 木運이 들어오면 행운이 대발한다고 되어있는 바, 영조와 논개는 성별이 다르므로 大運이 반대로 달려, 논개가 20세에는 대운이 壬水대운이라 용신인 火氣를 극하고, 게다가 대운 지지가 천간 壬水를 생하니 운로가 급전직하 하는 운인 것이다.

또한 논개가 죽은 1593년 癸巳년도 천간인 癸水가 지지를 극하고, 日支 戌과 원진살(怨嗔殺)을 구성하는 세운(歲運)이므로 결코 길운은 아닌 정도라고 해석할 수는 있겠다. 그러나 그렇다고 꽃다운 나이에 죽음이라니, 그것은 논개의 충절이 의로운 창조적 의지로 나타난 때문일 것이다.

남자와 여자는 대운이 정반대로 달리니 사주가 같다고 운로도 같은 것은 아니다. 영조나 논개와 똑같은 사주를 가지고 최근에 이 땅에 온 사람은 1934년 양력 10월 30일 戌時生이 되겠는데, 지금 70대의 연령이니 얼마든지 살아있을 것이다.

사주는 인생이라는 항해를 하는데 있어서 어떤 항로를 항해해 갈 것인가, 하는 항로표지에 해당한다고 보면 된다. 파도가 심한 항로도 있고, 순항이 예견되는 항로도 있다. 그러나 파도가 높은 바다라고 해도 늘 풍파가 높은 것은 아니며, 비교적 안전한 바다라 해도 마침 그 때가 태풍이 불어오는 계절이라면 결과는 험난한 항해가 될 것이다.

그리고 어떤 배를 타고 얼마나 노련한 선장이 항해하는 배를 타는가에 따라 인생의 항로는 바뀔 것이다. 바로 이 부분, 숙명적으로 가야할 운명의 항로에 후천적 노력인 선택적 창조의지가 더해지면 삶의 결과는 달리 나타나게 된다. 그것은 전술한 것처럼 사주학은 시간적 인자를 우선하는 학문이기 때문이다.

사주학 용어로 대운을 못 만나거나, 때가 아닐 때 무리한 투자를 하면 결과는 그만큼 노력의 성과가 줄어들게 될 것이다. 이처럼 자신은 모든 노력을 기울여 최선이라는 배를 선택했는데도, 그 배가 항속과 출항시점을 잘못 맞춘 배였다면 오히려 순풍을 만난 작은 돛배만도 못한 결과가 될 것이 아니겠는가?

　최선을 다해도 넘어설 수 없는 것은 신의 영역이다. 그런 인생은 보다 넓은 아량과 덕성을 함양하여 다음 생을 기약할 수밖에는 없다. 그러니 '진인사 대천명'이란 말이 나온 것이고, 이러한 대운과 시운이 언제인가를 미리 알아, 항해의 나침판 역할을 해보자는 학문이 사주학이다. 그래서 팔자는 귀신도 도둑질을 못한다고 하지만, 사주팔자는 그 주인공이 태어나 살아가야할 인생항로와 같은 것이어서 부여받은 항로에 더하여, 여러 가지 요인으로 질고액난과 부귀영화가 갈리게 되는 것이다.

　후천적 노력과 창조의지, 풍수여건과 같은 환경적 인자에다, 조상의 업력과 자신의 공덕 그리고 성명의 길흉 관계 등등이 종합적 암시로 작용하여 인생의 결과는 나타나게 된다. 그러니 사주팔자가 같으면 인생의 길흉도 똑같이 나타나야 한다는 이분법적 궤변에는 동의할 수가 없는 것이다.

　앞서 김구 선생의 사주이야기를 하였듯이 사주의 큰 틀은 짜진 행로를 가게 되어 있다. 오래전 모 TV방송에서 이 문제를 다룬 적이 있었다. 크게 출세한 사람의 사주팔자를 확보하고 그와 똑같은 사주의 주인공을 수배하고 보니 한마디로 거지더라는 것이다. 그런데 그 거지가 그냥 거지가 아니고, 있는 사람의 재물을 얻어다가 가난한 사람을 도와주는, 그야말로 거지 중의 우두머리로, 가난한 사람이 우러르는 의로운 거지더라는 것이었다.

　이처럼 사주라는 트랜드는 불가역적 상징성을 내포하고 있다고 보면 된다. 믿거나, 믿지 않는 것은 자유에 속하지만 한마디로 사람을 현혹시키는 믿지 못할 잡술로 매도하는 것은 곤란하다. 그러면 사주팔자가 똑같을 확률은 얼마나 될까? 사주의 시간은 24시가 아니라 12등분으로 2시간을 묶어 같은 시로 보는데, 우리나라엔 두 시간에 110명 꼴로 신생아가 태어나고 있으니, 당연히 이들의 사주팔자는 같을 수밖에 없다.

사주팔자가 같을 확률을 경우의 수로 계산해 보자. 우선 12시각이 다를 것이고, 한 달 삼십일 날짜마다 일진(日辰)이 다르며, 달이 열 두 달로 달마다 월건(月建)이 다르고, 년은 60甲子를 주기로 돌아오니 계산식은 12시 × 30일 × 12달 × 60갑자 = 259,200개가 된다. 그런데 남자와 여자는 대운의 흐름이 정반대이니 남녀 또한 2를 곱해주면 518,400개가 나온다. 여기서 문제가 있다. 산술적 경우의 수를 다 계산했기 때문에 518,400번째 만에는 반드시 같은 사주가 성립되어야 한다는 이야기인데, 실제로는 그렇지 않다. 즉, 60년 만에 똑 같은 사주가 성립되기도 하고 성립되지 않기도 한다는 것이다.

이제는 컴퓨터 만세력이 있어서 기원전의 간지까지도 뽑을 수가 있게 되었지만, 심심할 때 만세력을 한번 들여다보자. 어떤 특정 사주팔자를 가지고 60년 전, 120년 전, 180년 전, 240년 전 이렇게 60년 단위로 추적을 해보면 60년마다 성립되기도 하고, 성립되지 않기도 한다는 걸 발견하게 된다. 그런데 그 성립과 불성립이 제 멋대로가 아니고, 60년마다 연속하여 두 번 성립되고 나면, 다음 60년 두 번은 연속하여 성립되지 않는다.

왜 그럴까? 년은 60갑자이고, 달은 30일이니 순열 교차하는 부분에서 연월일이 같은 사주의 성립은 120년 단위로 돌아오기 때문이다. 그러니 사주의 순환주기는 120년이 된다. 그래서 사주가 똑 같을 확률을 다시 계산해보면 12시 × 30일 × 12달 × 120년 × 2(남, 녀) = 1,036,800개가 되는 것이다.

다시 말하면 반드시 인간은 이 지구상에 태어나면 위의 1,036,800개 속의 하나의 사주팔자에 소속되게 되어 있다. 그래서 나 자신은 1,036,800분의 1에 해당하는 확률로 이 땅에 태어나는 것이다. 따지기 좋아하는 독자라면 두 번 성립되고, 두 번 성립 되지 않으면 + - 0가 되니 당초대로 60년 주기가 아닌가? 반론을 제기할 지도 모르겠으나 어떠한 경우에도 성립되어야 하는 경우의 수에 해당하는 확률은 1,036,800개가 맞다.

⑧ 오주십자(五柱十字)라는 것도 있다

대부분의 사람이 처음 듣는 생소한 용어일 것이다. 연월일시마다 천간과 지지가 있으니 4× 2=8 하여 여덟 글자라서 사주팔자라 하면 되지 무슨 5주10자냐? 사실 사주팔자로만 간명을 해도 정확히만 한다면 매우 유효한 운명의 흐름을 짚어낼 수 있다.

이 오주십자는 사주팔자의 월건 밑에 각각 따라오는 24절기력의 당해 일자상의 간지 하나를 추가로 삽입하여 운명을 풀이하는 것인데, 현재 국내의 학자들 중에 이 방법을 쓰는 명리가는 없는 것으로 알고 있다. 그러나 사주학이 태양계 행성인 지구의 역학관계에 의하여 그 속에 살고 있는 사람들의 운명에 관여한다는 학문이라고 볼 때, 분명히 12절기만의 음양오행 구성인자보다는 24절기로 세분하여 도출된 오행을 기준으로 역학의 상징적 체계를 풀어보는 것이 정확할 것임엔 이론의 여지가 없을 것이다.

그러면 오주십자는 어떻게 조립하는가? 매우 간단하다. 만세력에는 음력으로 그 사람이 태어난 달에 해당하는 월건의 천간 지지가 있다. 즉 입춘, 경칩, 청명, 입하 등 그 달에 해당하는 12달의 월건이 있고 또 보름 뒤에 우수, 춘분, 곡우, 소만, 하지 등의 24절기에 해당하는 날이 있다.[16] 바로 그날의 일진인 천간 지지를 사주의 월주와 일지 사이에 끼워놓고 사주를 감정하는 것이다.

태어난 날이 보름이 되기 이전이면 그 달이 시작한 날의 일진인 천

---

16) 사주학은 절기력(節期曆)에 의존하기 때문에 태음력(太陰曆)의 초하루가 그 달의 시작이 아니라, 지구의 황도가 태양 입사각과 12등분상 직각을 이룰 때를 그 달의 시작이라고 본다.

간 지지를 사주팔자의 월과 일의 중간에 끼워놓고 감정하면 된다. 인간의 운명은 태어난 절기의 영향을 받을 수밖에 없고, 태어난 달의 소속 절기가 놓인 날짜의 일진의 기운인 음양오행 요소도 운명에 작용한다는 논리는 유의성이 있다 하겠다.

그렇다면 현재 12시로 되어 있는 시간도 24로 나누어 검증할 필요가 있지 않은가? 하는 제안도 생길 수 있을 것이다. 당연한 말이다. 한 시간이면 하루 중의 평균기온의 차이도 한 시간 전과 후가 몇 도의 차이가 나게 된다. 그렇다면 방법이 있는가? 6주12자로 보면 된다.

사주의 일과 시 사이에 태어난 시각이 두 시간중의 전반이면 앞 시간의 간지를 끼워 넣고, 후반부면 뒷 시간의 간지를 추가하여 보면 된다. 내용이 핵심을 좀은 벗어났으나, 아무튼 운명의 변화는 절후가 드는 날의 일진의 영향도 받는다고 볼 때, 여덟 글자가 아닌 열 글자 상호간의 운명적 역학관계를 추측하면 더욱 정밀하고 판단의 오차도 줄일 수 있을 것이다.

필자는 까다로운 사주나 운로의 흐름이 사주의 원국과는 이해할 수 없는 방향으로 흐르는 등의 특수한 사주의 감명시 이 오주십자를 원용하고 있다. 그러나 이 오주십자에 대하여는 연구와 검증이 결여되어 있고, 본서에서는 우선 사주학에만 치중하기로 하였거니와 이 부분은 다음 기회의 몫으로 남겨두기로 한다.

는 것은 아니다. 다만 같은 사주를 가지고 태어난 사람의 인생의 큰 행로는 많은 공통점을 가지고 살아가게 되는데, 예를 들어 제왕과 재상의 사주를 가진 사람이라면, 그가 불리한 시대에 태어나 거지가 되었다 해도, 거지 중에서도 왕초 거지 짓은 한다는 것이다. 그렇다면 인간은 몇 명중에 한사람 꼴로 똑 같은 경우의 사주팔자가 탄생하는 것일까?

　이를 사주상의 경우의 수라 할 수 있겠는데, 앞장에서 다룬 공식(12시 × 30일 × 12달 × 120년 × 2(남, 녀) = 1,036,800개)처럼, 반드시 인간은 이 지구상에 태어나면 위의 1,036,800번 째 만의 하나의 사주팔자의 경우에 소속되게 되는 것이다. 그래서 나 자신은 1,036,800분의 1에 해당하는 확률로 이 땅에 태어나는 것이다.

☺ 학문하는 자세를 위한 격언
　　　「거거거중지 행행행이각(去去去 中知 行行行 裏覺)」
"가고가고 또 가는 중에 알게 되며, 행하고 또 행하는 중에 깨닫게 되나니, 끈기와 인내로서 배움의 길을 가라."는 뜻이니 즐거운 생각으로 다음 장으로 나아가자.

⑨ 사주추명의 적중률은 얼마나 될까?

　계량화와 수치화를 좋아하는 현대인들에게 여기에 대한 답을 제시해 주는 것은 당연한 순서일지 모르겠다. 그러나 어떠한 수치를 제시하면 적당히 수긍을 할지 우선 막막할 따름이다. 모든 통계가 유의성을 가질 수 있는 커트라인이 50%≦보다 무조건 크다고 보면 소가 쥐를 잡듯 하는 추명이 아니라 절대치가 인정되는 결론이 나와야 할 것이다. 그러나 객관식 문제를 풀 듯, 추명의 결과를 '맞다'와 '안 맞다'로 유형화 한다는 것이 어렵고, 받아들이기에 따라서는 맞는 것도 같고, 틀리는 것도 같은 게 이 학문이기도 하니, 단적으로 몇%의 적중률이 있다는 것 자체가 무의미한 일일지도 모른다.

　더러 기존의 문헌과 저술들에서 간혹 사주학은 몇%의 적중률을 자랑한다는 사족을 단 것을 보았는데, 연월일시가 정확하고 정확한 학문에 입각하여 사주를 본다면 보통 70%의 적중률이 있더라는 설이 많았다. 매우 후하게 봐준 느낌이다. 실제로 필자의 주변에 살아온 과정과 현재의 상황을 잘 아는 여러 명의 사주를 놓고 간명을 하여 과거사와 견주어보았을 때, 대충 70%에 가까운 유의성 있는 적중률이 나오는 게 이 사주학이었다.

나머지는 왜 틀리는 결과가 나오는 것일까? 그것은 전술한 바와 같이 업력과 풍수적 조건 그리고 성명이나 후천적 창조의지에 기인한다고 보아야할 것이다. 그렇지 않다면 사주팔자의 정보가 잘못되었거나 감정자의 판단접근이 잘못된 경우도 있다. 실제로 지난날에는 태어난 시간이 부정확한 경우가 매우 흔하였다. 한밤중, 닭 울 때 등으로 알고 있는 경우가 많은데, 사주감정에 있어 시간의 요소는 매우 중요한 인자이다.

애매한 시간을 잡는 통계적인 방법도 있으나, 두 시간씩 끊어서 몇 개의 사주를 놓고 그 사람의 지난 과거사와 용신 및 대운 등을 비추어 결과에 근접하는 사주를 택하는 감정의 기술도 필요하다 하겠다. "어떤 역술가는 과거는 잘 맞추는데, 미래사는 지나고 보니 도통 맞지 않더라."는 말들을 가끔 듣는다. 과거사의 일들이 맞았다면 미래의 흐름을 짚은 것도 맞게 되어있다. 그러나 인생 자체의 큰 흐름은 그렇게 지도가 그려졌더라도 자신의 선택적 자아와 창조적 노력으로 운명은 확연히 달라질 수 있기 때문에 무의미하다는 일괄매도는 곤란하다.

미래에 예정된 발생을 예측하는 유형의 경우는 세 가지로 나눌 수 있겠다. 첫째, 예측 가능한 확실한 미래, 이를테면 모씨의 나이가 현재 40살인데, 10년 후에는 50살이 될 깃이라는 불확실성이 배제된 확정예측. 둘째, 타율이 3할인 타자가 다음 타석에 들어서서 안타를 칠 수 있는 추정확률예측. 셋째, 전혀 불확실한 미래로서 예컨대, 평범한 부부생활을 하고 있는 내 친구가 어느 날 갑자기 아내와 이혼할, 전혀 엉뚱한 불확실 확률예측 등이다.

그러면 사주학의 미래예측은 어떤 유형에 해당될까? 사주학은 확실한 미래를 예측할 수 있는 시스템이 아닌 만큼 "누구누구는 서기 몇 년도에 죽는다."라고 단정할 수 있는 것이 아니고, 3할 대의 안타를

치는 야구선수가 안타 없이 네 번째 타석에 들어섰으니 다음 타석에
는 안타가 나올 것이라고 예측하는 것처럼, "이 사람은 어떤 자질과
사주상의 특질을 가지고 태어났기 때문에 대운이 용신운으로 흐르는
서른다섯 살부터는 인생에 행운의 대박이 터뜨려질 것이다."와 같은
추정확률예측을 할 수 있는 것이다.

부연하거니와 사주학을 공부하다가 죽었다 깨어나도 절대로 인간사
운명의 흐름을 100% 적중시킬 수 없고, 또 그렇게 되어서도 안 된다.
이미 확정된 인생의 운명이라면 무슨 노력을 한들 바뀔 수 있는 것이
아닐 것인 바, 좋게 태어났다면 어떠한 악행과 만용을 부려도 성공할
것이며, 나쁘게 태어났다면 아무리 선행과 최선을 다해도 참담한 좌절
을 겪게 될 것이 아닌가? 미래의 거울을 보듯 들여다 볼 수 있는 것이
사주학이라면 이 세상 모든 사람들이 사주에만 매달리면 될 것이 아
니겠는가?

⑩ 사주학의 난제, 사주로 풀 수 없는 것들

지금까지 사주학의 근본원리와 역학적 사유체계 그리고 운명의 변
화를 예측하는 시스템의 본질에 대해서 알아보았다. 필자 딴에는 제법
유식한척 철학적 사유가 어떻고, 음양오행의 기호체계가 어떻고 지껄
여댔지만, 별로 기억에 남는 것은 없으리라 믿는다.

잠시 웃고 넘어가자는 이야기지만, 원래 명저는 안 읽어도 읽은 듯
하고, 읽어도 읽지 않은 듯한 것이라 하지 않던가? 그런 점에서 이 책
은 매우 명저(?)에 가까이 간 듯한 느낌이 들지 않는가?

아무튼 사주는 태어난 연원일시의 시간적 인자에 해당하는 태양계 행성
의 공간적 역학관계를 음양오행이라는 기호체계를 통하여 유추하여 운명을
해석하는 것이라 배웠다. 참 말이 쉽지, 사람의 운명을 글자 여덟 개
가지고 풀어내기가 어디 쉬운 일이겠는가? 다음 장에서 실제로 사주

팔자 푸는 구체적 방법론에 대하여 공부하겠지만, 사주학은 인생의 큰 흐름을 짚어보는 것이다.

태어난 날의 일간을 나 자신으로 보고, 나머지 일곱 글자 상호간의 강약, 온냉, 상생, 상극 따위를 규명하여 일생의 오아시스라고 할 수 있는 용신(用神)을 정하고 부모, 형제, 자식, 배우자, 직업, 부귀와 건강, 길흉, 명예 같은 요소들의 라이프 사이클을 10년 단위로 감정하며, 그 하위에 한 해, 한 해의 길흉을 예측하기 때문에 삶의 현미경이라기보다는 망원경과 같은 것이라 보는 것이 옳을 것 같다.

좋은 운일 때는 더욱 미래를 위한 준비를 하게하고, 흉운일 때는 은인자중 때를 기다릴 줄 알게 하여, 취길피흉으로서 저마다의 인생을 건전한 행복으로 가자는 것이 이 학문의 목적인 것이다. 그래서 사주학은 즉각적이고 속답을 요하는 사안들을 점칠 수 있는 학문이 아니다. 물론 굳이 일간과 일진을 대비하여 당일의 운세를 단식으로 판단하는 방법이 있으나, 즉답을 요하는 사안은 사주학이 아닌, 주역점이나, 매화역수, 육임과 기문, 자미두수 또는 무당의 신점 같은 구체적 사안에 대한 즉석답안 제출이 가능한 분야로 보아야 한다.

오늘 내가 이 돈으로 건설주에 투자하려고 하는데, 이것이 옳은가? 또는 오늘 매매계약을 해야 하는데 잘 성사될 것인가? 같은 물음의 답을 사주학은 결코 줄 수 없다는 것이다. 그리고 사주추명으로 부자의 사주와 관리로서 출세할 수 있는 사주를 읽어낼 수는 있으나, 그의 재산이 몇 백억 얼마에 이를지 또는 벼슬이 차관보냐, 차관이냐, 장관이냐 어디에 달할지, 등의 구체적 사안에는 명쾌한 답안을 제출할 수 없다.

또한 사주추명에 빼놓을 수 없는 것이 각종 길성과 흉성이긴 하지만, 대부분 일간이 무엇일 때 어떤 간지는 어떤 길흉에 해당한다고 하고 어떤, 어떤 일간은 어떤 살에 해당한다고 되어있다. 그렇다면 같은 일간지를 가진 사람은 분명 인구 60명 중에 하나의 확률을 갖고 있을 터, 우리나라엔 대충 백만 명에 가까운 사람이 같은 길흉성을 달고 살아야 한다는 결론이 된다.

　문제는 또 있다. 대형교통사고나 매몰붕괴 사고로 수 백 명이 동시에 목숨을 잃은 경우, 이들의 사주상의 암시에서 최악의 흉운을 유추해 낼 수 있는 공통점을 발견할 수 있을까? 6.25때 부대원 전원이 전사한 전투도 많았을 것인데, 그 사망한 부대원들의 사주상의 암시가 청춘의 죽음을 단정할 수 있는 공통점이 있었을까? 등 여전히 불신의 늪으로 빠져 들어가는 사주학을 명쾌한 논리로 구제해 줄 수 있는 방도가 필자에게는 솔직히 없다.

　기존의 일부 저술에서 사주학을 마치 만능의 손처럼 과장하여 어느 날, 어느 시에 생명을 잃고, 언제 입원을 하거나, 교통사고를 당한다는 것도 알 수 있다는 등의 오류를 읽은 바 있다. 많은 역학서적의 저자가 자신의 감정 사례를 구체적으로 소개하면서 상담사례를 인용[17] 하는 과정에서 기 출간된 서적에서 전재한 것을 마치 자신이 모든 결과를 읽어낸 것처럼 소개한 글도 읽은 바 있다.

　다시 말하거니와 사주학으로는 어떤 사람이 사망하는 일자와 시간 등을 알아낼 방도가 없고, 그렇게 될 수도 없다. 그런대도 그런 감정을 했노라고 하는 사람이라면 아마도 용신이 墓에 들어가는 대운 중 당해 1년의 세운이 일간과 각각 형충 되고 또 월과 일이 모두 흉성으로 이루어진 데다, 사주학에서 흉살로 치는 백호대살 같은 살이 또다시 중첩되는 것 등의 암시를 읽었기 때문일 것 같은데, 그런 경우는 중대한 일신상의 액운이 찾아온다거나, 건강과 생명이 위태롭다고 판단할 근거가 되기는 하지만 그렇다고 해서 한 사람의 불행의 단면을 마치 기정 사실인양 겁을 주는 것이야말로 혹세무민이라 할 것이다.

---

17) 시중에 나와 있는 사주학 서적 중에 저자가 다른 두 책에서 똑같은 3형제와 홀어머니의 기구한 사주를 감정한 구체적 사례를 읽은 바 있다. 물론 피감정자가 이곳저곳 두 저자의 철학관을 복수로 다녔을 수는 있겠으나, 판단의 접근방식과 내방자의 사연을 전개함에 있어 그처럼 호흡이 같다는 것에는 고개를 갸웃하지 않을 수 없었다. 구체적 저자와 책의 제목은 밝히지 않기로 한다.

전술한 것처럼 인생의 흐름이 어디 일사불란하게 사주학의 논리대로 움직여 준다던가? 우연히 아주 우연히 그 시나리오대로 결과가 나타날 수도 있겠으나, 사주학은 그러한 단면을 감정해주고 자신의 입장이나 이익을 추구해서는 안 된다. 사실 사주학은 학문 자체에 내포된 모순도 많이 안고 있다.

예를 들면 사주풀이의 핵심이랄 수 있는 용신의 기준도 과학적 측정방법이 공식적으로 확보된 것이 아닌 만큼, 주관적이고 개연적인 판단이 자리할 소지가 많고, 수 수 백 개에 달하는 살성과 격국을 어디까지를 적용하고, 안 할지에 대한 기준도 전혀 없는 것이 사주학이기도 하다. 그리고 육친의 적용에 있어서도 사주내의 육친상호 간의 작용관계를 보아 아버지를 상징하는 재성이 극히 미약하고, 형(刑)과 극을 심하게 받거나 생조(生助)해 주는 기운을 받지 못하면 해당 육친성인 아버지가 단명하거나, 병약 또는 무능한 일생을 산다고 이 분야의 고서에서는 일관되고 전하고 있다.

그렇다면 그 아버지의 여러 아들 모두에서 그러한 사주상의 암시가 나타나야 하는데, 실제로 형제간의 사주가 모두 같거나 비슷 하란 법도 꼭 있을 수 없는 일이 아닌가? 부부만 해도 그렇다. 배우자를 상징하는 해당 궁과 육친성이 아주 좋은 남자가 있다고 하자. 그렇다면 그 남자는 어떤 여자를 만나도 행복한 것일까? 결론은 '아니올시다' 이나. 그런 남자가 상대적으로 더 안정된 결혼생활을 하는 것은 사실이지만, 어떤 여자를 만나느냐에 따라 결혼운이 달라진다.

부부의 사주가 서로 충돌하거나, 내가 필요로 하는 용신이 배우자에게는 원수 같은 기신이 되면 어찌될까? 그래서 '궁합'이라는 용어가 사주학 내의 한 장르로 탄생되었지만, 이 문제에 대해서도 학설이 구구하다. 이미 결혼운은 타고난 것이기 때문에 궁합을 본다고 해도, 배우자 운이 나쁜 사람은 결코 좋은 배우자를 만날 수 없다는 설이 있는가 하면, 궁합은 부부상생의 조화를 보아야하기 때문에 꼭 필요하다는

설이 있다.18)

많은 사주이론이 후자처럼 궁합을 비중 있게 다루고 있다. 그래서가 아니고 필자는 궁합이라는 이론은 필요한 것이라고 못을 박는다.

사주학은 조화예정을 전적으로 읽어낼 수 없다. 그렇기 때문에 자신의 선택적 의지와 좋은 노력은 매우 의미 있는 것이라 할 수 있다.

내 팔자는 마누라 복이 넘치기 때문에 아무나 오는 대로 맞아도 잘 살 것이라는 발상은 얼마나 곤란한 것인가? 혹자는 반론을 펼 것이다. "어디 배우자라는 인연이 내가 원한다고 이루어지더냐? 선을 백 번 보아도 곰배팔이와 결혼하게 되더라. 그러니 그것도 다 운명적으로 오더라." 맞는 말이다. 제 눈에 안경이라고 아름답고, 착하디착한 여자 다 제쳐두고 부엉이 같은 여자에게 첫 눈에 뿅 가서 사랑한다며, 살자고 목을 매는 남자가 어디 한 둘이던가?

그런데 어디 한번 살아봐라! 결혼이 어디 사랑과 꿈만 먹고 살 일이던가? 세상사 모두가 상대적이고 연기적(緣起的)이지만, 특히 부부는 상호보완적이면서 상생의 기운으로 이루어지지 않으면 안 된다. 서로가 첫사랑에 불이 붙어서 목숨 걸고 결혼하겠다는 쌍이 아닌, 어차피 생면부지의 사람 중매로 만난다면 서로의 운기에 길작용을 하는 배우자를 선택해야 한다. 가뜩이나 이혼공화국이라는 오명이 붙은 나라에서 평생 처음으로 결혼 한번 해 본 것이 하늘도 야속하시지, 독사 같은 마누라나, 백수의 화신 같은 서방님 잘못 만나, 죄 없는 호적부를 칼라로 도배할 일은 없어야하지 않겠는가?

아무튼 지금부터는 사주학에 대한 고정관념을 버리고 좀 더 전반에 대한 사주의 실체에 접근해 보자. 사주학은 만능도 아니고, 그렇다고 천하에 무의미한 삿된 잡술은 더더구나 아니다. 정답은 사주학은 인생

---

18) 앞의 논리는 『운명을 팝니다』 정대엽, 우석출판사 1997을, 뒤의 논리는 『사주정설』 백영관, 명문당 1993, 및 『실천 사주해설』 추송학, 생활문화사 1996 등을 참고하기 바람

의 타고난 그릇과 큰 흐름을 예견하여, 자신의 분수를 알고, 인생의
행로에 긍정적 노력을 기울여 안분자족 하면서 착하게 살자는 것이
사주학의 지향점이고, 궁극의 목적인 것이다.

⑪ 서양인의 팔자도 동양인과 같을까?

앞에서 사주는 시간적 인자를 우선으로, 시공의 인자가 올실과 날
실처럼 짜여 인간의 길흉의 운명으로 나타난다고 하였다. 원래 시간과
공간은 둘이면서 하나인 것인데, 그래서 색즉시공, 공즉시색이라고 부
처께서 작심하고 말씀하신 게 아닌가? 여기에 선천이라는 시간적 인
자와 후천이라는 공간적 인자가 어우러져 운명의 행로는 결정되는 것
이라 할 수 있겠다.

그렇다면 지금 이 시간 같은 시간대에 대한민국 서울에서 태어난
아기와 아프리카 최빈국 소수부족의 한 일원으로 태어난 아기의 인생
행로의 체감 운명지수는 과연 같을까? 하는 문제를 생각해 보자. "같
은 시간에 태어났으면 당연히 사주팔자도 같고, 일생의 길흉도 비슷하
게 나와야지, 그렇지 않다면 그게 무슨 체계 있는 학문이라 할 수 있
겠나?"

일견 보기에는 그럴듯한 주장이지만, 그러나 잠시만 참고 다음 설
명을 읽어주시기 바란다. 지금 이 책을 읽고 있는 바로 이 순간, 똑같
이 으앵-- 하며 고고지성을 울린 아기라 해도 한국의 아기와 지구 반
대편 미국 아기의 사주는 전혀 다르다. 지금 이 아기들이 태어난 시각
이 서울은 한낮이라면, 미국의 아기는 한 밤중이 된다. 서울의 아기는
정오의 이글대는 태양의 기운을 받고 태어났으며, 미국의 아기는 한 밤
중의 수렴되고, 이완된 천기를 받고 태어난 것이기 때문이다. 지구의
자전은 세계의 일시를 남태평양의 서사모아 제도와 북태평양의 리어제
도를 세로(수직 세로선은 아니다)로 연결하는 경도 180° 선의 일부변

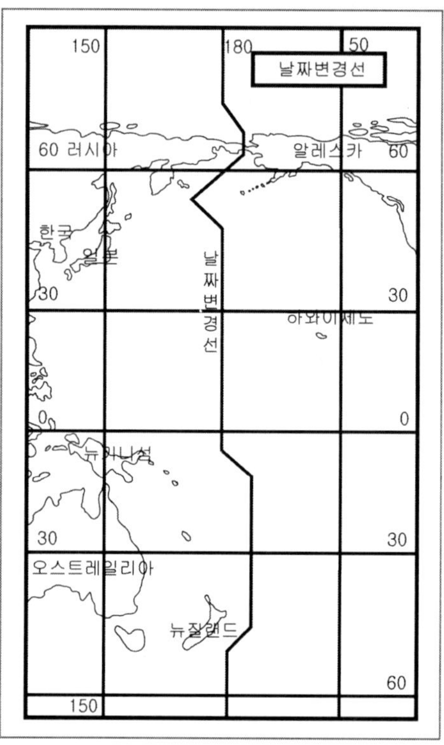

[그림 7] 일부변경선

경선을 중심으로 하여 바뀌게 한다. 지구의 공전은 세계의 계절을 적도를 중심으로, 적도와 남북극은 사계를 거의 일정하게 하고, 남북반부는 서로가 반대의 현상을 보이면서 사계절의 변화를 달리하게 한다.

따라서 적도지방의 사람과 남반부의 사람 그리고 북반부 사람의 팔자는 당연히 달라질 수밖에 없고, 계절의 조후를 심도 있게 검토하는 사주학의 성격상 이들의 사주를 우리식 간지를 끌어다 붙여서 사주를 추명 한다는 건 불가능한 일이다.

설령 서양인의 계절 절기에 맞는 만세력이 있다면 모를까, 서력 태양력만을 고집해온 그네들에겐 죄송하지만 사주를 봐줄 수 있는 근거가 전혀 없다. 어떤 친절한 봉자 씨 같은 역학자가 저술한 책에는 세

계의 유명인들의 사주를 소개하면서 존 F 케네디 대통령의 사주를 제
시해 놓고, 그의 용신이 무엇이며, 암살당한 해가 대운 및 세운이 모
두 묘(墓)에 해당하고, 일간과 대운, 세운이 나란히 삼형살을 구성하는
데, 흉신인 金기가 왕하게 준동하는 운이라 금속인 총알에 죽음을 맞
았다! 라며 결과론적 해석을 한 것을 보았다.

　아마 케네디 대통령의 양력 생년월일을 음력으로 환산하여, 사주
간지를 뽑았을 것이고, 나아가 그 저자가 좀 더 치밀한 학자라면 미국
현지시간과 한국시간을 감안하여 우리식 간지를 세웠을 것이다. 그러
나 출생 시 하나만 틀려도 판이한 일생을 살아가는 경우가 많은 것이
사주인데, 미국 내에서도 서부와 동부의 일시가 틀리고, 남부와 북부
의 계절이 또한 상이한 나라에서 태어난 사람의 사주를 그렇게 정확
히 본다는 자체가 어불성설이 아닐 수 없다.

　그러니 만약 미국 캔터키 주에서 태어난 사람이 사주를 좀 봐달라
고 찾아온다면 나는 그런 것 볼 줄 모른다고 하고, 막걸리나 한잔 대
접해서 돌려보내면 된다. 미국 시간을 한국시간으로 환산을 하여 사주
팔자를 우리의 만세력으로 뽑을 수는 있겠으나, 그 시각 미국의 태양
계 행성이 작용하는 기운이 한국과는 낮과 밤이 서로 다르고, 음양오
행의 기(氣)도 제 각각 다르게 운행되고 있으므로 동양의 역의 원리를
적용할 수는 없는 것이다.

⑫ 시간을 잃어버린 민족 아! 대한민국

– 같은 날 같은 시에 태어나도 출생지에 따라 팔자가 바뀔 수 있다

　한반도는 대체로 동경 126°에서 130°상에 걸쳐있다. 경도가 서쪽으
로 1°씩 기울 때마다 시간으로는 4분이 늦어진다. 그만큼 서쪽으로 갈수
록 해가 늦게 뜬다는 말이다. 따라서 동해안 구룡포와 서해안의 태안
반도는 적어도 14분 정도의 차이가 발생하게 된다. 따라서 2시간 간격

으로 시간지가 바뀌는 경계점에 태어난 아기는 같은 우리나라라 해도 태어난 지역이 어딘가에 따라 시간지가 바뀔 수도 있는 것이다.

물론 사주는 태어난 월만 해도 월초냐, 중순이냐, 월말이냐에 따라 달의 기운이 전월의 영향을 많이 받기도 하고, 순수한 당해 달의 영향을 전적으로 받기도 하므로, 경계점에 태어난 시간에 해당되는 사주도 글자만 바뀌었다고 성질이 완전히 별개가 되는 것은 아닌데, 이에 대해서는 뒤에 다시 설명할 것이다.

아무튼 우리나라는 지금 경도 135° 자오선을 기준한 동경표준시를 사용하고 있다. 원래 우리나라에는 우리나라만의 시간이 있었지만, 을사보호조약으로 일본 동경시를 쓰게 되었다. 그러다가 해방 후 이승만 대통령이 우리의 시간이 일본시간임을 알고, 1954년 음력 2월 17일 子時를 기하여, 원래의 한국 표준시간으로 환원하였으나, 5.16 군사혁명정부 시절 오키나와 주둔 미군의 작전타임과 연계해 1961년 음력 6월 29일 子時부터 동경표준시로 우리의 시간주권을 다시 넘겨버렸다. 시간 없는 민족이 된 것이다.

따라서 1954년부터 1961년 사이에 태어난 사람은 한국의 시간을 그대로 가지고 태어났으나, 그 이후부터는 서울을 기준으로 하면, 동경과는 약8°의 경도차이가 나고 이를 시간으로 계산하면 32분의 오차가 발생하게 된다. 그러니 우리가 사용하는 현재 시각이 12시 정각이면 실제로는 11시 28분이므로, 동경 표준시를 사용하는 때에 태어난 사람의 출생 시는 32분을 빼고 계산하여 간지를 잡아야 한다.

그러니 우리들이 어릴 때 들은 귀신 이야기로는 어김없이 벽에 걸린 괘종시계가 밤 12시에 12번 종을 치면 멀쩡하던 촛불이 꺼지고, 어디서 불어오는지도 모를 바람이 몰아치면서 흰 소복에 머리 푼 귀신이 나타나곤 했으니, 대한민국의 귀신은 팬 서비스도 완전히 엉뚱한 시각에 해버린 셈이다.

어느 나라건 지구의 자전에 의해 태양의 지표 입사각이 직각에 가장 가까운 시점이 정오가 되는 것이다. 따라서 우리나라는 서울 기점 (정확하게는 동경 127°30″이다) 12시 32분경이 바로 정오가 된다. 그러나 역학계에서 이 표준시간이 공론화 된 것이 그리 오래되지 않았다. 그러니 그동안 이를 무시한 채 사주를 보았다는 이야기인데, 적지 않은 분들이 고작 여덟 글자 중의 두 글자를 엉터리로 보고도 우리나라에 그토록 많은 자·타칭 도사들이 있었다는 게 신기할 따름이다. 그리고 우리나라는 1988년, 88올림픽 하던 해를 마지막으로 그 이후에는 실시되지 않았지만, 서머타임을 부분적으로 실시하였었다. 일광절약 시간제라고도 하는 서머타임은 해가 긴 여름철에 좀더 일찍 일과를 시작하여 빨리 마침으로서 전기 등 에너지를 절약하고, 개인의 많은 여가시간도 보장해 주자는 취지인데, 거창한 취지에는 동정의 여지가 있지만 생체리듬이나 역학철학의 차원에서는 결코 바람직하지 못한 제도였다.

원래 서머타임의 발상은 1784년 미국의 벤저민 플랭크린이 양초를 절약하기 위한 방안으로 제시되었던 제도이다. 2009년 현재 세계 84개국에서 서머타임을 시행하고 있고, OECD국가 중에는 우리나라와 일본, 아이슬란드를 제외한 전 회원국이 이 제도를 실시하고 있다고 홍보하면서 연간 1,300억 원의 예산을 절감할 수 있다며, 우리나라도 시행을 해야 한다고 주장하고 있으나, 우주의 순환원리로 찾아오는 계절적 요인을 인위적으로 바꾼다는 것은 자연스러운 생체리듬에 역행하는 처사라 아니할 수 없다.

아래의 [표 6]에 그동안 실시한 서머타임의 시간과 기간을 기록하였으니 그 시기에 태어난 사람의 사주를 구성할 때는 본래의 시간과 동경표준시 등을 모두 감안하여 사주를 조립하여야 한다. 태양계 행성 상호간의 역학작용으로 결정지어져야할 사주학이 알고 보면 잘못된 시간지를 세워놓고 보는 경우가 많기 때문에 앞으로 사주를 구성할 때는 반드시 검토하여야 할 사항이다.

구분 년도	실시기간 (양력기준임)	
	시침을 1시간 앞세움	시침을 1시간 뒤돌림
1948년 戊子年	5월 31일 자정부터	9월 22일 자정까지
1949년 己丑年	3월 31일 자정부터	9월 30일 자정까지
1950년 庚寅年	4월 1일 자정부터	9월 10일 자정까지
1955년 乙未年	5월 20일 자정부터	9월 29일 자정까지
1959년 己亥年	5월 3일 자정부터	9월 19일 자정까지
1960년 庚子年	5월 10일 자정부터	10월11일 자정까지
1987년 丁卯年	5월 10일 새벽3시부터	10월10일 새벽 3시까지
1988년 戊辰年	5월 8일 새벽2시부터	10월 7일 새벽 2시까지

• 1948년 5월 31일 0시가 되면 시침을 01시로 맞추고, 같은 해 9월 22일밤 12시가 되면 다시 1시간 뒤돌려서 밤 11시가 되도록 하였으니, 이 기간 중에 태어난 사람의 사주는 1시간을 빼고 사주를 세워야 한다.

⑬ 재미난 이야기 사주팔자에 얽힌 설화

수 천 년 인간사의 길흉을 예측·판단하는 도구로 민간에 회자되어 온 사주학은 그만큼 무성한 이야기 꺼리를 후대에 전하고 있다. 수양 대군을 도와 계유정난의 공신이 된 칠삭둥이 한명회가 12지를 이용하여 다가올 운명을 예측했다하는 "이 손 안에 있소이다."란 문구가 안 방극장의 사극 드라마를 타고 유행한 적이 있었는데, 민간에서도 간단한 손가락의 마디를 짚어 즉석에서 문점자(問占者)의 길흉을 알아내는 당사주가 있었다.

지금도 칼라로 된 당사주 보는 책이 꾸준히 팔리고 있고, 육교 위에서 낚시의자에 앉아 지나가는 사람을 호객하는 자칭 도사나, 사이비 역술가들 사이에는 이 방법이 여전히 주요한 간명도구로 사용되고 있는 실정이다. 사주추명은 만세력이 없이는 불가능한데, 이 당사주는 그냥 손가락으로 짚으며 12지의 마디에 떨어지는 운명의 길흉을 판단하는 것이라, 그 정확도와 개연성을 의심할 수밖에는 없지만, 고도의 철학적 접근을 해야 하는 사주학에 비해 간단한 규칙만 익힌다면 누구나 쉽게 풀어볼 수 있다는 점에서 오랜 세월 민중의 역술로 자리매김하여 왔다.

우리 한국인의 팔자관은 유별난 데가 있었다. 철저한 신분제 사회였던 지난 역사에서 벼슬을 하고, 부와 명예를 쌓는 일은 천출로 태어난 백성들에게는 거의 불가능한 일이었을 것이다. 그래서 한국인에게 있어 팔자는 생래적으로 부여받은 숙명적 불가침의 영역이었으며, 고난에 처한 자신의 처지를 스스로 위안하고 체념하는 카타르시스가 되었을 것임도 쉽게 생각해 볼 수 있다.

어떤 개그맨은 심청이 인당수에 뛰어내릴 때 치마를 덮어쓴 이유가 명품 팬티를 입고 있었기 때문이라 하더만, 『심청전』에서 심청은 인당수로 팔려가면서도 이런 말을 남긴다. "부녀간에 천륜을 끊고 싶어 끊어지며, 죽고 싶어 죽어지나이까? 화액을 당함은 팔자소관이고 생사가 한이 있사온 즉 자식 된 도리로 생각하면 천명이라 어쩔 수 없나이다…" 선택한 죽음이지만 팔자로 돌리고 있는 것이다.

어쩔 수 없이 받아들일 수밖에 없는 체념, 그것이 천명적인 것이라 믿을 때, 죽음조차도 두렵지 않은 차원으로 승화될 수 있었으리라. 그것이 우리 민족의 팔자관이다. 우리 한국인의 영원한 고전인 『흥부전』에도 놀부가 동생 흥부를 내쫓으면서 "이 놈 흥부야! 잘 살아도 내 팔자요, 못 살아도 내 팔자니 형을 어찌 허구한 날 뜯어먹고 살려 하느냐? 잔말 말고 어서 썩 나기기리!" 형인 네기 잘 사는 것도 팔자요, 동생인 네가 못사는 것도 팔자니 체념하고 받아들이라는 것이다.

또 흥부와 놀부가 죽어서 염라대왕 앞에 갔다. 염라대왕이 두 사람 앞에 꿀통과 똥통을 하나씩 갖다놓고 놀부더러 어느 통에 들어가겠느냐고 묻자, 욕심 많은 놀부가 얼른 먼저 꿀통에 들어가겠다고 하여 어쩔 수 없이 흥부는 똥통으로 들어갈 수밖에 없었는데, 통에서 나온 두 사람을 향해 염라대왕은 서로의 몸을 혀로 핥아줄 것을 명하자, 그때 놀부 왈 "아이고 내 팔자야!"였대나?

어김없이 팔자가 운운되는 때는 좋은 환경에, 순풍에 돛을 단 것 같이 잘 나갈 때가 아니고, 지지리도 어렵고 비통한 상황일 때 자주 인용되는 조건인 것이다. 잘되면 내 탓, 못되면 조상 탓이란 말이 있듯이, 성공하고 출세한 사람이 사주팔자가 좋아서 부자가 되고 출세를 하였다고는 생각하지 않는 법이다.

고등고시에 합격하거나 국회의원에 당선된 사람이라면 하나같이 자신의 칠전팔기의 노력과, 지역구 관리를 탁월하게 한 자신의 능력이라 치부하면서도, 낙방을 하거나 사업 실패 등의 쓴잔을 들고나면 팔자를 타령하게 되는 것이다.

중국 전국시대의 도가(道家) 사상가인 열자(列子)도 부귀빈천과 수요장단이 사주팔자에 미리 정해진 것이지 사람의 재능에 있는 것이 아니라고 하였다. 한편 『장화홍련전』에서는 장화의 팔자가 기박하여 칠세에 모친을 여의었다고 적고 있고, 벽초 홍명희의 『임꺽정(林巨正)』에는 특히 사주에 관한 스토리가 많이 등장한다. 조선 중종 대에 김륜이라는 용한 사주가가 등장하는데, 그에게 부관참시 당한 김종직의 사주를 내밀자, 벌써 두 번 죽은 사람의 사주임을 맞췄고, 장난삼아 집에서 키우는 개의 타고난 연월일시를 귀한 집 아기의 사주라며 속이고 보이자, "세 살 되는 해에 박살을 당하고 사지를 찢길 모양이니 지체 높은 집 아기일 리는 없고 아무래도 육축의 새끼가 아닌가 합니다."라고 사주를 풀이한다.

아무리 역사적 사실에 근거한 소설이긴 하지만 사람의 길흉을 역의 논리로 연구된 사주학이 짐승에게도 통한다니 아연 실색을 금할 수 없는 일화라 하겠다. 이처럼 사주에 얽힌 설화는 풍수설화와 더불어 한국인의 기층사상(基層思想)에 심대한 영향을 미친 채 민중에 회자되어 왔다. 이는 절대적 불가침 영역에 대한 경외사상이며, 순천적(順天的) 삶을 지고한 가치덕목으로 여겨온 한국인의 순천사상의 일단을 보여주는 것이라 할 것이다.

⑭ 결국은 마음일 뿐 완전히 결정된 운명은 없다

지금까지 우리는 사주학에 좀 더 가까이 가기 위한 오랜 몸 풀기 여정으로, 역의 정의에서부터 '나'라는 존재의 역학적 의미와 역의 원리 및 역사 그리고 사주학의 근본문제와 본질 등에 대해 긴 항해를 해 온 셈이다. 험한 세상에 도사 한번 되어보려다가 구체적 술법을 익히는 본론에 들어가기도 전에 지레 항복을 한 독자는 없을지 모르겠다.

지금까지의 철학적 논리와 기본개념에 대한 정립은 필자로서는 반드시 전하고픈, 명리학자들이 지녀야할 소양과 정신적 자세에 대한 당부의 메시지이다. 물론 이를 몰라도 제2부의 이론만 잘 숙지한다면 사주를 세우고, 운명을 추명 하는 구체적인 방법론을 습득할 수는 있다.

그러나 우주의 근본질서를 원용하여 정립된 고도의 학문인 사주학이 가뜩이나 사술(邪術)이나 미신으로 매도되는 작금의 분위기 탓에 학문 본래의 자리매김을 받지 못하고 있는 현실을 감안할 때, 본 학문의 길로 들어선 분들이 보다 확고한 철학적 가치관을 확립할 것을 당부하고자 하는 일념이 긴 논지로 이어진 점 양해를 구한다.

정말이지 사람의 운명을 감정한다는 일은 심히 어렵고 두려운 일이기도 하다. 한마디 말이 사람을 절망의 구렁텅이로 내몰기도 하고, 희망의 무지갯빛 삶의 의지를 불태워주기도 한다. 사주학의 선 기능(善機能)은 바로 이 점인 것이다. 인생을 항해하는 삶의 지표로서 안분자족케 하고, 이웃을 사랑하는 가운데 닥쳐올 미래의 길흉을 미리 알아, 넘치거나 모자라지 않는 삶의 노력과 지혜를 결집케 하여, 한번 뿐인 현상적 삶을 보다 아름답고 행복하게 살도록 하자는 학문이 사주학임을 어찌 촌시라도 잊을 수 있겠는가?

앞 장에서도 이미 당부하였거니와 사주학을 공부하는 사람은 단순히 사람의 운명을 점쳐주고 대가나 챙기며, 자신의 이익을 추구하는 사주쟁이가 아니라, 해박한 지식과 철학을 겸비하여 세인들의 삶의 문제를 종합적으로 카운슬링 해주면서, 희망의 미래를 긍정적 삶의 의지로 불태울 수 있도록 도와주는 따뜻한 가슴의 학자가 되어야 한다.

사주학이 운명을 예측할 수 있는 도구이기는 하지만 사주학이 추구하는 본질과 한계를 늘 숙지하여, 절대적 예정의 결정된 운명은 결코 있을 수 없다는 겸손의 자세를 한 시라도 잊으면 안 된다. "당신은 팔자와 대운이 이 모양이니 아무리 노력해도 거지 면하기 어렵다."고 할 것이 아니라, "사주로 본 지금의 당신 운은 이러한 점에서 불리하니 무리한 투자나 과욕을 버리고, 자신의 신용과 덕성을 쌓아나가면 다가올 어느 대운에는 아주 소중한 삶의 결실을 얻을 것이다."라며 희망의 불을 지펴주어야 한다.

짧지 않은 긴 인생의 여정에 있어서 영원한 절망도 있을 수 없고, 영원한 행복도 있을 수 없다. 생각이 바뀌면 행동이 바뀌고, 행동이 바뀌면 습관이 바뀌고, 습관이 바뀌면 인생이 바뀌고, 인생이 바뀌면 운명이 바뀐다. 제임스 윌리엄스가 아주 작심을 하고 남긴 말이다. 맞는 말이다. 완전히 결정된 예정적 운명은 있어서도 안 되고 있을 수도 없다.

폭풍이 지나간 들에도 꽃은 피고, 지진에 갈라진 땅에서도 맑은 샘물이 솟아나는 법이다. 설령 고난과 비극의 운명을 만났더라도 희망이라는 삶의 거울만 놓지 않으면 인간은 반드시 일어설 수 있다. 모든 것이 마음이 느끼는 수신의 상태에 따라 좌우되는 것이다. 그래서 부처님께서도 일체유심조라 하지 않았던가?

똑같은 길이의 밤이라도 잠 못 이루는 자에게 밤은 더 길고, 지친 나그네에게 갈 길은 더 멀리 느껴지게 마련이다. 희망이라는 거울은 스스로 웃지 않는다. 거울을 보는 내가 웃을 때 비로소 희망의 거울도 따라서 웃는 것이다. 좋은 인연을 만났을 때는 더욱 감사하는 업으로 갚음을 하고, 악운을 만났을 때는 보다 큰 인내와 덕성으로서 갚음을 해야 한다.

아무도 보지 않는다고 해서 나의 업과가 허공으로 사라지는 것이 아니라, 우주라는 필름에 그대로 저장되어 세세억겁을 윤회하면서 다음 생의 나를 괴롭히게 된다. 사주학을 공부하는 것은 바로, 세인들로 하여금 이러한 삶의 자세를 지니도록 인도함에 있는 것이다. "선업선과(善業善果), 악업악과(惡業惡果), 선업선보(善業善報), 악업덕보(惡業德報)"즉, 선과 악은 저지는 대로 결과로 나타나니 선한 인연을 만나면 선으로 갚고, 악한 인연을 만나면 덕으로서 갚으란 말을 우리들은 기억해야 한다.

2부

사주팔자는 어떻게 보나?

아주 간단하다. 이 책의 본 장을 가볍게 따라 읽기만 하면 된다. 본 서를 다 읽고도 사주학의 감이 잡히지 않는다면 사주학보다는 운명을 판단하는 다른 시스템의 학문을 공부할 것을 권한다. 사주풀이에서 오판하는 것을 두려워할 필요는 없다. 아무리 사주학의 대가라 해도 도무지 앞이 보이지 않는 애매한 사주는 존재하기 때문이다.

앞장에서 누누이 강조하였지만 사주학은 만능이 아니다. 여러 가지 요인으로 판단의 착오는 있게 마련이다. 보다 많은 사례를 스스로 연구하여 자신의 오류를 조금씩 잡아나가면 된다. 학습은 반복보다 더 좋은 방법은 없다. 그러니 시행착오를 겪으면서도 묵묵히 길을 가는 자세가 요구된다. 진리는 결코 어려운 것이 아니듯, 사주학은 원래 아주 쉬운 것이다.

우리나라에서 사주학을 독학으로 공부하는 많은 사람들이 장애에 부딪치는 가장 큰 요인이 무차별 수없이 쏟아져 나와 있는 사주학 책에 있음을 부인할 수 없다. 이 책, 저 책을 짜깁기하여 자신의 창작으로 둔갑한 것까지는 이해한다 하더라도, 확고한 자기철학을 갖추지 못한 저술에서 많은 오류를 발견하게 되고, 어려운 원문을 여과 없이 전재한 책에서는 어느 정도 소양을 갖춘 고수도 알지 못할 내용이 많은 게 현실이다.

전혀 필요도 없는 무분별한 단식 신살(神殺)의 적용과 도대체 어느 나라 던이인 지도 모를 수많은 격국(格局)을 징횡하게 늘이놓은 책에서 대부분의 학인들은 손을 들고 만다. 그래서 이 책은 그러한 점에 주안점을 두고 집필되었다. 지금부터 사주학의 방법론에 해당하는 구체적 내용의 속살을 향해 들어가 보자. 이해가 안 되는 부분은 반드시 다시 읽고, 쉬었다가 생각하여 다시 읽으면 된다.

⓵ 사주팔자 조립하기

- 사주팔자는 어떻게 세우나?

어떤 사람의 사주팔자를 풀어보기 위해서는 그 사람의 태어난 년, 월, 일, 시를(음력이든 양력이든 정확하면 상관없다) 정확히 아는 것이 너무나 당연하고 중요하다. 그런데 지난 날 어려운 시절에는 시계의 보급은커녕 시골에는 달력도 귀한 시절이 있었다. 그래서 태어난 시는 새벽닭 울 때, 또는 쇠죽 끓일 때라는 등의 애매한 시각이 많아 정확한 사주를 잡기가 어려운 경우가 많았다.

기본정보가 잘못되면 피차가 엉터리 결과를 가지고 웃고 우는 코미디가 연출된다. 혹자는 간명하는 사람을 속이기 위해 일부러 남의 사주를 제시해놓고 자신의 것이라며 봐달라고도 하는데, 사주보는 사람은 사주만으로 판단하기보다는 관상과 성명, 과거사 등의 문답을 통해 종합하여 판단하므로 잘못된 정보를 제공해서는 안 된다.

년, 월, 일, 시는 모두 각기의 천간과 지지를 기계적으로 부여받게 된다. 천간과 지지라는 말은 앞 장에서 설명한 대로 10개의 천간글자와 12개의 지지글자가 각각 음양오행별로 순열조합 되어 앞에서 나온 [표 4]의 60갑자를 탄생시켰다는 정도로만 알아두자. 그래서 올해는 2010년이니 천간은 庚, 지지는 寅하여 庚寅년인 것처럼, 1년에는 1개의 연천간과 지지가 있다.

또 달마다 1개씩 12개의 월천간과 지지, 날마다 1개씩 하여 360개의 일천간과 지지가 있고, 하루에는 12시가 있으니 1년에 4,320개의 시천간과 지지가 있다. 예를 들어 1966년 음력 3월 20일 오전 5시30분생인 경우 다음과 같은 사주팔자 간지가 구성되는 것이다.

[표 7] 사주팔자 조립의 예

시	일	월	년	간지	1966년 3월 20일(음력) 오전 05시 30분 경북중부지방 출생
丁	己	壬	丙	천간	
卯	亥	辰	午	지지	

- 위 사람은 丙午年, 壬辰月, 己亥日, 丁卯時 생이라는 사주팔자를 평생 지니고 살게 되며, 상품의 바코드처럼 절대 바꿀 수 없는 천부적 아이디 부호가 되는 것이다.
- 동경표준시를 감안하여 현재의 한국시간에서 32분을 빼고 계산한다.
- 태어난 곳의 경도가 치우친 곳이면 경도 1°에 4분을 계산하여 감한다.
- 태어난 년도가 서머타임을 실시하던 기간이라면 [표 6]을 감안하여 시간을 계산한다.

지구가 태양괘도를 공전하는 1주기가 1년이고, 이 기간 중에 달이 지구의 궤도를 공전하는 주기가 12번이며, 이 12번 중에 지구가 태양괘도를 자전하는 것이 360번이기 때문에 지구가 돌아가는 한 끊임없이 바뀌는 10간 12지가 번갈아들어올 수밖에 없다. 그래서 네 팔자, 내 팔자가 정해지게 되는데, 1년 중에만도 태어날 수 있는 사주팔자의 경우의 수는 4,320개(1년×12달×30일×12시)가 되는 것이다.[19]

그런데 중요한 것은 우리가 음력 정월 초하루를 설이라고 하여 또 한 살을 더 먹으면서 한 해가 바뀌는 첫날로 치는데, 실제로 이 날은 태양의 황경(黃經)이 0°가 되는 날이 아니기 때문에 태양력 상의 날자가 일정하지 않아, 농경사회에서 가장 필요로 하는 농사 월령에 맞는 계절의 척도가 될 수 없는 것이었다.

그래서 태양의 황경이 0°인 날을 춘분(春分)으로 하여, 15° 이동했을 때마다 경칩(驚蟄), 우수(雨水), 청명(淸明) 등등의 24절기를 지징해 놓으면 90°인 날이 하지(夏至), 180°인 날이 추분(秋分), 270°인 날이 동지(冬至)이며, 춘분에서 하지 사이를 봄, 하지에서 추분 사이를 여름, 추분에서 동지 사이를 가을, 동지에서 춘분 사이를 겨울로 하는 황경 각도에 따른 4계절이 분류되고, 태양의 운행도수에 맞는 정확한 계절이 나오게 된다.

---

19) 물론 여기에서 남녀의 사주는 같은 사주팔자라고 해도 대운의 흐름이 반대가 되니 4,320×2(남,녀)=8,640개가 된다.

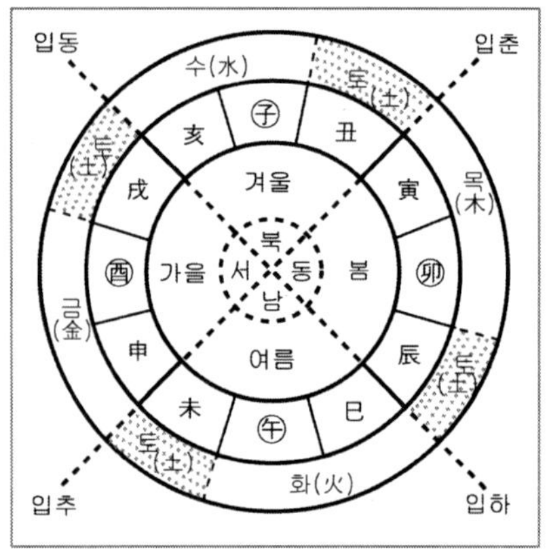

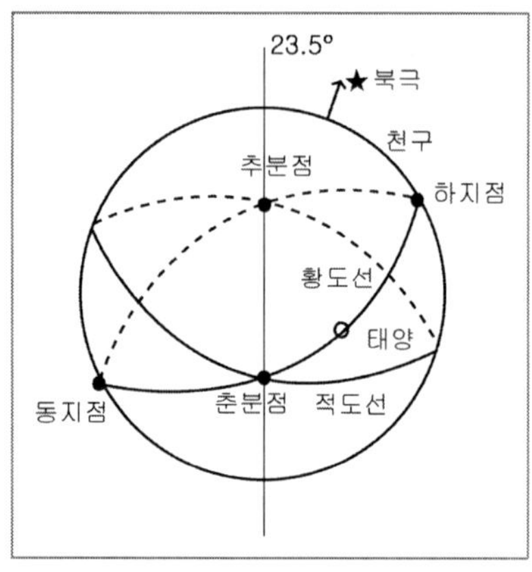

[그림 7-1] 12지지의 운행과 계절 및 지 구공전의 절기변화　　[그림 7-2] 지구공전과 황도

이렇게 되면 지금 우리가 사용하고 있는 절기력에 기초한 태양력과 태음력 사이에는 일수의 차이가 필연적으로 생기기 마련인 바, 30일 정도의 차가 생길 때마다 한 달의 윤달을 두어 조절하는데, 윤달의 빈도는 19년 사이에 약 7개월 정도가 되어 2~3년마다 윤달을 두게 되는 것이다.

어려운 설명 같지만 음력이 있고, 양력이 있는데, 태양의 영향을 받을 수밖에 없는 계절을 밝히고, 계절에 맞는 달을 만들기 위해 생긴 것이 24절기의 절기력이다. 정도로만 알아두면 되겠다. 따라서 태양계 행성 상호간의 음양오행학적 상관관계를 유추하여 인간사의 길흉을 추명하는 학문인 사주학이 절기력에 근거함은 당연하거니와 역학에서는 음력 正月 즉, 복 많이 받으라며 떡국을 먹고, 세배하는 설날을 1월로 보지 않고, 입춘이 드는 날을 1년의 시작 1월로 본다는 것이다.

생각해 보면 당연하다. 지구에서 태어난 우리 인간은 지구의 운행 질서대로 운명이 결정된다. 내가 태어난 날에 지구가 어떤 지점의 어떤 각도에 있었는가에 따라 운기가 달라져야할 것이 아닌가? 그래서 절기력에는 입춘이 되어야 비로소 새해의 첫 달, 첫 날이 열린다는 것인데, 이 절기가 드는 날자는 양력으로 일정하다. 어느 해에는 경우에 따라 하루 정도 차이가 있을 수 있는데, 절기가 드는 시간은 몇 시, 몇 분까지를 지축이 절기의 입사각을 이루는 시각에 따라 정하여진다. 따라서 역학에서는 음력 설 이전에 태어났다 하더라도 그 해의 입춘이 지난 이후에 태어났다면, 새해의 띠와 간지를 따르게 된다. 이때 태어난 시간도 절기가 드는 시간까지를 보아 이전이냐, 이후냐에 따라 팔자가 완전히 달라지게 되는 것이다. 흔히 우리가 집에서 알고 있기에는 개띠인데, 철학관에 가보니 닭띠라고 하더라며, 고개를 갸웃거리는 경우가 이런 경우라고 보면 된다.[20]

또한 태어난 월도 이처럼 당월의 절기가 드는 날의 시각을 기준으로 前月 이 되기도 하고, 다음 달의 월간지를 적용해야 하는 경우가 있는 것이다. 매우 중요한 부분이 아닐 수 없다.

다음의 [표 8]은 사주학의 시작과 끝이랄 수 있는 월별 12절기의 계절과 방위를 나타내는 도표인데, 12절기 사이 보름마다 한 개의 절기

[표 8] 12절기표

節氣	月 (음력)	地支月	드는 날 (양력)	季節	方位	節氣	月	地支月	드는 날 (양력)	季節	方位
立春	1	寅	2/4	春	東	立秋	7	申	8/8	秋	西
驚蟄	2	卯	3/6			白露	8	酉	9/8		
淸明	3	辰	4/5			寒露	9	戌	10/9		
立夏	4	巳	5/6	夏	南	立冬	10	亥	11/8	冬	北
亡種	5	午	6/6			大雪	11	子	12/8		
小暑	6	未	7/8			小寒	12	丑	1/6		

• 반드시 암기해 두자.(춘칩명하 종서추로 로동설한 이런 식으로 외우면 편리하다.)
→ 양력으로 드는 날은 하루 정도 드물게는 이틀 정도 차이가 날 수 있다.

---

20) 구체적 예를 들어본다. 예를 들어 2006년 음력 1월 4일(양력으로는 2월2일)에 태어난 사람이 있다고 하자. 이 사람은 음력으로는 2006년 병술년 구정(그해 양력으로 1월30일이 설이다)을 지나서 태어났으나, 그해 양력 2월 4일에 들어오는 입춘이 되기 전에 태어났기 때문에 전년도인 2005년 을유년의 천간지지를 사용하여서 닭띠가 되는 것이다.

[표 9] 24절후(節候)표

구 분	음력	황경	양력	참 고
입춘(立春)	1월 절	315	02월 4일경	봄의 시작, 입춘대길
우수(雨水)	1월 중	330	02월19일경	봄비가 내리고 대동강물도 녹는다.
경칩(驚蟄)	2월 절	345	03월 6일경	개구리 등 겨울잠 동물들의 동면 끝
춘분(春分)	2월 중	0	03월21일경	밤낮의 길이가 같다.
청명(淸明)	3월 절	15	04월 5일경	논농사를 준비하고
곡우(穀雨)	3월 중	30	04월20일경	못자리를 마련한다.
입하(立夏)	4월 절	45	05월 6일경	여름의 시작, 보리가 익음
소만(小滿)	4월 중	60	05월21일경	모내기 시작
망종(芒種)	5월 절	75	06월 6일경	보리 수확, 모심기 하한선
하지(夏至)	5월 중	90	06월21일경	낮 길이 최고, 매미가 울기 시작
소서(小暑)	6월 절	105	07월 7일경	장마가 시작됨
대서(大暑)	6월 중	120	07월23일경	여름 더위가 최고에 이름
입추(立秋)	7월 절	135	08월 8일경	벼가 알뱀, 풀 성장 중단, 과일익음
처서(處暑)	7월 중	150	08월23일경	더위 물러남, 아침저녁 일교차 커짐
백로(白露)	8월 절	165	09월 8일경	하얀 이슬
추분(秋分)	8월 중	180	09월23일경	낮과 밤의 길이가 똑같다.
한로(寒露)	9월 절	195	10월 8일경	찬이슬, 국화개화, 보리, 마늘파종
상강(霜降)	9월 중	210	10월23일경	서리, 추수 마무리
입동(立冬)	10월 절	225	11월 7일경	겨울 시작, 물과 땅이 얼기 시작
소설(小雪)	10월 중	240	11월22일경	첫 눈
대설(大雪)	11월 절	255	12월 7일경	큰 눈, 冷天寒地(천지 모두가 한랭)
동지(冬至)	11월 중	270	12월22일경	가장 긴 밤, 팥죽, 一陽의 시작
소한(小寒)	12월 절	285	01월 6일경	본격 추위

가 더 있으니 24절기가 된다. 이 24절기 중에는 각5일씩 초후(初侯), 중후, 말후의 3후가 있으니 24×3=72절후가 되고, 72 각 절후마다 자연계의 현상이 달리 나타나게 되는데, 본 12절기에 대해서만은 반드시 암기해 두기 바란다.

다시 강조하거니와 음력설을 지나서 태어났다 해도 입춘이 지나지 않았다면 전월인 丑월의 月建을 따르고, 띠도 지난해의 띠와 연간지를 따른다. 또한 설을 지나지 않았다 해도 입춘 절기가 드는 날자와 시각 이후에 태어났다면 새해의 간지를 따른다.21)

➡ 이건 매우 중요하다. 여기서부터 헷갈리면 앞으로 진도가 나갈 수 없다. 반드시 개념을 정립해야 한다.

사주를 보는 데는 만세력이 필수적인데, 만세력에는 그야말로 백 년 전 또는 백 년 후의 각 절기가 드는 날과 시각까지 기록되어 있기 때문이다. 50살 먹은 사람의 사주를 본다할 때에 50년 전의 일진이 나오는 달력을 구할 수도 없거니와 각 절기가 드는 시각과 일진을 알아낼 수도 없기 때문이다.

다행히 우리는 쉽게 서점에 가면 만세력을 구할 수 있어, 사주 네 기둥을 세우는 일이 매우 쉬워졌을 뿐 아니라, 남녀의 대운 숫자까지를 정리해 놓았기 때문에 대운수를 구하느라 더하고 나누는 노력도 들이지 않아도 되게 되었다. 더욱이 많은 인터넷 역학사이트에서 사주 간지를 구하는 입력시스템을 제공하고 있기 때문에 아주 좋은 세상이 된 셈이다. 그러나 본 장은 원리를 알아야하기 때문에 장황한 설명은 하지만 독자들은 컴퓨터만세력으로 사주를 조립하면 된다.

만약에 어떤 철학관에 갔는데, 만세력이나 컴퓨터 간지 출력도 없이 손가락으로 흥얼흥얼 짚는 술사라면 당사주 정도를 보거나, 신기(神氣)로 점을 치는 사이비라고 생각하면 틀림없다(물론 감정의 정확도는 별개의 문제다).

02 월건(月建)과 시간(時干)을 세우는 원리

그러면 당장 사주를 세우는 실습을 해보도록 하자. 어떤 사람의 사주를 풀어보고자 한다고 하자. 우선 태어난 해는 그 해의 간지를 그대

---

21) 일부 서적에서는 환신불환군(換臣不換君)이라 하여, 월은 절기의 입절시각에 따라 바뀔 수 있지만, 월일시의 임금격인 연주는 바뀌지 않는다는 설이 있으나 위와 같이 따르는 것이 맞다

로 감명지 위에 기록하면 된다. 이때는 입춘절 전후만 살펴 전년 또는 이듬해의 간지를 채택하기만 하면 된다. 그러나 월건을 구하는 방법은 그리 간단치 않다. 월은 년의 아래개념이라 태어난 해의 연천간에 따라 월건이 달라지게 되는 것이다. 아래의 표를 보도록 하자.

[표 10] 월건을 구하는 공식

年干	甲己年	乙庚年	丙辛年	丁壬年	戊癸年
합이 되는 오행	土	金	水	木	火
1월의 월간지	丙寅	戊寅	庚寅	壬寅	甲寅

다시 말해 어떤 사람이 甲이나 己의 해 즉, 甲子년, 甲寅, 甲辰, 己丑, 己卯년 따위에 태어났고, 생월이 입춘이 지난1월이라면 월건이 丙寅월이 된다는 말이다. 만약 이런 해에 태어난 사람이 3월생이라면 위 표의 1월의 월간지 丙寅부터 60갑자를 순서대로 세어나가 丙寅(1), 丁卯(2), 戊辰(3월) 즉, 戊辰월이 되는 것이다. 이것은 불변하는 공식이다.

왜 하필 甲년과 己년에 태어난 사람은 1월을 丙寅부터 시작해야 하는가? 당연히 의문을 가져야 한다. 그것은 사주팔자 중 태어난 날의 일간인 나를 중심으로, 月은 어머니에 해당하며, 어머니는 나를 낳고 生하는 것이 본질이므로, 위 표상의 천간의 합이 되는 오행을 낳아서 생해주는 오행의 陽干부터 1월이 되는 것이다(뒤에 간합과 오행의 상생 상극을 설명하니 그냥 알아두면 된다).

한편 태어난 시간의 간지를 구하는 방법은 월간과는 반대라고 보면 된다. 즉 합이 되는 오행을 생해 주는 오행이 아니라, 합이 되는 오행을 극하는 오행의 양간으로부터 子時가 시작되는 것이다.

時는 일간에서 보면 자식에 해당하고, 자식은 부모를 못살게 구는 애물단지의 존재이기 때문에 극을 하는 것이다. 이러한 일정한 원리를 알면 복잡할 건 아무 것도 없다. 다만 차례차례 짚어 나가면 된다. 그러나 월간은 이처럼 구하려고 애쓸 필요가 없다. 월간은 만세력에서 월건을 표시해 놓고 있기 때문이다. 하지만 학인의 입장에서는 왜 그렇게 되는지의 원리를 반드시 알아야겠기에 장황한 설명을 하는 것이다.

그러면 일간지는 어떻게 구하는가? 아주 간단하다. 그것은 무조건 만세력에 100% 의존해야 한다. 올 한 해 정도의 일간이라면 일진이 기록된 달력을 보면 간단하지만, 몇 년 전 또는 몇 십 년 전의 일간을 짚어 내는 것은 불가능한 것이다. 그래서 만세력 없이 사주를 보는 것이 사이비라는 것이다. 일간은 전적으로 만세력에서 그날 당일의 일진을 찾아 그대로 기록하면 된다.

그러면 시간지는 어떻게 세우는가? 만세력에서 일진을 알았으면 무조건 아래의 도표의 공식에 의하여 짚어내는 수밖에는 없다. 월은 생하고 시는 극한다고 했는데, 시간지를 뽑는 공식을 시두법(時頭法)이라 한다. 다음의 표는 암기하여야 한다.

[표 11] 시두법(時頭法)의 공식

日干	甲己	乙庚	丙辛	丁壬	戊癸
합	土	金	水	木	火
子시의 시간지	甲子時	丙子時	戊子時	庚子時	壬子時

즉, 甲이나 己의 일진의 날에 태어난 사람이 子시에 태어났다면 시간지는 甲子시가 되고, 丑시에 태어났다면 乙丑時, 寅시에 태어났다면 丙寅시, 卯시에 태어났다면 丁卯시 이렇게 60갑자 순서대로 짚으면 되는 것이다. 당연 태어난 시간은 앞 장에서 재차 강조한 것처럼, 그 사람이 서머타임 시행하던 때에 태어났는가? 그리고 동경표준시와 우리나라 시간과의 오차, 태어난 지방이 동해나, 서해쪽으로 아주 치우친 곳은 아닌지 등을 감안해야 하는데, 이를 다시 말하면 실없는 사람이 됨으로 조심할 필요가 있겠다.

기타의 것은 이와 같이 일정한 공식만 알면 간단히 짚을 수 있다. 다음 장에서는 통상 사용하는 애매한 출생시를 잡는 방법에 대하여 논할 것이지만 연월일시를 정확히 짚어내는 연습은 스스로가 많은 문제를 출제하여 반복하여야 한다. 본 단원은 사주추명학의 첫머리이면서 또한 가장 중요한 부분이기도 하다. 정확한 사주 여덟 글자를 뽑지 못하고서야 무슨 이론이 더 필요하겠는가.

연 습문제

❖ 다음 생년월일시에 대하여 사주 천간 지지를 구하시오(모두 음력이고 출생지는 서울로 가정).

① 1955년 5월 19일 03시 35분생

시	일	월	년	간지
丁	庚	壬	乙	천간
丑	午	午	未	지지

설명 이 사주는 乙未년임은 불변이다. 그런데 만세력에서 음력 5월 19일을 찾아보면 그 칸에 小暑라는 절기가 표시되어 있고, 옆에 辰初, 癸未란 표기를 볼 수 있다. 뭔 말인고 하면 1955년 음력 5월 19일 辰時(우리 시간 AM 07:32~ AM 09:32 사이인데, [표 12]의 12시각을 참조하기 바란다) 초입에 월건이 바뀌어 壬午월에서 癸未월로 넘어간다는 말인 것이다. 그러니 이 사주의 주인공이 辰時 이후에 태어났었다면 월주가 壬午가 아니라, 癸未가 된다는 말이다.

몇 시간 차이로 이 사람은 월건이 바뀔 뻔 했다는 것이다. 그리고 이 사람은 서머타임을 실시했던 기간 중에 태어났기 때문에 실제 시간은 1시간을 뒤로 돌려서 계산해야 한다. 그러니 새벽 3시 35분은 실제로는 02:35분이 되는 바, 寅時가 아닌 丑時가 되는 것이다.

따라서 앞에서 배운 시두법을 적용하여 사주를 조립하면 위와 같은 명식이 완성되는 것이다.

② 1952년 10월 13일 23시 45분생

시	일	월	년	간지
丙	己	辛	壬	천간
子	卯	亥	辰	지지

[설명] 이 사주와 같은 경우가 일시를 확정하는데 문제가 된다. 원래 子時는 밤 11시 32분부터 새날 01시 32분까지(물론 일률적으로 32분이 아니라, 우리나라 서울을 기점으로 동경표준시와 32분의 차이가 나므로, 태어난 지방의 경도에 따라 서울을 기준 1°에 4분을 가감하여 계산해야한다.)가 되는데, 이 子時만은 본 사주의 경우처럼 그 사이에 날자가 바뀐다는 것이다. 그래서 0시 32분을 기준으로 일진을 어느 것으로 정할 것인가 하는 문제가 발생하는 것이다.

여기에는 몇 가지 설이 있다. 밤 11시 32분 이후에 태어나는 사람은 무조건 다음 날로 본다는 양반도 있고, 0시 32분 이전은 무조건 전날로, 그 이후는 다음 날로 본다는 설 등으로 다양하지만, 필자는 夜子時와 明子時(正子時라고도 한다)로 구분한다. 그것이 24시, 24절기력의 원리에 가장 부합되는 일자변경 원칙이기 때문이다. 즉, 이 사람은 0시 32분이 지나기 전의 야자시생이라 자정이 되기 전에 태어난 것이다.(0시 32분을 지나 출생한 子時생은 밤이 밝음을 향해 간다고 밝을'明' 즉, 명자시생이라 한다).

따라서 이 사람의 태어난 때의 시각은 자정을 넘기지 않아 아직은 당연히 13일이므로 13일의 일진을 그대로 쓰고, 시간을 구할 때만 14일의 일진인 庚辰을 적용하여 乙庚의 시두법대로 丙子時로 보면 된다.[22]

---

22) 子正은 하루의 분수령임에 틀림없다. 子正 전에 태어난 子時생은 아직 새로

또한 0시 32분이 지나 새벽 1시 32분 사이에 태어난 사람은 명자시생이므로 당연히 출생일도 14일이 되어 새 날의 일진과 시두법을 적용하면 된다. 실제로 사주를 감명하다보면 이 시각에 출생한 사람이 매우 드물지만 그래도 우리는 도사가 되어야하기 때문에 무엇에도 막히지 않는 실력을 갖추자는 뜻에서 설명하는 것이다.

[표 12] 12시각의 영역

시	시간대	비고
子時	23:32 ～ 01:31	23시32분00초로부터 子時가 시작됨
丑時	01:32 ～ 03:31	
寅時	03:32 ～ 05:31	
卯時	05:32 ～ 07:31	
辰時	07:32 ～ 09:31	
巳時	09:32 ～ 11:31	
午時	11:32 ～ 13:31	
未時	13:32 ～ 15:31	
申時	15:32 ～ 17:31	
酉時	17:32 ～ 19:31	
戌時	19:32 ～ 21:31	
亥時	21:32 ～ 23:31	

⓸ 애매한 출생 시 잡는 법

지난 날 시계가 귀하던 시절에 아이를 낳으면 닭 울 때라든가, 저녁밥 앉힐 때 등으로 알아왔기 때문에 정확한 시간을 잡기가 매우 애매한 경우가 많았다. 그럴 경우 역학에서 자주 애용하는 방법이 이 출생시 잡는 법인데, 이는 오랜 통계와 경험적 사례에 의한 것으로 100% 적중하는 것은 아니지만 상당한 유의성을 지니고 있으므로 경우에 따

바뀐 날의 기운을 적용 받는 것이 아닌 만큼 새날의 일진을 쓰지 않지만, 日의 하위인 시간만은 밝은 날의 시작을 따라 간다고 보아, 시간만은 새날의 일진을 적용한다는 원리이다.

라 어두워질 때라든가, 또는 깊은 밤 등으로 출생시가 애매할 때 활용하면 보다 정확한 시간을 뽑을 수 있을 것이다.

[표 13] 애매한 시간 잡는 법

출생시	부모 사망	가마의 위치	얼굴 또는 체형	잠자는 습관	기 타
子時	父先亡	오른쪽	얼굴이 길다	반듯이 또는 엎드려	하관이 빠르다
丑時	母先亡	왼쪽	얼굴 둥근 편	어릴 때 옆으로 잔다	신체가 풍만
寅時	父先亡	오른쪽	얼굴 길고 귀 크다	옆으로 자는 습성	입 크다
卯時	母先亡	왼쪽	얼굴 길고 좁다	반듯하게 자는 습성	턱이 뾰족
辰時	父先亡	오른쪽	얼굴 크고 넓다	옆으로 자는 습성	신체 풍만
巳時	母先亡	왼쪽	얼굴 입 크다	옆으로 자는 습성	키 큰 편
午時	父先亡	오른쪽	얼굴 길다	반듯하게 자는 습성	키 보통
未時	母先亡	왼쪽	얼굴 둥글고 넓다	옆으로 자는 습성	신체 풍만
申時	父先亡	오른쪽	얼굴 크고 넓다	옆으로 자는 습성	키 크다
酉時	母先亡	왼쪽	얼굴 길다	반듯하게 자는 습성	턱 뾰족
戌時	父先亡	오른쪽	얼굴 넓고 두텁다	옆으로 자는 습성	신체 풍만
亥時	母先亡	왼쪽	얼굴 길다	옆으로 자는 습성	키 크다

만일 출생시간이 애매한 사람의 시간지를 잡을 경우 위와 같이 얼굴형이나 문답 등의 결과를 감안하여 판단하면 보다 정확한 시간지를 잡을 수 있으나, 물론 위의 방법이 100% 정확한 것은 아니다. 어디 사람의 얼굴이 길거나 둥글다는 것의 기준이 있는 것도 아니고, 체형이란 것도 상대적인 것이 아닌가? 그러나 특정한 시간대에 태어나는 사람은 체형과 살아가는 인생의 습성 등에서 비교적 일정한 양태를 나타냄으로 위의 방식은 유익하게 실전에 사용할 수 있을 것이다.

이상으로 사주 네 기둥 여덟 글자를 세우는데 있어 세심한 주의를 기울여야 할 부분까지를 연구해 보았다. 사주 네 기둥은 사주추명학에 있어 가장 기본 되는 밑그림이며 설계도와 같다. 잘 못 뽑은 사주 간지를 가지고 운명을 추단한다면 그 사람의 운명의 지침을 돌려놓는 패악을 저지르는 일이 아닐 수 없다. 따라서 이 부분은 아무리 강조하여도 지나치지 않을 만큼 중요한 것이며, 보다 과학적인 접근 자세가 요구되는 것이다. 그래서 동경 표준시와 서머타임에 따른 시간 수정까 지를 많은 시간 할애하여 궁리하였던 것이다.

04 사주 네 기둥과 여덟 글자의 상징

위에서는 어렵게 사주 네 기둥을 조립하는 방법론에 대하여 공부하 였다. 그러면 사주 각각의 기둥은 어떤 의미를 내포하고 있는가? 또 연월일시 각 간지는 사람의 일생에 어떤 시기를 상징하며, 사회적 신 분관계는 무엇을 의미하는가를 알지 않으면 안 된다. 천간이 하늘이고 양(+)이라면, 지지는 상대적으로 땅이며 음(-)이라고 하는 것처럼, 사 주팔자 여덟 글자에는 각각의 상징과 의미가 있다. 다음의 표를 보도 록 하자

[표 14] 사주 천간 지지의 의미와 상징

구분	년		월		일		시	
	천간	지지	천간	지지	천간	지지	천간	지지
혈육관계	조상(조부)	조상(조모)	아버지	어머니	본인	배우자	자손(아들)	자손(딸)
인생과정	뿌리(초년)		싹(청년)		꽃(중장년)		열매(말년)	
사회생활	직장 사장. 주인 등		상관. 고참. 선배 등		친구. 동창. 동기간		부하. 후배 등	

• 인생의 흐름을 草木에 비추어 근묘화실(根苗花實)로 표현한 것은 매우 의미가 있다. 어느 역 술서에는 여자의 경우 時天干을 딸로 보고, 時地支를 아들로 보기도 하고, 월천간을 나아가 아버지의 남자 형제로, 월지지를 어머니의 여자형제로 본다고 하는데, 사주 네 기둥에서는 기 본 개념으로 유추할 뿐이므로, 위 와 같이 보는 것이 옳고 충분하다.

위의 표에서 알 수 있는 것과 같이 년이 있어야 월이 있을 수 있는 것처럼, 조상이 있어야 부모가 있고, 부모가 있어야 내가 있을 수 있 다는 원리인데, 앞으로 사주를 감명하는 데 있어 이러한 상징은 기본 개념이 된다. 이처럼 사주의 구성은 일간인 나를 중심으로 이루어진 인생 의 축소판이요, 삶의 모델이라고 보는 것이다.

사주는 각 주 상호간의 조화를 우선하기 때문에 각 주 하나로서 큰 의미를 지니는 것은 아니지만 각 주가 상징하는 이러한 개념은 대원 칙으로서, 다음 장에서 나올 육친과 12운성 등이 어느 주에 가 붙느냐 에 따라 운명의 특성적 발현이 달라진다고 보기 때문에 원칙과 기본 개념은 잘 정리해 두어야겠다. 이해하고 보면 아주 쉽고 간단하다. 세 상에는 조직과 상하의 인간관계가 있고, 인생에도 소년, 청년, 중년, 노년기가 있듯이 매우 상식선에서 알아두면 되겠다.

05 역학의 시작과 끝, 음양오행(陰陽五行)의 속살 들여다보기

1) 음양이 뭐여?

음양오행! 다시 말해 「음과 양」 그리고 「木火土金水」다섯 오행이란 뜻인데, 말이 좋아 '음양오행' 네 글자지, 막상 그 속을 들여다보면 천 번, 만 번 사람 헷갈리게 하고, 고생시키는 단어가 아닐 수 없다. 역학 을 다른 말로하면 바로 음양오행학이 된다.

사주학이란 음양오행으로 나누어지는 천간 10자와 지지 12자에 얽 힌 미로게임을 하는 것에 다름 아니다. 그만큼 변화무쌍하게 인생사의 모든 속성을 상징적으로 풀어낼 수 있는 키워드이기도 한 것이다. 이 미 앞에서 태양계의 행성을 포함한 모든 삼라만상의 물상과 기운은 음상오행으로 분류될 수 있고, 그 상호간의 살리고 죽이며, 뭉치고 헤 어지는 따위의 작용관계를 보아 인간사의 길흉에 적용하는 것이 사주 학이라고 필자 딴에는 꼴에 뭘 깨우친 사람 흉내 내듯 거품을 물었던 것 같다.

음양오행! 이것은 역학만의 시작과 끝이 아니라 모든 삼라만상, 우 주현상계는 물론 정신의 세계까지도 아우르는 열쇠와 같은 것이다. 한 의학의 최고 원전이라는 『황제내경(皇帝內經)』에서도 음양의 정의를 <음양이란 천지의 길(道)이고/삼라만상을 통제하는 강기(剛紀)이다/변

화를 일으키는 부모로서/살리고 죽이는 것이 여기서 나온다/신명(神明)이 깃들인 집이니/모든 병은 필히 음양의 조절을 통해서 고칠 것이다>라고 하였으니 이 말이 틀린 말이 아닐 것이다.

어차피 사주학의 도사가 되기 위해서는 매끄럽지 못한 속살이지만 음양오행의 옷을 발가벗기고 속속들이 그 진면목을 탐험해 보는 수밖엔 없겠다. 그것은 자연의 이치를 깨닫고, 인간의 본모습을 성찰해 보는 길이기도 하다. 그러면 과연 음양이란 무엇인가? 문자적 정의로는 그늘 음(陰)에, 볕 양(陽)자이니 빛과 그림자란 뜻이다.

양이란 글자의 형상을 분석해보면, 언덕 부(阜)자에, 아침 단(旦) 즉, 언덕에 해가 떠서 생긴 응달과 양달이란 말이 된다. 태양이 떠서 언덕에 해를 비추면 반대쪽에 당연히 그늘이 생긴다. 이것이 음양이다. 따라서 양이 생기면 음이 동시에 발생하는 것이다. 음이 있는 곳에 양이 따라가고, 양이 있는 곳에 음이 따라간다.

"빛과 그리고 그림자"라는 유행가 가사를 생각하면 된다. 앞에서 공간은 색이요, 시간은 공이라면서 헛소리 같은 참말을 했지만, 우리가 사물을 본다는 것은 색이라는 사물의 허상을 인식하는 것일 뿐이다. 그런데 이 보이는 허상 속에는 보이지 않는 실상 즉, 공(空)이 당연한 자기 자리인 것처럼 자리 잡고 있다.

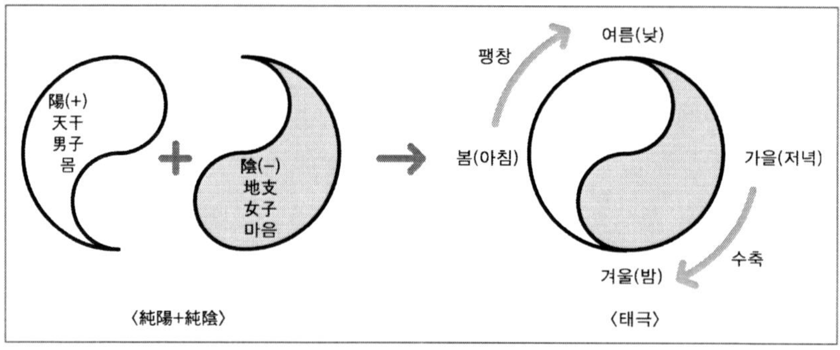

[그림 8] 음양의 개념도

　원래 색이란 물체와 빛에너지가 반응하여 나타난 허상이거니와 이 색과 공, 공간과 시간 그리고 음과 양. 이 말은 같은 뜻인 것이다. 그래서 음양은 하나이면서 둘이고, 둘이면서 하나가 된다. 음은 양을 껴안고 돌아가고, 양은 음을 껴안고 돌아가니 이것이 앞 장에서 나온 태극 그림이 되는데, 바로 이것이 삼라만상에 각인되어 있는 대우주의 본성인 것이다.

　이 태극도형은 여러 가지 형상으로 보일 수 있다. 혹자는 태아의 모습이라고도 하고, 정자와 난자의 모습이라고도 하며, 음수로서 생장수의 중앙인 6과 양수로서 탄생수의 끝인9의 숫자가 서로 껴안고 돌아가는 모습이라고도 한다. 모두 맞는 말이다. 시간과 공간, 색과 공, 음과 양이 어우러져 생명을 탄생시키는 진리의 일단을 도식화 한 것이 태극이다. 저 음과 양을 나누는 시간의 불연속점이 곧 우주의 탯줄이 되는 것이다. 이 태극도형이야말로 우주의 창조적 생명탄생의 진리를 나타내는 것으로서, 정신을 집중하여 이 그림을 쳐다보고 그 속에 있는 진리를 꿰 뚫어 보면 도에 이를 수 있다.

　빛이 처음으로 탄생되는 걸 본 사람은 아무도 없다. 태초의 흑암이 산재했던 무극의 고요 속에서 빛이 탄생되는 광경은 정말이지 장관이었을 것이다. 그렇지만 아쉽게도 보고 전한 사람이 없으니 구약성서 창세기 1장을 인용해 보는 수밖에는 없겠다. "하나님이 빛이 생겨라 하셔서 빛이 생기고, 보기에 좋으시니 빛과 이둠을 나누셔서 낮과 밤이라 하셨다." 그 말씀의 결과 음양이 생기고, 우주의 창조심이 영속적으로 시동을 걸게 된 것이다. 드디어 생명의 발현이 가능해진 것이다. 그래서 하느님은 우주의 창조주요, 생명을 탄생 시킨 조물주이시다. 하느님 덕분에 우리는 세상에 빛을 보게 된 것이고, 음양이 있으니 보다 철학적 사유의 삶을 살아갈 수 있게 된 것이다. 그렇다고 하느님은 대가를 바라는 분이 아니시기 때문에 무엇을 바치거나 은혜를 갚아야겠다는 생각은 안 해도 된다. 다만 세상을 창조하신 그 본성대로 열심히 살아가면 되는 것이다. 그 방편 중의 하나가 이 사주공부이고 음양오행학이다.

고리타분한 사주공부가 어떻게 위대한 하나님(이때는 하느님이 아니고 하나님이다)의 창조 본성대로 살아가는 것이냐? 네놈이 아무래도 먹고 살기 어려운 나머지 마귀의 유혹에 넘어간 것이 분명할지니라. 라고 달려드는 일부 종교인이 있다면 일단은 피하고 봐야겠지만, 이건 참말인데 세상에 음양 아닌 것이 없다. 모두가 음 아니면 양이고, 양이면서도 음이며, 음이면서도 양이다. 말장난 같지만 참말이다.

다시 정리하면 음양이란 대립하는 것 같지만 수용하고, 둘이면서도 하나인 것이 음양이며, 양이 있으면 음이 있고, 음이 있으면 반드시 양이 있게 마련이다. 그러니 이것이 어찌 하느님 공부가 아니겠는가? 물리학에도 양(+)인 양자가 있고, 음(-)인 전자가 있다. 양자와 전자는 서로 결합하려한다. 그 결합의 매개자인 중성자는 음양을 구분하는 시공간의 불연속점인 것이다.

남녀도 마찬가지다. 그래서 남녀는 짝을 짓고 새 생명을 잉태한다. 그러나 같은 음양끼리는 서로 배척하려한다. 시아버지와 며느리는 서로 상합하는 반면, 며느리와 시어머니는 근본적으로 화합할 수 없게 되어있지 않은가? 음양은 또 상대적이다. 큰 것이 양이고 작은 것이 음이 되지만 작은 것은 더 작은 것에 비해서는 양이 된다. 마무리하면 음양이 있으므로 생명의 탄생이 있고, 오행이 있으므로 생장소멸이 존재하고, 생명은 끊임없이 생사윤회를 거듭하는 것이다. 이것이 우주의 본질이다.

[표 15] 음양의 상대성

음양	천지	우주	성별	행동	길이	명암	대소	고저	야구	가족	속도	술	숫자	행동
양(+)	하늘	태양	남자	능동적	장	밝음	대	고	투수	아버지	빠름	양주	홀수	동적
음(-)	땅	달	여자	수동적	단	어둠	소	저	포수	어머니	느림	막걸리	짝수	정적

위 표와 같이 모든 물상과 기운은 모두 음양에 속하게 되어있다. 천

간과 지지, 사주 여덟 글자에도 음양과 오행이 있음은 물론이다. 그래서 우리는 사주 여덟 글자를 음양오행의 성질로 풀어서 해석해 보려는 것이 아닌가? 이제 음양의 개념정립은 어느 정도 되었을 것이다. 그러면 오행은 뭘까?

2) 오행은 또 뭔고?

태양계 행성 중에는 지구에 가장 밀접한 영향을 미치는 日月과 木火土金水星이 있다고 하였다. 바로 그 日月과 목화토금수 오행을 쉽게 말해 음양오행이라 한다는 것쯤은 전술하였지만, 일월이 음양이고, 木火土金水 다섯 행성이 오행이다. 한가한 대답이지만 단적으로 그렇게밖엔 정의할 수가 없겠다.

하늘에서 이루어진 것이 땅에서도 이루어지듯, 지구에도 일월처럼 음양이 존재하고, 오행성과 같은 다섯 가지 기운이 존재하니 그것이 곧 나무, 불, 흙, 쇠, 물의 오행이라는 것이다. 모든 물상과 기운이 음양에 속하면서 또한 이 다섯 가지 오행 어디에든 속하게 된다. 주변을 둘러보자. 이 글을 쓰는 책상은 木이요, 펜은 金이고, 칼도 金이다. 어둔 밤을 밝혀주는 불빛 때문에 글을 쓸 수 있으니 그것이 火요, 목마른 갈증을 추겨주는 음료수는 水고, 곡식이나 초목을 가꾸는 전답의 흙이 土다. 너무나 쉬운 이야기이다.

그런데 왜 음양육행이나, 음양칠행이 아니고 음양오행이냐? 당연히 질문하여야 한다. 그것은 음양오행이 생명의 본 모습을 가장 적절히 담아낼 수 있는 그릇이기 때문이다. 음과 양, 남녀의 상배로 잉태된 인간은 지구에 사계절이 있듯, 유년, 청년, 장년, 노년기의 인생의 4단계를 거치며 살다가 죽어가게 된다.

하루살이에게도 아침과 한낮, 저녁과 밤이 있지 않은가? 춘하추동이 번갈아 듦으로 곡식도 결실을 맺어 추수를 할 수 있고 또 겨울의 휴식이 있어야 새봄의 생명이 탄생되는 것이다. 춘하추동 4계절의 4행과 그 계절의 사이를 잇는 환절기에 해당하는 중간자 한 행, 그래서 더하면 오행인 것이다. 따라서 오행은 우주의 축소판이라고 보면 된다.

지구상의 모든 물질과 사건, 사상은 태양과 지구 그리고 지구와 더불어 움직이는 태양계 다섯 행성인 木, 火, 土, 金, 水星의 작용력의 지배를 받음으로써 음양오행이라는 철학적 사유체계가 발생한 것임을 전술하였다. 쉽게 말하면 하늘인 천간은 기(氣)와 체(體)라 할 수 있고, 땅인 지지는 물질과 용(用)이라 할 수 있다. 그러면 천간10자와 지지 12자로 이루어진 오행의 성질은 어떠한지를 알아보자. 긴 말 말고 아래의 [표 16]천간의 성정과 [표 17] 지지의 음양오행 및 성격과 상징표를 보는 것이 이해가 빠를 듯하다.

예컨대 2009년은 己丑年이었으므로, 陰己土와 陰丑土의 천기가 작용하는 해인 것이다. 흔히들 己丑년이라고 하는 이면에는 陰己土와 陰丑土의 기운이 작용하고 있음을 알아야 한다. 예를 들어 甲子년이라면 甲과 子의 천간지지에 숨어있는 음양오행의 기운이 그 해의 전체 운로를 이끈다는 것이며, 甲子時에는 또한 甲과 子에 해당하는 운기가 그 시간을 지배한다는 뜻인 것이다.

세상살이에 피곤하고 머리에 잘 들어오지 않더라도 이 부분은 암기해 두어야 사주추명에 자유자재로 활용할 수 있다. 지금 이 순간에도 지구는 태양의 주위를 1초에 18마일의 무서운 속도로 공전하면서 사계절을 만들어내고, 그 결과 春夏秋冬이 겹쳐오게 되며, 365일 5시간 48분 46초만에 우리는 원하든, 원하지 아니하든 한 살 나이를 먹을 수밖에 없는 것이다. 인생의 춘하추동도 이와 마찬가지이다.

인간의 수명이 연장되었다고는 하나, 60년을 1回로 하여 생장수장(生長收藏)하는 틀을 유지하여 윤회하게 되며, 원의 내각의 합이 360°이듯, 360일이 되면 년이 바뀌고, 년이 또 360회 하면 129,600년이 되는데, 이것이 바로 우주 1년의 춘하추동 기간인 것이다. 이 129,600년 동안에 우주에도 춘하추동이 찾아오니, 빙하기, 홍적세, 지질시대 같은 말은 우주의 계절이 있음에서 비롯된 것이다.

이러한 우주의 법칙을 오행학으로 비추어 볼 때 이 장에서 가장 핵심 되는 요점을 한 마디로 정리하라면, 인간 우주 삼라만상의 모든 일체 현상은 음양오행의 이치에서 벗어난 것이 하나도 없다는 것이다. 멀리 볼 것도 없이 가까운 우리의 손을 놓고 살펴보도록 하자.

손등이 양이라면, 손바닥은 음이다. 그리고 손가락은 다섯 개고 엄지손가락은 으뜸과 왕초를 가리키니 방위와 계절의 시작인 동쪽과 봄에 해당하는 木이 된다. 검지는 어떨 때 사용하는가? 무엇을 확실히 가리킬 때 사용한다. 불의 성질은 분명한 것을 좋아한다. 그래서 火는 禮를 상징한다. 그래서 검지는 火가 되는 것이다.

장지는 손가락 중에서도 가장 길고 중앙에 있으므로 土가 된다. 너무나 쉬운 이야기이다. 지구상에서 土는 오행원소 중 가장 많다. 나무나, 불, 쇠, 물들은 모두 흙속에 있거나, 흙에 기대고 뿌리박고 살아갈 뿐이다. 그러니 土에 해당하는 손가락인 장지가 제일 크고 길수밖에 없는 것이다. 다음 무명지라 불리는 손가락은 金인데 약혼반지를 끼는 손가락이다. 그러면 새끼손가락은 왜 水가 될까? 뜨거운 약사발을 식히거나 술을 저을 때는 꼭 새끼손가락을 쓴다. 계절로는 겨울과 북쪽을 상징하므로 약을 식히는 데는 안성맞춤이다.

다음은 좀 멀리 있는 서울이야기를 해보자. 서울에 가면 남대문이 있나. 남대문의 현판은 남대문이 아니라 숭례문(崇禮門)이다. 火는 남방이며 오상(五常)으로는 예(禮)라는 걸 배웠다. 바로 그대로다. 火氣는 위로 솟구치며 타오르기 때문에 남대문의 현판은 가로가 아니라 세로로 걸려있다. 모르면 언제 한 번 서울에 같이 가 보자. 거짓말 아니다. 동대문은 동쪽 흥인지문(興仁之門)이다. 오행 木에 오상은 仁, 서쪽은 창의문(蒼義門)에 金과 의(義), 북쪽은 홍지문(弘智門)에 오행은 水에 지(智)이고, 중앙인 종로에 보신각(普信閣) 즉 신(信), 중앙 土를 배치하였다.

얼마나 지혜로운 철학인가? 또한 매난국죽(梅欄菊竹)의 사군자(四君子)를 보자. 매화는 겨울 눈 속에서 피니 오행은 北水가 되고, 난초는 그 성정으로 보아도 봄에 꽃을 피워 춘란추국이란 말이 생겨났으니 당연히 東方 木이며, 국화는 가을의 서늘한 기운 속에 피어나니 西方 金 그리고 죽(竹)은 대쪽 같은 절개를 상징하고 군자의 도리로서 南方 火가 되어 하늘을 향해 치솟아 뻗는 것이다.

이러하니 예를 들어 사주에 木이 부족하거나 없다면, 木의 성질은 재목에서 얻는 기둥이며, 나무의 뻗어나가는 기운처럼 추진력을 의미하고 장기로는 간장이니, 이러한 사람은 추진력과 인내심이 결여되고, 척추나 골관절 등이 약하거나 간장의 질환을 조심해야하며, 생활의 주변에서도 난초를 가까이 하고, 청색을 많이 사용하거나, 어진 마음자세로 삶을 살아가야 할 것임을 유추해 볼 수 있는 것이다.

우리가 학교 때 배운 모든 물질의 본질을 이루는 원소주기율표라는 것도 음양오행의 다른 형태일 뿐이다. 木은 산소이며, 火는 탄소와 헬륨, 金은 질소, 水는 수소가 되며, 土는 중성자이니 목화금수를 자연스럽게 연결하는 역할을 하는 것이다. 그러므로 인간의 탄생과 생장소멸 또한 음양오행의 변화에서 한 치도 벗어남이 없는 것이다.

인간은 초대하지 않았어도 태어나야 했고, 허락하지 않아도 이 세상으로부터 떠나가야 한다. 그 절대 절명의 삶과 죽음이란 것도 한 치의 오차도 없는 우주 에너지의 천기작용임을 알면, 인간은 결코 남을 해칠 수 없을 것이며, 주어진 삶에 불평하는 삶을 살아갈 수는 없을 것이다. 바로 이 역학을 공부하자는 것은 이러한 인간의 주어진 업력에 기인한 운명에 순응하여 안분자족하고, 현생의 인생을 다음에 올 내생을 위한 성실한 준비과정으로 승화시켜, 진심으로 더불어 사는 조화로운 삶을 꾸려가자는 데 그 본질의 목적이 있는 것이다. 따라서 이 학문은 남의 운명이나 풀어서 돈벌이나 하자는 사술(邪術)이나 점술(占術)이 결코 아니라, 먼저 자신의 솔성(率性) 즉, 내가 누구이며, 무

엇인가를 찾아가는 구도의 시스템으로서의 학문임을 다시 한 번 새겨
둘 것을 다짐하고자 하는 것이다.

[표 16] 천간 10자의 음양오행과 성정(性情)

五行	陰陽	天干	性情과 象徵
木	+	甲	巨木, 木材, 울창한 산림 등
	−	乙	草木, 어린 나무, 넝쿨식물 등
火	+	丙	태양, 용광로, 큰 불, 화려한 조명
	−	丁	별빛, 깜박이는 불, 촛불, 형광등
土	+	戊	제방 둑의 흙, 大地의 흙, 산더미, 건조한 흙
	−	己	논, 밭, 화분의 흙, 습한 흙
金	+	庚	강철, 철탑, 큰 쇠붙이, 창, 大劍
	−	辛	금, 은, 귀금속, 바늘, 면도칼, 귀걸이
水	+	壬	큰 강물, 大洋, 호수, 댐, 바닷물
	−	癸	이슬, 개울물, 개천,

위 표에서 알 수 있듯이 천간 열 글자는 소속 오행과 음양이 있고
그 상징하는 성질이 있으니, 같은 木이라도 강하고 남성다우며, 울창
한 산림 같은 양목(陽木) 甲이 있는가 하면, 초목, 넝쿨식물, 어린 나무
와 같은 여성다운 음목(陰木) 乙이 있다.

사주학에서는 자신이 태어난 날의 천간을 자기 자신으로 보기 때문
에 어떤 날의 천간에 태어났다면 위와 같은 큰 흐름의 상징적 성정의
특질이 있다고 보는 것이다. 예를 들어 甲의 기운을 빌고 태어닌 사람
은 큰 거목이나, 재목과 같은 성정을 본태적으로 가지고 있다고 보는
것이며, 천간 나무의 성질은 자신을 쪼개어 재목으로 쓰게 하는 등의
아낌없이 주는 나무의 베풂과 어짊이 있으니, 햇빛을 받아야 잘 자라
는 나무의 성질로 볼 때, 해가 뜨는 동쪽, 화사한 햇살의 봄을 상징하
기도 하며, 어진 성격을 바탕으로 하므로 仁으로 해석하기도 하는 것
이다.

또한 乙木의 성정은 어떠한가? 乙木의 사주 구성을 지배적으로 받

는 사람이라면, 온실 안의 꽃과 같이 여리고, 섬세함과 수동적 보호를 바라는 성정의 여성스러움을 지니게 될 것임을 쉽게 알 수 있을 것이다. 따라서 자신이 있어야할 곳과 자신이 살 수 있는 좋은 환경에 태어나야 좋을 수밖에 없을 것인 바, 큰 나무는 숲 속에 있어야할 것이며, 초목은 논밭이나 정원에 있어야 할 것이 아닌가?

그런데 거목이 논밭에 있거나 땅이 온통 광물질로 뒤덮인 땅에 나무가 있다면 어찌 되겠는가? 또한 습기 하나 없는 메마른 땅위의 초목이든가, 동지섣달 추운 겨울의 초목인데, 추위를 막아줄 따뜻한 불기운이 없다면 그 사람의 팔자는 곤고하다고 보는 것이다. 이런 사람은 본능적으로 자신에게 절실한, 이를테면 물을 좋아한다거나, 기름진 흙 또는 따뜻한 것이나 그러한 성품을 지닌 사람을 좋아하고, 그리워하게 된다고 보는 것이 사주추명학의 큰 얼개가 되는 것이다.

이와 같이 천간 오행의 성정이 특징적으로 성립되므로 전반적인 사람의 성격 또한 이러한 큰 틀의 지배에서 예외일 수가 없게 된다. 사람과 사람의 만남이나, 자신의 직업도 오행상 상호보완적 관계로 만나면 발전하게 되는 것이며, 운기의 큰 틀을 거스르는 기운을 만나면 퇴조, 패배하는 것이다.

여자의 몸으로 甲木의 기운을 지배적으로 받는 사람이 있다고 하자. 甲木이 무엇이던가? 거목이고, 울창한 산림과 같은 나무이다. 한마디로 씀씀이 좋고, 통 큰 호방한 베풂의 성격을 지니게 되며, 낙천적이고, 위로 자라는 큰 나무의 성질대로 상향지향적이며, 진취적 리더십을 보이려는 경향을 가지게 될 것이다. 이러한 운기를 가진 사람에게 집안에 갇혀서 빨래(섬유도 陰木이다)나 하고, 화단이나 가꾸라고 한다면, 그 집 살림 한마디로 볼 장 다 본 것이나 마찬가지가 되는 것이다.

다음은 丙, 丁火를 보자. 丙火는 태양이나 큰불 또는 불빛 중에서도 찬연하게 빛나는 화려한 조명 등을 말하고, 丁火는 이와 반대로 조용히 깜빡이는 별빛이나, 달빛, 촛불, 형광등 같은 상대적으로 차분한 불을 말한다. 불은 그야말로 발산하고자 하는 성질 때문에 그냥 침묵을 지키며 조용히 살기에는 열이 북받치는 탓에 주변의 여러 가지 일에 간섭을 하여 주책이 없다는 소리도 듣게 된다. 따라서 발표력이나 표현력, 문장력 등도 탁월한 경우가 많으며, 불꽃의 성질대로 화끈하게 끓어오르다가 삭으러드는 뒤끝이 없는 특징도 있다. 이런 경향은 陽火인 丙 일간의 경우에 강하며, 丙火 일간의 사람은 화려하고 피부도 곱고 희다. 그런데 丁火는 은근한 감정이 丙火와는 다른 특징을 보인다.

다음 戊土는 산이나, 제방의 흙 또는 대지의 흙을 말하니 마르고 건조한 성질의 것이며, 己土는 논과 밭의 흙이나 화분 속의 흙과 같은 것이므로 습기 찬 흙이고, 영양가 있는 기름진 흙이다. 戊土는 산이나 대지, 제방 같은 흙을 말한다고 했다. 태산이 경거망동 하거나, 서두는 걸 본 일이 있는가? 그래서 戊土에 해당하는 사람은 천하태평이고 태만하며, 신경이 무딘 경우가 많아 살이 많이 찌고, 심하면 미련스런 경향도 보이는 특징이 있다. 흙은 거짓말을 하지 않는다. 심은 대로 거두리란 성경말씀처럼, 흙은 대지의 어머니로서 인간에게 노력하는 만큼의 결과를 돌려주기 때문에 믿음 그 자체라 할 수 있다. 따라서 사주에 흙의 기운이 지배하는 사람은 신용이 있는 사람이라고 보는 것이다.

庚과 辛은 金이다. 庚은 철강석이나 도끼, 큰칼, 강철 같은 것을 말하고, 辛은 귀금속이나 바늘, 메스 같은 도구로서의 쇠붙이를 말한다. 사주에 辛金의 기운이 힘을 얻은 운명의 소유자는 그야말로 칼이니 메스, 바늘 같은 것을 업으로 삼는 직업을 가지는 경향이 많아 의사, 재단사, 정육점, 주방장 등에 종사하는 사람이 많은 것도 우연이 아니다. 金의 성질은 차고 냉철하여, 예리한 판단과 사고력을 지니며, 차가운 만큼 쓸쓸한 이미지이기도 하거니와 계절로는 가을에 해당하는 감상적 특징을 보이기도 한다. 철학가나 시인 같은 사람에게서 金기운의 지배를 받는 사람이 많다.

다음으로 물을 상징하는 壬水와 癸水가 있는데, 壬은 바닷물이나 강물, 호수 같은 큰물로서, 모여 있는 물을 말하는 만큼 깨끗하고 맑아 보인다. 따라서 포용력이 있는 물이며, 癸水는 개울물이나 도랑물 같은 물로서 壬水와는 그 상징하는 바가 다르다. 그런데 물은 위에서 아래로 흐르며 평등의식이 강하고, 지혜와 지모가 뛰어나 두뇌회전이 빠른 경향이 많다. 사주학에서는 壬癸 水日에 태어난 사람은 이목구비가 수려하다고 하는 바, 특히 여자의 경우 '수일여명(水日女命)' 즉 水日干에 태어난 여자의 운명이라 하여 미녀가 되는 경우가 아주 많다고 보는 것이다.

이상에서 천간 10자 즉, 10간의 오행학적 특징과 상징적 의미를 살펴보았는데, 궁극적으로 음양오행은 이런 식의 상징적 체계를 지니고 있다고 보면 된다. 다음은 지지 12자의 오행학적 상징과 의미를 살펴보도록 하자. 다음의 도표는 사주학의 족보와 같은 것이니, 사본을 만들거나 필기하여, 가까이 두고 반복 숙지하여주기 바란다.

[표 17] 지지 12자의 음양 및 상징

오행	음양	지지	방위	계절	오색	오장	시간	수	기운	성쇠	오상
木	+	寅	동	봄	청색	간장	아침	3.8	바람	유년기	인(仁)
	−	卯									
火	+	巳	남	여름	적색	심장	낮	2.7	더위	청년기	예(禮)
	−	午									
土	+	辰戌	중앙	환절기	황색	의장	점심	5.10	습기	과도기	신(信)
	−	丑未									
金	+	申	서	가을	백색	폐	저녁	4.9	건조	노년기	의(義)
	−	酉									
水	+	子	북	겨울	흑색	신장	밤	1.6	추위	죽음	지(智)
	−	亥									

나무는 햇빛을 필요로 하며, 뻗어나가는 봄의 기운이 있고 베푸는 어진 성정이 있으니 오상으로 어질 仁이 되듯, 각 오행은 저마다의 방향과 계절 등의 속성과 상징이 있는 것이다. 火는 이글거리는 태양빛

을 상징하고, 뜨거운 여름이니 더운 방향은 남쪽이며, 金은 금붙이의 성격이 원래 서늘하므로 가을을 상징하고, 물은 원래가 차고 모든 것을 수렴하기 때문에 겨울에 배속되는 것과 같은 원리가 적용되는 것이다.

한편 오행의 인체 비유에 있어서도, 木은 봄으로 만물이 소생하는 기운을 온누리에 주는 것처럼, 모든 독소를 해독하여 새롭게 소생시키는 인체의 간장에 비유되는 것이며, 火는 용솟음치는 뜨거운 피를 상징하니 심장이며, 土는 모든 자양분을 소화시켜 식물에게 영양을 나누어주니 인체의 위장기능과 너무나 닮아있다 하겠다.

金은 그 성정이 서늘하여 허파꽈리에서 호흡을 식혀주고 혈류를 정화시켜주니, 정확히 인체의 허파를 닮아있음을 알 수 있는 것이다. 또한 水는 맑은 물이 흘러 더러움을 걸러주듯 콩팥의 기능이야말로 소변을 배설하여 새로운 수분의 섭취를 가능케 해 주는 생명의 원천이 아니던가? 제법 그럴듯한 말씀이면서 너무나 당연한 말씀이다.

여기서 지지 12글자의 이미지와 글자의 정체성을 정리해 보자. 항상 사주팔자의 글자를 보면 문자로 생각하지 말고, 아래의 [표 18]과 같은 이미지와 물상적으로 상징되는 것을 먼저 떠올리는 습관을 길러야 한다.

사주학은 바로 이처럼 원리를 이해하고 들면 우리의 삶의 모습과 하나도 다른 것이 없어서 아주 쉽게 원리 이해에 접근할 수 있다. 그러나 쉬운 것을 쉽지 않은 듯 왜곡 전승되어오면서 오늘날까지 민중에게는 어렵고 난해한 사술처럼 외면되어 왔던 것이다. 각 오행의 성정과 상징을 일목요연하게 정리해 둔 것이 위의 표이니 늘 가까이 두고 생활의 일부분이 되어주기 바란다. 그러면 천간의 특성을 다시 한 번 정리하는 의미에서 오행별 천간의 성질을 설명할 차례이다.

[표 18] 지지의 오행별 상징과 의미

지지	음양 오행	상 징	글자의 뜻	비고
子	+水	깨끗하고 맑은 물	양기가 꿈틀거림, 잉태	음양바뀜
丑	−土	겨울의 언 땅	생명체를 감싸 줌	
寅	+木	나무뿌리, 견고 단단	양기가 지표를 뚫듯 일출의 동방	
卯	−木	화초식물, 묘목의 뿌리	묘목이 땅위에 솟아올라 가지가 벙금	
辰	+土	초목이 자랄 수 있는 촉촉한 땅	만물이 성장	
巳	−火	땅속의 지열	지열이 달아올라 양기가 극을 향함	음양바뀜
午	+火	드러난 화산 같은 불덩어리	밝은 태양광선, 이글대는 태양	음양바뀜
未	−土	달구어진 뜨겁고 메마른 흙	양기의 끝, 쇠락, 결실의 시작, 단풍듦	
申	+金	철광원석, 거친 쇠붙이, 무기	성장억제, 양분축적, 결실완성	
酉	−金	금, 은, 보석, 바늘 등 가공된 광물	결실종료, 목표완수	
戌	+土	휴지기의 땅	생명종료, 종자준비	
亥	−水	새로운 잉태를 위한 씨앗이나 정액	종자보관, 새봄의 새 생명준비, 적멸	음양바뀜

• 비고란에 표시한 음양이 바뀐다는 것은 곧이어 지장간 분야에서 설명하니 그냥 읽어두면 된다.

3) 천간의 성질과 일간의 상징

사주 네 기둥은 천간, 지지별 혈육관계 및 인생의 과정, 사회생활 등의 특정한 의미의 상징성을 지니고 있다하였다. 인생의 전 과정을 식물의 4단계에 비유하여 뿌리, 줄기, 꽃, 열매의 근묘화실(根苗花實)로 이해한 부분과 조상과 부모, 배우자와 자식이라는 유기적 혈연관계로 파악한 것은 매우 의미 있는 관찰이라 할 수 있겠다.

이처럼 사주학에서는 각 주마다 내포하고 있는 의미가 있으니 연주(年柱)는 조상이나 조부모궁으로서, 연주에 길성이 있거나 흉성이 있으면 조부모 대에 길흉이 있었다고 유추 해석하는 것이며, 연주가 다른 주와 상생한다면, 서로 복을 주는 관계라 보고, 상충한다면 그 주(柱)에 해당하는 혈육과 인연이 없거나 마찰을 일으키는 관계라고 해석하는 것이다. 물론 이 부분은 앞으로 공부할 육친론과 12운성 및 대운과의 상호 작용관계를 따져서 결정할 사항이나, 본 장에서는 사주 네 기둥의 꽃이며, 핵심이라고 할 수 있는 일간을 중심으로, 각 일천간의 특성을 개괄적으로 공부하고자 한다.

인체는 작은 우주 즉, 소우주라고 하였다. 따라서 인간도 천지음양의 기를 받고 태어나기 때문에 내가 태어난 날에 해당하는 일진의 천기가 나의 인생행로의 전반적 운로를 암시해 주는 것이 된다. 우주 5원소 중 金은 인체의 골격을 이루고, 水는 혈액을 만들며, 木은 근육질을, 火는 인체의 체온을 만드는데, 여기에 土는 이들의 중간자로서 조절작용을 하기에 비로소 인간은 완전한 의미의 천기를 부여받는 존재가 되는 것이다.

이처럼 사주에서 내가 태어난 날의 간지(干支)인 일천간(日天干)은 당해 사주의 전반적 특성을 내포하는 것으로서 사주 여덟 글자의 주인이기도 하며, 핵심인 점을 감안할 때 일주 천간의 각각의 특질은 그 사주의 성격을 결정하는 인자가 되는 것이라 할 수 있다.

일천간에 해당하는 오행의 특질은 그 사람의 전반적 성격이나 인생행로에 많은 작용을 하는 것이 사실이다. 따라서 다음의 각 오행별 사주 일천간의 특질은 개괄적으로나마 알아두어야겠다. 다시 말하거니와 사주추명학에서는 상호간의 작용과 중화 및 조화를 중요시하기 때문에 분리하여 단식으로 판단하는 우를 범하지 말아야 할 것이나, 일천간은 나, 곧 자아를 의미하므로 이에 따른 특질은 사주 전체의 성격을 형성하는데 매우 중요한 역할을 하므로 의미를 부여하는 것이다.

① 甲, 乙(木)의 날

甲과 乙은 오행의 성정이 어진데 있으므로 대체적으로 인자하고 측은지심이 많은 특징을 보인다. 따라서 약자의 편에서 생각하기를 좋아하고, 마음이 모질지 못해 결정적인 순간에 맵고 끊는 것을 잘 하지 못하는 경향이 있다. 나무의 기상이 위로 곧게 뻗는 것이므로 이상을 높이 가지기도 한다. 음식은 신 맛을 즐기고 채식을 좋아하며, 체격은 후리후리한 편이다.

② 丙, 丁(火)의 날

체면과 예의를 앞세우는 경향이 있다. 불은 원래 글자 그대로 불같은 형상이므로 성질이 불같기도 하고, 화려함을 좋아하는 기질이 있다. 따라서 남 앞에서 은근한 자랑과 돌출적인 열변을 토해 놓기도 한다. 즉석에서 행동으로 옮기는 특질이 있으며, 어정쩡한 것을 싫어하고, 명랑하고 낙천적인 기질이 많다. 쓴맛을 좋아하고 대체적으로 안색이 붉은 편이다.

③ 戊, 己(土)의 날

土는 그야말로 믿을 신(信)이므로 신심과 신의가 굳고 신중하며, 언행이 일치하는 경향이 많다. 땅은 거짓말을 하지 않고 심은 대로 거둔다는 교훈을 보여주듯, 매사에 경박하지 않으며 차분히 성실하게 처리하고, 신앙심이 깊은 특질을 보인다. 성직자나, 종교인이 되는 사주가 대체로 土의 육친성의 작용으로 이루어지는 것을 볼 수 있는데, 이러한 것이 土의 특징적 성정 때문이라 할 수 있겠다. 단맛을 좋아하며 대체로 얼굴이 둥근 편이고, 남을 너그러이 이해하고 용서할 줄도 안다.

④ 庚, 辛(金)의 날

쇠는 단단하고 강직하여 정의로움을 상징한다. 따라서 金의 날에 태어난 사람은 비교적 결단력이 있고, 정의로운 기질과 용감한 성질을 가지는 경향이 많다. 가을의 기운이 차가운 성질이듯, 맺고 끊음이 분명한 편이다. 가을은 또 생각하고 사색하는 계절이다. 사상가나 예술가, 철학자 중에 金의 기운을 지배적으로 받은 사람이 많은 것도 우연이 아니다. 맛도 칼칼한 것을 즐기며 얼굴은 각이 지고 광대뼈가 나오는 등, 선이 굵은 편이다.

⑤ 壬, 癸(水)의 날

지혜와 지모가 뛰어나고 두뇌회전이 좋다. 순간적 발상력이 우수하고 이목구비와 외모가 수려한 상이 많은 편이다. 따라서 기획력과 창의력 등의 분야에서 두각을 나타내는 사람이 많다. 인물값을 하는 경우가 있고, 맛은 비교적 짠맛을 좋아한다. 물은 목욕을 연상케 하고, 목욕은 나체를 연상케 하니 따라서 도화, 음란을 상징하기도 한다.

이상에서 각 일 천간별 특징과 상징에 대하여 알아보았다. 어디까지나 개괄적 특성인 만큼 절대적인 것은 아니다. 그러나 앞으로 공부해나갈 육친의 대입과 운용에 기본적 참고가 되는 사항이며, 타 사주 오행간의 과부족을 비교고찰 할 때 반드시 알아야할 특징이므로 개념의 정립을 잘 해 두기 바란다.

4) 중요하고도 중요한 오행의 상생 상극

위에서 각 오행은 어떠한 성질을 지니며, 어떠한 상징적 체계로 이루어져 있는 가를 검토해 보았다. 또한 태양계 우주를 대표하는 오행성과 인간과의 유기체적 상호관계를 통하여 인간의 운명은 결정되며 그러한 운행의 틀에 따라 사계절과 오상, 방위와 10진수 등이 정해진다는 것을 알았다.

결국 역학이란 이들 오행이 만들어 내는 상생과 상극작용 등에 의해, 현상적으로 발생하는 과거와 현재, 미래의 길흉을 예측하여 취길피흉 하고, 궁극적으로는 우주의 순리에 따르는 조화로운 삶을 영위하자는 학문임을 전술하였다.

지금부터 실명하는 오행의 상생과 상극작용은 변화와 질서를 있게 하는 본질로서, 시간과 공간의 일정한 변화를 예측할 수 있는 공식인 만큼 매우 중요한 부분이기도 하다. 결국 역학이란 이들 오행의 본질과 작용이 곧 시작이며 끝이 되는 것이다. 그러면 오행은 어떻게 상생하는가? 상생이란 글자 그대로 서로 낳는다는 의미이니 부모가 자식을 낳아 자자손손 영속적 삶을 이어가듯, 한 오행에 의하여 다른 오행이 탄생한다는 뜻이다.

우리가 불을 지피기 위하여서는 땔감이 있어야 하는데, 이 땔감은 나무 즉, 木에서 얻는다. 이때에 나무는 자신을 태워 불을 생하여 줌으로 '木生火'라고 하는 것이다. 이 경우 불의 입장에서는 생을 얻지만, 목의 입장에서는 자신을 소멸시켜서 불을 피우는 것이므로, 그 성정은 어질음에 있고, 그 오상(五常)은 仁이 되는 것이다. 그러면 나무로부터 생을 얻은 불은 어떻게 되는가? 그것은 재언할 필요 없이 제공된 땔감인 목기의 량과 질에 따라 화력과 연소시간이 달라진다.

따라서 어떤 사주가 만약, 불기운을 절실히 필요로 하는데,23) 木氣가 없거나, 있어도 젖은 나무이거나 넝쿨풀 같은 나무만 있다면, 그 사주는 삶의 꽃을 옳게 피우기 어렵다는 것은 쉽게 짐작할 수 있을 것이다. 사주학은 바로 이런 학문이라 생각하면 된다. 불이 그 연소를 다하면 당연히 재가 남게 되고, 그 재는 중요한 비료로써 흙과 섞여 토양의 지력을 높여주니, 土는 火로부터 활력을 얻으므로 이때에 土는 火로부터 생을 얻었다 하여 '火生土'라고 한다.

이 경우도 생을 해 준 火의 잔재가 어떠한가에 따라 토양의 활력은 달라질 것이며, 그것은 무엇을 태운 재인가에 따라 토질과 토색 등이 달라지므로 인과의 상생법칙은 엄격히 존재하게 된다. 땅에도 음습(陰濕)한 땅이 있는가 하면, 건조하고 메마른 건토(乾土)도 있으니 사주의 인과관계가 이를 결정하게 되는 것이다.

불로부터 지기(地氣)를 얻은 土는 토양 속에 광물질을 매장하여 쇠붙이를 생산하니 이를 '土生金'이라 한다. 쇠는 원래 그 성질이 차가운 것이므로, 쉽게 이슬이 맺히는 결로(結露)현상을 떠올릴 수 있으며, 수소이온과 산소가 결합하여 물이 생성되는 원리로 '金生水'라 하고, 다시 물은 초목을 자라게 하는 근원이 되니 '水生木'으로 순환하여 끊임없이 상생의 고리를 이어가게 되는 것이다.

---

23) 모든 사주팔자에는 그 사주가 절실히 필요로 하는 오행이 있기 마련인데, 사주학에서는 그 필요로 하는 오행을 쓸 '用'字를 써서 '用神'이라 한다. 용신은 음양오행과 더불어 사주추명학의 요체가 된다.

　이렇듯 오행은 어려운 분야로 이해할 일이 아니라 우리의 일상을 구성하는 기본요소라고 이해할 필요가 있으니, 삼라만상의 어떠한 물질도 오행의 권역에 배속된다는 논리로 그 물질의 속성을 이해해야 할 것이다. 그러니 사주학을 공부하는 학인들은 천간지지 글자를 대할 때마다 단순한 문자가 아니라, 늘 물상의 개념으로 바꾸어 생각하는 의식의 변화가 있어야한다. 예를 들어 癸巳라는 간지를 대하면 그냥 '癸巳'가 아니라 시냇물(癸)이 흘러가고, 봄에서 여름으로 넘어가는 계절과 함께 남쪽 巳火의 무더워오는 감각을 먼저 느끼는 훈련이 필요하다는 것이다.

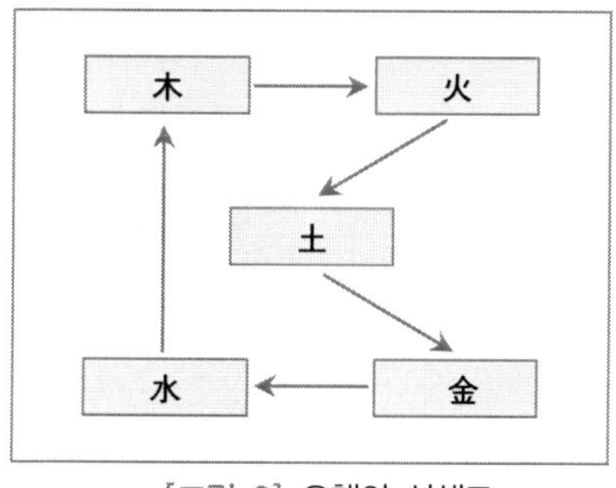

[그림 9] 오행의 상생도

　위 그림은 → 방향으로 오행이 상생하는 도식을 말하고 있지만, 生이 있으면 필히 멸(滅)함이 있는 것이 자연의 법칙인 만큼, 극하고 멸함이 없이 생함 만이 존재한다면 우주는 멸망하고 말 것이다. 성경에도 하나의 밀알이 떨어져 썩지 않고 있으면 그대로이나 자신을 멸하여 여러 개의 밀알을 얻는다고 가르치고 있듯이, 극과 멸이 없이는 생함도 불가능한 것이다.

　따라서 상생과 상극의 법칙은 상호보완적 관계에 있으며, 어느 것이라도 질서정연한 논리의 틀 속에서 때로는 생하고, 때로는 극하면서 자연계의 영속을 이어가게 된다. 만약 화재가 났을 경우 불을 끌 수 있는 오행인 물이 없다면 끝내는 온 세상을 다 태우게 될 것이니, 물로서 불을 견제하고 제압한다 하여 '水克火'라 하는 것이며, 철광석을 제련(製鍊)하여 일상에 필요한 금속을 얻기 위해서는 불로서 쇠를 극하여 담금질을 하여야 하므로 이를 '火克金'이라고 하고, 나무를 베고 다듬어 유용한 도구로서 사용키 위하여서는 칼, 톱, 도끼 등의 쇠붙이가 있어야 하니 쇠로서 나무를 극한다 하여 '金克木'이라 한다.

또한 나무는 토양에 뿌리를 내리고 토양의 요소를 섭취하며 유린하니 '木克土'라 하는 것이며, 흙은 제방을 쌓거나 둑을 막아 도도한 물길의 흐름을 제압하니 이를 우리는 '土克水'라 하는 것이다. 이처럼 생과 극이 상호보완하고 견제하는 속에 생명은 이어나가게 되며, 우주질서의 큰 메커니즘을 창조해 나가게 된다. 역학은 바로 이러한 음양오행이 상호 생하고 극하는 역동적 관계를 철학적 사유체계로 분석해 보는 학문에 다름 아닌 것이다.

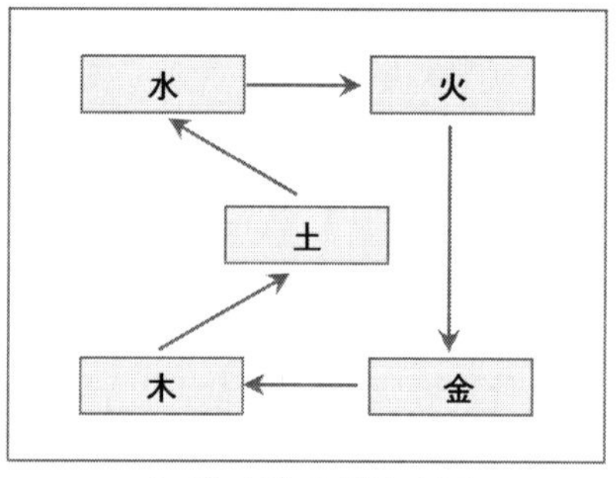

[그림 10] 오행의 상극도

위 그림은 → 방향으로 오행이 극하는 도식을 나타내 주고 있는데, 오행상생도와는 뚜렷이 구별되는 대조를 보여주고 있는데, 앞에서 나온 하도와 낙서의 그림과 대조하여 읽어주기 바란다. 중앙 土의 사방에서 상생은 木火金水를 나타내며, 이때는 정상의 사계절의 순서를 말해 주지만, 상극도에서는 水火金木 순으로 사계절의 순환이 일그러져 있으므로 열매의 결실을 볼 수 없음을 알 수 있다.

5) 오행의 상모(相侮)와 상비(相比), 아리송한 단어지만
아주 쉬운 거

위에서 살펴 본 바와 같이 생이 꼭 좋은 것이 아니요, 극이 꼭 흉한 것만이 아니라는 원칙은 우주의 조화로운 순행질서와 편중되지 않는 균형의 우주심과 일치하는 것으로, 중용과 중화를 으뜸으로 삼는 동양철학에 그 사유의 맥이 닿아 있다. 삶이 있으면 필히 죽음이 있고, 죽음의 겨울이 있어야만 새 봄이 찾아온다는 지극히 간단한 진리가 본 학문의 요체인 것이다.

부처는 이 진리에서 인과와 윤회설을 깨달았고, 예수는 하늘의 세계를, 공자는 중용의 철학을 지득 하였던 것이다. 그래서 '易'을 안다는 것은 한 걸음 가까이 우주심의 본체로 다가간다는 것이요, 역의 원리를 깨달으면 세상이치에 막힘이 있을 수 없다는 보편적 진리를 얻는다는 것이다. 그러면 오행의 상비와 상모는 무엇인가? 상비는 글자 그대로 서로 같거나 비슷한 오행을 말하며, 상모는 오행 상호간 서로 모독하거나 능멸함을 말함이다. 천간지지 모두가 음양과 오행에 각각 배속되어 있는데, 천간은 하늘, 지지는 땅이라 했다. 그래서 하늘과 땅에도 서로 비슷한 오행의 운기가 있다는 말이다. 같거나 비슷하다고 하면 친구나 동지, 형제자매 등을 연상할 수 있으나, 친구나 형제 동지가 항상 좋을 수만은 없듯이 다른 오행의 변화와 기운의 이동으로 언제나 변할 수 있다는 것이 오행철학의 요체이다.

그러면 오행 상모는 무엇인가? 예를 들어 위에서 설명한 대로 '水克火'라 하였으나 용광로 같은 불구덩이가 있는데, 물 조리 따위나 스프레이 정도로는 불이 꺼지거나 극을 당하기는커녕 물을 도리어 능멸하고 우습게 본다는 것이며, '火克金'이라 하였으나, 강철 같은 철광석에 성냥불이나 라이터 불로는 쇠를 녹이지 못함이며, '金克木'이라 하였으나, 목재를 깎는데 면도칼이나 과도 같은 쇠붙이는 도리어 이빨이 빠지고 망가지게 됨으로 木이 金을 모독할 수 있음이고, '木克土'라

하였으나, 황폐한 땅이나 척박한 흙에는 나무가 뿌리를 내리지 못하고 메말라 죽고 말 것이다.

또 '土克水'라 하였으나, 모래흙이나 몇 줌의 흙으로는 도도히 흐르는 물줄기를 막지 못하니 水가 도리어 土를 모독한다는 것이 오행상모설이다. 이와 같이 오행의 상생, 상극, 상비, 상모 등은 사주추명에 있어 중요한 지표가 되는 공식으로서 어느 것이라도 중화와 조화를 우선시 하며, 변화를 예측 추단하는 키가 되는 것이므로 매우 중요한 분야이다.

06 흔히 살이 끼었다는데 살(殺), 충(沖), 합(合), 신살(神煞)과 길신(吉神)은 뭘까?

1) 사주풀이의 부재료 합과 충

사주풀이를 음식 조리에 비유한다면 음양오행이 주재료이고 합, 충, 살, 신살 등은 소금, 설탕, 양념 같은 부재료가 되며, 뒤에 나올 육친이나 용신, 격국 등은 요리솜씨에 해당한다고 보면 되겠다. 흔히 사주 보러갔더니 충과 살이 많이 끼었다더라. 또는 궁합을 봤는데 합이 들어 궁합이 좋다더라. 등등으로 사주를 단식으로 판단할 때 많이 등장하는 용어다. 그러나 이들 용어는 그 자체로서 의미를 가진다기보다 사주 전체의 구성과 작용력을 보아서 종합 판단할 때 쓰이는 것들이다. 그러면 합, 충, 살이란 무엇일까? '합'이란 쉽게 말해 좋아하는 것들끼리 끼리끼리(氣理氣理) 모인다는 '합'이고, '충'이란 충돌하여 없어졌다는 뜻이며, '살'이란 그야말로 죽인다는 뜻이다. 이들 용어는 사주학에 빈번히 등장하거니와 인간사의 무상한 만남과 헤어짐의 원리처럼, 오행의 성격대로 이루어지는 것이므로 그 원리와 성격 등을 잘 이해하도록 해야 한다.

(1) 천간의 합

사주상에서 천간끼리 합하는 것을 천간 합이라 한다. 인간 세상의 원리를 보면, 만나고 헤어지는 이합집산의 연속임을 알 수 있다. 우리는 싫든 좋든 간에 매일같이 사람과 만나고 부대끼며, 사람 속에서 살아갈 수밖에 없다. 어떤 사람은 보지 않으면 보고 싶거나 그리워지기도 하고, 왠지 만나면 반가운 사람이 있는가 하면, 보는 것만으로도 얄밉고 그야말로 준 것 없이 밉거나, 심지어는 증오심이 끌어 오르는 사람도 있기 마련이다.

합이란 글자 그대로 모을 '합(合)' 즉 만나고 싶어 하고, 모이고 싶어 하는 원리를 말한다. 그러면 어떤 요소끼리 모이고 싶고 이를 끌어당기게 하는가? 이는 다름 아닌 음양의 원리에 기인하게 된다. 자석도 N극과 S극끼리는 서로 끌어당기는 힘이 작용하지만, 같은 S극과 같은 N극끼리는 서로 배척하듯이 역학에서도 음양이 다른 요소는 서로 만나고 싶어 하는 반면, 같은 음양끼리는 서로 배척하려는 힘이 강하게 작용하게 된다.

자연계에는 무한한 종류의 원소(元素)가 있다. 수소(H)와 산소(O)가 홀로 있을 때는 수소와 산소만의 성질을 지니지만, 이 화합하기 쉬운 수소 분자 2개와 산소 분자 1개가 만나면 물이 되는 것이다. 이것이 바로 우주가 영속성을 유지해 갈 수 있는 원동력이고 섭리이다. 남자가 여자를 끌어당겨 합궁을 하고자 하는 본능이 있거나, 여자가 남자의 품에 안겨 자식을 잉태하고 싶은 본능이 없다면 인류는 멸망할 것이다.

이처럼 음양이 다른 것끼리 합이 되면 어떻게 되는가? 남녀가 합이 되어 합궁을 하면 자식을 잉태하게 되듯, 음양이 다른 천간끼리 합이 되면 새로운 오행을 탄생시킨다. 어떤 오행이 탄생되는가는 합이 되는 천간의 오행이 무엇이냐에 따라 결정된다. 마치 어떤 어머니와 아버지가 만나 자식을 낳았느냐에 따라 그 자식의 인물이 결정되는 원리와 같다.

이 합의 의미는 합친다, 좋아한다, 사랑한다, 등의 의미를 가지기는
하나, 결과는 좋을 수도 있고 나쁠 수도 있는 것이다. 마치 사랑이 꼭
기쁨만은 아니고 행복한 것만도 아니듯, 합에도 합하는 오행의 성질과
다른 사주 지지의 구성요소에 따라 그 작용도 달리 나타나게 된다. 분
명한 것은 천간이 합을 하면 새로운 성질로의 변화를 한다는 것이다.
따라서 사주 천간에 합이 들어오면 다른 천간과 사주전체의 구성과
조화를 살펴서 종합적으로 판단하여야 한다. 그러면 아래에 천간 합의
원리와 작용기전을 표를 통해서 살펴보자.

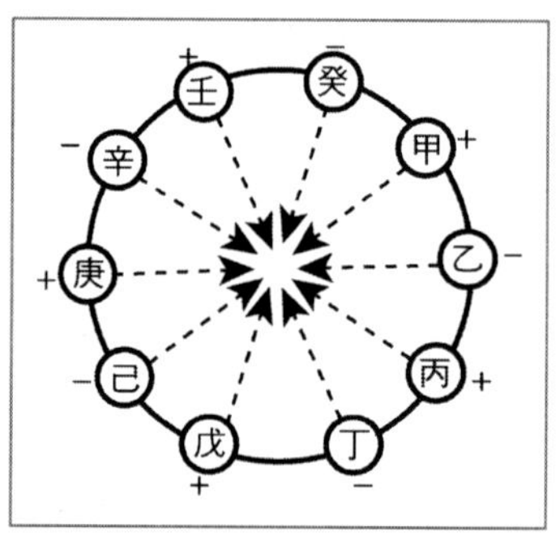

[그림 11] 천간이 합 되는 친화체계

[표 19] 천간의 합과 작용기전

합하는 천간	甲+己	乙+庚	丙+辛	丁+壬	戊+癸
합의 결과 변하는 오행	土	金	水	木	火
작용기전	中情之合	仁義之合	威嚴之合	仁壽之合	無情之合
본질	信	義	智	仁	禮
성질	사랑, 신뢰 온화한 성격	과감, 유연, 의리의 성격	智的, 냉철 호색의 성격	다정, 嬌態, 인자의 성격	규범, 완고, 고독의 성격
운명적 암시	아량 넓고, 분수를 알며 체면중시	어질고 강경한 남성적인 합	호색(好色)적 기질, 잔인성	깊은 속내의 비밀, 호색적 기질	무정, 인정 없고 냉정한 기질

陽 木인 甲(+)과 陰 土인 己(−)가 만나면 甲은 木의 성질을 잃고 土가 되는데, 이를 중정지합이라 한다. 중정지합이라는 공연히 유식한 용어를 썼을 뿐, 이는 오행 土의 중앙을 의미하는 것으로, 甲木과 己 土가 모여 전체를 두루 중용적으로 사랑하는 온화한 성격으로 된다는 뜻이다.

합하는 천간끼리는 음양이 다르며, 오행상으로는 서로 극하는 오행임을 알 수 있다. 단순히 생각하면 극하는 오행끼리 합이 된다는 것이 의아해질 수 있으나, 세상의 원리는 상대적인 것이다. 사랑하는 아들이 사랑하는 아내는, 시아버지나 시어머니 모두에게 있어 며느리임에 틀림이 없다. 그러나 시어머니와 며느리는 음양이 같기 때문에 사사건건 충돌하며 고부갈등을 유발한다. 반면 시아버지는 어떤가? 며느리 사랑은 시아버지 사랑이라 해도 과언이 아닐 만큼 이 둘은 아껴주고 보살펴 주는 관계가 성립되는 것이다.

또한 천하장사나 조폭의 우두머리라고 해도, 연약한 여자에게는 물리력으로 결코 이길 수 없는 이치와 같고, 오히려 이들은 여자와 합하여 보통남자보다 더 연약하고 매너 좋은 남자로 化하는 경우가 많다. 나폴레옹이 조세핀에게서 그러하였고, 미국의 암흑가를 주름잡았던 "알 카포네"도 그의 애인 앞에서만은 순진한 어린이처럼 변했던 것도 이러한 이치이다. 그래서 유능한 형사는 범인을 잡으려고 고생하지 않고, 범인의 애인을 먼저 찾는 것이나.

이러한 간합은 사주중 연월일시 어디에 있어도 성립되나, 어느 한쪽이 생일의 천간이면 그 특성이 더욱 두드러지게 나타난다. 생일의 천간은 바로 나이기 때문이다. 그런데 여기서 주의 할 게 있다. 즉 합하는 천간이 어떻게 합하느냐에 따라 결과는 달리 나타난다는 것이다. 예를 들어 태어난 날의 천간이 乙木인 사람이 다른 천간에 庚金이 있다면 이 사람은 乙+庚合으로 위의 표와 같이 '義의 합'이 된다. 그런데 반대로 생일 천간이 庚인 사람이 다른 천간에 乙이 있다면 어떻게 되는가? 물론 본질은 같은 '義의 합'이 되지만 양상은 다르게 나타난다는 것이다.

전자의 경우는 사주추명학에서 생일 천간을 자신으로 보기 때문에 자신인 乙木이 庚金을 만나 金으로 변하게 되므로, 金克木하여 딱딱한 金이 연한 木을 극하여 그 사람은 치아나 골격이 아주 약하게 되니, 평생을 골관절, 치아질환 등에 유의하여야 한다. 그러나 후자의 경우는 자신인 생일 천간이 庚金인데, 乙+庚合 하여 金으로 化하기 때문에 본래의 강건한 쇠의 성질이 사주에도 합으로 강하게 작용되어, 그 사람의 치아나 골격은 아주 튼튼하여 흔히 말하는 통뼈나 외대뼈라고 할 만한 사람이 된다.

이처럼 사주 천간이 합하여 암시하는 비밀은 오묘한 것이다. 따라서 사주 천간에 위의 [표 19]에 해당하는 천간 합이 들면 전술한 이치대로 합하여 성질이 化한다는 것을 염두에 둘 필요가 있다. 甲+己합이나, 乙+庚합이 있는 사람은 대체적으로 信·義가 있는 사람이라, 甲+己합이 있는데, 다른 오행에도 土가 강하게 들어오면 信心이 투철하여 종교인이 되는 경우가 많다.

또 丙+辛합이 있는 사람은 智力이 있으며, 丁+壬합이 있는 사람은 어진 仁者 그리고 戊+癸합이 있는 사람은 예의 바르고 냉정하리만큼 절차를 중요시하는 경향이 있게 된다. 이러한 합의 작용은 합의 한쪽이 생일천간에 있는 경우에 더 강하게 나타난다는 것은 앞에서 말한 대로이다. 물론 이러한 합을 판단함에 있어서는 사주 전체의 구성과 작용관계를 종합해서 검토해야 하며, 단순히 공식적으로 기계적 판단을 해서는 안 된다.

그리고 합하는 천간의 위치 즉, 일간과 인접하여 이루어진 합과 상호 멀리 떨어진 합은 그 변하는 오행(이를 변하는 오행이라 하여 곧 化五行이라고 한다)의 정도와 역량은 당연히 달라진다. 또한 지지의 오행이 무엇이냐에 따라, 변화를 용이하게도 하고, 방해하거나 저지하기도 하여, 사실상 합의 효과가 없어지게도 된다는 점을 염두에 둘 필요가 있다.

시중에 나와 있는 많은 책들이 천간 합이 들면 무조건 기계적으로 화오행 한다고 가르치고 있어 혼란을 주고 있는데, 이에 대해서는 뒷장의 화기격(化氣格) 격국론(格局論)에서 공부하기로 하고, 우선은 천간 합의 원리와 작용에 대해서만 암기해 두도록 하자.

(2) 천간의 충(沖)

천간에서 오행상 서로 극하는 오행이 음양 관계로 만나면 합이 된다는 것을 앞에서 살펴보았다. 이 충(沖)이란 비어지고 공허하다는 충인데, 합과 사랑의 반대의 뜻인 살의 의미로 보면 된다. 인간세상도 만나고 싶고 그리워하는 관계가 있는가하면, 만나면 충돌하고 사사건건 부딪치는 원수 같은 관계도 있다. 왜 충돌하는가? 그것은 잠재된 오행의 기가 서로를 극하기 때문이다.

합이 대체로 사랑한다, 그리워하고 새로운 탄생으로의 긍정적 의미를 나타낸다면, 충은 배척한다, 충돌한다는 등 사랑의 반대란 뜻의 부정적 의미를 나타낸다. 그러면 어떤 오행끼리 충 하는가? 이는 지극히 간단하다. 즉 천간의 오행이 서로를 극하는 오행이면서도 음양이 같은 것끼리 충돌

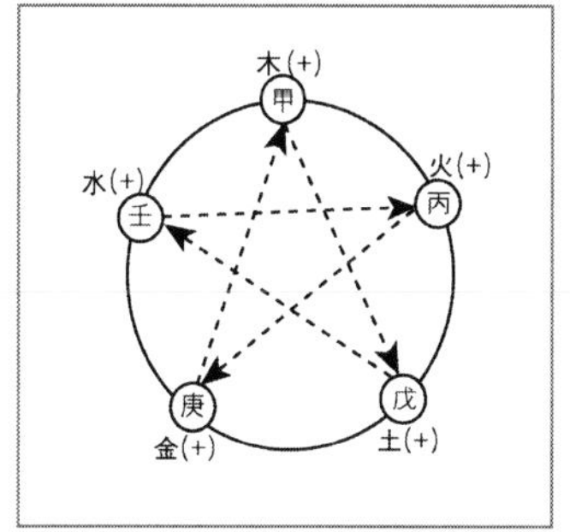

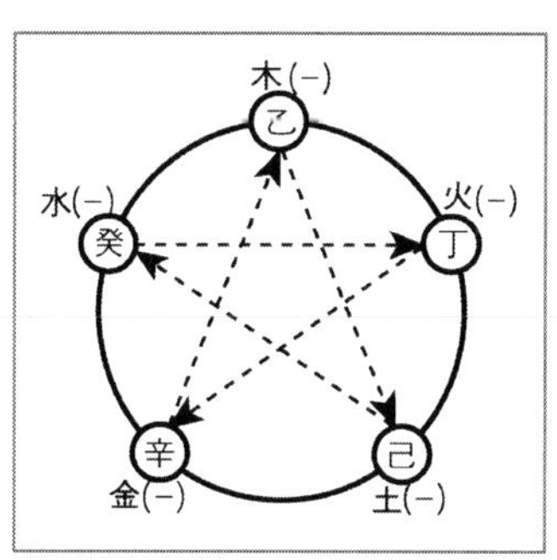

• 위 그림의 어떤 천간으로부터 세어서(甲이라면, 甲부터 甲, 乙, 丙…) 이렇게 7번째 庚이 칠충이다.

[그림 12] 천간 칠충(살)과 천간의 반발체계

하는 것이다. 합은 나를 극하기는 하지만 거기에는 남녀처럼 그리워하는 사랑의 인자가 있기 때문이었다. 그러나 천간 충은 자신을 극하면서도 사랑이 없는 진정한 의미의 극을 말한다. 따라서 비정한 살의를 띄고 있기 때문에 천간 충을 사주학에서는 천간 칠살(七殺)이라고도 부른다.

위의 그림에서 알 수 있는 것처럼 천간은 자신으로부터 일곱 번째 오행과 충이 되는 것을 알 수 있는데, 그것들은 극하는 오행이면서 음양이 같다는 사실을 알 수 있다. 천간 충의 작용도 사주의 타 오행의 구성요소와 전체 구조를 종합하여 그 역량이 강한 것인지, 아니면 미미한 것인지를 검토해야 하는데, 나에게 필요한 좋은 오행이 충을 받을 때와 나에겐 불필요한 오행이 충을 받을 때는 당연히 그 역할과 작용력에는 변화가 올 수밖에 없을 것이다.

그러나 어떤 학자는 천간 충을 단식적으로 매우 중요하게 강조하기도 하고, 거의 무시해도 좋다는 설도 있어 혼란을 야기 시키는데, 사주 판단의 보조적 수단으로 사용하여야 할 사항이므로 천간 충의 원리는 꼭 알아두어야 한다. 사주학을 독학으로 공부하는 사람이 가장 많이 부딪치는 난관이 이 책은 이 말, 저 책은 저 말을 하고 있다는 것이다. 엄격한 학술적 원리와 이론의 검정 없는 단편적 지식으로 기존의 서적을 베껴 쓴 듯한 책 탓에, 역학이 난해한 학문이 되고 또한 진정으로 학문으로 대하고 싶은 후학들에게 중도에 길을 포기하게 하는 우를 범하고 있는 실정이다. 분분한 이론을 달고 있는 천간 합충만 보더라도, 천간이 배속된 오행의 성정은 그대로 유지되는 것이고 그것에 따른 음양오행의 역학적 본질은 유의한 것이므로 생극, 합, 충은 단순히 의미 있다, 없다.의 문제가 아니라 사주 전체의 작용관계와 조화의 입장에서 판단해야할 성질이라 할 것이다.

역학은 그야말로 변화의 요체를 공부하는 학문이다. 수 백, 수 천년을 명리학의 교과서로 군림해 온 『연해자평』, 『적천수』, 『명리옥정』

등의 고전이 사주추명학 발달에 결정적 역할을 해 온 것은 사실이지만, 논리적 검정이 결여되거나, 시대의 변화를 수용하고 설명할 수 없는 학문이라면 고쳐나가는 것이 마땅하다. 본서는 많은 이론들 중에서도 원리 채택에 있어 가장 합리적이고 설명 가능한 논리만을 수용하여 시대감각에 맞는 사주추명학의 교범이 되고자 한다.

(3) 지지의 합과 충

① 지지의 합(지합 또는 육합이라고도 한다)

지금까지는 천간끼리 합이 되어 변하는 천간 合化五行과 천간끼리 충이 되는 천간 충에 대하여 알아보았다. 그러면 지지는 무슨 오행끼리 합이 되고, 충이 되는지 그리고 그들은 왜 합이 되고 충이 되는지를 알아볼 차례이다.

우리 인간들은 땅위에 살면서 땅의 기운을 더 직접적으로 받고 산다. 물론 하늘의 천기가 땅위의 현상을 포괄적으로 지배하기는 하지만, 우선 당장 인간에게 필요한 것은 땅위의 물이요, 나무이며, 흙, 불, 쇠붙이 같은 필수 오행인 것이다. 그래서 사주추명학에서도 천간의 역량보다는 지지의 작용력과 영향력을 더 강하게 보는 것이다.

당연히 지지의 오행도 서로 그리워하여 짝을 짓고 싶어 하는 오행이 있으니 이것이 곧 지지의 합이다. 왜 합이 되는지는 [그림 14]를 보면 자연히 알게 될 것이다. 23.5° 기운 지축을 중심으로 대칭되는 지지끼리는 지구의 회전괘도에 의한 인력(引力)과 친화력이 발생하게 된다. 그렇게 마주 보는 지지끼리 합이 되어 새로운 오행을 탄생 시킨다는 것이다.

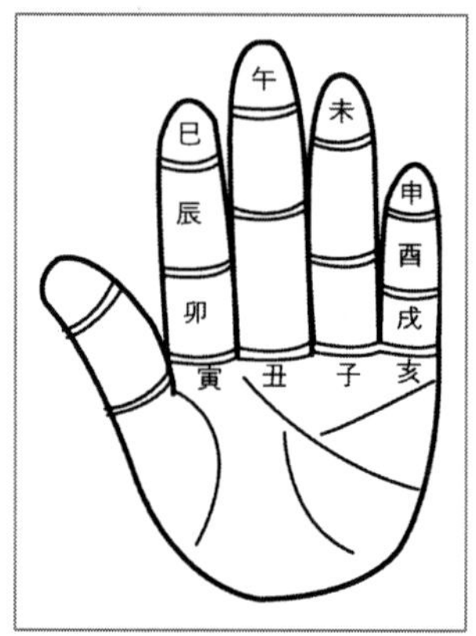

巳(−)	午(+)	未(−)	申(+)
辰(+)	서로 마주 보는, 음양이		酉(−)
卯(−)	다른 것끼리 합이 됨을 알 수 있다(자+축, 인+해 등)		戌(+)
寅(+)	丑(−)	子(+)	亥(−)

• 이 그림은 앞으로 사주를 짚고 합충, 신살, 12운성 등을 추출 하는데 매우 유용하게 쓰이는 것이다.

[그림 13] 지지의 왼손 그림

손가락 12마디에 앉는 지지의 자리는 불변이니 숙지해 두기 바란다.

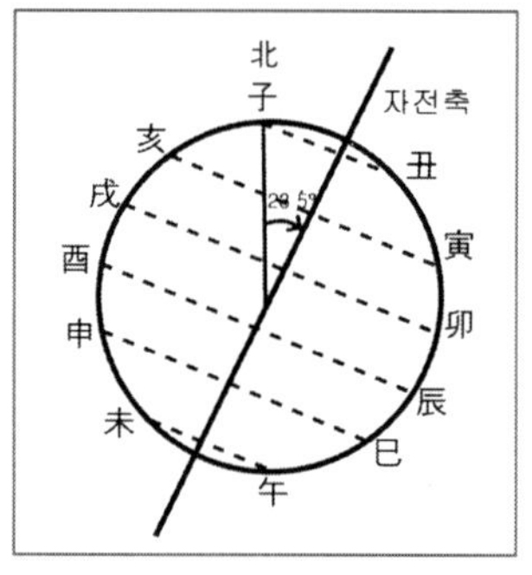

• 지구의 자전축 중심으로 대칭되는 점선상의 지지끼리는 합이 된다.

[그림 14] 지지 합의 위치와 친화관계

[표 20] 지지의 합과 변하는 오행

합하는 오행	子+丑	寅+亥	卯+戌	辰+酉	巳+申	午+未
변하는 오행	土	木	火	金	水	변하지 않음
생·극 관계	극	생	극	생	극	생

• 6개의 지지 그룹이 합이 된다하여 6합이라고 하고, 지지끼리의 합이라 하여 지합(地合)이라고
  도 한다..

앞의 [그림 14]에서 우리는 12지지가 대칭 되는 지지끼리 음양이 다르면 합이 됨을 알 수 있다. 쉽게 말해 남자가 여자를 보고 싶어 하고, 여자가 남자를 그리워하는 이치라고 생각하면 된다. 그런데 여기서 한 가지 이상한 것을 발견하게 될 것이다. 천간은 음양이 다르고 전부 극하는 오행으로 합이 이루어지는데 반해, 지지의 합은 서로 생하는 오행도 있고 극하는 오행도 있다.

극과 생함을 반복하며 6개의 합으로 이루어져 있으므로 "지지 육합"이라고도 하는데, 그것은 땅의 이치는 그만큼 복잡하기 때문이다. 그래서 성경의 기도문에도 하늘에서 이루어진 것과 같이 땅에서도 이루어지도록 해달라고 기도하는 것이다. 천간도 합이 되면 다른 오행을 생산하듯 지지도 합이 되면 다른 오행을 탄생시키는데, 사주 감명시에는 원래의 오행은 물론, 합이 되어 변화한 오행이 있으면 변화한 오행도 오행의 작용력이 있다고 간주하여 오행의 많고 적음을 살펴야 한다.

② **지지의 충**

합이 있으면 충이 있다는 사실은 음이 있으면 양이 있다는 사실과 다를 게 없다. 음만 있을 수 없고 양만 있을 수 없듯이, 합과 충도 상호 대칭 되면서 보완하는 관계로 보면 된다. 전통의 사주학에서는 이 합과 충을 매우 중요하게 보아왔다. 그것은 천동설의 입장에서 보는 평면적 사고로서 모든 것은 태양에 의해 결정되는 것으로만 보아왔기 때문이다. 그래서 합은 천정적으로 생하는 것이고, 충은 결정적으로 극하여 멸하는 것이라는 2분법적 사고방식으로 합과 충을 보았던 것

이다. 그러나 생을 얻기 위한 합의 과정에서도 모든 동물은 상대를 극하여 학대하지 않으면 아니 되거니와, 교미를 위한 리비도와 탄생에는 모두 고통이 따르기 때문에 합과 충을 이해하는 자세 또한 사주명식과 대운 전반을 살피어 감정해야하는 것이다. 즉, 좋은 길성과 대운이 충을 받게 되면 그 좋은 의미 자체가 멸하게 되어 좋았던 것이 없던 것으로도 되고, 흉성이나 불길한 운이 충을 받으면 불길한 의미 또한 사라진다고 보아야 하는 것이다.

그러면 지지의 충은 어떻게 성립되는가? 이는 천간의 합과 충, 지지의 합에서처럼, 지지 상호간의 존재 위치에 따른 에너지 간섭 작용에 의해 발생하게 되는 것이다. 어려운 이론을 떠나 다음의 도표를 보면 금방 이해가 될 것이다.

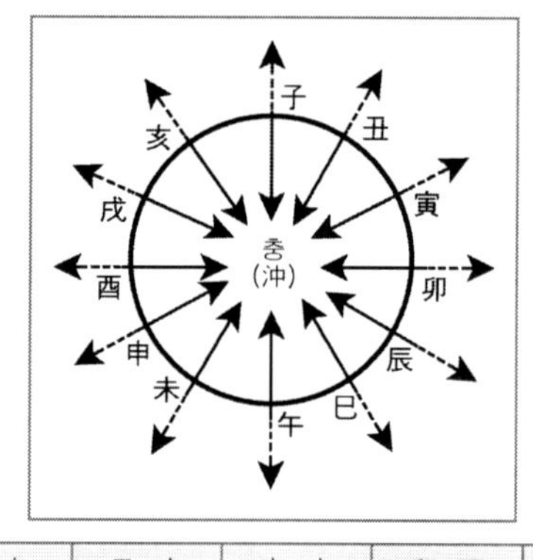

충 하는 오행	子+午	丑+未	寅+申	卯+酉	辰+戌	巳+亥

[그림 15] 지지의 충과 지지의 반발관계

위의 그림에서처럼 지지의 충은 [그림 13]의 좌수지에 앉아 있는 지지가 수직 또는 수평으로 마주 보는 지지의 좌우에 있는 지지와 충이 되는 것을 알 수 있을 것이다. 이는 圓인 지구에서 대칭 되는 지점에 에너지를 공급해 주는 30°각도에 있는 지지끼리 공간적 반발을 일으키기 때문인데, 원의 내각 360°를 12지지로 나누면 30°가 되고 이 각도에서 가장 큰 에너지 변화가 생기게 된다.

풍수지리학에서 용(龍)으로 불리는 산이 꿈틀대고 내려오면서 가장 큰 에너지를 받게 되는 각도 또한 30°로 보는데, 풍수지리 용어로 요도(橈掉)와 지각(枝脚)의 변룡(變龍) 각도를 설명 할 때 30°각도를 강조한다. 기존의 사주추명학 서적 등에서는 충의 원리를 단순히 12개의 지지를 동심원(同心圓) 상에 6개의 직선을 긋고 그 선상의 대칭끼리 충이라고 설명하고 있는데, 충의 원리를 설명하는 것으로는 매우 미흡하다 하겠다.

확실한 것은 충의 의미는 아무래도 멸하고 반발한다는 부정적 의미가 강하다는 것이다. 길성이 충이 되면 나쁜 쪽으로 흐르지만, 흉성은 충이 되면 스스로 충돌이 되어 부서지기 때문에 흉작용을 감하는 정도로 보아야하고, 반전하여 길한 쪽으로는 잘 흐르지는 않는다는 것이다. 단식으로 사주를 풀이하는 설익은 역술가들 중에 흔히 "당신 사주에는 충이 몇 개나 들어서 팔자가 흉하고 질고액난이 많고 어떻고…" 하는 경우가 있는데, 결코 이런 우를 범해서는 아니 된다.

③ 지지의 방합(方合)과 삼합(三合)

• 지지의 방합

방합과 3합은 지지에만 존재하고 천간에는 없다. 방(方)이란 다름 아닌 방위할 때의 방위를 말한다. 즉, 같은 방위끼리 합이 된다는 말이다. 같은 방위를 바라본다는 것은 공간적으로 동지라는 뜻이 된다. 같은 방위에 배속된 지지끼리는 쉽게 의기투합 할 수 있을 것임은 굳이 설명이 필요가 없을 것이다.

긴말 할 필요없이 예를 들어 설명해 보자. 지지로 寅은 계절적으로는 봄이며, 방위로는 東方이 시작되는 곳이다. 좌 수지법으로 보아, 네 군데 모서리(寅, 巳, 申, 亥)에서 계절이 바뀌게 된다. 곧 巳에서는 여름이, 申에서는 가을이 시작되고, 亥에서는 겨울이 시작되는 것이다.

이 계절이 바뀌는 곳에서 오행상 동서남북의 방향도 꺾인다는 것은 이미 설명하였다.

　북쪽이 여름일 수 없듯이, 남쪽이 겨울일 수도 없는 것이다. 동쪽이 시작되는 寅方은 어디까지나 시작이므로, 正東이 아니기 때문에 정 동쪽인 卯를 형님으로 모시고, 환절기와 중간 역할을 하는 辰과 함께 卯를 중심으로 똘똘 뭉치게 된다. 이를 곧 방합이라고 하고, 이러한 지지들끼리 만나면 조폭 세계에서의 형님과 아우처럼 똘똘 뭉쳐 하나의 조직적 세력을 형성하게 되는 것이다. 이러한 것이 방합인 것이다. 시골사람이 서울에 살면 사투리도 잊어버리고 살다가 고향사람들의 모임에 가면 다시 고향 특유의 기질이 나타나면서 촌스럽게 되는 것을 생각하면 된다.

巳(-)	午(+)	未(-)	申(+)
辰(+)	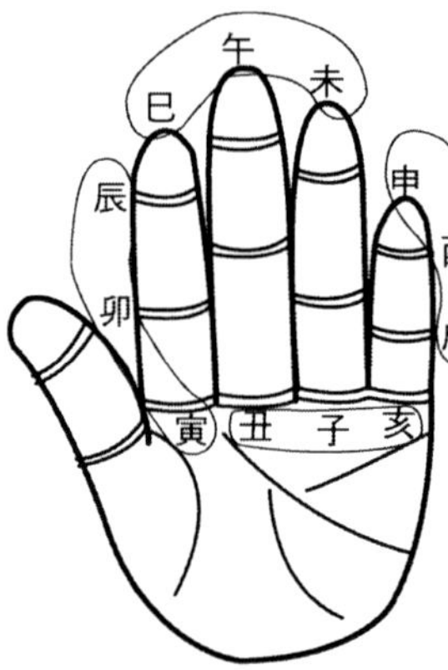		酉(-)
卯(-)			戌(+)
寅(+)	丑(-)	子(+)	亥(-)

• 모서리부터 시작하여 시계방향 3개의 지지끼리 방합이다. 당연히 중심은 형님인 가운데 지지가 되고, 오행과 성질도 가운데 오행을 따라가게 된다.

[그림 16] 지지의 방합

[표 21] 방합과 국

합이 되는 지지	방위	국	계절	중심 지지
寅+**卯**+辰	東方	木局	봄	卯木
巳+**午**+未	南方	火局	여름	午火
申+**酉**+戌	西方	金局	가을	酉金
亥+**子**+丑	北方	水局	겨울	子水

합을 이끄는 중앙의 지지만 따로 떼어 내 보자. 즉, 굵은 글씨로 표시된 卯, 午, 酉, 子가 되겠는데, 이들 네 가지 지지는 지장간(地藏干. 뒤에 다시 설명한다)으로 보아, 전부 한 가지 오행으로만 구성된 순수한 오행의 기운이기 때문에 그만큼 오행의 성질도 순수하여 합을 성립하는 중심이 성립되는 것이다.[24]

어떤 사주에 방합이 되는 지지가 배치되면 [표 21]의 국에 해당하는 오행의 세력이 형성된다. 중심 되는 지지의 오행이 홀로 있을 때 보다 더욱 강한 자기 세력으로 성장하게 된다고 보면 되는데, 예를 들어 卯木이 홀로 있기보다는 寅木이라는 원군을 만나고, 그기에 중앙 土와 환절기를 상징하는 辰土가 반죽이 되면 콘크리트처럼 굳어진다는 것이니 지극히 지당한 논리라 하겠다.

그런데 여기서 염두에 둘 것이 하나 있다. 그것은 방합이 3개의 지지가 모여서 이루어지지만, 이들 3개중 2개만 모여도 방합이 성립한다는 것이다. 예를 들어 寅卯辰 방합의 경우 寅卯, 卯辰, 寅辰만 보여도 방합의 성질이 나타나게 되는데,[25] 사주 감명시 지지 방합이 성립되면 일단 해당 오행으로 보다 강한 성질이 된다는 걸 인정해 주어야 하고, 다른 오행과의 중화 및 과부족도 살펴보아야 한다.

---

24) 午의 지장간에는 火의 천간만 있는 것이 아니라, 己土도 간직되어 있다고 많은 역학서에서 전하고 있는데, 본서에서는 4정방에 속하는 午의 지장간은 丙과 丁으로만 본다.

25) 물론 중앙세력인 卯, 午, 酉, 子가 빠진 합은 그만큼 합의 힘이 빠지게 된다.

• **지지 삼합**

지지 삼합도 지장간이 순수한 단일 오행으로 구성된 卯, 午, 酉, 子를 중심으로 12지지 상호간의 내각이 180°의 삼각형을 이루며 강한 세력으로 성장하는 것을 말한다. 쉽게 말해서 12지지 순서상 4칸 앞뒤의 지지끼리 만나서 3합이 되는 것이다. 즉, **申子辰, 寅午戌, 亥卯未, 巳酉丑** 이들 세 개의 오행끼리는 子, 午, 卯, 酉를 중심으로 하나의 세력을 형성하여 똘똘 뭉치게 된다.

흔히들 민간에서 4살 터울은 궁합도 볼 필요가 없이 좋다고 하는데, 이는 4살 터울이 바로 이처럼 합이 들기 때문에 生함을 이루어 좋다고 보는 것이다. 12지지를 동심원 상에 배치하여 한 변의 각이 60°가 되는 삼각형을 그리면, 각각 다른 4개의 정삼각형을 얻을 수 있는데, 이 삼각형의 지지가 곧 3합이다.

전라도의 별미 홍어요리는 홍어를 중심으로 돼지수육, 묵은 김치 이렇게 세 가지를 한 데 싸서 홍어 삼합이라며 먹는데, 그 맛이 표현할 수 없는 독특한 맛을 낸다. 거기에다 탁주 한 사발을 곁들이면 더

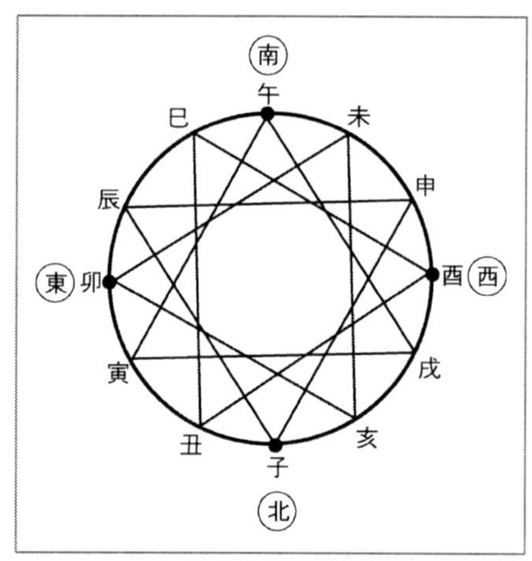

• 종이에 원을 그리고 3개의 꼭지점을 이어 3합을 구하는 그림을 그려보자.

[그림 17] 삼합의 구성

욱 상승된 맛을 느낄 수 있게 된다. 이처럼 합이란 같은 고향이나, 특수위치의 요소들이 가운데 세력을 중심으로 뭉쳐 강력한 연합전선을 구축하는 것이라고 알아두기 바란다.

[표 22] 삼합 표

합이 되는 지지	성립되는 오행의 세력	중심 지지
寅+午+戌	火局	午火
巳+酉+丑	金局	酉金
申+子+辰	水局	子水
亥+卯+未	木局	卯木

午를 중심으로 寅과 戌이 만나면 火氣가 강한 불구덩이가 형성되고, 巳, 酉, 丑이 만나면 金局을 형성한다는 뜻이며, 나머지도 이와 같다.

이 삼합은 사주추명학에서 자주 응용되고, 인용하는 분야가 다양한 편이므로 확실히 알아두어야겠다. 그리고 삼합이 되는 지지는 3개가 만났을 때를 3합이라고 하고, 2개만 만났을 때도 방합에서처럼 반합(半合) 또는 이합(二合)이라 하여 이 또한 합으로 보는데, 이때는 그 합하는 기운이 그만큼 떨어진다고 보면 된다.

'합이 되는 지지'를 오행의 그룹으로 세로로 나열해 보자. 즉, <寅, 巳, 申, 亥>, <午, 酉, 子, 卯>, <戌, 丑, 辰, 未>의 3그룹으로 형성되는데, 寅+申=충, 巳+亥=충 등과 같이 앞장에서 배운 지지 충이 되는 지지들이 들어 있음을 알게 될 것이다. 마치 그물처럼 세로 충, 가로 합이 되어 여기서도 생극의 법칙이 적용되는 것이다.

[표 22]에서 이 삼합이 성립되는 세로그룹의 글자들을 살펴보자. 寅은 봄의 시작이며, 巳는 여름, 申은 가을, 亥는 겨울의 시작을 알리는 달로 구성되어 있다. 따라서 4계절의 시작을 알리는 生하는 달이므로 4생지(生地. 4맹(孟)이라고도 함)라 하고, 午, 酉, 子, 卯는 각 계절이 맹위를 떨치는 4계절 중 가장 왕성한 달이라 하여 4왕지(旺地. 4正이라고도

함)라하며, 戌, 丑, 辰, 未는 각 계절이 임기를 마치고 창고 속으로 들어가 저장된다는 달이란 뜻으로 4고지(庫地. 4멸(滅) 또는 4우(隅)라고도 한다)라 한다.

이상에서 설명한 천간 지지의 합과 충은 사주 감정시에 사주 여덟 글자가 어떤 요인과 합충이 되었는가를 살핌은 물론, 돌아오는 세월의 운과도 합충 됨을 살펴야한다.

⑦ 4계절의 변화와 아리송한 용어 4生, 4正, 4庫

1) 4生 (또는 4孟)

그럼 먼저 4맹의 구성원리와 작용이치를 살펴보자. 寅월은 곧 봄의 시작이고, 巳월은 여름, 申월은 가을의 시작이며, 亥월은 겨울이 시작되는 계절의 서막에 해당한다 하였다. 어떠한 변화이든 힘들고 고통이 따르겠지만, 이 계절의 새로운 시작은 그만큼 많은 아픔이 따를 수밖에 없다.

겨울의 언 대지를 뚫고 싹을 틔워야 하는 고통이 채 가시지도 않았는데, 짧은 따뜻한 봄과 결별하고, 태양이 작열하는 성하(盛夏)의 여름을 맞아야 하는 것이나, 초목의 모든 잎을 떨쳐내고 결실을 맺어 죽음을 예비해야하는 가을을 맞는 것이며, 모든 생명의 죽음의 무덤인 겨울을 맞아야하는 계절의 첫 달로 구성된 4맹과 같은 달들은 그만큼 변화와 곡절이 많을 것이다.

그래서인지 사주에 寅申巳亥가 모두 있거나[26] 이들 사주의 영향을 많이 받는 사람의 팔자는 대부분 파란곡절이 많다. 세파와 싸워 이겨내야 하는 강인한 성격의 파란만장한 무인의 팔자와 잘 어울리는 지

---

26) 고 박정희 대통령의 사주구성이 이와 같이 이루어져 있다. 일부 자료에는 출생시가 다소 틀린 寅이 없는 사주가 보이기도 하는데, 대부분의 역학자료와 포털사이트 등에 박대통령의 사주는 4생의 사주로 기록되고 있다.

지의 요인이라 하겠다. 실제로 이러한 사주 구성을 가지고 대운과 격국이 잘 받침 된 사람에게서 군경, 검찰이나 혁명적 열사가 많이 탄생한다.

그러나 寅申巳亥를 분석해 보면 하나같이 형충이 되거나, 파와 해, 3형살 같은 불길한 암시를 구성하게 되니 사주구성이 잘못 놓일 때는 사고, 중병, 범죄, 불화, 쟁송, 폭력, 배신, 간음, 사기, 생사별 등 이루 말할 수 없는 나쁜 운명적 암시를 지니고 살아가야 한다. 이 4맹이 구성되는 원리를 살펴보자.

- 寅(봄의 시작)은 寅의 지장간 중기인 丙火의 12운성상 장생이며
- 巳(여름의 시작)는 巳의 지장간 중기 庚金의 12운성상 장생이고
- 申(가을의 시작)은 申의 지장간 중기 壬水의 12운성상 장생이며
- 亥(겨울의 시작)는 亥의 지장간 중기 甲木의 12운성상 장생이다.
  → 지장간, 중기, 장생 이러한 용어들은 생소하더라도 그냥 읽어두면 이어서 충분한 설명이 나온다.

즉, 寅申巳亥는 다음 계절에 해당하는 양천간이 12운성으로 장생에 해당하는 것들이다. 寅+巳+申은 3형살을 구성하고, 寅+申과 巳+亥는 충이 성립되며, 寅+亥와 巳+申은 파(破)를, 寅+巳와 申+亥는 해(害)까지 구성함을 알 수 있다.(파와 해는 곧이어 설명이 나온다.)

2) 4正 (또는 4旺)

춘하추동 4계절 중의 가장 중심 되는 계절의 가운데 달을 말한다. 즉, 봄의 한 가운데인 卯, 여름의 午, 가을의 한 가운데인 酉 그리고 가장 겨울다운 겨울의 가운데 달인 子를 말한다. 이들 4정방은 방위로도 나침반 상에서 정확하게 동서남북을 가리키는 정방(正方)에 해당하는 달이다.

남북의 축을 자오선이라 하여 북극 子方을 극점의 기준으로 삼게

된다. 따라서 오행이 어디로도 치우치지 않은 순수한 오행의 기로 이루어졌기 때문에 계절로도 가장 왕성한 달이라 하여, 4왕이라고도 하는 것이다. 그런 만큼 이들 지지는 가장 화려하게 만개한 형상과 같고, 넘치는 활력과 기상 및 누구에게도 치우치지 않으려는 자립과 정의를 상징하기도 한다.

계절로서도 중앙의 자리라 왕성한 정기로 통솔, 리더하려는 혈기 넘치는 기상을 보이며, 그만큼 아름답고 화려한 이미지를 담고 있는 것이다. 이들 4왕의 사주를 가진 사람이 사주의 구성이 좋으면 정치지도자나 종교, 학계 등에서 두각을 나타내며 리더십을 지니게 된다. 그러나 반대급부로 이들 4정은 반듯하고 미려하며, 활력과 정기가 넘친 나머지 자칫 색정과 염문, 사치와 허영 및 낭비벽 같은 나쁜 이미지로 발전할 수도 있다.

특히 子午卯酉를 도화살이라고 하여, 매력 있고 인기 있는 것까지는 좋으나 색정과 이성문제의 파란과 문란, 애정의 도피행각 및 부부궁의 불길 같은 암시가 도사리게 된다. 4왕이 성립되는 원리를 살펴보자.

- 子(겨울의 가운데)는 다음 계절인 봄의 천간 甲木의 12운성상 목욕이고
- 午(여름의 가운데)는 다음 계절인 가을의 천간인 庚金의 12운성상 목욕이며
- 卯(봄의 가운데)는 다음 계절인 여름의 천간 丙火의 12운성상 목욕이고
- 酉(가을의 가운데)는 다음 계절인 겨울의 천간 壬水의 12운성상 목욕이다.

목욕이 무엇인가? 옷을 벗고 몸을 씻는 것을 말한다. 그러면 자연히 원초적 본능으로 돌아가 음란한 발심에 의한 남녀색정을 연상하게 되고 새로운 생명탄생을 위한 잠재력을 발산시키게 된다. 子+午 충에 卯+酉 충이 되며, 子+卯는 형살을 구성한다.

3) 4庫(또는 4滅, 4墓, 4隅)

전술한 것처럼 고(庫)란 창고란 뜻이다. 각 계절이 그 임기와 소임을 다하여 창고 속으로 들어가 박힌다는 뜻이니, 계절 끝의 모서리란 뜻의 우(隅)라고도 하고, 계절이 다했다 하여 멸(滅) 또는 무덤에 들어간다 하여 묘(墓)라고도 한다. 모두 같은 뜻이다.

춘하추동이 있어 생로병사가 있듯이 이 우주에는 다함이 없는 것이 없고, 다함이 있는 것도 없다. 영원히 생장소멸을 거듭한다는 뜻이다. 각 지지도 계절이 다함의 끝에서는 멸함의 옷을 갈아입고 죽음의 세계로 들어간다. 그것이 곧 새로운 생명을 얻는 길이다. 그래서 4고는 수확하여 저장하고 다음을 준비하며, 새롭게 오는 계절을 이어주는 계절의 끝, 辰戌丑未 중앙 土의 역할을 하게 된다. 그래서 대지처럼 자신을 나타내기보다 중용하고 희생하며, 수용하는 정신적 지도자의 덕목을 보이는 특징이 있다.

따라서 신심과 신의가 있어 4고의 사주상 의미는 종교적, 정신적 지도자와 희생, 신앙심 등을 나타낸다. 종교계나 성직자 중에 이러한 암시를 지닌 사람이 많고, 대운과 격국이 좋으면 시대의 큰 인물 또는 제왕의 반열에 오른다고 고전에서 전하고 있다. 그러나 사주의 구성이 불비할 때는 고독, 독신, 부부이별, 풍운아, 고난, 역경, 분주하고 다툼이 많은 질고의 일생을 살다 가기도 한다. 4고의 성립원리를 알아보자.

- 辰(봄의 끝)은 자신의 계질인 봄의 천간 甲木의 12운싱상의 쇠(衰)가 되고
- 未(여름의 끝)는 자신의 계절인 여름의 천간 丙火의 12운성상 쇠가 되며
- 戌(가을의 끝)은 자신의 계절 가을의 천간인 庚金의 12운성상 쇠가 되며
- 丑(겨울의 끝)은 자신의 계절 겨울의 천간인 壬水의 12운성상 쇠가 된다.

즉, 각 계절이 졸업장을 받고 창고 속으로 들어가 박히는 달이 辰戌丑未 4고임을 알 수 있다. 辰+戌 충, 丑+未 충에 丑+戌+未 3형살이 된다.

4생, 4왕, 4고의 개념을 분명히 해 두자. 사정, 사우(四季라고도 한다) 사맹이란 앞에서 설명한 3합의 세로 그룹별 4생, 4왕, 4고의 다른 말이라 생각하면 된다. 인생에 생로병사가 있듯이 계절의 순환도 태어나면서 맹(태어날 孟)하고, 절정(바를 正)을 이루다가, 곡식처럼 수확을 하여 창고(창고 庫)로 들어간다는 말이다.

지구를 상징하는 지지 12자를 30°로 배치하면 360°의 원이 되는데, 이 원 속에 지구의 변화가 다 담기게 되므로 지구상에 존재하는 인간은 이 12지지의 영향 속에서 벗어나지 못하는 것이다. 이 사정(4왕), 사우(4고), 사맹(4생)을 공부하는 이유는 뒷장에 나올 12운성의 이론적 근거가 되기도 하지만, 사주 지지의 구성이 正이냐, 우(모서리 隅를 의미한다)냐 또는 孟(시작한다는 뜻) 어느 쪽으로 많이 기우느냐에 따라 그 특징적 성질이 나타나기 때문인데, 이를 알기 쉽게 도표로 정리하여 이해를 돕도록 한다.

[표 23] 사맹, 사정, 사우의 구성원리와 성질

내용 구분	구성	계절	월	본 질	특 성	비 고
四孟 (四生)	寅	초봄	1	– 쉽게 말해 시작과 生을 의미. – 씨앗을 깨고 싹을 틔우듯 고통을 참고, 앞장서 세파를 이겨나가야 하는 운명이다. – 따라서 변화 파란만장한 일생	– 武人, 武官법관 등이 되거나 – 不和, 事故爭鬪, 凶殺	– 4개 지지에 형, 충, 파 해가 다 들어 있음을 유의하라.
	巳	초여름	4			
	申	초가을	7			
	亥	초겨울	10			
四正 (四旺)	子	한겨울	11	– 왕성, 氣勢등등, 正氣, 中央 – 정의, 자립, 통일 등을 의미. – 혈기 넘치는 기상, 남녀교접 – 따라서 정조희박, 桃花殺 의미 – 여자의 경우 미모, 색란	– 사주구성이 좋으면 지도자, 리더쉽, 정치, 학계 두각	– 자＋오 충, 묘＋유 충 양충을 유의하라.
	午	한여름	5			
	卯	봄	2			
	酉	가을	8			
四隅 (四庫)	辰	늦봄	3	– 수확, 갈무리, 중단, 다음준비 – 환절기로서 연결 역할 – 중용, 중화, 희생, 수용 – 분주하고 다툼이 많다.	– 종교적 의미가 있다. – 학계, 정신적 지도자 – 정치력	– 진＋술 충, 축＋미 충 양충을 유의하라.
	戌	늦가을	9			
	丑	늦겨울	12			
	未	늦여름	6			

• 종이에 세 개의 원을 그리고 12지지를 배치하여 위의 4개 지지를 각각 선으로 이어보자.

앞의 그룹이 한 사주에 동시에 다 들어있는 경우는 드물지만, 그런 경우를 '순전사위격(純全四位格)'이라 하여 다른 오행과 대운의 배치가 좋으면 아주 귀한 사주가 되는데, 반드시 사주 구성과 대운이 좋아야 함은 물론이다. 그래서 좋으면 아주 좋고, 잘 못되면 아주 흉한 경우가 발생하기도 한다.

왜냐하면 비고란에서처럼, 형, 충, 파, 해 등이 모두 들어 있어, 사주가 중화되지 못하고 치우치거나 대운이 흉하면 아주 나쁜 특성적 발현이 나타나기 때문이다. 박정희, 김영삼 등 역대 대통령의 사주에서 볼 수 있다.

이상에서 천간의 합충과 지지의 합충 그리고 지지 방합과 지지 삼합에 대해서 그 원리와 작용기전을 알아보았다. 쉽게 말해 합이란 남자가 여자를 그리워하고, 여자가 남자를 그리워하여 짝꿍이 되어 합궁을 하고는 새로운 자식을 탄생시키는 것처럼, 다른 오행끼리 모여서 새로운 다른 오행을 변화, 탄생케 하는 것이라 생각하면 되고, 충이란 자석의 같은 극이 서로 배척하는 것처럼, 상호 충극하는 것이라 생각하면 된다.

어떤 사주의 일간이 사주 명식내에서 뿐만 아니라, 대운과 당해연도의 천간과 서로 합이 들거나 충이 드는 해는 그에 따른 길흉과 변화 작용을 예측해 보아야 하는데, 어떤 육친과(육친은 뒤에 설명한다) 합충 되느냐에 따라 그에 해당하는 재물이나 가족, 명예운 등이 변화하는 것을 볼 수 있다.

한편 지지에서도 합이 많은 사람은 사교술이 좋고, 여자의 경우에는 정이 헤픈 경우가 있는 것을 볼 수 있고, 생일 지지와 출생시의 지지가 충하는 경우에는 배우자와의 인연이 불리하거나, 자식의 인연이 박한 경우가 많은 등, 가정궁이 아주 나쁜 경우가 많은데, 물론 단적으로 판단할 일은 아니므로, 이 합충 사실 하나만으로 당신의 운세가 어떻다고 말하기 전에 사주 전체의 중화를 먼저 살피며 보조적 수단으로 간명 한다는 것을 명심하기 바란다.

보편적 의미로 볼 때, 합은 새로운 탄생과 창조를 의미하고 충은 배척, 충돌한다는 점에서 대조적이기는 하나, 단순히 좋다, 나쁘다의 근거로 삼아서는 안 된다. 깡패들끼리 합을 이루면 흉악한 조폭이 되고, 착한 사람들이 모이면 남을 돕는 자선단체가 되듯, 나에게 길한 성(星)이 합이 되면 더 길해 지고, 흉한 성이 합이 되면 더 흉포해지는 것은 사실이다.

또한 합과 충도 연월일시 어느 주와 합충이 되느냐에 따라 그 의미와 역량이 달라짐은 당연하다. 즉 나 자신인 일간이 연+월, 일+시가 합충 되는 것보다, 일+년은 그만큼 멀리 있어 나에게 직접 미치는 영향이 떨어진다는 것이다. 중요한 것은 사주의 중심세력인 "나" 즉 일간이 어떻게 합충 되는 가를 더 중요하게 생각해야 한다는 것이다.

장황하게 설명하였으나 의외로 간단한 논리이다. 한 가지가 더 있다. 현명한 독자라면 여기서 새로운 것은 아니지만, 신기한 사실을 발견하였을 것이다. 그것은 방합과 삼합의 중심 구성인데, 이미 설명한 대로 모두 다 子午卯酉를 중심세력으로 하고 있음을 알 수 있을 것이다. 즉, 가장 왕성한 지지를 중심으로 합이 되어 모인다는 것인데, 인간 세상도 마찬가지이다. 돈 없고 힘없는 사람 주변에 사람이 모여서 세력을 형성할 수는 없는 일이 아닌가?

따라서 두 개의 지지가 모여 반합이 되는 것도 반드시 子午卯酉 한 글자는 끼고 합이 된다는 것이다. 예를 들어 寅+午+戌 3합의 경우 寅+午가 만나도 2합(반합)이 되고, 午+戌만 만나도 2합(반합)이 되지만, 寅+戌은 중심세력인 午가 없어 그것 자체로서는 합이 성립되지 않는다. 그러나 대운이나 돌아오는 세월운에서 결여되었던 세력의 운이 오면 3합으로서의 작용을 시작하는 것이다.

이를 건넌 3합이라고 하는데, 심지가 없는 양초처럼, 그만큼 중심세력은 필요하고 중요한 것이다. 어떤 사주학 서적에는 건넌 3합도 반합이라고 하는데, 이는 예를 들어 寅+戌의 경우 이들 지장간에 각각 午와 같은 火氣가 있기 때문이라고 하나, 그 역량은 매우 약하다고 볼 수밖에 없는 것이다.

마지막으로 한 가지가 더 있다. 방합 하는 3개의 지지와 3합 하는 3개 지지의 음양을 눈여겨보라. 방합은 반드시 음+양+음 또는 양+음+양과 같이 음양이 교차로 합이 되는데 반해, 3합은 양+양+양 또는 음+음+음의 그룹으로 이루어져 있음을 알게 될 것이다. 그래서 3합이 방합에 비해 더 외골수 합이라고 할 수 있는 것이다.

이 사실을 기술한 책은 아직 시중에서 보지 못했다. 다만 어떤 책에는 방합의 역량이 삼합보다 더 강한 것 같다고 한 이해 못할 기술은 있었는데, 이는 아마도 음양이 섞여야 더 생산적이란 뜻에서인 것 같다. 그러나 음양이 섞이면 그만큼 부드러워질지언정 파워가 강해지지는 않을 것이다. 이상으로써 합충의 개략적 설명을 마치고 다음으로 나가도록 하자.

08 수많은 살성(殺星)과 길성(吉星)을 어찌할꼬?

1) 길흉성과 작용

세상에는 인간의 상식으로 이해하기 어려운 일과 사건들이 수없이 발생하고 있다. 같은 날 같은 시간에 동행하여 같은 길을 걸어가던 두 사람이 벼락을 맞아도 누구는 살고 누구는 죽는 경우가 있는가하면, 비행기 사고가 나서 다른 사람이 모두 죽어도 기적적으로 살아남는 사람도 있다.

정상적 이성과 논리만으로는 설명하기 어려운 이러한 현상을 어떻게 받아들여야할까? 그것은 결국 인간적 요인보다는 신의 영역으로 치부하는 수밖에 없다는 결론에 도달하게 된다. 이것을 불교적 교리로 해석하면 인연에 의한 업으로 귀결되겠지만 사주추명학에서는 하늘과 땅의 보살핌에 기인한 길성의 작용으로 보게 되는 것이다.

이러한 길성은 덕을 쌓고, 밝은 마음을 닦아야 주어진다는 교훈적 가르침이기도 하며, 이것은 곧 역학의 순천(順天)사상이기도 하다. 필자가 역학을 공부하면서 가장 이해할 수 없었고 어려웠던 부분이 바로 이 길성과 흉살성의 관계와 작용이었다. 왜 그 천간과 지지는 무슨 무슨 살이 되고 또 길신이 되기도 하는가? 어떤 작용기전이 있기에 그러한 결과를 나타내게 하는가? 하고 자문해 보지 않을 수 없었다.

전통 사주학에서부터 수백 개의 길신과 흉신이 알려져 왔으나, 대부분의 길흉신이 왜 그러한 작용이 나타나는 가를 명쾌히 해설한 문헌이 없었다. 예를 들어 십간록(十干祿)이라면 벼슬을 함으로써 받는 부귀를 말하는 길신인데, 일간 甲木이 지지 寅을 만나면 성립된다. 하지만 陽甲木과 陽寅木이 만나서 어떻게 십간록이 되는지 그 이유를 알지 못한다.

유추하건데 같은 음양오행으로서 그만큼 천간이 동기로 뿌리를 내렸다고 볼 수 있겠는데, 더구나 미칠 일은 전혀 무시할 수 없다는 점이다. 설명을 못한다고 해서 있는 현상을 없다고 말 할 수 없는 것처럼, 오랜 세월 경험과 통계로 굳어져 온 이들 길흉성을 전혀 무시할 수 없다는 점이다. 그러나 이들 길흉성의 단식판단에 얽매이다 보면 그야말로 점쟁이가 되어, 조화로운 다양성으로서의 사주판단이 어려워지므로 본 장에서는 빈도와 유의성에 있어서 사주 감명 시 꼭 참고하여야할 중요한 길흉성에 대하여만 설명하도록 한다.

이 길흉성도 형, 충, 파, 해, 원진 등과 같이 사주팔자 자체에서의 성립은 물론, 세운이나 대운 및 궁합 등을 볼 때도 서로 견주어 성립되거니와 그에 따르는 길흉의 작용을 검토해야한다.

2) 길성

① 십간록(十干祿, 일명 정록(正祿)이라고도 한다)

녹이란 녹봉 즉 벼슬을 말함인데, 사주에 이 십간록이 있게 되면 벼슬과 풍족한 의식, 사회적 지위와 명예를 얻는다고 본다. 지금도 그렇겠지만 지난날에는 남자로 태어나 최고의 가치덕목이 과거에 급제하여 벼슬길에 나아가고, 가문을 번성케 하여 일족의 명예를 드높이는 일이었다.

이 십간록이라는 길성이 예로부터 사주학상 벼슬길에 나아갈 수 있다는 바로미터였었는데, 다른 길흉성도 마찬가지지만 길성이 또 다른 길성을 만나면 더욱 좋아지나 형, 충 등 다른 흉신과 같이 만나면 길 작용이 없어지고 오히려 해를 입는 수가 있다고 보아야 한다. 십간록은 일간에 견주어 아래와 같이 연월일시 어느 지지에든 녹에 해당하는 글자가 놓이면 성립된다.

[표 24] 십간록

일간	甲	乙	丙	丁	戊	己	庚	辛	壬	癸
녹(祿)	寅	卯	巳	午	巳	午	申	酉	亥	子

자세히 보면 일간 戊土, 己土를 제외한 모든 녹이 천간과 지지가 같은 오행인 것을 알 수 있다. 그만큼 천간이 뿌리를 내렸다는 뜻인데, 일간에서 12운성상 건록에 해당하는 지지가 십간록이니, 건록은 녹봉을 의미하므로 12운성과 일치함을 알 수 있다.

甲일간인 사람이 월지지에 寅이 있으면 십간록이고, 월주는 부모궁이니 부모대에 벼슬을 하였거나 청년기에 일찍 명예 또는 의식(衣食)이 안정된다고 보는 것이다. 또한 당해 녹이 드는 지지가 육친(뒤에 곧 설명이 된다. 기대해도 좋다)으로 어떤 통변성에 해당하는가에 따라 해당 육친이 길성의 덕을 보게 된다고 판단하는 것이다.

② 천을귀인(天乙貴人)

글자 그대로 하늘 '天', 새 '乙' 즉, 하늘을 나는 새란 뜻이다. 천을이란 기와 신을 주재하는 가장 존귀한 성으로서 흉을 제거하고 평생 무탈하게 해주며, 지혜가 있는 길성으로 알려져 왔다. 그러나 이 천을귀인도 형, 충, 파, 해 되는 것을 싫어하고, 사주의 구성 또한 나쁠 때는 오히려 해가 되기도 한다는 점을 유의하여야 한다.

[표 25] 천을귀인

일간	甲戊庚	丙丁	乙己	辛	壬癸
천을	丑未	亥酉	子申	寅午	巳卯

일간이 甲이나, 戊 또는 庚일때 지지중 어느 곳이라도 丑이나 未가 있으면 그 자리가 곧 천을귀인의 자리라는 것이다. 아무리 가능한 개연성을 모두 열어놓고 분석해 보아도 어떠한 통일된 법칙의 필연적 이론은 성립되지 않는다.

다만 위 표에서 보는 것처럼, 천을이 성립되는 5가지 지지끼리는 서로 생해주거나 같은 오행이란 것이다. 즉, 일간이 甲戊庚일 때 지지에 丑이나 未가 있으면 천을이 성립되는데, 丑과 未는 같은 오행이란 것이고, 丙丁 일간일 때 지지에 亥나 酉가 오면 또한 천을이 성립되거니와 酉는 亥를 금생수로 생해준다는 것이다. 다른 것도 이와 같다.

그렇다고 하필 丑이나 未가 왜 甲戊庚 일간일 때와는 무슨 상관관계가 있는지 또 亥와 酉는 왜 丙이나 丁 일간을 만나면 천을이 되는지 여전한 의문은 계속된다. 그런데 찬물을 한 컵 마시고 다시 한 번 이들 지지그룹을 살펴보면, 천을이 성립되는 지지의 지장간(지지에 감추어진 천간이라는 뜻인데, 곧 설명이 나온다)에는 일간의 10천간 글자가 하나도 포함되어 있지 않다는 통일된 규칙이 있음을 알게 된다. 즉, 지지 丑이나 未의 지장간 속에는 甲戊庚이란 천간 글자가 하나도 없다는 것이다.

천간이 그만큼 땅위의 일에 연연치 않고 천기대로 날아갈 수 있다는 것일 것이다. 어떤 역학서에는 태양계가 북극성을 중심으로 120년 주기로 공전을 하는데, 북두칠성이라는 길성이 북극성과 대각(對角)을 이루며, 빛이 상호교차 하는 과정을 '천을'이라고 소개하며, 이때 태어나면 천을귀인이 된다고 하면서, 평생토록 길성의 영향을 받으며 산다고 설명하고 있다.

이 천을귀인을 해석하는 방법도 천을귀인이 앉은 자리가 육친성으로 만약 정재(正財)라면, 남자에게 정재는 아내이고 재물이니 아내가 귀인이고, 재물 또한 불어난다고 보는 것이다. 이 천을귀인은 길성중 가장 귀한 신으로 사주 감명시 많이 적용하고 있는 편이다.

③ 천·월덕귀인(天月德貴人)

한마디로 하늘과 달이 덕을 베푼다는 길성이다. 하늘과 달이 도우니 만사가 여의하고, 어려움에 당해서도 절처봉생(絶處逢生)으로 살아나거나 흉함을 감하고, 조상의 유덕이 많다는 길성이니 만큼, 민간에서는 중요한 날을 잡을 때 이 천월덕에 해당하는 날을 길일로 택하는 경향이 생기게 된 것이다.

천월덕귀인은 월지를 기준으로 하여 보는데, 아래와 같은 월지지일 때 사주 중 어디에든 해당 글자가 오면 그 자리가 천월덕이 되거니와 천월덕이 복수로 들면 그만큼 작용력이 커지게 되지만, 반대로 형, 충, 파, 해가 되면 길함이 변하여 흉으로 작용하여, 반대의 결과가 나타난다고 본다.

[표 26] 천·월덕귀인

월지	寅	卯	辰	巳	午	未	申	酉	戌	亥	子	丑
천덕	丁	申	壬	辛	亥	甲	癸	寅	丙	乙	巳	庚
월덕	丙	甲	壬	庚	丙	甲	壬	庚	丙	甲	壬	庚

앞의 표를 한번 들여다보자. 월지가 삼합 되는 지지끼리는 세로로 같은 음영으로 표시하였다. 그런데 일정한 법칙이 있다. 월지 寅午戌은 삼합이 되는데, 아래의 월덕귀인은 모두 같은 글자다. 즉 월지 寅의 월덕은 丙이고, 월지 午의 월덕도 丙이며, 월지 戌의 월덕도 丙이다. 그러니 월지의 삼합이 만들어낸 오행의 양천간인 丙火가 바로 월덕귀인이 된 것이다.

또한 천덕귀인도 법칙이 있다. 월지가 삼합하는 寅午戌 밑의 천덕란의 글자를 보자. 丁, 亥, 丙 세 글자가 천덕귀인이 되었다. 그저 별 생각 없이 보아도 寅午戌은 합하여 火가 되니, 천간이 火인 丁과 丙이 천덕귀인이 되었고, 삼합의 중심인 午火와 서로 극하는 오행이면서 음양이 다른 亥水, 그렇게 세 개가 천덕귀인이 된 것임을 알 수 있다. 다른 삼합도 같은 관계임은 물론이다.

매우 논리 정연한 이론이라 할만하다. 그러나 지지가 삼합하는 오행의 양천간이라는 이유만으로 그 이름도 거룩한 월덕귀인이 어떻게 되는지? 또한 삼합한 오행과 같은 천간 두 글자와 중심 오행과 극하며, 오행이 다른 지지 한 글자가 무슨 곡절로 천덕귀인이 되는지는 죄송하지만 설명할 길이 없다. 물론 결과론적으로 원리를 끌어다 붙이면 무슨 말을 못하겠는가만 필자의 역량은 여기까지가 한계이다. 다만 지지가 합한 오행을 하늘의 입장인 천간의 같은 오행은 알게 모르게 같은 기운으로 도울 것이라는 것은 쉽게 상상할 수 있을 것이다.

이외에도 길성으로는 관귀학당, 문창귀인 금여록, 암록, 천사성 등 그야말로 글자 그대로 관청에서 출세하거나, 글을 잘 써서 명성을 날리고, 금여록이란 황금가마를 탄다는 따위의 많고 많은 길성이 있으나 군이 적용할 필요는 없으나 아래에 도표로 일괄하니 향후 사주감명의 부재료로 참고하기 바란다. 차라리 길성보다는 흉성이 작용면에 있어 더 강하다고 볼 수 있으며, 액운의 예방이라는 측면에서 다음에 나오는 흉신에 좀 더 비중을 두고 공부하기 바란다.

[표 27] 각종 길성표

길성	의미	기준	성립 요건									
문곡귀인 (文曲貴人)	학문으로 출세하며 특히 문장력, 글재주 있는 길성	일간	甲	乙	丙	丁	戊	己	庚	辛	壬	癸
			亥	子	寅	卯	寅	卯	巳	午	申	酉
학당귀인 (學堂貴人)	학문과 영민함으로 출세와 널리 이름을 날리는 길성	일간	甲	乙	丙	丁	戊	己	庚	辛	壬	癸
			亥	午	寅	酉	寅	酉	巳	子	申	卯
관귀학당 (官貴學堂)	벼슬에 입문하면 승진, 출세하게 된다는 길성	일간	甲	乙	丙	丁	戊	己	庚	辛	壬	癸
			巳		申		亥		寅		申	
文昌貴人 (문창귀인)	학문, 총명을 보장하여 공부를 잘한다는 길성	일간	甲	乙	丙	丁	戊	己	庚	辛	壬	癸
			巳	午	申	酉	申	酉	亥	子	寅	卯
금여록 (金輿祿)	황금가마를 탄다는 뜻 좋은 배우자를 만나는 길성	일간	甲	乙	丙	丁	戊	己	庚	辛	壬	癸
			辰	巳	未	申	未	申	戌	亥	丑	寅
암록(暗綠)	평생 금전, 의식주에 걱정없이 복이 있다는 길성	일간	甲	乙	丙	丁	戊	己	庚	辛	壬	癸
			亥	戌	申	未	申	未	巳	辰	寅	丑
천사성 (天赦星)	하늘이 재난이나 질병 등 액을 사면하여 준다는 길성	월지	寅 卯 辰			巳 午 未			申 酉 戌		亥 子 丑	
			戊寅			甲午			戊申		甲子	

3) 흉성(神殺 또는 殺星 등으로도 부른다)

① 양인살(陽刃殺 또는 羊刃殺)

양인이란 '볕 陽'에 '칼 인(刃)' 자를 쓴다. 사주 감정시 아주 비중 있게 보는 살성이다. 쉽게 말해 양간인 남자를 같은 오행인 음지지 여자가 힘을 실어주는 형상이다. 삶이 고통스럽거나, 외로울 때 남자 친구가 위로해 주는 것보다 여자 친구가 위로해 주면 더욱 힘을 얻게 될 것이다. 또 남자가 여자 앞에서 객기를 부리다보면 엉뚱하게 폭력으로 이어지기도 하는데, 지지가 칼을 쥐어주는 것과 유사하다 보면 된다.

따라서 이 양인살을 구성하게 되면 사주가 동기세력으로부터 힘을 얻게 되어 사주가 강해지는 요인으로 작용한다. 이 양인살은 다음에 공부할 격국편에서 양인격을 구성하는 기준이 되는 살로서 강열, 횡포, 성급, 폭력, 극부(剋父), 극처(剋妻), 재물 손실, 재앙 등을 부르는 흉살이다. 그래서 양인살을 가진 사람은 굵고 짧게 살다가는 경향이 있으며, 한마디로 뜨거운 열혈의 기질이므로 때로는 의로운 보검을 지닌 충신열사가 되기도 한다.

한편 양인살이 대운이나 세운에서 형충을 만나면 불같은 성질과 폭력, 구속 등을 조심해야 한다. 그러나 양인살이 있더라도 사주구성과 용신이 힘이 있고, 대운에서 관운을 만나면 판검사, 군인, 칼을 잡는 외과의사 아니면 주방장 등의 직업으로 성공하기도 한다. 하지만 대운이 나쁘거나 용신을 공격하는 운이 오면 재물은 손재되고, 폭력사건에 휘말리거나 성질이 광폭해 지는 등의 작용을 조심해야 한다.

이 양인살은 12운성(뒤에 곧 설명한다)으로 지지가 왕(旺)에 해당하는데, 일주와 시주에 있으면 배우자를 극하거나 자신이 형액을 당할 수 있으며, 자식에게도 그러한 운의 암시가 있다고 보는 것이다. 양인살은 일간이 양천간인 경우에만 성립된다.

[표 28] 양인살의 구성

일간	甲	丙	戊	庚	壬
양인 해당 지지	卯	午	午	酉	子

• 일부 이론서에 음일간도 해당 지지가 12운성상 관대에 해당하면 양인살로 보기도 하는데, 그렇게 되면 오행상 상생의 법칙에 어긋나고, 양인살의 원리에 부합되지 않으므로, 음일간은 양인살을 무시하는 것이 맞다.

위의 표에서 알 수 있듯이 양인이 되는 지지는 중앙의 戊일간과 午를 제외하면 천간과 지지가 모두 같은 오행이고 음지지이며, 모두 子午卯酉 4정의 지지이고, 일간에 대해 戊+午를 제외하고는 모두 겁재(劫財. 뒤에 육친론에서 다시 나온다)에 해당하는 지지이다. 사주 격국을 논할 때 위의 일간에 양인 해당 지지가 월지가 되면 무조건 격국을 양인격 사주라 부르는 것이다. 즉, 甲일간일 때 월지지가 卯이면 양인격이라 부르고, 타 지지에 있더라도 양인이 됨으로 일간을 강하게 해주는 요인이 된다.

② 공망살(空亡殺)

원론편에서 공망을 언급한 것이 기억날 것이다. 공망살이란 한마디로 비어 있어 없다는 말이다. 천간은 양이니 남자이고, 지지는 음이니 여자라고 생각하여 하나씩 짝을 지어주면, 천간은 10개, 지지는 12개로서 지지 2개는 짝이 없게 되는데, 이를 하늘이 없다, 또는 짝이 없다. 라고 하여 공망이라 하는 것이다.

사주명식에서 공망이 연결되면 해당 육친과는 인연이 멀다고 보는 것이니, 만약 남자사주에 정재가 공망이면 정재는 아내이고 또한 돈이기도 하니, 아내와 인연이 멀고 돈도 따르지 않는다고 보는 것이다. 한편 부모자리가 공망이면 부모와 인연이 멀고, 배우자나 자식자리가 공망이면 그들과 인연이 멀다.

이처럼 공망은 팔자에 타고난 인연이 없으므로 노력해도 결과를 얻기가 어렵다는 것이다. 보는 법은 학설이 서로 다른데, 확실한 것은 연주에서는 일지의 공망을 보고, 일주에서는 연, 월, 시주의 공망을 보는 것이다.(어떤 책에는 연주 기준하여 사주 전체의 공망을 짚고, 일주 기준하여 연지의 공망을 본다고 된 이론도 있는데, 혼돈하지 말 것) 긴 말 하지 않고 짚는 법을 설명하겠다. 하나의 예를 든다. 다음과 같은 팔자가 있다고 하자.

시	일	월	년	간지
壬	戊	癸	甲	천간
戌	辰	巳	午	지지

• 앞으로 사주팔자의 표시는 이 도표를 따르기로 한다. 한자의 표기는 오른쪽에서 왼쪽이고, 여기에 익숙해지는 것이 여러모로 편리하다.

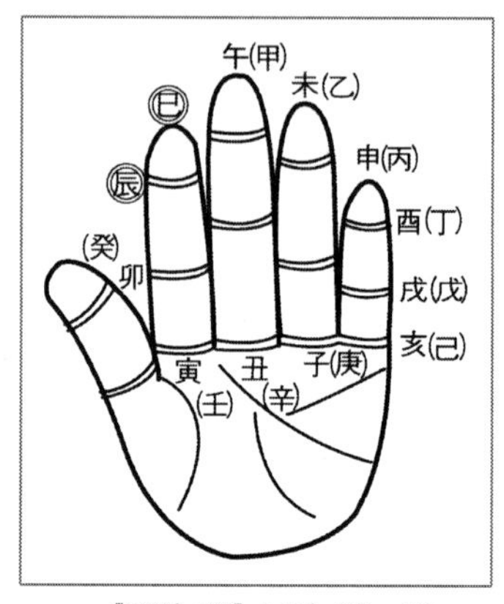

[그림 18] 공망 짚는 법

연주에서 일주 공망을 보라고 했다. 연주는 甲午다. 그러니 좌수지법의 午자리에다 甲을 짚고 거기서부터 순서대로 甲乙丙丁… 壬癸 까지 세어 나가면 卯자리에서 癸가 끝나므로 卯 다음의 지지 2자리 즉, 辰과 巳가 공망이다.

마침 위 사주는 일지에 辰이 있어 일지 공망이 되었다. 일지 공망이 되면 배우자의 자리이므로 배우자의 자리가 비어있다고 풀이하고, 육친성이 어느 성이 앉느냐에 따라 해당 육친성과의 인연이 박하다고 보는 것이다. 물론 합이나, 형충파해 등으로 뿌리가 바뀌는 등 변화가 오면 그 해석도 달라진다.

다음은 일주에서 타주에 있는 공망을 볼 차례다. 辰의 자리에 일천간 戊를 짚고 戊己庚辛壬癸로 세어나가면 酉자리에 천간10자리 癸가 끝나므로, 다음의 2개지지 즉, 戌, 亥가 공망이다. 따라서 위 사주는 시지에 戌이 있어 시지가 공망이 되었다. 여기에서 중요한 것이 하나 있다. 공망이 되더라도 지지 상호간이 합이 되거나 형충파해 되면 공망이 사라져서 해공(解空) 즉, 공망이 사라진다는 것이다.

공망 자리에 길신이 와 있는데 공망이라서 뜬구름이 되었다가 이처럼 형충파해 되면 해공이 된다는 것인데, 공망은 인연이 없다는 것인고, 해공이 되면 없어진 것이 다시없어진 것이란 뜻이다. 공망살은 사주추명학에서 비교적 중요하게 다루는 살성이므로 잘 알아두기 바란다.

③ 고신살, 과숙살(孤神 寡宿殺)

한마디로 고신살은 홀아비가 되는 살이다. 따라서 상처살(喪妻殺)이라고도 하고, 과숙살은 쉽게 말해 과부가 되는 살이다. 한마디로 고독을 상징하는 살로서, 살성 중에도 비교적 중요하고 비중 있게 다루는 살인데, 이 살이 있으면 부부운이 불길하고 독수공방 또는 부부이별하거나, 입산수도 하는 팔자가 되기도 한다.

이 고신 과숙살이 월지에 있으면 초년에 조실부모하고, 일지에 있으면 배우자 자리이므로 남녀간의 애정문제가 원만치 못하며, 시지에 있으면 말년고독을 예견할 수 있다. 이 살이 성립되는 원리를 살펴보면, 각지지 방합의 앞뒤에 오는 지지로서, <寅申巳亥> 4생이거나, <辰戌丑未>4고의 글자로 성립됨을 알 수 있다. 그만큼 생과 고(庫)는 생사의 시종을 달리는 글자이니 이 고신, 과숙살이 지지에서 충을 당하거나 대운 세운에서 또 형충을 당한다면 매우 위험한 지경에 빠지기도 한다.

이 살이 앉는 지지의 통변성(뒤에 설명하는 육친성)이 무엇이냐에 따라 당해 육친성과의 인연도 고독하게 된다고 보는 것이다. 당연히 이 살이 단적으로 있다고만 하여 그렇게 되는 것이 아니라 사주 전체의 구성을 종합하여야 한다.

[표 29] 고신 과숙살

연지지(일지지)	寅	卯	辰	巳	午	未	申	酉	戌	亥	子	丑
고신살		巳			申			亥			寅	
과숙살		丑			辰			未			戌	

사주의 연지를 방삼합을 만들어 고신살은 당해 삼합의 바로 앞 지

지가 되고, 과숙살은 방삼합의 바로 뒤의 지지가 된다. 연지는 사회적 관계나 외적 원인으로 되는 살을 보고, 일지는 자신이나 가정의 문제로 살이 되는 경우를 대체로 본다.

④ 고란살(孤鸞殺)

외로울 '고(孤)', 방울새 '란(鸞)' 즉 외로운 방울새라는 뜻이다. 한마디로 짝 잃은 외로운 새이기 때문에 부부의 인연이 고독하고, 남편으로 인하여 눈물지으며 한숨쉬는 암시가 있는 살이다. 사주상 일간지가 아래의 표와 같이 5개에 해당하면 이 살이 성립되는데, 그러니 전체 사주의 8%정도가 된다. 그러나 실제 사주를 감정하는 과정에서 살펴보면 이 8%에 해당하는 사람의 70~80% 정도가 이 살성의 운명적 암시를 피해가지 못하는 것을 볼 수 있으니 결코 무시할 수 없는 살성이라 하겠다. 남녀 모두 해당되지만, 글자의 뜻대로 남자보다는 여자에게 강한 작용으로 나타난다.

일간지	甲寅	乙巳	丁巳	戊申	辛亥

일간지라면 남녀 공히 자신과 배우자와의 관계이다. 위의 5개 간지 중 甲寅과 戊申 일간만 양일간이고, 나머지는 음일간이다. 甲에서 寅은 육친상 비견(比肩)이 되면서 자신과 같이 재성(財星)을 극하고, 乙에서 巳는 목욕이 되니 목욕이 무엇이던가? 바람기와 도화살을 이름이니 부부인연이 좋을 수 없으며, 丁에서 巳도 일간 丁과 같이 재성을 극하고, 戊에서 申을 보면 12운성으로 病이 걸려서 배우자가 건강치 못해 금실이 화합치 못하며, 辛에서 亥 또한 목욕이 걸리니 논리적 근거도 확실하여 부부인연이 불길하다는 것이라 기억해 주기 바란다.

⑤ 수옥살(囚獄殺)

감옥에 가고 전과자가 된다는 살이다. 12신살의 재살(災殺)과 일치하는 살인데, 재난을 입어 감금되거나 납치, 포로가 되는 암시도 지니고 있다. 감옥이란 법치국가가 만들어놓은 형벌권을 집행하는 장소이다. 따라서 이 살을 가진 사람이 관운이 좋은 경우 법관이나, 검·경찰, 군인, 칼을 잡는 직업 등의 직업으로 나가게 되면 살이 변하여 크게 성공하는 경우가 많다.

[표 30] 수옥살

연지	寅	午	戌	巳	酉	丑	申	子	辰	亥	卯	未
수옥살		子			卯			午			酉	

子午충, 卯酉충 등 3합을 한 오행의 가장 중앙의 힘 센 오행과 충이 되는 지지가 수옥살이다. 子午卯酉 4정방의 지지는 강력한 힘이 있고, 3합으로 이루어진 중앙 오행도 막강한 힘이 있는데 이들이 충돌하다 보면 감옥 갈 일이 생긴다는 이론은 매우 합리적이다. 연지를 우선하여 성립되지만, 일지를 중심하여서도 본다. 연지는 피동적인 입장에서 감옥으로 가는 것이고, 일지는 능동적인 잘못으로 감옥에 간다는 상징을 지니고 있다.

⑥ 도화살(桃花殺) 일명 연살(年殺) 또는 패신살(敗身殺)

도화살이란 말은 자주 들었을 것이다. 도화란 복숭아꽃을 말한다. 홍조를 띤 복숭아꽃에서 남녀의 사랑의 원형상징을 떠올리는 것은 어렵지 않을 것이다. 사주에 도화살이 있으면 남녀 공히 음란하여 애정문제가 발생할 수 있으며, 부부관계가 불길하고 여자에게 도화살은 화류계에 종사하는 경향이 있다.

특히 일지나 시지에 있을 때 그 작용력이 강하게 나타나게 되고 월지 도화는 어머니가 소실(小室)이거나 개가(改嫁)하는 경우가 있는데, 도화가 어떤 육친성이나 12운성 또는 다른 살성과 동주 하느냐에 따라 해석을 달리하게 된다. 예를 들어 도화살에 12운성 목욕이 앉으면 그 암시가 더욱 강해지고, 역마이면 애정의 도피행각으로 방랑하게 되며, 정인(正印)이 앉으면 어머니가 간통을 한다거나 등으로 보는 것이다.

도화가 꼭 나쁜 것만은 아니다. 도화살이 성립되는 원리는 <子午卯酉> 4정의 지지로 성립되는 만큼, 4정방은 그만큼 모난데 없고 반듯하고 예쁘다는 뜻도 되어, 여러 이성(異性)으로부터 관심을 많이 사기 때문이다. 남자의 경우 사주 구성이 좋고 도화가 관성과 동주하면 처나 여자로 인해 벼슬을 할 수 있고, 정재와 동주하면 처나 여자로 인해 부자가 될 수도 있다.

예전에는 도화살이 곧 기생이나 노류장화(路柳墻花)의 팔자라고도 하였으나, 현대 사회에서 도화살이란 인기와 끼를 말한다고 볼 수 있고, 개성적 애교로 연예인에게 이런 도화살이 긍정적으로 작용하면 매우 유명한 인기를 누릴 수 있을 것이다. 물론 도화가 공망 되면 그 작용이 없어지기도 한다.

[표 31] 도화살

연지(일지)	寅	午	戌	巳	酉	丑	申	子	辰	亥	卯	未
도화살		卯			午			酉			子	

연지로도 보지만, 통상 일지를 기준하여, 일지가 寅, 午, 戌일 때 어느 지지에 卯가 오면 성립된다. 삼합하여 3합의 맨 앞 지지와 같은 오행이며, 음양이 다른 것임을 알 수 있다. 음양이 다르고 子午卯酉 사정방으로 깔리는 것으로 보아 사정방은 반듯하여, 미모가 좋다고 보기 때문에 도화살이 성립되는 것이다. 많은 살성 중에도 논리적 근거가 비교적 뚜렷한 살이다.

⑦ 괴강살(魁罡殺)

일상에서는 들어보지 못한 단어일 것이다. 괴란 우두머리 '괴(魁)'에, 북두성 '강(罡)'이란 뜻이니 한마디로 극단을 달리는 괴걸, 괴짜,

대부귀 또는 극빈 등 암시가 강한 살이다. 이 살의 특징은 권위와 위엄을 갖추어 성격이 강하고 개성이 뚜렷하다. 여자의 경우는 남편이 무책임하여 남편운이 박한 경우가 많다.

한마디로 극과 극을 달린다는 뜻인데, 인내심이 강하여 어떠한 수모도 기꺼이 참아 넘기기도 하여 때로는 충신열사가 되기도 한다. 자신의 콘트롤을 마음대로 하는 과단성이 있는 것이다. 세상 사람들이 비웃어도 큰일을 위해 참아내는 스타일이다.

대원군이 그토록 어려운 시절을 팔푼이처럼 행세하며 잔칫집에서 남의 가랑이 밑을 기어 다닌 일화는 유명한데, 대원군이 일주 괴강이었다. 괴강살이 있는 사주가 신강(身强)하고 대운이 좋으면 자신의 큰 뜻을 펼 수가 있지만, 그렇지 못하면 사회적으로 파탄자가 되거나 극단을 달리는 타락자가 되기도 한다.

사주에 괴강살이 3개 이상이면 아주 큰 인물이 되는 경우가 많다. 그러나 사주가 신강하면서, 소통이 좋아야 하고, 괴강은 형살을 아주 꺼리므로 이들 조건이 구비되어야 함은 물론이다.

괴강살은 **庚辰, 庚戌, 壬辰, 壬戌, 戊戌**이 어느 간지에 있어도 성립 되는데, 학설에 따라서는 壬戌 또는 戊戌은 제외하는 경우도 있다. 왜 이들 간지가 있으면 그 이름도 괴상한 괴광살이 될까? 괴광살이 성립되는 다섯 개 간지를 아무 생각 없이 쳐다봐도 지지는 모두 辰, 戌土의 墓庫이며 金, 土, 水 오행으로만 되어 있음을 일 수 있다. 방위로 보아, 지지는 모두 중앙 土고, 천간은 金水土이다. 지혜와 의를 상징하고, 숙살지기의 가을인 서쪽과 냉엄한 북방의 기질이니 괴광살의 상징적 의미가 발현된다고 보는 것이다.

⑧ 백호대살(白虎大殺)

대단히 중요한 살성이다. 백호란 호랑이를 말하는데, 옛날에는 호환(虎患)이 사망률 순위를 다투는 지금의 자동차 사고만큼이나 많았었다. 그래서 비명횡사하는 살성으로 피 흘리며 죽는다고 혈광사(血光死)란 이름으로도 불려진다. 이 살은 매우 적중률이 높고 중요시 하는 살성인데, 백호대살은 **甲辰, 乙未, 丙辰, 丁丑, 戊辰, 壬戌, 癸丑** 등 7개 간지가 사주 중 연월일시 어디에 있어도 성립된다.

백호대살 또한 사주 중 어느 기둥에 있느냐에 따라 해당 육친관계에 그러한 암시가 나타난다고 보는 것이다. 연에 있으면 조상이, 월에 앉으면 부모가, 일주면 부부에게 그리고 시에 있으면 자식에게 이러한 흉살의 의미가 있다고 보는데, 사주 중 두 개 이상이 중첩되면 의미는 강화되고, 여타 흉살과 동주하면 더욱 강해지는 살이다. 그러나 백호대살이 있다 해도 사주가 신강하고 구성이 좋으면 형벌권이나 병권을 갖는다고 고서에서 전하고 있다. 즉 생살권을 갖는다는 뜻이기도 하니 표리의 양면성이 있다고 기억해 두면 된다.

현대에 호랑이가 어디 있을까만 교통사고나 안전사고, 수술, 객사나 비명횡사 등의 살이라 보면 될 것이다. 성립되는 원리를 보면 지지가 모두 <辰戌丑未> 4고의 창고 속에 웅크린 지지들이다. 그러기 때문에 죽음을 향해 들어가는 것을 형상화한 것이라 보면 된다. 이 辰戌丑未는 각종 살성을 구성하는 단골메뉴가 되기도 하는데, 앞에 나온 고신·과숙살은 물론 괴강살과 백호대살 및 다음에 나오는 입묘살 등의 살성을 구성하는 지지의 인자가 된다.

원래 사주에 辰戌丑未가 다 있으면 사주학 용어로 '순전사위(純全四位)'라 하는데, 제왕이 되거나 매우 격조 높은 국으로 본다. 그러나 사위를 다 갖추지 못하고, 셋만 있을 때는 자연히 丑戌未 3형살의 무은지형(無恩之刑)이 되고 사주구성이 불비할 경우에는 기이한 운명의 길로 접어들게도 된다.

적용방법은 문헌에 따라 다소 달리하는 설이 있는데, 위 일곱 개 간지가 연월일시 어느 주에 있어도 성립되거니와, 특히 일간지에 있는 경우가 작용이 가장 강하고, 어떤 육친성에 앉았느냐에 따라 해당 육친이 그러한 운명적 암시가 있다고 본다. 또한 이 살이 있는 사람이 돌아오는 세운에서 또다시 중복해서 이 살을 만나면 반드시 그에 따르는 운명적 암시를 검토해 볼 필요가 있다. 예를 들어 월주에 甲辰 백호살이 있는 사람이 甲辰년을 만나면 월은 부모에 해당하니 부모에게 흉한 일이 발생할 수 있다고 보고, 시에 있는 사람이 이 운을 만나면 자식에게 흉한 의미가 있다고 보는 것 등이다. 물론 육친성으로 보아 어떤 육친성이냐에 따라 해당 육친이 해를 입는다고도 보며, 일주에 있는 백호살이 가장 강한데, 일주 甲辰 백호살인 사람이 甲辰년이 되면 아주 흉한 살성의 암시가 있다고 판단하게 된다.

⑨ 낙정살(落井殺)

우물에 빠진다는 살이다. 지금 이 시대에 우물이 어디 있어 우물에 빠져 수액(水厄)을 당할 사람이 있겠는가만, 물과 관련된 흉액을 당하는 살성으로 오랜 세월 유의성 있게 받아들여져 왔다. 사실 이 살이 있는 사람은 배를 타거나 수영 또는 물놀이, 해운·수산 관련 사업 같은 물과 연관된 일에 조심할 필요가 있다.

원래 수액을 당하는 것을 감정 하는 사주상의 포인트는 水가 원수와 다름없는 사주를 가진 사람이 또다시 대운과 세운에서 水를 만나거나, 사주원국과 합 또는 방3합하여 수국(水局)을 형성할 때 그리고 그러한 운인 사주에 형살이나 기타 불길한 흉살이 중복해서 오면 익사하거나, 수액 등 물로 인한 재난을 당한다고 보는데, 이와 더불어 낙정살이 가세하면 더욱 암시가 강해진다고 볼 수 있다. 성립되는 요건은 일간을 중심으로 일시지에 아래 도표의 지지가 앉으면 성립된다.

[표 32] 낙정살

일간	甲己	乙庚	丙辛	丁壬	戊癸
일·시지	巳	子	申	戌	卯

일간이 합이 되는 천간끼리는 같은 하나의 지지가 낙정살이 된다. 丁+壬의 경우를 제외하고는 천간 합이 된 오행이 지지를 생하거나 지지가 천간 합이 된 오행을 생하는 관계로 구성되어 있다. 다른 대부분의 길흉성과 마찬가지로 성립의 당위성에 오행학적 의문을 가질 수밖에 없다. 자세히 보면 丁+壬 합을 제외한 일간의 양(陽)천간으로 낙정살이 해당되는 지지를 12운성으로 짚어보면 病, 死, 浴에 앉은 것을 볼 수 있다.

그리고 일간이 丁+壬 합일 때 일·시지에 戌이 오면 낙정살이 된다는 것은 戌 중의 지장간 戊土에서 戌은 墓에 해당하게 된다. 병들어 죽거나 무덤의 형국이니 운수 한번 좋지 않다고 볼 수 있겠는데, 과연 이런 식으로 살성을 매겨나가면 어디에라도 안 걸릴 사주가 어디에 있겠는가?

그러니 전술 한 것처럼, 어떤 사주에 피하고 싶은 오행이 水인데, 또 낙정살이 있고, 다가오는 세월운에서도 다시 이 운을 만나거나 형충을 구성하면 수액에 대한 각별한 조심을 해야 한다고 감정해 주어도 큰 잘못은 없으리라 믿는다.

⑩ 입묘살(入墓殺), 묘고(墓庫) 또는 고장(庫藏)이라고도 한다

이 입묘살을 쉽게 이해하기 위해서는 다음 장에 나오는 12운성포태법을 먼저 익히는 것이 순서이겠으나 여기서는 입묘살이 무엇이며, 살성으로 어떤 의의를 지니고, 성립은 어떻게 구성되는 지에 대하여 설명코자한다. 다음에 12포태법을 익힌 후 상기하여 이해한다면 더욱 실전에 유용하게 사용할 수 있을 것이다.

12포태란 인간이 부모님에 의하여 수정되고 태어나서 사회인으로 성장하여 은퇴하고, 병들어 죽은 뒤 무덤에 묻히는 12과정을 12지지의 운행과정 및 인생의 4계절과 연결하여 일생의 운로와 견주어 길흉을 예측하는 하나의 시스템인 것이다. 그 12개 과정의 맨 마지막, 무

덤에 묻힌다는 '묘(墓)'가 사주원국이나 대·세운에 배치되면 그에 따른 무덤의 상징적 운명의 암시가 발현 된다고 보는 것이다.

한마디로 무덤에 들어간다는 살이다. 그래서 저장되어 입고되었다고 하여 묘고(墓庫) 또는 고장(庫藏)이라고도 한다. 죽는다는 뜻도 있지만 해당육친이 사라지거나 인연이 박하고, 없어진다는 살이다. 만일 여자사주에 관성, 여자에게 관성은 남편에 해당 되는데, 관성이 입묘살이 되면 남편이 무덤에 들어갔다는 뜻이니 없거나 죽는다고 보는 것이다.

반대로 남자 사주에 아내를 상징하는 재성이 입묘살이면 상처(喪妻)하거나, 처복에 심각한 문제가 생기는 것으로 보고, 자식이나 부모를 상징하는 육친성이 입묘살이 되면 그에 상응하는 운명적 운기가 발현하게 된다. 또한 세운과 대운에서 중복되어 입묘살이 들어오면 그때에 해당 육친이 죽거나 인연이 다하게 된다고 본다. 물론 여기에 고독을 암시하는 살성이나 흉살이 중복된다면 결과는 더 강하게 나타날 것이다.

입묘살은 통계적으로도 매우 유의성 있게 작용하는 것을 필자도 경험한 이론이니 좀더 집중하여 암기해 두기 바란다. 입묘살은 다음과 같이 간단한 구성으로 성립된다. 도표를 보고 그냥 기계적으로 이해하는 선에서 읽어두면 된다.

[표 33] 입묘살이 성립되는 12운성표

일간＼12운성	胞	胎	養	生	浴	帶	建	旺	衰	病	死	墓
木	申	酉	戌	亥	子	丑	寅	卯	辰	巳	午	未
火	亥	子	丑	寅	卯	辰	巳	午	未	申	酉	戌
土	亥	子	丑	寅	卯	辰	巳	午	未	申	酉	戌
金	寅	卯	辰	巳	午	未	申	酉	戌	亥	子	丑
水	巳	午	未	申	酉	戌	亥	子	丑	寅	卯	辰

• 어떤 사주의 일간이 甲이나 乙木인 사람은 '未'를 만나면 墓 즉, 入墓가 된다는 뜻이다.[27]

위 구조를 유심히 보면 입묘살이 성립되는 지지는 모두 **辰戌丑未**로만 구성되어 있다. 辰戌丑未가 무엇이던가? 앞에서 4생, 4왕, 4고할 때의 4고인 것이다. 4고란 것은 고장(庫藏), 또는 묘고(墓庫)라고해서 한마디로 창고로 들어간다는 말이다. 그러니 역할을 다 끝내고 창고에 들어가 처박힌다는 뜻이니 무덤 속에 들어갔다고 보는 것이다.

여기서 중요한 게 있다. 사주 중의 어떤 육친(남편, 아내, 부친 등)이 입묘살에 해당하느냐 하는 것이다. 사주는 일간을 나 자신으로 봄으로, 일간이 극하는 오행도 있을 것이며, 일간이 극을 당하는 오행도 있고, 생하거나 생을 받는 오행도 있을 것인 바, 전술한 것처럼 여자 사주는 일간을 극하는 오행을 관성이라 하고, 관성을 남편으로 보는데, 관성이 입묘살이 되면 지아비 '부(夫)' 즉, 남편이 입묘살 되는 것이다.

위의 [표 33]을 활용해 보자. 일간이 木(甲, 乙)인 여자가 있다고 하자. 일간 木을 극하는 오행은 金이다. 그러니 금극목하여 이 여자에게는 金이 관성이고 남편이 되므로, 표의 좌측 일간란 金에서부터 '묘(墓)'를 찾아보면 오른쪽 끝에 丑이 묘로 나와 있다.

만약 이 여자의 사주나 대·세운 중에 丑이 온다면 남편이 무덤 속으로 들어간다는 부성입묘살(夫星入墓殺)에 해당한다고 보는 것이다.

이 입묘살은 크게 부성(관성)입묘, 재성(妻星)입묘, 인성(印星)입묘, 식상(食傷)입묘, 용신(用神)입묘, 격국(格局)입묘, 동주(同柱)입묘 등으로 나누기도 하는데, 부성입묘와 처성입묘를 비중 있게 본다. 어느 것이나 성립되는 원리는 위와 같으므로, 이어서 나오는 12운성과 육친법을 공부한 다음에 반드시 뒤로 돌아와 이 부분을 복습해 주면 더욱

---

27) 원래 12운성은 양일간과 음일간의 적용이 다른데, 입묘살을 도출 하는 경우에는 양간으로 도출한다. 뒤에 다시 상술 하겠지만 사실 이 12운성포태법은 양일간의 적용은 논리적 합당성이 유지되는데, 음일간에는 적용의 문제점이 있는 것도 사실이다.

효율적 학습이 되리라 믿는다. 아래에 부성입묘의 구성원리에 대해 자세히 도표로 정리해 둔다.

[표 33-1] 부성입묘살의 성립

일간(1)	부성입묘살이 성립되는 사주내 간지(2)	추가 성립	비 고
甲, 乙(木)일 때	辛丑이 있으면 성립(丑중 辛金이 金克木)	丑만 있어도 성립	
丙, 丁(火)일 때	壬辰이 있으면 성립(辰중 癸水가 水克火)	辰만 있어도 성립	
戊, 己(土)일 때	乙未가 있으면 성립(未중 乙木이 木克土)	未만 있어도 성립	
庚, 辛(金)일 때	丙戌만 있으면 성립(戌중 丁火가 火克金)	戌만 있어도 성립	
壬, 癸(水)일 때	戊辰, 戊戌(辰戌중 戊土가 土克水)	辰, 戌만 있어도 성립	

• 일간이 甲乙木인 여자 사주가 세월에서 丑을 만나면 부성입묘가 되는데, 그것은 丑 중에는 辛金이라는 천간이 암장(지장간)되어 있는바, 그 암장된 金이 일간을 금극목 하여 관성 즉, 남편성이 되므로 그 관성은 丑 가운데 묻히게 되고 따라서 남편성이 입묘 되었으니 부성입묘라 하는 것이다.

부성입묘살이 성립되는 사주내 간지(2)의 천간을 보면 일간(1)을 극하는 오행이고, 辰戌丑未의 지장간에도 일간(1)을 극하는 오행인 천간이 반드시 뿌리 박혀있음을 알 수 있다. 예를 들어 일간이 甲이나 乙일 때 사주 중에 辛丑이 있으면 입묘살이 성립되며, 丑만 있어도 성립되는 것이다. 그런데 이 입묘살을 중요 살성으로 비중 있게 다룬 역학서는 그리 많이 보이지 않는다. 그러나 이 입묘살이 관성에 앉은 팔자를 가진 여자와 결혼하는 남자의 약 60~70%는 자신이 죽거나 여자와 이혼하는 정도는 각오를 하는 것이 좋을 만큼 의미가 있는 살이다.

⑪ 현침살(懸針殺)

바늘을 말한다. 사주 전체 글자 중 甲, 丁, 辛, 卯, 午, 未, 申처럼 글자 끝이 뾰족한 간지를 가진 사주는 칼을 쓰는 의사나, 주사바늘을 다루는 간호사, 바느질을 업으로 하는 직업, 정육점, 팬을 다루는 기자나 문인 등의 직업을 갖는다는 것인데, 살성이라고 보기는 곤란하지만, 상형문자인 한자의 상징적 의미를 의식한 것으로, 일주에 현침살이 있으면 작용이 강하다고 본다.

⑫ 효인살(梟印殺, 효신살이라고도 한다)

효란 올빼미를 말한다. 올빼미란 놈은 자라고 나면 저를 키워준 어미를 잡아먹는다는 불인(不仁), 불효의 새다. 이 효신살의 구성은 일시지에 편인(偏印)이 오면 성립되는데[28], 편인은 한마디로 계모가 되고, 일시지 배우자궁이나 자식궁에 계모의 의미가 앉아있으니 좋을 리가 없는 것이다. 따라서 사주에 이 효신살이 있으면 생모를 여의고, 편모(偏母)의 손에서 자라게 된다는 뜻을 내포하고 있다. 또 결혼운이 불길하거나, 여자는 출산에 고통이 따른다고 보거니와 글자 그대로 나쁜 의미의 살이라 하겠다.

[표 34] 효인살

일간	甲	乙	丙	丁	戊	己	庚	辛	壬	癸
효인살	子	亥	寅	卯	午	巳	辰	戌	丑	未	申	酉

⑬ 귀문관살(鬼門關殺)

귀신 '귀(鬼)'자를 쓰는데, 신경쇠약에 걸리거나 정신과적 질환이 침범하는 살이다. 이 살도 해당하는 육친성이 누구냐에 따라 그 사람이 변태적이거나, 여러 가지 신경정신과적 문제가 있다고 보는 것이다. 이 귀문관살이 좋은 기능으로 작용하게 되면 예지력이나, 해몽, 초능력 등의 특이능력으로 나타나기도 한다.

흥미로운 것은 귀문관살이 성립되는 지지 중 <子+酉>, <寅+未>를 제외한 구성 요소가 다음에 곧 설명하는, 원망하고 성낸다는 원진살(怨嗔殺)과 일치한다는 점이다. 즉, 예를 들어 甲子년생으로 연지지에 <子>가 있는데 다른 지지에 <酉>가 놓이면 이 살이 성립된다는 것인데, 서로를 미워하는 것이 원진살이고, 미워한다는 것은 서로의 정신

---

28) 문헌에 따라서 이 효인살은 일지에만 해당한다는 설이 있으나 일시지 모두를 적용하는 것이 맞다.

에 상처를 내는 일인 만큼, 원진살과 중복되는 귀문관살이라면 그 의의를 인정할 수 있겠으나, 子+酉, 寅+未가 왜 정신적 질환이나 신경쇠약 등을 유발한다는 건지를 설명한 책을 보지도 못했고, 필자도 알지를 못한다.

매우 독자에게 죄송한 생각이다. 원진살은 360°정원에 12지지를 배속하면 수직으로 마주보며 충을 하는 지지의 앞이나 뒤의 지지가 원진이니 역학적 구도상 원진살의 의의를 인정할 수 있겠으나, 이 <子+酉>와 <寅+未>는 설명할 방법이 없다. 그보다 더 황당한 것은 사주감정에 있어 이 귀문관살이 매우 유의하게 적중한다는 것이다.

원리가 없는 것이 통일성을 가질 때 과학이라는 이름은 당황할 수밖에 없다. 여러 가지 경험칙으로 미루어보아 이 귀문관살은 지지 글자 단독으로서 의미를 가진다기보다, 이 지지 글자가 배속되는 육친 상호간의 관계와 삼형살 및 형충과 동반하면서 성립될 때 그 의미가 강하다는 것을 확인 할 수 있었다. 모든 길흉성이 그렇겠지만 기계적으로 글자 자체의 성립 유무로 보는 단식판단을 지양하고 복합적, 유기적 해석을 하는 것이 관건이라 하겠다.

[표 35] 귀문관살

연지	子	丑	寅	卯	辰	巳	午	未	申	酉	戌	亥
귀문관살	酉	午	未	申	亥	戌	丑	寅	卯	子	巳	辰

⑭ 급각살(急脚殺)

불구대천지 원수나 저주를 퍼붓고 싶은 인간에게 급살을 맞을 인간이란 말을 쓰는 것을 들어보았을 것이다. 그런데 급각살이란 용어는 그 이름도 생소하거니와 뜻도 무슨 말인지 잘 모를 말인데, 급각살이란 말은 급할 '급(急)'에 다리 '각(脚)'자를 써서 다리에 급살을 맞는다는 뜻이다. 즉, 다리가 부러지거나 소아마비, 골격계의 골절, 관절염,

신경통 같은 근골격계의 이상이 오는 살이라고 보면 된다.

월지를 기준으로 보는데 지지에 해당 아래 표의 글자가 오면 급각살이 성립된다. 그 지지가 어느 육친에 해당하느냐에 따라 해당 육친에 그러한 암시가 나타난다고 보는 것이다. 그러나 이 급각살도 많은 여타 살과 같이 당위적 필연관계를 밝혀낼 재간이 없다. 寅월에 태어난 사람이 지지에 亥水나, 子水가 오면 왜 급각살이 성립된다는 건지, 아무리 오행학적 인과관계를 끌어들여 보아도 궁색한 답변밖에는 없다.

월지를 방삼합 한 것은 통일성을 갖는데 寅卯辰, 巳午未의 월지는 지지 亥子 水와 卯+未 木이 각각 생하고 있고, 申酉戌 金局과, 亥子丑 水局은 寅戌 火와 丑辰 土가 각각 극을 하고 있으므로 관계의 일관성을 갖는 것도 아니다. 월지가 木局과 火局은 월지를 생해주는 지지가 급각살이 되고, 월지가 金局과 水局은 월지를 극하는 지지가 급각살이 된다는 것이다.

광의로 해석하면 나이가 들면 누구나 신경통 관절통이 생기는 것은 당연한 것이기도 하기 때문에 해당 월지에 급각살의 지지가 둘 이상 올 때 그 의미를 중요하게 보는 것으로 족할 것이다.

[표 36] 급각살

월지	寅	卯	辰	巳	午	未	申	酉	戌	亥	子	丑
급각살	亥子			卯未			寅戌			丑辰		

⑮ 삼재살(三災殺)

음양오행이나 사주학의 일자 문외한이라도 이 삼재란 걸 모르는 사람은 아마 없을 것이다. 흔히 삼재가 끼어서 하는 일마다 꼬이고 재수가 없다는 말을 주변에서 숱하게 듣게 된다. 이 삼재란 전쟁으로 인한 전재(戰災), 전염병으로 인한 역재(疫災), 굶주림으로 인한 기근재(饑饉災)를 말하기도 하고, 풍, 수, 화로 인한 삼재를 뜻하기도 하며 천재,

인재, 지재 삼재를 지칭하기도 한다.

나아가 삼재팔난이라 하여 인간사에 운명적으로 악운을 야기하는 여덟 가지 재앙이 있으니 질병, 손재, 주색, 부모의 화, 형제의 화, 부부의 화, 관재, 학업의 마 등 3재8난이란 말을 사용하기도 하였다.

지난 역사를 살펴보면 지배와 복종의 전쟁의 연속이었으며, 자연의 재해는 인간의 삶을 위협하는 가장 두려운 존재였음을 알 수 있다. 그러니 삼재란 말은 인간의 의지로서는 어쩔 수 없는 절대적 불가피한 위험인자였을 것이며, 그에 대한 지대한 인간적 관심을 역학적으로 반영한 것이 바로 삼재살인 것이다.

구성요건은 띠별로 구성되는데, 연지를 방삼합한 끝 글자에 해당하는 삼합의 끝 글자 세 개의 띠 그룹들이 3재에 해당하게 된다. 그래서 이 삼합에 해당하는 띠들은 3년간 삼재살이 머물게 되어 3년간 재수가 없다고 하는 것인데, 해당하는 첫 해를 삼재에 들어간다고 하여 들 삼재, 다음 해를 누울 삼재, 마지막 해를 삼재가 나간다고 하여 날 삼재라고 한다.

민간에서는 이 삼재살을 매우 중요시 하여 역술인들은 연초에 삼재 부적을 써주고 재미를 톡톡히 보기도 하는데, 실은 삼재는 전 국민의 25%에 해당하는 천 만 명 이상이 해마다 구성되는 살이고 보면 그기에 큰 의미를 두는 것 자체는 재고해야할 여지가 많다 하겠다.

[표 37] 삼재살

삼재살	해당하는 해			원리
	들 삼재	누울 삼재	날 삼재	
범, 말, 개띠 생은 ☞ (寅, 午, 戌년생)	원숭이 해 (申)	닭의 해 (酉)	개의 해 (戌)	寅申沖
뱀, 닭, 소띠 생은 ☞ (巳, 酉, 丑년생)	돼지의 해 (亥)	쥐의 해 (子)	소의 해 (丑)	巳亥沖
원숭이, 쥐, 용띠 생은 ☞ (申, 子, 辰년생)	범의 해 (寅)	토끼의 해 (卯)	용의 해 (辰)	寅申沖
돼지, 토끼, 양띠 생은 ☞ (亥, 卯, 未년생)	뱀의 해 (巳)	말의 해 (午)	양의 해 (未)	巳亥沖

범, 말, 개띠 생(寅午戌년생)은 원숭이의 해에 삼재가 시작되어, 닭띠 해 및 개띠 해 등 3년을 지나야 삼재에서 벗어난다는 것이다. 그러니 12년마다 자동으로 위의 삼재에 해당하는 해가 들어오게 되는데, 통상 날 삼재의 해는 출생 띠와 같은 해가 됨으로 그 작용이 더 크다고 보아, 날 삼재의 액운이 가장 심한 것으로 보았다.

이 삼재살은 띠별 삼합과 방삼합 하여 삼재에 해당하는 시작 년도가 서로 충이 됨을 알 수 있다. 따라서 寅巳申亥 4맹이 삼합과 방합의 첫 글자에서 서로 충을 일으키는 만큼 운로에 많은 액운이 온다는 논리는 충분히 납득이 간다고 하겠다.

⑯ 12신살(12神殺)

사주를 감정할 때는 12살성을 통상 보게 된다. 그것은 사주 전체의 명식에 더하여 보조적 수단으로서 높은 유의성을 가지기 때문인데, 12신살의 적용과 작용의미는 이미 원리편에서 언급한 바 있는 당사주의 12살성과 같다.

당사주는 천간의 요인을 무시하고 단순히 12지지의 반복 순차에 의해 떨어지는 열두 가지 상징적 의미만을 가지고 점을 치는 술법이라, 인간의 운명에 당위적으로 적용될 것인가 하는 문제는 여전히 남게 된다. 그러나 인생의 생로병사, 길흉흥망을 12마디로 나눈다는 것은 음양오행과 12지지, 60갑자의 원리에 부합된다고 할 수 있을 것이다.

문제는 12신살의 적용기준을 일간으로 하느냐, 연간으로 하느냐 하는 문제가 남는다. 전통사주학은 연간이 우선시 되었으나 현대로 올수록 세상의 대상을 자신을 위주로 하는 일간 위주로 바뀌었음을 알 수 있다. 그러니 일간을 위주로 하여, 대내적인 물음의 답을 찾고, 연간을 기준하여서는 대외적인 물음의 답을 찾으면 된다.

그러면 12신살은 어떻게 적용되는가? 매우 간단하다. 3합에 대해서는 이미 공부한 바 있다. 십이신살은 3합에 의한 그룹의 마지막 글자

다음에 오는 지지부터 아래 [표 38]의 12살성을 순차적으로 매겨나가
면 된다. 가령, 연지나 일지가 寅, 午, 戌인 사람은 3합의 그룹 마지막
글자 다음 글자에서부터 겁살, 재살, 천살, 지살… 이렇게 매겨나간다
했으니, 戌의 다음 지지는 亥이므로 亥에서부터 겁살, 재살, 천살,

[표 38] 12살성의 의미와 상징적 특성

12殺星	일반적 성정	특징적 발현	불리한 특성
劫 殺 (겁살)	재물을 빼앗기는 살 또는 겁탈을 당한다는 살	손재, 피탈, 상해, 시 비손해	갑작스런 횡액, 살, 겁살 또는 급 살
災 殺 (재살)	재난을 당하거나, 형벌을 받 아 옥에 갇히는 살	관재구설, 투옥, 혁 명열사	안전사고, 재액, 송사, 질병고통
天 殺 (천살)	하늘을 원망해야하는 살, 천재지변에 의한 손해	일신 고독, 운명적 갈등	불구, 누명, 탄식, 눈물, 답답한 막힘
地 殺 (지살)	일반적으로는 땅을 상징, 변화	땅에서 농사, 부동산, 이동	떠돌이, 분주, 이별
年 殺 (년살)	색정과 욕망의 살. 도화살과 같은 뜻	색정으로 망신, 음란, 유혹	공부곤란, 성병조심, 이성문제, 가출
月 殺 (월살)	이별, 여인의 한숨, 건강한데 몸이 깡마르는 암시	불안, 이성문제, 갈 등, 마름	쇠약, 자궁 등 생리, 출산문제 등 특히 여자의 질환
亡身殺 (망신살)	패가망신, 불명예, 중병	부끄러운 일, 상처	세상의 손가락질, 병을 얻어 고 생
將星殺 (장성살)	관록이나 사업의 발전, 무관과 장군, 지도력 등	출세, 성공 암시, 문 무겸비 자존심과 자 만심 강함	고독의 의미와 여자는 고집과 이혼.
攀鞍殺 (반안살)	말위에 높이 앉은 상태, 지혜, 부귀, 명예, 총명	세인의 부러움, 안정 적으로 편히 된 상태	높은 만큼 외로움, 독선
驛馬殺 (역마살)	지살과 유사한 특징, 이동, 동분서주, 체력	다닐수록 건강한 암 시, 떠돌이, 해외, 외 교관, 조종사 등	정착이 곤란, 부부이별, 생활의 불안정
六害殺 (육해살)	급한 성질로 육친에 해, 오랜 질병	유혈, 고독, 잔병치 레	인덕 없음, 수술
華蓋殺 (화개살)	4庫와 같은 의미, 신앙심 학문의 살, 명석, 안정적	정신적 성숙, 대학자, 성직자, 종교	정신적 고독, 입산수도, 異人的 특징 고집

• 위의 표에서 정리된 12살성의 일반적 성정과 발현 및 불리한 특성은 다른 성궁과의 연관과
 각 지지별 합과 충 그리고 해당 유년과의 살성을 종합적으로 비교 감정하여야 함은 물론이다.
 그리고 재살은 일명 감옥에 갇힌다하여 수옥살(囚獄殺)이 라고도 하며, 월살은 마르고 수척하
 다는 뜻으로 고초살(枯憔殺)이라고도 한다.

지살… 이렇게 기계적으로 붙여나가면 되거니와 그 사람의 사주 지지에 만약 亥가 있다면 바로 겁살이 되는 것이고, 다른 지지에 子가 있다면 12신살도 겁살 다음인 재살이 된다는 것이다.

앞장의 지지의 합충편에서 나온 [그림 13] 지지의 왼손 그림에 해당 지지를 놓고 짚으면 아주 쉬운데, 매우 단순한 순환이라 생각하면 된다. 다른 3합의 그룹도 이와 마찬가지로 보면 된다. 이 12신살도 사주 내에 둘, 셋, 넷 이렇게 배치되면 당연히 그 작용력은 커진다고 보는 것이다.

이밖에 자주 거론되는 살성으로는 홍염(紅艶), 음양착(陰陽錯), 다전살(多轉殺) 등등이 있는데, 그 뜻이 기이하기도 하다. 즉, 염문 때문에 구설을 당하기도 하며, 외로움을 지니고 살아야할 팔자에, 직업이나 신상에 이동이 많아서 풍파가 많다는 다전살 등의 수없이 많은 살성이 있으나 이들 살성은 어디까지나 사주추명의 부재료에 해당한다는 것을 기억해 두기 바란다.

09 좋지 않은 이미지 원진(怨嗔), 형(刑), 파(破), 해(害)

이 원진, 형, 파, 해는 일명, 원진살, 형살, 파살, 해살이라고 하여 각종 살성편에서 대부분 다루고 있으나, 다른 살성에 비해 역학적 에너지 구도가 뚜렷하고 또한 사주추명에 비교적 자주 인용되는 만큼 본서에서는 별도의 장으로 다루기로 한다. 이들 살은 사주 내에 배치되는 경우는 물론 돌아오는 세월 운에서 중복하여 성립되거나, 사주 내에서도 이중으로 성립되면서, 그 살을 공망 시켜주거나 눌러주는 오행이 없는 경우에는 더욱 더 그 나쁜 상징적 의미가 발현된다.[29]

---

29) 사주 내의 글자만으로는 이러한 살을 구성하지는 않았더라도 돌아오는 세운과 대운의 오행이 사주에 합세하면 살성을 구성하게 된다는 뜻이다. 그러니 사주 감정 시에는 이처럼 다양한 가능성을 열어두고 검토해야 하는 것이다.

1) 원진살

글자 그대로 원망할 '원(怨)'자에 성낼 '진(嗔)'자이니 서로 원망하고, 성낸다는 뜻이다. 흔히 우리는 "저 인간하고는 원진살이 끼었나보다."고 말하는 것을 들어보았을지 모르겠다. 그렇다. 원진이란 서로 미워하는 살을 말한다. 공연히 준 것 없이 밉다는 말이다.

궁합을 볼 때 자주 원용하는 살이기도 한데, 부부가 서로 미워하는 살을 공유하면 아무래도 나쁜 암시가 작용할 소지가 클 터이다. 원진이 되는 역학(力學)구도는 좌수지법으로 보아, 지지끼리 충 하는 지지의 앞 뒷자리가 원진이다. 즉, 子와 午가 충이니 子의 앞은 丑이므로, 다시 丑+午가 원진이고, 午의 앞은 未이니 子+未 원진이 되는 것이다.

[그림 19] 원진살의 구성

이는 충하여 서로 나투고 나빈 기분이 상하여 옆 사람과 말도 하기 싫어하는 원리라 보면 되는데, 원진이 되는 지지끼리 만나면 해당 육친과 세운(歲運)에 방해받는 일이 발생하거나 건강이 나빠지기도 하고, 부부간에 이 살이 성립되면 해로하기 힘든 경우가 발생하기도 한다. 또한 예의에 벗어난 행동을 하거나 간통을 하여 세인에 밉상을 자초하기도 하는 그야말로 미운 운명적 암시를 담고 있는 살이다.

민간에서 궁합을 볼 때 주로 띠별 원진살을 보기도 하는데, 사주학이 학문적 체계를 유지하기 이전부터 널리 원진살이 구전된 것으로 보인다. 그 때는 띠별 동물의 특성만으로 원진살을 설명하였거니와 이를 풀이하면 다음과 같다.

- ◆ 쥐(子)는 양(未)이 뿔을 달고 있는 것을 시기한다.
- ◆ 소(丑)는 말(午)이 밭을 갈지 않는 것을 미워한다.
- ◆ 호랑이(寅)는 닭(酉)의 부리가 짧다고 미워한다.
- ◆ 토끼(卯)는 원숭이(申)의 불평을 미워한다.
- ◆ 용(辰)은 돼지(亥)의 얼굴이 검다고 싫어한다.
- ◆ 뱀(巳)은 개(戌) 짖는 소리에 놀라므로 싫어한다.

어느 누가 이런 사설을 갖다 붙였는지는 알 수 없지만, 가만히 보면 매우 우화적이고 풍부한 상상력이 동원된 것이 낭만적이기까지 하다.

호랑이가 닭의 부리가 짧으면 어떻고, 길면 또 어떻겠는가? 논리적 설득력은 떨어지지만, 재미있는 비유라 할 수 있겠는데, 실제로 원진살은 위의 띠별 지지끼리 성립된다.

강조하지만 사주학에서는 수를 헤아릴 수 없을 만큼의 많은 살성과 길흉성이 나오는데, 어디까지나 이들은 감정의 보조수단으로 사용하여야 한다는 것이다. "사주에 원진살이 들어서… 또는 충이 들어서…" 하며, 큰일이나 난 것처럼 운명을 속단하거나 파혼을 선언하는 일이 있고 또 섣부른 술사들이 이를 과장하여 단식으로 운명을 판단하는 바람에 화를 자초하는 경우가 있다는 것을 유의하기 바란다. 다음에 원진살을 도표로 정리한다.

[표 39] 원진살

상하 지지간 원진이 성립	子	丑	寅	卯	辰	巳
	未	午	酉	申	亥	戌

2) 형살(刑殺)

　형이란 한마디로 형벌을 의미하는 살이다. 사회 질서를 유지하는 데는 법도 있어야하고, 법관도 있어야 하는 것처럼, 사주에도 형살이 있어 규범과 억제의 역할을 해 주는 것이다. 형살이 구성되는 원리를 밝힌 책은 아직 보질 못했고 설명할 길도 없다. 다만 아래의 도표처럼 4생과 4고의 그룹에서 3형살과 2형살 및 자형살(自刑殺)이 성립되고 4왕의 그룹에서 2형과 자형살이 구성되는 것을 보면, 반드시 상호 충을 하는 그룹에서 형살이 발생하는 것을 알 수 있다.

　따라서 충돌을 하면 반드시 법률적·형사적 문제가 발생할 것이다. 사주학의 고전을 해석하여 출간한 책들에서 이미 형살이 언급되고 있는 것으로 보아, 형살은 지지의 합충과 같은 시기와 맥락에서 출발한 것으로 보인다. 이 형살이 사주 추명에서 활용되는 분야는 참 다양하다.

　사주가 형살을 구성하는데, 대운 세운과도 또 형살을 구성하거나, 충이 중첩되고 운행이 불길하게 흐를 경우에는 감옥에 가거나, 관재 구설과 불구, 사고, 수술 등의 액을 당한다고 보는 것이다. 가령 아래 도표에서처럼, 사주 내에 寅과 巳가 있는 사주가 庚申년을 만나면 사주에 있는 寅+巳에 申이 가세하여 강한 형살의 의미를 가지는 삼형살이 되므로 그해에 삼형살이 암시하는 운로가 전개될 수 있다는 것이다.

　그럼에도 불구하고 사주의 구성이 조화롭거나, 운행이 길한데 형살이 들면 도리어 법관, 군인, 경찰 등 형권으로 대성한다고 보기도 한다. 그러니 형살이란 칼과 같은 것이어서 잘만 사용하면 인간에게 편리한 도구가 되기도 하고, 잘못 쓰면 인명을 해치는 흉기가 되기도 한다는 논리다.

　형살의 구성은 3합이 되는 지지 세 개를 하나의 세로그룹을 만들면 가로로 자리하는 4개의 지지 중에서 형이 되거나, 충이 된다는 원리인데, 글자 세 개가 모두 들어있는 삼형살, 글자 두 개가 형을 이루는 이형살 그리고 같은 글자끼리 형이 되는 자형살이 있다. 당연히 삼형살의 역량이 가장 큰데, 그러면 여기서 형살이 구성되는 원리를 다음 도표를 통해서 알아보도록 하자.

[표 40] 형살의 구성

지지 그룹	세로지지별 3합 그룹				3형살		2형살		자형살	
					구성	의미	구성	의미	구성	의미
4생 (4孟)	寅	巳	申	亥	寅+巳 +申	냉혹, 흉터, 수술 등 예견. 분주. 변화 많은 삶을 살고 자기를 과신하다 손해를 보기도 한다. (持勢之刑)	寅+巳 申+巳 寅+申	3형살과 비슷하나, 조금 약하다	亥+亥	[공통] 독립심이 약하고 자기주장이 많아 주위의 미움
4왕 (4正)	午	酉	子	卯	–	–	子+卯	예의 없고 냉혹, 처자불화, 불구, 이성문제, 여자는 남편운이 나쁨 (無禮之刑)	午+午 酉+酉	[辰+辰] 수재, 구속 구설, 혈압 비뇨기질환 [午+午] 자해, 교통 사고, 충돌 수술, 폭발
4고 (4隅)	戌	丑	辰	未	丑+戌 +未	은혜를 모르고 배반 당하기도 함. 형제 다툼 많고 냉혹, 여성은 부부불화, 고독, 임신중 파란 (無恩之刑)	丑+戌 戌+未 丑+未	3형살과 비슷하나,조금 약하다.	辰+辰	[酉+酉] 생리질환 등 [亥+亥] 당뇨, 혈압 등

• 형살의 구성은 반드시 암기해두자.

3) 파(破)와 해(害)

이 파하는 관계는 한마디로 파토가 난다는 말이다. 쉽게 말해 결혼이 파혼되거나, 계약이나 약속이 파기되는 것을 의미하는데, 사주 내에 이 파하는 지지가 배치되거나 대운과 세운에서 용신을 파하는 지지가 성립되면 그에 해당하는 육친이 파괴되거나 파기되는 경향을 보인다고 보는 것이다.

또한 해하는 것은 서로를 해친다는 것이니, 사주에 해살(害殺)이 들면 해당 육친끼리 서로 해한다고 보는 것이다. 이 파와 해의 구성 원리도 지지의 상호 위치상 일정한 역학적 구도를 가지고 있어 의미를 부여할 필요는 있으나, 실제로 그 역량은 그리 큰 것이 아니기 때문에 사주 추명시 다만 참고하는 정도로만 알아두면 좋을 것이다. 아래에 파와 해의 구성을 도표로 정리한다.

[표 41] 파와 해의 성립

파	子+酉	丑+辰	寅+亥	卯+午	巳+申	戌+未	寅+亥와 巳+申은 합이면서 파도 된다는 점과 巳+申은 또 형이 됨에 유의하자.
해	子+未	丑+午	寅+巳	卯+辰	申+亥	酉+戌	子+未와 丑+午는 원진도 되고, 寅+巳는 형이고, 卯+辰, 酉+戌은 방합도 됨.

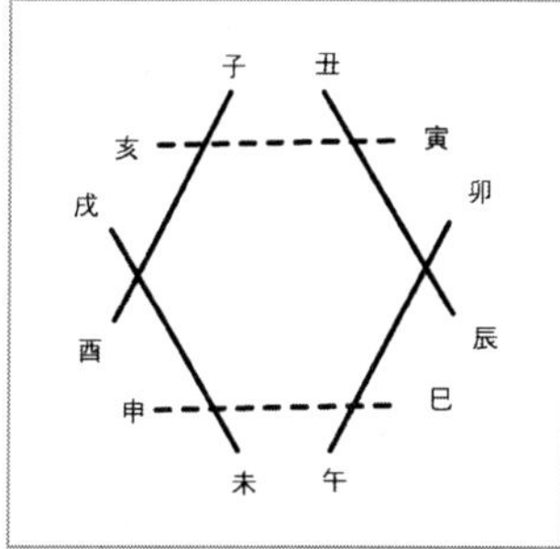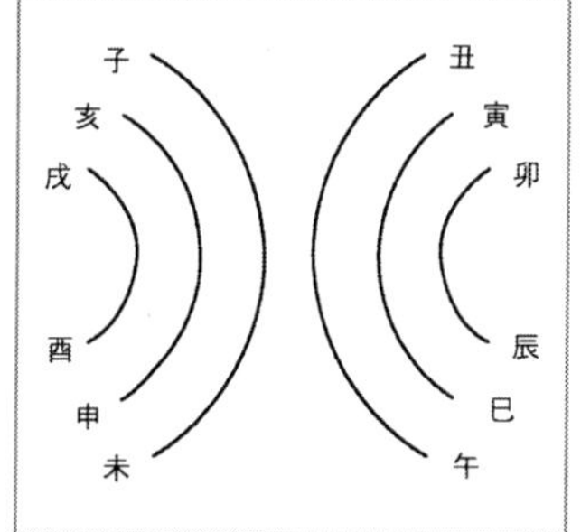

[그림 20] 파, 해의 구성

합이면서도 파가 되기도 하는 것은 사랑에 이별이 있듯, 사랑하면서도 서로 부딪쳐 깨어진다는 뜻으로 보면 된다.

이상에서 살펴본 형, 충이나 파, 해, 원진살 같은 요인은 본인의 사주 여덟 글자와 돌아오는 세월운과 견주어 성립되기도 하고, 남녀가 궁합을 볼 때 남녀 서로의 사주 글자끼리 성립되어도 이에 해당하는 운명적 암시를 나타낸다고 보기 때문에 형이 되거나, 원진이 중복되면서 해하는 관계는 그 뜻을 좀 더 강하게 볼 필요가 있다. 그러나 이들

관계 자체를 단식으로 감정하여 사주의 큰 흐름을 놓치지 않도록 주의해야 한다.

⑩ 육친(六親)? 육친이 뭘까?

1) 육친이 뭔고?

우리 인간은 결코 하늘에서 떨어지거나 땅에서 솟아나서 태어날 수는 없는 것이다. 부모가 있고 형제가 있으며, 또 내가 결혼을 하여 배우자를 만나면 필연적으로 자식이 생기기 마련이다. 바로 이 부, 모, 형, 제, 처, 자 곧 여섯 혈연의 총체적 관계를 사주학에서 '육친'이라 부른다. 그러니 육친이란 바로 나를 중심으로 한 혈족의 관계를 사주 네 기둥에 오행학적 기호로 대위 시킨 것이다. 따라서 육친을 붙이는 법도 당연히 나를 중심으로 붙이게 된다.

이 육친법을 통해 일생의 운명에 있어서의 가족과의 관계는 물론, 재물과 출세, 명예와 빈천, 부귀하고 공명한 것을 짚어낼 수 있는 것이다. 그만큼 이 육친론은 사주학의 소프트웨어로서 요체가 되며, 육친의 운용을 잘 한다는 것은 곧 사주추명학의 깊이와 정확도에 직결되는 것이라 아니할 수 없다.

사주추명학이라는 것이 음양오행으로 시작하여 음양오행으로 끝나는 것에 다름 아닌 것과 같이 이 육친론 또한 음양과 오행의 상생, 상극, 상비로부터 도출해 내는 것이다. 그 육친을 나타내는 사주학 용어로는 비견(比肩), 겁재(劫財), 식신(食神), 상관(傷官), 편재(偏財), 정재(正財), 편관(偏官), 정관(正官), 편인(偏印), 인수(印綬) 등 10개인데, 그래서 육친을 혹자는 10신이라고도 부른다.

이 열개의 육친성은 다음에 공부할 사주 격국의 정격을 채택하는 격국의 명칭으로도 쓰이게 될 것이다. 그러나 이들의 용어 자체는 일상생활에서는 전혀 쓰지 않는 생소한 것들이다. 일간과 같은 오행이고 음양이 같은 오행을 사주내에서 만날 때를 "비견"이라고 하는데, 굳이 그런 뜻이라면 '비등'이라든가 아니면 순 우리말로 '비슷'이라고 해도 문제는 없었을 것이다. 그러나 우리는 편의상 전통 사주학의 용어를 따르는 것이 타 이론서를 공부하기에도 유리하기 때문에, 따라서 사주학을 공부하는 입장에서는 용어는 육친에 따르되 그 글자의 자구(字句)에는 얽매이지 말아야 한다.

마치 뗏목으로 강을 건너면 뗏목을 버리고 가듯, 언제까지고 글자에 연연할 수는 없는 법과 같다. 육친의 용어는 사주를 풀어가기 위한 사주추명학의 문을 여는 열쇠일 뿐, 문 자체는 아니기 때문이다. 대체로 이들 열개의 육친성 중 비견, 식신, 정재, 정관, 정인 다섯 가지를 길신으로 간주하고, 겁재, 상관, 편재, 편관, 편인[30] 다섯 가지 육친을 흉신이라 보는데, 사주 전체의 강약 및 중화와 조화를 따져야 함은 물론이고, 이를 단순이 글자에 얽매여 길성, 흉성으로 보아서는 안 된다.

본 육친론을 자유자재로 구성하고 운용하게 되면 사주학의 절반을 완성했다고 볼 수 있는 만큼, 더욱 주의를 집중하여 숙지를 하여야 할 것이다. 육친법은 오행의 상생, 상극, 상비의 연장이라고 보면 된다. 일간인 나를 중심으로 설정해 보면 내가 생하는 오행(我生者)이 있을 것이며, 내가 극하는 오행(我克者), 나를 생하는 오행(生我者), 나를 극하는 오행(克我者), 나와 같은 오행(我比者) 이렇게 다섯 가지가 있을 수 있으며, 이들에 각각 음양이 있으니 5(다섯 가지 유형)× 2(음, 양)=10하여 십신이라고도 하는 것이다.

또한 이들 십신은 사주에서 연월일시 각각의 기둥에 작용하여 무궁하게 변통된다고 하여 '통변백변(通辯百辯)'의 뜻으로 통변성(通變星)이라고도 한다는 사실쯤은 기억해 두기 바란다. 그러면 일간인 나를

---

30) 편인은 효인(梟印)이라고도 하는데 梟는 부엉이란 뜻이고 부엉이는 지어미도 물어 죽이는 불효를 하기 때문에 붙여진 이름이다. 앞장의 효인살에서 언급된 바 있다.

위주로 육친 뽑는 법을 공부해 보자. 예를 들어 사주 일간이 陽甲木인 사람이 있다고 하자.

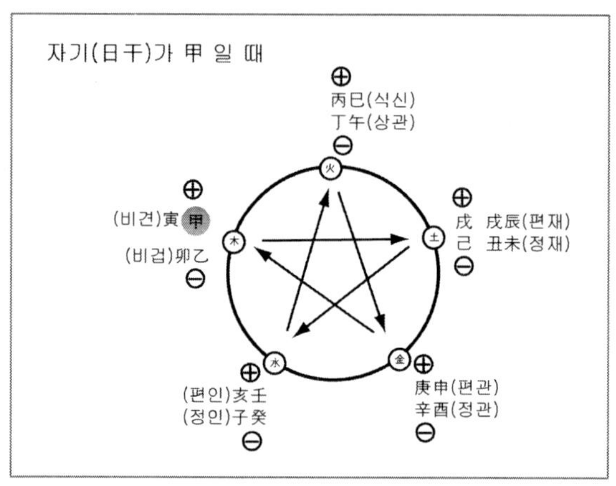

[그림 21] 육친의 생극

[표 42] 육친의 변화

일간(나 자신)이	생, 극, 비 관계	오행	음양이 같으면	음양이 다르면	육친은?
甲일 때	나와 같은	木이고	비견	겁재	통상비겁이라 한다
甲일 때	내가 생하는	火고	식신	상관	식상이라 한다
甲일 때	내가 극하는	土고	편재	정재	재성이라 한다
甲일 때	나를 극하는	金이고	편관	정관	관성이라 한다
甲일 때	나를 생하는	水고	편인	정인	인성이라 한다 * 편인=효인

• 甲일생이 사주 중에 +木을 만나면 비견, −木을 만나면 겁재가 된다는 것이다. 다른 일간 오행도 이 공식대로 기 계적으로 붙여나가면 된다.

위의 표는 육친을 도출하는 공식을 보여주고 있다. 예를 甲으로 들었지만, 다른 일천간도 똑 같기 때문에 만약 일간이 庚이라면 위 도표 일간의 칸에 庚을 적어 넣어보면 기계적으로 육친을 뽑을 수 있다. 원리도 간단하다. 나를 생해 주는 것은 어머니이니 인성(印星)이 되고, 음양이 한 쪽으로 치우쳤으니 치우칠 '偏'을 써서 편인(偏印)이라고 하는 것이다.

또한 나를 극하는 것은 관청이고, 애비가 자식을 이길 수 없으니 관성(官星)이 되어 편관과 정관이라 하는 것이다. 사주 내에 어떤 육친이 어느 주에 얼마만큼 많고, 적게 붙느냐에 따라 사주의 강약과 운명의 대운이 바뀌게 되니 실로 중요한 변화가 아닐 수 없다. 그러면 각 열개의 십신성은 어떤 의미와 상징을 지니고 있으며, 사주에 많고 적음에 따라 운명에 어떻게 작용하게 되는 지를 [표 43]에서 잘 숙지해 주기 바란다.

이 육친의 작용과 상징에도 많은 학설이 있어서 일부 다른 이론도 많이 보인다. 그러나 아래의 육친분석을 따르면 충분하고, 별도의 이론은 필요 없으리라 믿는다.

2) 육친의 분석

이상에서 일간을 중심으로 각 주의 천간 지지별 육친성을 뽑는 방법과 이들 육친성의 일반적 특징과 상징 및 과부족에 따르는 특성적 성질을 개괄해 보았다. 상당히 논리적이고 체계적인 이론으로 구성되어 있음을 알 수 있을 것이다.

예를 들어보자. 자식을 이기는 아버지는 이 세상에 없다. 그래서 나를 극하는 관성이 남자에게는 자식인데, 음양이 같은 편관은 아들이고, 음양이 다른 정관은 딸이 되는 것이며, 나를 사회적으로 꼼짝 못하게 구속하고, 법규범으로 옭아매는 것이 관청인 만큼, 이것이 곧 육친으로 관성이 된다. 또한 자식인 나는 아버지를 극한다. 그래서 내가 극하는 재성이 아버지가 되고, 나아가 아버지인 재성이 극하는, 아버지의 아버지인 할아버지는 인성인데, 음양이 같으므로 편인이 남자에게는 할아버지가 되는 것이다.

[표 43] 각 육친의 작용 및 상징

육친	남자에게는	여자에게는	특징	많으면	적거나 없으면
비견	형, 친구, 동업자	언니, 친구, 동무	동지적, 고집, 자존심 자유분방	아내와 재물손실, 독단적이며, 여자의 바람기 등	실천력부족과 의 타심 등의 문제
겁재	누이, 동생, 동기간	오빠, 동생 동기간	자기중심적이고 속성속패, 재물경시	이중성격, 이성간의 색정문제, 빈곤	소심, 재물경시
식신	장모, 손자	자녀, 조모	온순, 명랑, 차분한 노력, 기술, 예능, 말 잘함, 연예인	식욕, 탐닉, 여자 화류계, 자식복 무	앞뒤 막힘, 꽁생원 등
상관	조모, 손녀	자녀, 조모	표현력, 웅변, 기예 예술감각, 성격괴팍	여자는 생식기와 자녀문제, 수술 남자 직장운 불리	표현력 부족 등
편재	아버지, 첩, 소실	아버지, 시어머니	유통재물, 장사, 투기	투기성 도박, 축첩	직업과 재운불리
정재	본처, 처형제, 고모 숙부	숙부, 시아버지	고정재물, 착실하게 모은 재물, 성실대응	여자문제 복잡, 여자는 화류계	여자운, 처복이 박복
편관	아들, 혼인외의 자	남편 외의 애인	모험, 투기, 결단용기	싸움투쟁, 파란, 여자는 남자문제	결단력 부족 등
정관	딸, 조카	본남편, 시동생	안정직업, 관운, 정직	파란, 직장문제	승진운 곤란
편인	계모, 양모, 조부	계모, 양모, 조부	학문, 문서, 인기직업	부모이별, 자식문제, 고독	가족운 불리
정인	어머니, 장인	어머니, 손녀, 사위	정통학문, 문서, 교수	이기주의, 재물복 곤란, 남편무능	두뇌발달 불리

• 위의 표는 10신의 일반적 특성을 나타내고 있다. 죄송하지만 이러한 기능과 상징은 스스로
암기해 두는 수밖에 달리 방법이 없다. 마치 영어 공부할 때 관용구와 숙어를 암기하는 것과
같다하겠다. 그러나 사주 내에서의 육친성은 강약과, 격국, 용신 등을 종합적으로 검토 판단하
여야 하고, 단적으로 판단하는 것은 아니다. 예를 들어 어떤 여자사주에 편관이 들었다고 하여
무조건 숨겨둔 남편외의 애인이 있다는 뜻이 아니라, 여타 육친과 대운 등의 흐름을 총체적으
로 살피란 뜻이다.

그리고 아내는 남자에게 예속되는 것이 보편적 상식이다. 물론 요
즘은 그런 윤리가 희석되고는 있지만 남자가 돈을 벌고, 아내를 거느
리는 것이 세상의 원리이다. 그러니 남자에게 재성은 내가 극하는 여
자가 되는 것이다. 이러한 관계를 규정한 것이 바로 본장의 육친론인
바, 사주 여덟 글자의 어느 위치에 어떠한 육친이 가 붙느냐에 따라

운명의 해석을 달리할 수 있는 것이다. 그러나 사주에서 이러한 육친의 과부족이 있다고 하여 꼭 그에 해당하는 발현이 나타난다는 건 아니고, 그러한 암시가 있음을 유의해서 관찰하라는 말인 것이니, 단적으로 속단하는 것은 금물이다.

예를 들어 어떤 사주에 어머니를 상징하는 인성이 여러 개 있다고 하여, "당신 사주에는 인성이 여럿이므로 당신 아버지가 후실과 첩을 여럿 두었겠소!"라고 말했다가는 스스로가 치료비를 감내해야하는 사태가 벌어질 지도 모른다. 천만다행으로 그 사람에게 실제로 계모가 있고, 아버지가 바람을 피워 아버지가 아니라, 원수 같은 존재였다면, 일약 족집게 도사라며 스타덤에 오를지 모를 일이기는 하지만….

실은 육친성의 암시는 사주의 음양오행을 다른 용어로 정리해 놓은 것인 만큼 원리에 따라 입체적 해석을 붙여나간다면 매우 높은 적중을 기대할 수 있을 것이다. 육친의 도출은 일천간을 중심으로 기계적으로 통변성을 매겨 나가면 되지만 막상 숙달이 되기까지는 혼란이 따르는 것이 사실이다. 따라서 비겁, 식상, 재, 관, 인 다섯 가지 오행성을 오행상생도와 같이 머릿속에 그려두고 연상을 하는 훈련을 해주기 바란다.

일간을 중심으로 하기 때문에 사주 여덟 글자 중에는 7개의 육친성이 기계적으로 뽑아진다. 전통 사주학에서부터 이 육친성은 매우 중요하게 여겼디. 따리서 년 천간에 정재성이 붙으면 조부 대에 재물을 많이 모았다거나, 인성이 붙으면 학자요, 정관성이 붙으면 벼슬을 했다는 등의 단식 판단에 많이 응용되었던 것도 사실이다. 그러나 이 육친성은 사주와 대운에서의 변화와 상관관계를 중요하게 인식하여야하며, 어디까지나 상징적, 암시적 인자인 만큼 단식적 판단은 지양하고, 유기적, 합리적 추명을 하는 습관을 길러줄 것을 거듭 당부 드린다.

아래의 표는 오행상생도와 같은 구조의 통변성 오행이니 반드시 마음속으로 그릴 수 있어야 한다. 그리고 십신은 사주의 강약과 격국에 따라서 길성의 작용을 하기도 하고, 흉성으로 변하기도 하니, 일괄적으로 정재와, 정인 같은 길성이 많으니 좋은 사주고, 상관, 겁재 등의 흉성이 많으니 나쁜 사주라는 등의 우를 범해서는 안 된다.

[그림 22] 육친의 상생 오행도

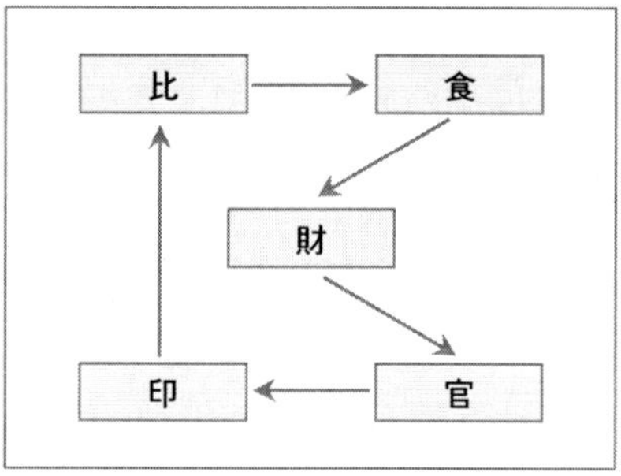

비식재관인이라고 암기해 두자.

어디서 본 듯한 그림일 것이다. 원론편 [그림 9] 오행상생도의 표와 일치한다. 즉, 어떠한 일간이든 일간과 동기의 자리인 비견에서 출발해 보면 되는 것이다. 예를 들어 甲木일간인 사람이라면 자신의 오행인 木(비견 겁재)이 → 방향으로 생하는 오행 곧 丙, 丁火가 식신과 상관성이 된다는 것인데, 이들 같은 오행의 두개 성을 모아 편의상 비겁(비견, 겁재), 식상(식신, 상관), 재(편재, 정재), 관(편관, 정관), 인(편인, 정인)이라고 통칭한다. 비식재관인이라고 암기해 두자.

이 육친성은 나중에 공부할 용신별 육친에 따른 운명의 흐름이나, 직업, 재운, 출세운 등을 감명하는 근거가 되기도 하는 만큼 기초를 단단히 해 두기 바란다.

⑪ 지지장간(地支藏干)은 또 뭐여?

1) 地藏干의 원리

본 장은 사주추명학에 있어 가장 요긴하고, 집중력을 요구하는 부분이다. 따라서 지금까지와는 다른 암기력과 응용력이 요구되는 분야이기도 하다. 자꾸만 집중력과 암기를 요구하자니 필자도 안타깝지만, 그래도 이 지장간 분야만은 알지 못하면 사주학에 접근할 수 없는 이론이다.

드물게 시중에 나와 있는 서적에서 지장간을 무시한 이론서가 있으나 한마디로 말씀도 안 되는 방송인 것이다. 지장간이란 글자 그대로 지지 속에 숨겨진(숨길 藏) 천간이란 뜻이다. 하늘을 상징하는 천간을 남자인 陽에 비유하고, 땅을 상징하는 지지를 여자 陰에 비유해 보면 하늘에는 구름이 끼거나 해가 나서 맑은 것을 금방 알 수 있듯이, 남자는 단순하여 그 속내를 금방 들어 내 보인다. 그러나 땅 속의 일은 지하수가 어디로 흐르는지, 암석이 묻혔는지 또는 금이 묻혔는지를 파보지 않고서는 알 수가 없듯, 정말로 여자는 감정의 기복도 심하고 비밀이 많아 여러 가지 복잡한 정서의 반응을 일으켜, 알다가도 모를 것이 여자의 마음이라는 말이 생긴 것이다.

근자에 한참 유행했던 장윤정의 노래 "어머나"의 노래가사처럼 그야말로 여자의 마음은 갈대린 말이 지징긴을 두고 이르는 말이라고 보면 좋겠다. 작은 바람에도 이리저리 흔들리지만 아무리 갈대라고 해도 부러지지 않으며, 그 뿌리는 땅속에서 어우러져 결코 흔들리지 않는 강인함을 지니는 이중성이 있는 것이다. 그것은 갈대는 외적으로는 부드러운 음의 기질을 띄지만 내적으로는 양의 강한 천간의 기를 띄기 때문이다.

여자에게도 남자의 기질이 있는가 하면 남자에게도 여자다운 남자가 있는 것이다. 이처럼 지지(땅) 속에 뿌리내린 천간(하늘)의 성질 그것을 지장간(또는 암장(暗藏)이라고도 한다)이라 한다. 생각해 보면 간단하다. 땅속에도 태양열이 침투되고 있듯이 12 지지는 그 지지에 맞는 하늘의 기 즉, 천간의 기운이 침투되어 있다는 것이다. 子에는 子에 맞는 천간의 오행이 감추어져(암장) 있고, 丑에는 丑에 맞는 천간의 오행이 암장되어 있다.

이 지장간이 서로 합이 되거나, 사주 천간에 투간(透干) 되어 있는 작용관계를 자유로이 알게 되면 그 사람의 숨겨 놓은 애인이나, 심지어 몰래 본 시앗까지도 찾아낼 수 있는 것이 바로 이 지장간 분야이다. 그만큼 지장간의 응용은 중요한 만큼 본 장을 완전히 숙지한 다음 다른 분야를 공부해야한다.

다시 말해 지장간이란 지지 속에 숨어있는 천간의 기운과 형상을 말한다. 각 1달씩을 담당하는 지지 글자 속에는 한 달 30일 동안에 세 단계의 변화가 일어나는데, 이 변화의 3단계를 지장간 분야 초기, 중기, 정기 라고 한다.(초순, 중순, 하순이란 뜻으로 이해하면 된다) 바로 이 지지 의 3단계마다 천간의 기운이 숨어서 작용한다는 말이다.(물론 子, 午,

[표 44] 12지지의 지장간 분야표

구분	子	丑	寅	卯	辰	巳	午	未	申	酉	戌	亥
초기	壬(10)	癸(9)	戊(7)	甲(10)	乙(9)	戊(7)	丙(10)	丁(9)	戊(7)	庚(10)	辛(9)	戊(7)
중기	×	辛(3)	丙(7)	×	癸(3)	庚(7)	×	乙(3)	壬(7)	×	丁(3)	甲(7)
정기	癸(20)	己(18)	甲(16)	乙(20)	戊(18)	丙(16)	丁(20)	己(18)	庚(16)	辛(20)	戊(18)	壬(16)

- 어떤 역술서에는 지장간의 적용분야를 다소 달리하는 이론이 있다. 즉, 午의 경우 중기에 己土 가 10일을 관장한다는 이론이 있는데, 土와 火는 火土同根이라는 이론이지만, 사정방인 午火 는 순수 같은 오행의 지장간을 구성 하므로 위의 표를 따르는 것이 맞다.
- 이 책 서두에 그냥 읽기만 하면 된다고 해 놓고선 엄청 많은 암기를 요구하는 것 같아 죄송하 지만, 지지에 숨어 있는 천간만은 반드시 암기하지 않으면 안 된다. 쉽지 않겠지만 암기할 때 는 子= 자임고비가, 丑=축구하나는 귀신처럼 기통차, 寅=인간이 무식하게 병신 육갑 떠네…. 이런 식으로 스스로가 가사를 붙여서 익혀야 잊지 않게 된다.
- 지배하는 일수(괄호 안의 숫자)는 초기, 중기, 정기 각각 辰戌丑未 9+3+18, 寅巳申亥 7+7+16, 子午卯酉 10+20 등으로 일괄하여 알아두자. 이 일수에 더하여 지배시각까지 정해 져 있으나, 굳이 시간까지 적용할 필요는 없다.
- 子, 巳, 午, 亥는 정기 천간의 음양이 지지의 음양과 바뀌었음을 알 수 있다. 따라서 이들 4지 지는 사주감정시 실제의 음양도 바꾸어 본다는 점을 알아두기 바란다.

卯, 酉의 正角 지지에는 초기와 정기만 있다) 따라서 이 지장간은 나중에 공부할 사주의 강약을 정하는 데도 아주 중요한 지침으로 쓰이게 되는 것이다. 우선 [표 44]를 잘 보도록 하자.

예를 들어 설명한다. 지지 丑의 경우 초기 1일부터 초아흐레(9일)까지는 癸水의 기운이 지배하고, 10일부터 3일간은 辛金의 기운이 그리고 13일부터 30일까지의 18일간은 己土의 土기운으로 흐르면서 비로소 바른 丑土의 기운 즉, 土의 정기(正氣)가 된다는 것이다. 그러니 그 달의 초하루가 되었다고 하여, 지난달과는 싹둑 결별하고 새로운 달의 오행 기운으로 바로 바뀌지는 않는다는 말이다. 당연한 말이 아닌가?

바로위의 표에서 알 수 있듯이 모든 지지의 정기는 지지와 같은 오행으로 이루어져 있고, 子午卯酉, 辰戌丑未, 寅巳申亥의 사정(四正, 四旺이라고도 배웠음), 사우(四隅, 四庫라고도 함), 사맹(四孟, 四生이라고도 함) 각지지 각도에 따라 한 달 중의 작용하는 기간이 달라짐을 알 수 있다. 이것은 지구가 공전하면서 필연적으로 생기는 지축의 각도에 따른 태양의 작용력에 기인하기 때문이다.

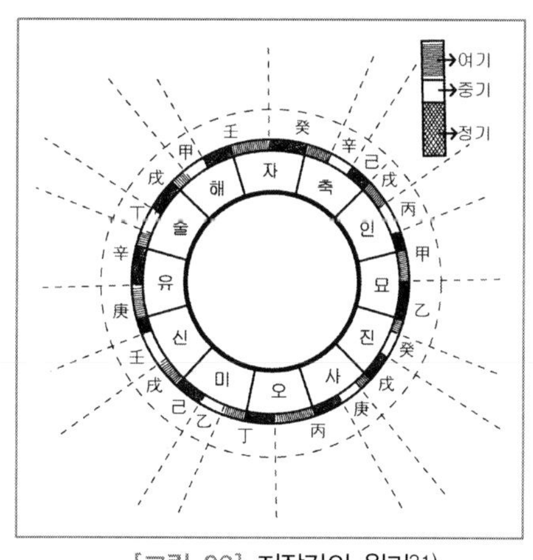

[그림 23] 지장간의 원리[31]

---

31) 『주역』 서우선 저. 문학아카데미. 1995년. 236쪽 참고

그래서 입문편에서 4정, 4우니 4맹하고 장시간 개념을 정리해 두었던 것이다. 한 개의 지지 오행 속에 이렇듯 다양한 천기의 작용이 숨어있는 것을 알고 나면 더욱 더 역학의 오묘한 세계에 대한 신비함과 매력을 느낄 수 있을 것이다. 그런데 여기서 알아야 할 것이 하나 있다.

지지 장간 중 水인 子와 亥, 火인 巳와 午의 정기를 눈여겨보라. 다른 지지의 정기는 해당 지지와 오행은 물론 음양이 같은데, 이들 지지만은 정기의 음양이 바뀌어있는 것을 알 수 있다. 이는 물과 불은 水乘火降하여 생명을 잉태하므로 음양상배(음양이 서로 섞임)한다는 이치인 것이다. 실로 과학적인 말이 아닐 수 없다. 1년 12달이 끊임없이 이어지는 것도 이러한 음양의 작용에 기인한 사맹, 사우, 사정의 역학구조 관계가 무상히 이어지기 때문이다.

이번엔 子,午,卯,酉를 한 번 보자. 다른 지지에 비해 사정방인 子午卯酉는 중기가 없다(어떤 역학서에는 午의 중기로 己土의 중간자가 있다고 주장하나, 순수 오행성분인 子午卯酉의 원리에 따라 丙과 丁이 맞다). 지장간 또한 다른 오행이 섞여 있지 않고 순수한 지지 자신의 오행과 같은 오행으로 이루어져 있음을 알 수 있는데, 즉 子는 壬과 癸의 물끼리 모여 있어 물웅덩이를 이루고 있다는 뜻이며, 午는 丙과 丁의 불이, 卯는 甲과 乙의 木이, 酉는 庚과 辛의 金끼리 모여서 자신들만의 오행의 세계를 이루었다는 뜻이므로, 4정방 곧 가장 왕성한 4왕이라고 하는 것이다. 이상에서 알 수 있는 것처럼 같은 지지의 달이라고 해도 초기, 중기, 정기 어느 날에 태어나느냐에 따라 작용 받고 지배하는 천간의 오행이 달라짐을 볼 수 있다. 즉, 같은 寅월에 태어났더라도 처음 7일 이내에 태어난 사람은 戊土의 기운이 지배하고, 15일 지나서 태어나야만이 甲木의 기운을 받는다는 것이다. 이 부분은 구구한 학설이 많은 분야이기도한데, 후일 감명론에서 다시 다루어질 것이다.

2) 지지에 숨은 천간의 뜻

사주를 감정함에 있어서는 사주팔자 여덟 글자를 글자로 보지 말고, 그 글자가 상징하는 역학적 의미와 지지에 숨어있는 천간의 성질을 살피는 것이 중요하다. 천간은 하늘 즉 공간과 입체의 개념이고, 지지는 시간과 평면의 개념이다. 이 시공의 요소가 얽혀서 빚어내는 것이 인연이고, 사계절과 천지변화의 주체인 것이다.

하늘에는 수소, 산소, 탄소, 헬륨 같은 수많은 기체 화학물질이 에너지 반응을 일으키고, 그 에너지가 태양의 빛 에너지와 융합하여 지구에 거대한 기 에너지 장을 만들게 된다. 그 결과에 따라 바람과 추위, 건조와 더위 및 비와 습기 같은 풍한조서습(風寒燥暑濕) 다섯 가지 오기를 만들어내는 것이다. 이 오기의 화학적 반응의 결과 비, 구름, 바람이 생명체의 삶을 유지시켜주고, 태양이 핵융합반응을 일으키듯, 모든 생명체는 에너지 음양상배를 일으켜 영속적 삶을 영위해 간다고 원론편에서 한참을 강조한 바 있다.

또한 다섯 가지 기운은 단순히 지구상의 기상에만 영향을 미치는 것이 아니라, 인간의 오감(五感) 즉 시각, 청각, 후각, 미각, 촉각에도 작용하고, 나아가 인간의 사단칠정(四端七情)을 변화케 하여 땅도 하늘에서 이루어진 것과 똑 같은 기운이 에너지 불변의 원칙대로 작용하게 되는 것이다.

알아두기

• 사단칠정 四端七情

사단(四端)은 인간의 본성에서 우러나오는 도덕적 마음씨를 말하고, 칠정(七情)은 인간의 본성이 사물을 접하면서 표현되는 인간의 자연적인 감정을 말한다. 사단은 ≪맹자(孟子)≫의 〈공손추(公孫丑)〉 상편에 나오는 말이며, 칠정(七情)은 ≪예기(禮記)≫의 〈예운(禮運)〉과 중용(中庸)에 나오는 말이다. 퇴계(退溪) 이황(李滉)은 사단은 이(理)가 발동하여 나타난 정(情)이고, 칠정은 기(氣)가 발동하여 나타난 정이란 주장의 '이기호발설(理氣互發說)'을 주장한 바 있는데, 이에 고봉(高峯) 기대승(奇大升)은 사단과 칠정은 이·기의 결합에 의해 이루어졌다는 '이기일원론(理氣一元論)'을 주장하면서 유명한 '사단칠정논변(四端七情論辨)'의 핵심쟁점으로 비화되기도 하였다.

• **사단(四端)**
측은지심(惻隱之心) : 남을 불쌍히 여기는 타고난 착한 마음 (仁)
수오지심(羞惡之心) : 자신의 옳지못함을 부끄러워하고 남의 옳지 못함을 미워
　　　　　　　　　하는 마음 (義)
사양지심(辭讓之心) : 겸손하여 남에게 양보하는 마음 (禮)
시비지심(是非之心) : 잘잘못을 분별하여 가리는 마음 (智)

• **칠정(七情)**
기쁨(희 喜)
노여움(노 怒)
슬픔(애 哀)
두려움(구 懼)
사랑(애 愛)
미움(오 惡)
욕망(욕 欲)

그 에너지의 본질을 읽어보자는 것이 바로 이 지장간 분야이다. 땅은 하늘에서 일어나는 화학적 변화와 기운대로, 물리적으로 따라가는 수밖에 없게 되어 있다. 다시 말하면 12지지는 저 홀로 작용하는 것이 아니라, 자신 속에 숨어 있는 하늘의 기운에 따라 조종당하고 있다고 보면 되는 것이다. 따라서 다음에 설명하는 각 지지별 천간의 숨은 뜻을 안다는 것은 보다 다양하고 정확한 12달의 에너지 실체를 안다는 것으로, 변화의 주체를 살펴 인간사의 만사에 대비하는 것이 역학이라고 할 때, 그 중요성은 아무리 강조해도 지나치지 않을 것이다.

사주의 지지에 만약 寅이라는 글자가 있다면 그냥 단순히 寅木이니, 재성이나 관성이 되는구나, 하고 읽지 말고, 이 寅 속에는 戊土와 丙火, 甲木이 순서대로 작용하여서, 마침내 사주내에서 하나의 寅木이라는 지지의 글자로 존재하게 되고, 동시에 다른 천간지지와 유기적으로 얽혀지게 되는구나, 하는 인식을 가져주기 바란다. 다음의 [표 45]에 지지에 숨은 천간의 뜻과 변화와 조건의 본질을 12절기별로 정리하니 여러 번 반복하여 감각에

익숙해지기 바란다.

[표 45] 지지에 숨은 천간의 뜻

월	절기	지장간 및 관장일수			땅위의 변화	땅 속의 변화	변화의 요구조건
		여(초)기	중기	정기			
寅	입춘	戊土/7일	丙火/7일	甲木/16일	추위 속 東風 시작	땅속 뿌리에 이슬맺힘 丙火 온기로 지열상승	甲→丙→戊 순으로 상생작용
卯	경칩	甲木/10일	×	乙木/20일	甲木 성장 지속	동면기상, 개화욕구발흥, 깨어남	우레천둥의 충작용
辰	청명	乙木/9일	癸水/3일	戊土/18일	보리 패기 시작	木氣는 쇠약해지고	癸水 단비로 戊土 가 옥토가 됨
巳	입하	戊土/7일	庚金/7일	丙火/16일	꽃의 만개	지렁이 등이 출몰	庚金의 결실작용
午	망종	丙火/10일	×	丁火/20일	丙火작열, 보리수확	메마른 흙	건조하고 습이없음
未	소서	丁/9일	乙木/3일	己土/18일	벼이삭 개화	지력 발산	건조 및 열로 결실
申	입추	戊土/7일	壬水/7일	庚金/7일	열매 튼실	풀의 생장 정지	壬水 많은 물 필요
酉	백로	庚金/10일	×	辛金/20일	찬이슬, 추수, 철새	성정의 수렴	金氣의 숙살지기
戌	한로	辛金/9일	丁火/3일	戊土/18일	국화개화, 보리파종	동면준비	丁火의 조열작용
亥	입동	戊土/7일	甲木/7일	壬水/16일	땅이 언다	종자의 갈무리	壬水의 수생목
子	대설	壬水/10일	×	癸水/20일	천지 한랭	水의 창조정신	水의 수평작용
丑	소한	癸水/9일	辛金/3일	己土/18일	샘물의 결빙	만물의 태동기운	己→辛→癸 순으로 상생작용

- 寅월 한 달 중 처음 7일은 戊土 기운이 남아서 작용하고, 다음은 丙火가 7일, 다음 비로소 甲木 기운이 16일 동안을 寅월의 정기로 작용한다는 뜻이다. 나머지도 이와 같다.
- 지장간의 각 초기, 중기, 정기에는 관장하는 날자는 물론, 몇 시간까지가 정해져 있으나 시간까지 구분하여 적용할 일은 거의 없기 때문에 위와 같이만 이해해 주기 바란다.

3) 지장간의 암합(暗合)과 통근(通根) 및 투간(透干)의 이해

지지에 작용하는 지장간의 천간끼리 또는 사주팔자의 천간과 천간 합이 되는 경우가 있다. 이를 장간 암합이라고 하는데, 해당 주(柱)의 어디와 어떤 오행과 합하느냐 등을 관찰하여 사주의 강약판단 및 유년(流年) 운세의 판단 자료로 삼기도 한다.

예를 들어 배우자궁의 강한 지장간이 일간과 암합하고, 들어오는 육친운성이나 대운과 년운이 다시 삼합을 이루면서, 욕도화(浴桃花)에 해당 하는 사주라면, 몰래 첩을 들이거나 바람을 피우는 등 장간의 작용력이 발동한다는 것이다. 이 장간 합은 실제 사주감명시 충실히 활용해야하는 분야이다.

　통근이란 문자 그대로 천간의 뿌리가 지지에 통했다는 말이다.(어떤 책에는 지지를 얻었다고 해서 득지(得地)라고도 하는데 같은 뜻이다) 다시 말해 지지가 천간을 생하여 주거나 지지와 같은 오행이면 뿌리를 내려, 천간은 그 위치가 튼튼해지면서 웬만한 바람에도 흔들림 없는 뿌리 깊은 나무가 된다는 것이다. 그러면 예를 들어 보자.

　① 甲 = 寅 (지장간 ⇒ 戊土7일, 丙火7일, 甲木16일)
　　 (木) = (木)
　② 甲 = 卯 (지장간 ⇒ 甲木10일, 乙木20일)
　　 (木) = (木)
　③ 丙 ← 寅 (지장간 ⇒ 戊土7일, 丙火7일, 甲木16일)
　　 (火) ← (木)

　위의 ①②③ 모두는 같은 오행이거나 지지가 천간을 생해주는 관계이다. 그러나 ①과 ② ③을 각각 비교해 보면 ②의 경우는 ①의 경우보다 뿌리가 더 튼튼히 내린 것을 알 수 있다. 무슨 말인가 하면 ①의 지지 寅의 지장간과 ②의 지지 卯의 지장간을 비교해 볼 때, ①의 寅의 지장간에는 戊丙甲의 천간이 있어, 戊土는 寅木과 목극토 하고 또 ③의 寅은 寅木이 목생화 하느라 힘이 빠지고 있는 반면, 卯에는 같은 오행인 甲과 乙의 木으로만 구성되어 있어 100% 천간이 뿌리를 내릴 수 있다는 것이다.

　결국 寅에는 16일간만 지배하는 甲木만 있을 뿐이어서 卯의 강도보다 못한 것을 알 수 있다. 이처럼 같은 통근도 지장간에 따라 강약이 달라진다. 이를 지장간의 깊고 얕음 즉, 심천(深淺) 또는 당령(當令)이라고도 하는데, 이 점은 앞으로 사주의 강약을 측정할 때나 격국 용신을 다룰 때에 매우 유용하게 쓰여 질 것이다.

다음은 투간(투출이라고도 하는데 뜻은 같다)에 대하여 공부해 보도록 하자. 통근이 천간의 입장에서 지지에 뿌리내려 자신의 힘을 얻는 기운이라면, 투간은 지지가 천간에 통해 있는 것이라고 이해하면 된다. 즉, 지지의 오행이나 지장간의 오행중에 하나라도 천간과 같은 것이 있으면 당연히 천간과 기를 통하게 되니 이를 투간이라 하는 것이다. 다음에 예를 보면 쉽게 이해가 갈 것이다.

① 乙 ← 未(지장간 : 未 = 丁乙己) 따라서 지장간 乙이 천간 乙에 투간되었다.

② 甲 ← 寅(지장간 : 寅 = 戊丙甲) 따라서 지장간 甲이 천간 甲에 투간되었다.

⑫ 대운과 소운

1) 대운

대운이라는 말은 들어보았을 것이다. 글자 그대로 인생행로의 운명의 큰(大) 흐름(運)을 말한다. 앞으로 사주추명학에서 마르고 닳도록 나오는 말이 대운이라는 용어이다. 어쩌면 대운이란 궁극적으로 사주를 보는 목적을 달성하기 위한 방법론이라 할 수 있겠디. 그야말로 움직이는 변화의 틀을 보는 것이다.

사주와 대운과의 관계를 우리네 인생과 비교해 보자. 사주는 그 사람의 고정된 절대불변의 틀이다. 천부적으로 부여받는 그릇이기 때문에 태어나는 순간 운명적으로 결정되면서 상팔자 하팔자가 갈리게 되므로, 사주는 컴퓨터의 고정프로그램인 하드웨어에 해당되고, 대운은 소프트에 해당된다고 보면 되겠다.

사주팔자라는 틀을 자동차에 비교하면 어떤 사람은 고급 외제 자동차를 타고, 누구는 국산 경차를 탄다고 가정하자. 대운은 흐르는 길에 해당하기 때문에 아무리 좋은 자동차라면 무얼 하겠는가. 비포장 산길을 달리라면 차라리 경운기만 못할 것이고, 비록 경차라고 해도 고속도로를 만난다면 비포장도로의 고급승용차보다 쌩쌩 달릴 수 있는 것이다.

또한 아무리 좋은 상품을 만들어 놓아도 시장성이라는 시절운을 만나지 못하면 그 가치를 인정받기는커녕 무용지물의 애물단지가 되고 만다. 그리고 사주팔자를 배라고 한다면 대운은 선장과 같은 것이다. 그래서 시절이 영웅을 만든다고 하였고, 사주보다는 대운이 좋은 것을 더 좋게 보는 것이다.

사주도 나쁘고 대운도 좋지 않은 경우가 최악의 팔자가 된다. 질고 액난이 많고 하는 일마다 꼬이는 경향을 보이는데, 이러한 팔자를 가진 사람이라면 후천적 수행으로 적선을 하고 덕을 베푸는 삶을 살 것을 권해야 한다. 의외로 종교지도자나, 스님, 신부님 등에서 이러한 팔자를 극복하고 훌륭한 인생의 스승이 된 경우를 얼마든지 볼 수 있다. 이처럼 대운은 운명에 결정적 변화를 주는 중요한 요인이다.

어떤 대운을 만나느냐에 따라 운명의 행로가 달라지기 때문이다. 궁극적으로 사주추명학은 이러한 대운 단위인 10년을 주기로 변화하는 큰 흐름을 예측하는 도구라 하였다. 따라서 대운이란 1년의 운인 연운과 한달의 운인 월운, 일운과 시운이 종합된 10년의 총체적 운이 되는 것이다.

그러면 사람에 따라 대운은 어떻게 적용되는가? 대운을 산출하는 방법을 공부해 보자. 물론 요즘은 만세력에 대운수가 남녀별로 친절하게 나와 있고, 많은 인터넷 사이트에서 사주간지와 대운수를 구하는 시스템이 실시간으로 제공되긴 하지만, 어떤 원리로 사주팔자의 대운수가 결정되는 지는 공부해 두어야하겠다. 그러니 원리이해 차원에서 읽어주기 바란다.

우선 당해사주가 남자인지, 여자인지에 따라 출발이 달라진다. 즉 남자는 태어난 해의 천간이 양천간(陽干)일 때는 대운은 순행하고, 여자의 경우는 음천간(陰干)일 때 순행하며 나머지는 그 반대가 된다. 즉, 남자가 甲, 丙, 戊, 庚, 壬의 양간인 해에 태어났다면 그 사람의 대운은 순행하고 여자는 반대로 역행하며, 남자가 乙, 丁, 己, 辛, 癸의 음간인 해에 태어났다면 대운은 역행하고 또한 여자는 그 반대로 순행한다. 그러면 어디에서부터 역행을 하고 순행을 한다는 말인가? 그것은 간단하다. 다음의 예를 들어 보자.

癸卯년 음력 3월 12일생의 여자가 있다고 하자. 여자가 癸의 해인 음천간에 태어났으니 순행이다. 그러므로 자신이 태어난 달의 다음 절기인 입하까지 순행으로 날짜를 만세력에서 찾아 세어 보면 31이 나온다.(만일 이 사람이 역행이라면 태어난 달의 전의 절기인 경칩까지를 거꾸로 세어나가란 말이다.) 그러면 이 숫자를 3으로 나누는 것이다.(3은 불변의 공식이다.)

31 ÷ 3 = 10 나머지 1 즉, 이 사람의 대운수는 10이라는 것이다.

즉, 나누어떨어지면 나누인 수가 그대로 대운수가 되는 것이며, 나머지가 1이면 버리고, 2이면 나누어 진 수에 1을 더하면 되는데, 위의 경

[표 46] 대운수 도출표

계산한 일수	적용 공식	대운수
1, 2, 3, 4	4÷3=1나머지 1, 고로 1은 버리고 ⇒	1
5, 6, 7	5÷3=1나머지 2, 고로 2는 1을 1에 더하므로 ⇒	2
8, 9, 10	10÷3=3나머지 1, 고로 1은 버리고 ⇒	3
11, 12, 13	위와 같이 3으로 나누어 원칙을 적용하면 된다.	4
14, 15, 16	"	5
17, 18, 19	"	6
20, 21, 22	"	7
23, 24, 25	"	8
26, 27, 28	"	9
29, 30, 31	"	10

우 나머지가 1이기 때문에 1은 버리고 10이 되었다. 이를 「1사 2입」의 법칙이라 한다. 긴소리 필요 없이 [표 46]을 보고 이해를 하면 된다.

이렇게 도출된 수가 그 사람의 대운수가 되는 것이다. 따라서 위에 예로 든 癸卯생 여자는 10세, 20세, 30세, 40세, 50세 이런 식으로 10년을 주기로 인생의 큰 흐름 즉 대운이 바뀌게 되는 것이다.

그러면 10세에는 어떤 운이 작용하고, 20세에는 어떤 운이 작용하며, 또 그 이후 10년 단위로 어떤 운이 작용하는가? 이 부분은 앞으로 공부할 용신과 더불어 사주추명학에서 가장 중요한 부분이다. 이 여자는 순행한다고 하였다. 그리고 이 여자는 사주상 월주가 丙辰이다. 따라서 자신의 월건인 丙辰월에서부터 순행하여 짚어나간다는 말이다. 즉, 병진의 다음 간지인 丁巳, 戊午, 己未… 이렇게 10년씩이 할당되는 것이다. 한편 이 여자의 태어난 해가 양천간이고 역행운이었다면 丙辰월로부터 乙卯, 甲寅… 식으로 거꾸로 적용하면 되는 것이다.

[표 47] 대운 적용법

천간	丁	戊	己	庚	辛	壬	癸
지지	巳	午	未	申	酉	戌	亥
대운 나이	10세	20	30	40	50	60	70

이 여자는 10세부터 19세까지는 丁巳에 해당하는 운명이 인생의 큰 흐름을 관장하고, 20세부터 29세까지는 戊午 대운이, 30부터 39세까지는 己未 대운이 운명에 크게 작용한다는 뜻이다. 즉, 이 여자의 30대 인생은 己土와 未土 운이 작용하는 시기란 것인데, 만약 이 여자의 사주가 土를 필요로 하는 사주라면 30대에서 크게 발전하고 발복한다는 논리이다.

한편 와서는 안 될 대운 즉, 기신(忌神)운이나 구신(仇神)운이 온다면 당연히 그에 따르는 사주에너지 특성이 발현된다고 보는 것이다.

만약 어떤 사주가 木이나 火가 용신이고 희신일 때, 오라는 땔감과 불씨는 오지 않고 오히려 차가운 金기운과 불을 끄는 물의 기운이 온다면 운로도 급전직하 수렁으로 떨어지게 된다.

게다가 해마다 찾아오는 세운과 사주원국의 오행 및 대운이 3합하여, 피해야할 오행으로 바뀌거나, 3형살을 이룬다든지, 대운과 세운이 용신을 충극하고, 12운성상 墓나 庫에 해당하는 운에 이르면 큰 사고나 파산, 중병 또는 명을 다하는 것으로 감정한다. 그래서 용신과 대운을 사주의 소프트웨어라고 할 수 있는 것이다.

대부분의 역학서에 보면 10년 대운을 5년씩 나누어 전반 5년은 대운의 천간 운이 작용하고, 후반 5년은 대운의 지지 운이 작용한다고 되어 있는데, 실제로 감명을 해보면 5년 룰이 잘 맞지 않으므로, 지지 운에 비중을 두고 천간 운을 참고하는 쪽으로 보는 것이 합리적이다.

어떠한 운이든 대운 지지는 방삼합의 오행그룹을 형성한다. [표 48]에서처럼 이 사주는 10대 때 대운이 巳+午+未 火局의 火기운으로 진입하여 20대에 절정을 이루고, 30대에 들어가면 왕성하던 대운 火기운도 서서히 물러가고, 이어서 들어오는 40대의 인생행로는 庚申金의 기운으로 말을 바꿔 타게 되는 것이다.

[표 48] 대운 지지의 방삼합 관계

천간	丁	戊	己	庚	辛	壬	癸
지지	巳	午	未	申	酉	戌	亥
대운지지 방삼합	巳+午+未 火局			申+酉+戌 金局			水
대운 나이	10세	20	30	40	50	60	70

그러니 대운은 지지를 기준으로 보되, 대운의 천간이 지지를 극하는 오행이면[32] 대운 지지의 역량이 반감된다고 알아두기 바란다. 거꾸로 대운

---

32) 이를 사주학 용어로 '개두(蓋頭)'라고 하는데, 머리에서 덮어 눌렀다는 뜻이며, 지지가 대운 천간을 극하는 것은 다리가 끊겼다는 뜻으로 절각(折脚)이라고 한다.

지지가 대운 천간을 극하는 경우도 있는데, 이 경우에도 대운 천간의 작용력이 떨어진다고 보면 된다. 물론 나에게 필요한 세력인 대운이 개두 되거나 절각되면 득이 줄어들지만, 나에게 나쁜 대운이 그렇게 되면 흉함도 줄어들게 된다. 본 장은 반드시 기억해 두어야 한다. 그러면 여기에서 의문이 생길 것이다. 태어나서부터 10세 이전까지는 어떤 운을 보아야하는가? 즉 유년(幼年)의 운은 어떻게 보는가? 그것을 '소운법(小運法)'이라고 하는데 몇 가지 다른 학설이 있으나 소운은 월건이 아니라, 시간지에서부터 출발하면 된다.

2) 소운

순행과 역행은 이미 알고 있다. 그러면 간단하다. 시주에서부터 순행, 역행을 짚어주면 되는 것이다. 위 여자의 시주가 만약 癸亥라면, 순행이기 때문에 癸亥 다음 간지인 甲子, 乙丑, 丙寅, 丁卯… 이렇게 1살씩 9살까지 9개의 간지가 소운이 되는 것이다. 만약 대운수가 1인 사람은 소운을 도출 할 수 없거니와 대운수가 8이라면 7세까지, 대운수가 7이라면 6세까지만 소운을 도출하게 된다.

[표 49] 소운 적용법

천간	甲	乙	丙	丁	戊	己	庚	辛	壬
지지	子	丑	寅	卯	辰	巳	午	未	申
소운나이	1세	2	3	4	5	6	7	8	9세

이 여자의 1세에는 甲子운이 지배하고, 2세에는 乙丑운이, 3세에는 丙寅운이 작용한다는 것이다. 이 소운에서 특별히 흉한 운이 오게 되면 아이 때 크게 다치거나, 중병, 사고, 화상 등을 입기도 한다. 예를 들어 만약 이 사주가 水가 많아 水가 넘치는 사주라면, 소운에서 강한 水氣가 들어오는 8~9세 金水운의 해에는 물을 조심해야 하는 것이다.

또한 불을 기피해야할 사주였다면 3~4세 木火운에 화상이나 불을 조심토록 해야 한다고 본다. 대운 또한 용신과 비교하여 이와 같이 본다는 큰 원칙은 같다.

⑬ 12포태운성법(12胞胎運星法)

1) 십이운성 포태법의 원리와 적용법

사람의 일생을 개괄해보자. 아버지의 정자와 어머니의 난자가 결합되어 착상이 되면 어머니의 자궁 속에 태(胎)로 열 달을 자라며 보내고, 출생하여 갓난아기 목욕을 한다. 자라나 성인(成人)이 되면 관대를 쓰고 성인이 되어 사업이나 직장 등의 벼슬길에 나가고, 또 승진이나 확장을 거듭하여 성공했다는 소리를 들을 때가 되면 곧 현직에서 물러나 퇴직을 할 수밖에 없다.

퇴직을 하여 뒷방 늙은이가 되면 병이 찾아오고 결국은 왔던 길로 돌아가는 죽음을 맞고 묘지에 묻힌다는 것인데, 그 전 과정을 꼽아보면 12단계를 거치게 되므로, 사주학에서는 12운성 포태법이라 하고 12지지와 맞게 떨어지게 되니, 그 12포태법은 곧, 포(胞), 태(胎), 양(養), 생(生), 욕(浴), 대(帶), 건(建), 왕(旺), 쇠(衰), 병(病), 사(死), 묘(墓) 등 12개이다.

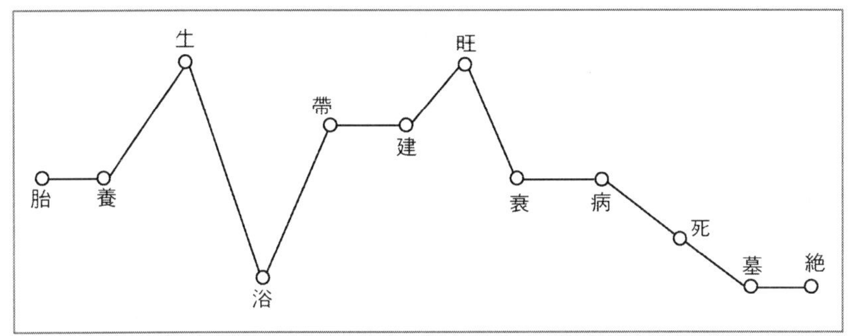

[그림 24] 12포태의 성쇠 그래프

이 12포태법도 결국은 음양오행의 연장선상에 있다고 보면 된다.

변화의 궁극을 추구하는 학문이 사주학이므로 이 12운성은 인생의 변화단계를 과정별로 사주 각 주와 대운 흐름에 적용한다는 점에서 인생의 흥망성쇠를 라이프 사이클로 분석한 매우 의미 있는 단원이라 할 수 있는 것이다. 실제로 이 12운성은 일본의 역학계에서는 맹신할 정도로 활용하고 있고, 사주의 강약을 결정할 때에도 보조적 수단으로 사용될 뿐 아니라, 풍수지리학에서는 4대 국세를 정혈(定穴)하는 이기 풍수의 법수로서 4대국포태법이 채용되고 있는 만큼 12운성 포태법의 적용법과 각 단계의 특징적 의미 및 상징을 잘 알아두기 바란다. 이 십이운성은 사주의 어느 기둥에 앉느냐에 따라 해당 시기와 육친이 그에 따른 운명적 암시를 지닌다고 보는데, 우선 12가지의 인생의 쌍곡선이 담겨있는 12단계 운성별 길흉과 특징적 성정에 대해서 공부해 보도록 하자.

- 포(胞 또는 絕이라고도 한다)

쉽게 말해 포옹한다는 뜻의 포라고 생각하면 된다. 학설에 따라서는 절(絕)이라고도 하는데, 모든 것이 끊어져 활동하지 않고 있는 휴면의 상태를 의미한다. 따라서 사주내의 육친성과 대운이나 지지에 포가 놓이면 답답하고 일의 성취가 수포로 돌아가는 형상을 말한다. 예를 들어 여자운에 관성이 포가 되면 남편이 답답 무능하거나 백수와 같고, 대운이 재성인데 포가 앉으면 재물의 소통이 꽉 막혀서 곤궁하게 되는 등으로 감정하게 되는 것이다. 그러나 새로운 생명의 잉태를 위한 포옹을 하는 형국이기도 하니 태동의 전초단계이기도 하다.

따라서 어떤 외적 충격에 의해 동요하는 경향이 있게 된다. 그러므로 인정과 유혹에 넘어가기 쉽고, 새로운 것으로 변화하려는 상징성을 띄기도 한다. 사주의 각 주마다에는 조상, 부모, 배우자, 자식 또는 초년, 청장년, 노년을 상징하는 의미를 각각 달리하기 때문에 그에 따르는 길흉도 달리 나타난다고 해석해야한다. 이하 다른 12운성도 마찬가지로 유기적 해석을 하는 연습을 [표 50]과 [표 51]에 의해 해두도록 하자.

• 태(胎)

그야말로 잉태를 말한다. 모든 생명의 씨앗이 발아하는 발생 상태라 보면 된다. 태란 자궁 속에서 분열을 일으키는 모습이다. 곧 생명의 시작이다. 따라서 자궁 속에 있으니 능동적인 활동은 정지되어 있을 수밖에 없고 침체되어 있다. 따라서 주체성이 약하고 자신의 창의적 노력 이전에 남의 도움을 받으려고 하는 의타심이 많아 의지가 약할 우려가 있다.

• 양(養)

키운다는 의미의 기를 양이란 뜻이다. 열 달을 어머니 배속에서 양수 속에서 자라나는 기간이라 생각하면 된다. 본인의 적극적 의지보다는 타의에 의해 길러지는 형국이며, 사주상에서는 애쓰는 노력과 본인의 의지로는 어쩔 수 없는 결과 등을 의미한다. 현실에 안주하려는 경향이 있고, 앞장 서는 것을 싫어하며, 두려움이 많다. 될 대로 되라는 식의 낙천적 면도 보인다.

• 生(長生이라고도 한다)

막 태어나는 모습이다. 출생의 고고지성을 울린 것이다. 따라서 생명의 왕성한 활동력을 말한다. 모든 계획의 시작이며, 무한한 도약을 위한 의지의 표출이기도 하다. 따라서 새로운 변화를 위한 도약을 시작하는 단계이기도 하며, 개척, 발전, 진취적 기상으로 솔선수범 하여 앞장을 서서 인사를 듣는데, 부모의 덕, 장수 등 사주에서는 긍정적 길한 상징을 담고 있다.

• 욕(浴 沐浴이라고도 한다)

세상에 태어나면 목욕을 한다. 자신의 능동성보다 타에 의해 씻기어지기 때문에 좋은 의미보다는 좋지 않은 의미로 받아들여진다. 더구나 목욕은 남녀 공히 음란을 원형적으로 상징하기 때문에 사주에서 이 욕살을 도화살로 보게 되는 것이다. 사주학에서는 음란, 이성관계

문제 등으로 풀이를 한다. 목욕을 하자면 당연히 물이 전제되고, 물의
원형상징이 생명의 원천인 성(性)을 의미하기 때문이다.

• 대(帶 冠帶라고도 한다)

사람이 자라서 관대를 쓰고 성년이 되어 벼슬길에 오른다는 뜻이다.
옷을 차려 입는다는 것은 사회적으로 자신의 도덕적 위상을 갖춘다는
뜻이기도 하여, 진취적 기상과 인내력을 의미하기도 한다. 남녀 공히
출세와 명예를 상징하는 길성으로서 사주 구성이 좋으면 출세와 명성
을 날린다고 본다.

• 건(建 建祿이라고도 한다)

쉽게 말해 녹봉을 받는 것을 의미한다. 질서와 공명정대, 정직 등
사회적 역할과 책임을 의미하거니와 벼슬이나 직장을 얻어 점차 안정
되어 가고, 승진을 하는 등 매사에 뿌리를 내리는 형상이다. 사주의
강약을 강하게 돋우어 주는 요인이 된다.

• 왕(旺 帝王이라고도 한다)

사회적으로 인생살이에 있어 최고의 안정되고 높은 지위에 출세해
있음을 의미한다. 쉽게 말해 최고 정점이란 뜻이며, 왕성하다는 뜻이
다. 따라서 이 제왕은 더 이상 발전을 할 수 없는 추락 직전을 의미하
는 것으로서 이내 곧 시드는 형상을 아울러 내포하고 있는 것이다. 이
제왕운이 사주, 대운에 앉으면 성공운이 있으나 다시 쉽게 추락하는
의미도 가지고 있다고 보아야 한다.

• 쇠(衰)

잘 나가던 현직도 다 내놓고 내리막길을 만난 것이다. 그만큼 신체적
이나 사회적으로도 모두가 기력이 쇠해지는 시기인 것이다. 허례허식을
배척하고, 새로운 도전보다는 내실을 기하는 등 하강하는 모습이다.

• 병(病)

야인으로 돌아오니 지난날이나 회상하며 회한 속에서 보내게 되니
몸에 노환이 찾아오기 시작하고, 몸이 약하게 되어 좌절을 맛보며, 죽

음을 앞에 둔 노인이 된다. 사주상의 암시는 병약하거나, 조실부모 또는 부모와의 불화 등을 상징한다.

• 사(死)

노환 뒤에는 무엇인가? 당연히 인간이라면 거부할 수 없는 죽음이 기다리고 있다. 따라서 죽음 앞에서는 욕심을 낼 필요도 없고, 매사에 순응하며 고요한 모습이다. 영원할 것 같던 권세나 부귀함도 이렇듯 죽음 앞에서 물거품으로 시들고 만다는 뜻이니, 모름지기 역학을 공부하는 사람은 항상 변화를 직시하고 변화를 능동적으로 수용하는 무소유의 삶을 살아야 할 것이다.

• 묘(墓)

죽고 나면 당연히 묘지에 묻힐 수밖에 없다. 물론 화장하여 뿌리는 경우도 있지만, 모든 것이 무의 자리, 우리가 온 곳으로 돌아간다는 뜻이다. 이 묘궁이 사주내의 육친성 재물궁에 앉으면 財庫 즉, 재물이 묻혀 쌓이는 창고라 하여 돈이 모인다고 해석한다. 또는 묘궁이 남편궁에 앉으면 남편이 무덤으로 가거나, 있어도 묻혀서 없는 상태를 말하니 한마디로 남편이 없거나, 무능하여 제 구실을 못하는 것을 말한다.

[표 50] 12운성의 상징과 사주 네 기둥의 감정 포인트

12운성	12운성이 앉은 사주 네 기둥의 의미와 상징			
	년	월	일	시
胞	부모와 일찍 생사별	대인관계, 사회부적응	주관결여 충동적변덕, 이혼	자손근심
胎	선대 명문	부모대의 변동과 고독	유년 병약, 잦은 직업이동	자식 재산승계 곤란
養	양자의 의미, 양부모	주색잡기로 파산 의미	호색, 사교성	만년 자식 부양받음
生	조상대 발전	부모대 발전, 인덕 유	부부화합, 부모혜택 유	자손 영화, 만년영광
浴	선대명문이나 주색탕진	이복형제 있음을 의미	유산계승곤란, 색정, 역마	자손이별, 두 가정

12운성	12운성이 앉은 사주 네 기둥의 의미와 상징			
	년	월	일	시
冠帶	선대명문가, 유복출세	부모형제발전, 고집有	조숙출세, 의리, 잦은 직업변동	자손 발전
建祿	선대번창, 父자수성가	자존심, 고집, 자수성가	독립적, 고집, 애정불화	자손 부귀 발복
帝王	선대명문	母 인연 박함, 독립성	자존심, 자유분방, 자비심	자손부귀 명망
衰	조상대 가운쇠락	부모대 파산, 손재	주체성 약함, 보증낭패	자손 병약과 근심
病	선대곤궁, 유년 병약	부모대 곤궁, 청년기 병약	병약체질, 중병, 남편이별	자손 병치레, 근심
死	선대가난	부모형제 인연 고독	유년중병, 부모이별, 妻別	자식인연 박함
墓	선대 봉제사	부모형제 인연 박함	부모형제 이별, 타향 변동	자손 병약, 근심걱정

- 어떤 사주의 연주에 12운성 포가 앉으면 부모와 일찍 생사별 한다는 의미가 있다는 것인데, 절대적 판단기준은 아니므로, 다른 감정 요인과 비교하여 결정해야 한다.

[표 51] 육친에 앉은 12운성의 상징 및 감정 포인트

12운성	12운성이 앉은 육친의 의미와 상징				
	비겁	식상	재성	관성	인성
胞	형제무덕	의식주곤란, 여자는 자녀생산 문제	재물복 박함, 아내로 인한 고민	남자는 자식, 직업운 불길. 여자 남편무덕	모친인연 박함, 공부학업 불길
胎	형제친구 도움발전	의식주 윤택, 경사	재산증식, 처 경사	직업운 호운	학문발전
養	형제유덕	의식주 넉넉	재물운 호운	직업운 호운	이복형제, 계모
生	형제친구 도움	의식주 풍부	큰 부자 암시	직업운대길, 남자 자식덕, 여자 남편덕有	예술가, 문필가로 명성을 떨침
浴	형제 중 주색잡기	예술계, 화류계 운	과다한 지출, 처호색	名譽無, 자식호색	모친 음탕
冠帶	형제의 명예	식신:직업운 좋다 상관:총명	재물운 좋다. 아내에게 진다.	직업운 좋다.	예술가
建祿	형제복록, 우애	의식, 직업운 좋다	재물풍족, 처의재물	자식출세, 남편 덕	학문발전, 연구가
帝王	타인과 불화	외식, 위생업 성공	재물지출	권세욕	모친의 명예욕

12 운성	12운성이 앉은 육친의 의미와 상징				
	비겁	식상	재성	관성	인성
衰	형제무덕	지능과 표현력 낮음	재물 손실	직업운 나쁨	문서, 학문곤란
病	형제 병약	식신:소화기질환	아내질병, 재산곤란	직업불운,남자는 자식질병,여자남 편의 병	모친 병약, 학업성취 곤란
死	형제 곤궁	의식주 곤란	재물, 아내운 나쁨	출세곤란, 자식문제 여자:남편 생사별	모친인연 박함
墓	형제사별, 형제형벌	의식주 곤란	아내와 생사별	관재구설	모친인연 박함

• 사주상 육친성이 비견이나 겁재일 때 12운성으로 포가 앉으면 형제덕이 없다는 뜻인데, 여기
  서도 절대적 판단기준은 아니 므로, 다른 감정 요인과 비교하여 결정해야 한다.

이상에서 12운성의 각 성궁 길흉과 특성적 성정을 알아보았다. 이
12운성을 단독으로 판단하는 것은 단식판단이 되어 많은 오류를 낳을
수 있으나 사주지지, 대운지지 및 통변성과의 관계를 종합적으로 판단
하면 놀랄 만큼 높은 적중률을 가져올 수 있을 것이다. 예를 들어보자.

어떤 사람의 일간이 甲인 사람이 있다고 하자. 이 사람은 사주 중에 午가
있으면 死가 되고, 未가 있으면 墓가 되는데(다음에 바로 짚는 법이 나온다),
해당 기둥과 육친이 그러한 암시를 지니고 있다는 뜻이거니와, 그 해의 지지
나 대세운의 지지운 또한 午년이면 死가 되고, 未년이면 역시 墓가 되므로
해당 기간의 운세를 살필 때 적용하게 된다.

위의 설명에서 알 수 있듯이 대체적으로 양, 생, 대, 긴, 왕운은 일생
에 긍정적이며, 능동적인 발전을 도모할 수 있는 길성으로 본다. 양하
고 생하여 벼슬하고 출세하는 왕성한 운이니 당연히 좋다고 하겠으나,
이때도 사주 구성이 좋고 대운이 받침이 되어야 함은 물론이다. 또한
포, 욕, 병, 사운은 흉운으로서 끊어진 상태와 뱃속의 답답함 그리고 병
과 사는 질병과 죽음이니 좋을 리가 없을 것이다.

그 외에 태, 쇠, 묘운은 모두가 답답하고 노년에 기력이 쇠한 상태이
나 좋을 리는 없으나, 앞의 것보다는 정도가 좋다고 보아, 소흉운으로

본다. 그러나 이 소흉운은 좋은 사주 구성을 어떻게 만나느냐에 따라 길이 되기도 하고, 흉이 되기도 하니, 그만큼 변덕스러운 인자도 있는 것이다.

2) 12포태법의 적용과 단계별 길흉

그러면 12운성은 어떻게 적용되는가? 12운성은 무조건 일간을 중심으로 각 지지별 12운성을 뽑는다. 그리고 지지별 근묘화실, 육친성의 길흉을 추단하게 되는데 사주 일간이 양(+)이면 남녀 구별 없이 무조건 순행하고 음이면 역행하여 짚어나간다. 다음의 그림을 보도록 하자.

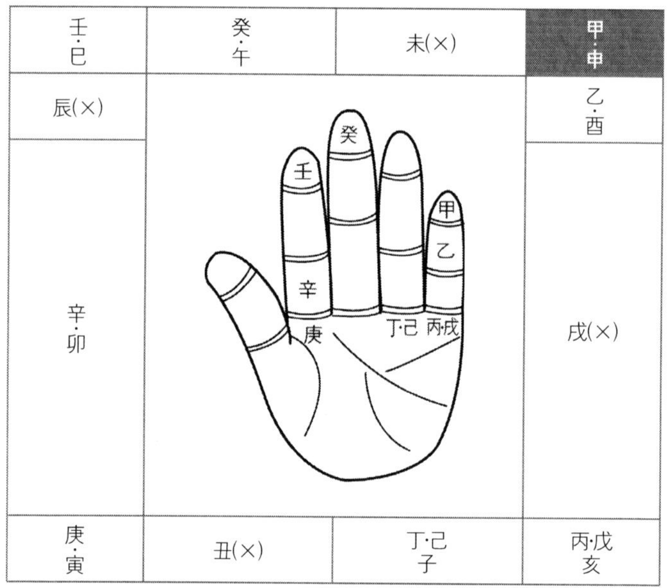

• 어디서 본 듯한 그림일 것이다. 12지지 좌수지법에 적용한 그림인데, 천간 10자도 왼손에서 위의 그림과 같이 매겨나가면 아주 편리하게 쓸 수 있다. 지지 4글자 진술축미는 모두 土의 자리로서 천간은 건너뛰기 때문에 위와 같이 (×)로 표시하였다.

[그림 25] 12운성 도출을 위한 좌수지 천간법

예를 들어 설명한다. 아주 간단하다. 우선 일천간이 甲인 사람이라면 甲은 양(+)이기 때문에 순행한다. 따라서 위의 그림 甲의 자리에서부터 시계 방향으로 포, 태, 양, 생… 순으로 매겨나가면 되니, 사주의 연월일시 각 지지가 앉아있는 자리에 떨어지는 12운성이 각 지지의 12운성이다. 즉, 예를 들어 甲일간인 사람이 연지가 酉라면 태(胎)가 되고, 월지가 戌이라면 양(養)이 되는 것이다. 나아가 일지가 丑이라면 冠帶가 됨을 알 수 있다.

한편 일천간이 乙이라면 음(-)이기 때문에 乙의 자리에서부터 시계 반대방향으로 포, 태, 양, 생… 순으로 거꾸로 한 칸씩 매겨나가면 된다. 즉, 乙일간인 사람이 있는데, 일지가 酉라면 바로 胞가 되고, 시지가 申이라면 胎가 되는 것이다. 무조건 생일 천간에서부터 포가 시작하는데, 음일간이면 반시계 방향으로 거꾸로 역행하면서 매겨나가고, 양일간이라면 시계방향으로 순행하면서 매겨나가면 된다. 아래의 [표 52]을 보면 쉽게 12운성을 찾아낼 수 있을 것이나 왼손에 의한 도출법에 익숙해지는 것이 여러모로 편리할 것이다.

[표 52] 12운성 도출 조견표

12운성 \ 일간	甲	乙	丙	丁	戊	己	庚	辛	壬	癸
胞	申	酉	亥	子	亥	子	寅	卯	巳	午
胎	酉	申	子	亥	子	亥	卯	寅	午	巳
養	戌	未	丑	戌	丑	戌	辰	丑	未	辰
生	亥	午	寅	酉	寅	酉	巳	子	申	卯
浴	子	巳	卯	申	卯	申	午	亥	酉	寅
冠帶	丑	辰	辰	未	辰	未	未	戌	戌	丑
建祿	寅	卯	巳	午	巳	午	申	酉	亥	子
帝王	卯	寅	午	巳	午	巳	酉	申	子	亥
衰	辰	丑	未	辰	未	辰	戌	未	丑	戌
病	巳	子	申	卯	申	卯	亥	午	寅	酉
死	午	亥	酉	寅	酉	寅	子	巳	卯	申
墓	未	戌	戌	丑	戌	丑	丑	辰	辰	未

그런데 이 12운성 포태법의 적용원리에서 왜(?)라는 의문을 가져주는 독자가 있다면 지금까지 필자의 논리전개가 효과가 있었다는 자평

을 해도 될 듯싶다. 솔직히 이 12포태법을 지지에 적용함에 있어서는 논리적으로 합당한 부분도 있으나, 일정 부분은 전혀 전개 양상이 이해할 수 없는 전개도 있기 때문이다.

예를 들어보자. 甲木 일간인 사람이 지지 申이나 酉를 만나면 나를 극하는 관성이 되어 극을 하기 때문에 끊어져 없다는 뜻의 포와 태가 되고, 寅을 만나게 되면 자신과 같은 세력인 비견이 되어 12운성상 상승운인 관이 되고, 卯를 만나도 역시 자기세력인 겁재가 되어 상승운인 旺이 되니 합당한 논리라 하겠다. 또한 지지에 巳, 午火를 만난다면 자신을 태워 결국은 재가 되는 불기운을 만나므로 病과 死가 된다는 것인 만큼 매우 정연한 논리라 할 수 있을 것이다.

그러나 예를 들어 음 일간인 乙木의 경우일 때, 子水나 亥水를 만나면 수생목으로 일간 乙木을 생하여주는 운인데도, 12운성상으로는 病과 死에 해당되게 되어 음양오행의 생극의 법칙과는 거리가 먼 논리로 전개되는 것을 알 수 있다. 그래서 이 12운성포태법은 삶의 과정과 운세의 흐름을 천간의 입장에서 시간과 공간개념을 같이 수용한 시스템이 아니라, 지지의 입장에서 평면적이고 시간적으로 해석한 라이프 사이클이라고 보면 되겠다. 따라서 12운성은 어디까지나 음양오행의 생극법칙의 틀에서 사주감정의 보조적 수단으로 삼아야한다는 점을 알아두기 바란다.

⑭ 사주에 웬 강약?

1) 사주의 강약

드디어 사주의 강약편이다. 한마디로 사주가 강하고 약한 걸 알아낸다는 것이다. 무슨 사주가 권투시합 하는 것도 아닌데, 강하고 약한 게 있을까 의아해할 수도 있겠지만. 사주의 강약을 안다는 것은 의사가 약을 쓸 때, 환자의 체력의 강약을 알아야 약의 양과 체질에 맞는 약을 처방할 수 있는 것과 같이 그 사주의 전체적 특성의 기초를 안다는 것이다. 또한 사주의 강약판단은 사주감정에 있어 가장 관건인 용신을 표출 해내는 전초작업이기 때문에 아무리 강조해도 지나치지 않은 분야이기도 하다.

사주에 조금이라도 관심이 있는 사람이라면 신약사주니, 신강사주니 하는 말을 들어보았을 것이다. 시중의 역학서에는 일간의 기세로 보아 신허(身虛), 신쇠(身衰), 신태약(身太弱), 태신강(太身强) 등의 까다로운 용어가 등장하기도 하는데, 강약으로 나누고 편리에 따라 아주 강하거나, 아주 약한 정도로 나누면 족하다.33)

세상사 모두가 그렇겠지만 넘치지도 않고, 모자라지도 않는 것이 좋은 것이다. 사주도 중화되어 있는 것이 중요한 만큼 사주의 강약 정도를 알아, 모자라면 보태주고, 넘치면 빼주면서 그 사주가 필요로 하는 오행을 용신으로 처방해 주는 작업이 바로 사주추명학이다. 반드시 신약사주는 좋지 않다거나, 신강사주는 운세가 왕성할 것이라는 선입견을 버려야 한다. 강하다고 좋고, 약하다고 나쁜 것이 결코 아니다.

쇠막대보다 속이 텅 빈 대나무가 더 강할 때가 있는 법이다. 물론 신강사주가 대운을 좋게 만나거나 구성이 좋을 때는 신약사주보다 더 왕성한 운로가 확실히 열리는 경향은 있지만, 신약사주도 대운, 세운이 좋고 명식이 조화되기만 하면 신강사주에 비해 나쁠 것이 없는 것이다.

신약, 신강이란 쉽게 밀해 일간인 나를 사주 내에서 도와주거나 생해주는 오행이 많아 힘을 얻었느냐, 아니면 반대로 내가 극을 하거나 극을 당하는 오행이 많아서 내 힘이 빠졌느냐를 따지는 것이다. 이를 알기 위해서는 우선 육친론에서 공부한 극아자(나를 극하는 것), 아극

---

33) 물론 일간이 많이 생느라 약해진 경우와 많은 극을 받아 약해진 경우 그리고 많은 극을 하여 약해진 경우로 구분하여, 신쇠, 신허 등으로 쓰자는 것이지만, 막상 사주를 감정함에 있어서는 그런 복잡한 구분이 굳이 필요 없음을 알게 되고, 강약으로 나누고 사주의 성격을 나름대로 파악하면 족할 뿐이다.

자(내가 극하는 것) 따위의 용어 개념을 원용해야 한다.

일간인 나의 세력과 반대되는 세력이 많으면 신약으로 흐르고, 나의 세력과 같거나 생해 주는 세력이 많으면 강해지는 원리이니, 생각해보면 너무나 간단한 이론이다. 나를 생하는 육친성은 인성(印星)이고, 같은 육친은 비겁(比劫)이라고 했다. 또한 내가 극해서 힘이 빠지는 육친은 재성(財星)이요, 나를 극해서 나의 힘을 빼는 육친은 관성(官星)이고, 내가 생해주다 보니 나의 힘이 빠지는 것은 식상(食傷)이다.

강약을 분석할 때는 수치적으로 단순히 세력을 나누는 것이 아니라, 어느 오행이 뿌리를 튼튼히 내렸으며, 12운성은 어떤 운성이 앉아있는가 또는 형충파해, 충극을 당하여 힘이 빠진 곳은 없는가, 사주상 글자는 어떠한 오행이었더라도 합이 됨으로서 다른 성질로 굳어진 것은 없는가, 등등을 종합하여 보아야 한다. 또한 천간과 지지가 연월일시 어느 것인가에 따라 일간인 나에게 미치는 작용력의 차이가 난다.

나를 상징하는 일간을 제외한 7글자 천간지지 중 월지가 가장 강하기 때문에 지지별로 힘의 강약을 가감하여 강약을 검토해야 한다. 사실 매우 까다로운 분야라 아니 할 수 없다. 사주의 대가들도 이 부분에서 오류를 왕왕 범하게 된다. 이들 생, 극, 비의 관계를 놓고 사주의 강약을 공부해 보자.

우선 다음의 예를 든다. 실습을 위한 것인 만큼 매우 까다로운 예를 인용하였으나 복잡하면 그냥 읽어두면 된다. 실제의 사주 감명에는 강약의 구분만이 아니라, 타고난 월별 계절의 의미와 사주 전반의 한난조열, 습기 등을 두루 살펴야 하기 때문에 나무가 소나무이냐, 참나무이냐 만을 보느라, 나무의 건강상태와 수령 등은 정작 살피지 못한 채, 나무만 보고 숲을 보지 못하는 우를 범하지 말아야 할 것이다. 아래와 같은 사주가 있다고 가정하자.

시	일	월	년	사주
丁	庚	丁	乙	천간
丑	申	亥	卯	지지
癸辛己	戊壬庚	戊甲壬	甲乙	지장간
墓	冠	病	胎	12운성
		亥+卯 合木		합충관계

먼저 사주의 강약을 알기 위해서는 일간(나)을 기준으로 월지를 보아야 한다. 어머니가 나의 운명에서 어떤 영향을 끼쳤는가? 포에서부터 자궁 내에 수태 후 양, 생하여 인생을 살아가며 어머니의 영향은 거의 절대적인 존재인 것이다. 그래서 그 어머니 자리의 육친이 나를 생하거나 나와 같은 육친성인지, 아니면 내가 극 하는가, 나를 극 하는가 또는 내가 낳으므로 힘이 빠지는 존재가 아닌지를 살피는 것이다.

나를 낳아준 어머니의 존재라면 당연히 생하는 오행이면 될 터인데, 사주팔자라는 기호체계는 자신이 태어난 대로 올라앉으니 이런 검토 과정이 필요한 것이다. 아무튼 위의 사주는 월지 亥水가 나(일간) 庚金이 생해야 하는 식상이기 때문에 나의 힘이 빠진다. 일단은 신약사주의 운명이다. 그래서 이런 경우 월령(月令)을 얻지 못했다고 해서 실령(失令) 했다고 하는 것인데, 그러나 이것만으로 사주의 강약의 결정이 끝난 것이 아니고 다음으로 일지를 살펴야 한다.

일지는 나의 배우자 자리이므로 나의 배위(配位)라고 하여, 월지 다음으로 중요하세 보는 곳이다. 위의 사주는 일간 庚金이 일지 申金과 비견으로 나의 동기 세력이며, 지지 申金의 지장간 정기가 庚으로 통근되어 뿌리가 강하고, 12운성도 관(冠)으로 왕성한 운이다. 그래서 이런 경우를 位를 얻었다고 하여 득위(得位) 했다고 한다. 따라서 다시 일간이 강해지는 조건으로 작용하게 된다.

다음으로 중요한 것은 자식자리인 시지(時支)이다. 이는 세력(勢力)으로 표현하는데 위의 사주는 시지 丑土가 토생금 하는 인성으로 일간이 강해지는 조건을 갖추고 있어 득세(得勢)하였다고 한다. 다음으로 살피는 것은 조상궁인 年支로, 이도 세력으로 표현하는데 위의 사주는 연지 卯木이 금극목하니 재성으로 나의 힘이 빠지고 있어 실세(失勢)하였다고 표현하는 것이다.

그렇다면 위의 사주는 신약인가 신강인가? 가장 중요한 월지가 실령하여 신약으로 출발하고 있다. 그런데 일지는 득위 하여 다시 일간에 힘을 실어주고 있다. 또한 일지는 12운성으로 강한 관이 자리하고 있고, 시지는 인성으로 역시 힘을 보태고 있다. 일시가 공동으로 일간을 돕고 있어 다시 신강사주가 아닌지 검토해야할 판이다. 그러나 연지가 실세되었고, 년월이 亥+卯 合木하여 금극목 하느라 다시 일간의 힘이 빠지고 있으며, 12운성의 기운이 태, 병, 묘로 하강세를 그리고 있다.

또한 천간에 乙, 丁, 丁이 있다. 乙+庚 合金하여 일간과 같은 세력으로 바뀐다 해도, 丁火의 극이 있어 신약의 사주라 주장할 소지도 있는 것이다. 하지만 이 사주는 일시지가 안정되고, 균형 되어 일간을 보필하고 있다. 사주의 강약판단에 있어 연월일시를 놓고 볼 때, 그 역량을 월지 50%, 일지 25%, 시지 15%, 연지 10%로 보고, 지지의 비중대 천간의 작용력은 1:3정도로 보면 된다.

이 사주는 40%에 해당하는 일시지가 일간을 아래에서 오뚝이처럼 받치고 있고, 일시지가 일간에 통근되어 토생금으로 일간을 生하고 있으며, 월지가 득령치 못했으나 월지 亥水의 지장간에는 일간을 생하고 있다. 그리고 년천간 乙木은 건넌 합이지만 乙+庚 합금으로 기운을 보탠다. 또한 월지 亥水의 지장간 초기에는 일간을 생해주는 戊土가 7일간을 담임하고 있거니와, 이 사주는 亥월이 시작된지 3일째 되는 날에 태어났으므로, 나를 생해주는 인성 戊土의 큰 기운을 받고 태어났던 것이다.

결국 이 사주는 산술적으로 보면 40:60으로 신약이지만, 실제적 세력으로 보면 신강사주가 되는 것이다. 그러면 산술적 %가 무슨 의미가 있느냐고 물을 수 있다. 그것은 키와 몸무게만을 달아서 표준치가 나왔으니 건강하다고 말 할 수 없는 이치와 같다고 보면 된다. 숫자적 비율은 원칙일 뿐이고, 이처럼 사주의 흐르고 있는 판도와 지장간과 월의 깊이를 잘 읽어야 한다. 나를 낳아준 어머니 자리인 월지가 최고로 중요한 요인이지만, 설령 실령 하였다 하더라도 월지 지장간에 암장된 천간 중에 일간인 나와 같은 동기세력이 있으면 그만큼 사주의 강도는 올라가게 되는 것이다.

사람도 겉은 신체가 멀쩡한데도 속은 여러 가지 질병을 안고 사는 사람도 있고, 외양은 삐쩍 말라 병골 같아도 속은 아주 튼튼한 예도 많은 것과 같은 경우라 보면 되겠다. 그래서 의사가 청진기를 대고 진찰을 하여 강약을 구분하듯 사주도 강약을 구분함에 있어 조화로운 종합 진단이 필요한 것이다. 따라서 일간이 지나치게 강하거나 약해서는 안 된다. 일간이 지나치게 강하다는 말은 財나 官이 없거나, 있어도 무력하다는 뜻일 것이니 파재(破財), 손재(損妻), 병고(病苦), 빈천(貧賤) 등이 따를 수 있을 것이다.

굳이 어려운 사주의 예를 들어 설명이 장황해졌지만 실제로도 어려운 부분이 아닐 수 없다. 그러나 위의 경우처럼 어려운 실례를 겪어보고 나면 지금까지의 실례를 모델삼아 곰곰이 생각해 보면 결론에 도달할 수 있을 것이다. 결론적으로 말해서 월, 일, 시지 3개중 2개를 기준으로 일간의 편이냐, 상대의 세력이냐를 우선 규정지어 강약을 검토하고, 다음으로 연지, 12운성, 천간과 통근, 합충 변화, 지장간의 암장 세력까지를 살펴야 하는 것이다.

사주는 치우치지 않고 조화를 이루는 것이 가장 좋은 것이라고 하였다. 그러나 사주 8글자를 5개의 오행으로 나누면(8÷5=1.6)이기 때문에 어떤 경우에도 완전한 조화가 이루어진 자연수가 되지는 않는다.

따라서 우리는 이처럼 사주의 강약을 구분하여 사주추명의 궁극의 목표인 용신을 산출하고자 하는 것이다. 다시 말해 사주를 본다는 것은 용신을 찾는다는 말에 다름 아니다.

용신이란 곧 사주가 가장 필요로 하는 약이란 뜻인데, 대운과 세운이 용신 운으로 흐르면 당연히 발복을 하는 것이고, 그 반대라면 액난이 따르게 됨은 자명한 이치이다. 신약이란 결국 몸이 약하다는 뜻인데, 몸이 약하더라도 자신의 몸이 필요로 하는 영양소를 사주가 갖고 있으면 그것이 곧 약이 되어 일생을 액난 없이 잘 지낼 수 있는 것이다. 그러나 몸이 강하게 태어났더라도 지나치게 강하거나 넘치면 기형의 몸이 되거니와, 사주에 그 기운을 누를 수 있는 중화의 기운이 있다면 그것도 좋은 약을 얻는 것이나 마찬가지다.

일반적으로 신강사주가 좋은 운을 만나면 더욱 발전하는 것으로 간주하는데, 이는 몸이 강해야 좋은 일터에서 열심히 일하여 소득을 많이 올릴 수 있는 이치와 같다. 또 다른 예를 들어 보자.

시	일	월	년	사주
甲	甲	丙	甲	천간
子	子	寅	寅	지지
壬癸	壬癸	戊丙甲	戊丙甲	지장간
浴	浴	冠	冠	12운성
戊+癸 合火 지지 암합				합충관계

甲 일간이 寅월 왕(旺)절에 태어나 득령 하였고, 일시지가 공히 인성에다 천간 甲의 동기(同氣)가 강한데, 월간 丙火만이 일간의 기운을 소모시키는 식신이 있을 뿐이어서 아주 강한 신강 사주가 되었다. 이런 경우는 명확히 강약을 구분해 낼 수 있다.

시	일	월	년	사주
丁	甲	丁	辛	천간
卯	寅	酉	亥	지지
甲乙	戊丙甲	庚辛	戊甲壬	지장간
旺	冠	胎	生	12운성
寅+卯 合木				합충관계

그러나 앞의 사주는 甲木 일간이 酉월에 태어나 甲의 기운이 극을 당하여 극도로 쇠약해지는 사월(死月)인데다가, 2개의 丁火 식상과 1개의 관성이 있어 어찌 보면 7개의 오행 중에 상대세력이 4개나 되어 신약으로 보기 쉽다. 그러나 월지 酉金은 사주내에 金을 생해 줄 기반인 土가 없어 고립된 채 기가 죽은 상태이며, 지지에 <寅+卯>合木이 있고, 이 卯木은 甲에 있어 양인살에 해당되어 일간에 막강한 힘을 실어주는 오행이 될 뿐 아니라, 12운성도 생, 왕, 관으로 강하며, 연일시 지가 일간에 통근되었고, 상대의 세력은 모두 천간에 있어 천간과 지지의 세력 비율로 볼 때 이 사주는 신강사주가 되는 것이다.

시	일	월	년	사주
丁	癸	丙	癸	천간
巳	亥	戌	未	지지
戊庚丙	戊甲壬	辛丁戊	丁乙己	지장간
胎	旺	衰	墓	12운성
巳+亥 沖				합충관계

위의 사주는 癸水 일간이 열토(熱土)인 戌월에 나니 실령 했고, 연간과 일지에 癸水, 亥水의 동기세력이 있으나, 水를 생해주는 金이 없어 뿌리가 없는데다가, 동기세력인 일지 亥水는 巳+亥로 충이 되었고, 시지 巳火와 월간의 丙火가 재성으로 힘이 빠지고 있어 신약사주가 되었다.

시	일	월	년	사주
丙	癸	庚	壬	천간
辰	巳	戌	辰	지지
乙癸戊	戊庚丙	辛丁戊	乙癸戊	지장간
養	太	衰	養	12운성
戊+癸 암합		辰+戌 沖		합충관계

앞의 사주는 癸水 일간이 戌월에 태어나니 토극수 관성으로 득령치 못하여 실령 하였고, 일지 巳火가 화생토로 많은 土 관성을 생해주니 상대세력인 관성이 난무하여 신약사주가 되었다.

사주의 강약 구분은 수학공식처럼 기계적으로 구할 방도가 없다. 따라서 위에서 제시한 대원칙을 염두에 두고 많은 풀이를 해 보면서 시행착오를 보정해 나가는 훈련이 필요하다 하겠다. 사주의 강약은 일간의 성정과 함께 전반적인 운명의 스타일을 암시해 준다. 대체로 신강사주의 사람은 도심지에서 살아가고, 신약사주의 사람은 한적한 곳에서 살기를 좋아하게 된다.

또한 사람이 수명을 다할 때도 신강사주의 사람은 오래 앓지 않고 급사하는 경우가 많고, 신약의 사람은 오래도록 병마와 싸우다 죽게 된다. 이 경우 신강사주 중에도 일간이 아주 강한 신태강(身太强)한 사주의 사람은 거의 대부분 오래 앓지 않고 죽게 되고, 신태약(身太弱)한 사람은 그 반대이니 사주의 오묘함은 신비한 것이라 하겠다.

2) 왕상휴수사(旺相休囚死)

왕상휴수사는 사주의 강약을 논하는 연장선상에 있는 것이라 보면 된다. 일간이 어떤 계절의 월지 즉, 출생월에 태어나느냐에 따라 일간이 왕 하기도 하고, 얼어 죽을 맛인 사(死)를 맞기도 한다는 뜻인데, 가령 木은 나의 세력인 木 즉 봄이 가장 제 철을 만나 旺(비겁)하다는 뜻이고, 水月은 나를 생해주기 때문에 相(인성)한 철이며, 火는 한 철 지났기 때문에 역할을 다하고 쉰다고 하여 休(식상)라는 것이다.

또한 土月은 내가 극해야하기 때문에 꼭 갇힌 채 극복하려는 수인(囚人)의 형국이라 囚(재성)라고 하고, 金은 내가 극을 당하기 때문에 죽을 맛이라고 하여 死(관성)라고 하는 것이다. 아주 간단한 이치이다.

여기에서 볼 수 있는 것처럼 나에게 가장 왕성한 힘을 주는 육친은

비겁이고, 旺 보다는 조금 약한 相은 인성이며, 내가 힘이 빠지는 休
는 식상이다. 그러나 식상은 내가 낳는 것이기 때문에 내가 남을 미워
하거나 극하는 財 보다는 덜한 것이다. 이 왕상휴수사의 이치를 이해
하면 사주의 강약왕쇠를 구분하는데 유용하게 쓰일 것이다. 아래에 도
표로 정리해 둔다.

[표 53] 오행별 왕, 상, 휴, 수, 사

구분	왕(비겁)	상(인성)	휴(식상)	수(재성)	사(관성)
木(봄)	木	水	火	土	金
火(여름)	火	木	土	金	水
土(환절기)	土	火	金	水	木
金(가을)	金	土	水	木	火
水(겨울)	水	金	木	火	土

15 사주의 유형분류 格局論

격국이란 말은 일상생활에는 잘 쓰이지 않는 말이다. 사주학에서
격국이란 곧 그 사주의 유형(類型)이란 말과 같다. 인간이 가질 수 있
는 사주의 유형은 전술한 것처럼, 모두 1,036,800개의 각각의 사주가
있는데 이렇게 많은 것을 비슷한 범주로 유형화 시켜 놓은 것이 격국
이다.

자동차를 예로 들었을 때 수 십 종류의 차종별 차량이 있을 수 있지
만, 편의상 승용, 경승용겸 화물, 화물, 소형화물, 대형화물, 특수차 등
으로 분류하여 세금을 매기고 관리를 하는 이치와 같다고 보면 된다.

따라서 이 격국론은 문헌마다 그 종류와 분류의 기준도 각양각색이
고, 심지어 수 백 가지로 장황하게 분류하여 사주학을 난해한 학문으
로 이끌고 간 고전서적도 있다.

대부분 역학을 공부하는 사람이 중도에 배우기를 포기하는 단계가
바로 이 격국론이다. 예를 들어 티코라면 경차류라고만 해도 될 것을

대우 티코 99년 12월 출고 창원 공장식, 대우 티코2000년 부평공장 출고식, 마티즈 2000년식 하는 식으로 수 백 개의 격국을 암기하라고 하니 손을 들어버리게 되고, 그럴수록 가르치는 사람은 위엄을 인정받곤 했던 것이다.

전통사주학에서 거론되는 격국의 수는 정확하게 얼마인가를 확정지을 길이 없다. 격국의 이름에 족보가 있는 것도 아니고, 엄격한 작명공식이 있는 것도 아니었다. 사주가 틀린 하나하나마다 먼저 본 감정자가 자기편의를 위해 분류부호를 매기면 그것이 곧 격국이 되어 후대의 후학들에게 수정 없이 전승되기에 이른 것이다.

예를 들어보면 일간이 乙丑, 乙亥, 乙酉, 乙未, 乙巳, 乙卯 등 6개의 乙일에 태어났고, 출생시가 子時라면, 子는 곧 쥐이니 쥐 '서(鼠)'자를 써서 '육을서귀격(六乙鼠貴格)이라는 황당한 이름을 갖다 붙인 것이다. 어째서 乙일간에 태어난 사람은 子時에만 태어나면 '육을서귀격'이라는 귀격의 사주가 된다는 것일까? 가장 중요한 월지의 조건이 어떠하더라도 일시만으로 귀격의 사주가 될 수 있을 지 의문이 아닐 수 없다.

어떠한 천간도 모두 6개의 지지를 만날 수 있으니 그렇다면 甲日에 태어났고 子時출생이라면 '육갑서귀격(六甲鼠貴格)'이 된다는 말씀인데, 하긴 이와 비슷한 격국에 '육갑추건격(六甲追乾格)'이란 게 있다. 6개 甲일간인 사람이 亥時에 태어나면 성립되는데, 亥는 음양이 음에서 양으로 넘어가는 시점이므로, 양을 따라간다는 뜻으로 따를 '추(追)'자에 하늘 '건(乾)'자를 써서 '육갑추건격'이라 한대나..

그렇게 격국을 매겨 나가다보면 각 천간마다 12시가 있으니 그 수만 해도 120개가 될 것이고, 따라온 것과 지나온 것을 따지면 또 120개의 격국이 성립될 것이다. 아무리 생각해도 그렇게 붙여나가야만 사주를 풀이할 수 있는 어떠한 논리적 당위성이 없는 것 같다. 그러나 이 격국론은 당해 사주의 정체성과 특성을 밝힌다는 입장에서 건너뛸

수 없는 분야이기도 하다. 그래서 본장에서는 사주를 추명 하는데 반드시 알아야할 격국을 정격(正格)과 외격(外格)으로 나누어 아주 쉽고 명쾌하게 강의하고자 한다.(일부 문헌에 별격을 두어 수많은 격국을 작명하여 명명하기도 하는데, 의미를 둘 필요는 없다)

정격을 내격(內格)이라고도 하고, 외격은 다시 종격(從格)과 화격(化格) 그리고 별격(別格)으로 나눈다. 모든 사주의 약 70% 정도는 내격의 정격사주이고 그 나머지는 외격의 사주이다. 다시 말해 명리학의 일반원칙에 의한 사주구성을 보이는 정격은 신강, 신약을 기초로 강하면 눌러주고, 약하면 북돋워 주는 원리를 용신으로 채택하게 되는 것이다.

한편 외격사주는 종격이면 그 종격으로 치우친 오행을 용신으로 삼아 따라가야 하고, 화(化)하면 그 화한 오행을 따라 가야한다는 것이다. 따라서 사주를 감정할 때는 우선 격국이 내격이냐, 외격이냐를 분명히 구별하고 시작하여야 한다. 사주 8글자 중 일간인 나를 임금으로 보았을 때 나머지 7신하가 어떤 성격이냐에 따라 그 나라가 농업국이냐, 공업국이냐, 또는 독재국가냐 등을 규정짓는 것이 격국이라고 보면 된다.

독재국가에서는 힘도 없이 설치기보다는 독재세력에 적당히 따라가야 일신이 잘 풀리게 된다. 이 격국론은 사주의 강약과 함께 용신을 구하는 단서가 되는 것으로, 격국은 그 사주의 전반적 성격과 특성을 나타내는 것이므로 격국을 알면 그 사람의 성격과 취향, 직업 등을 추단할 수가 있을 것이다.

마치 차종을 알면 배기량, 속도, 적재중량 등을 알 수 있는 것처럼, 전통사주학에서는 매우 중요시한 것으로서 용신을 격국에 의거하여 정하는 것을 원칙으로 하였다. 그만큼 사주의 틀에 비중을 크게 다루었다는 이야기인데, 이 부분은 용신편에서 다시 설명한다. 다음은 격국의 종류를 알기 쉽게 일목요연하게 정리한 것이니 우선 격국의 종류에 어떤 것이 있는 가 정도만 알아두기 바란다.

• 내격(內格 또는 正格)

① 정관격

② 편관격(칠살격이라고도 한다)

③ 정재격

④ 편재격

⑤ 정인격

⑥ 편인격

⑦ 식신격

⑧ 상관격

⑨ 양인격(전통 사주학에서는 외격으로 분류하기도 한다.)

⑩ 건록격(전통 사주학에서는 외격으로 분류하기도 한다.)

※ 이상의 양인격과 건록격을 제외한 내격을 내8격이라고도 하는데, 비견격과 겁재격은 양인격과 건록격의 성질과 같기 때문에 비견 격과 겁재격이라고 하지 않는 것이다.

• 외격(外格)

① 종격(從格)

   – 종아격(從兒格)

   – 종재격(從財格)

   – 종살격(從殺格)

② 전왕격(專旺格, 넓은 의미에서는 종격의 일부이다.)

   – 종왕격(從旺格, 비겁 일색으로 구성된 사주)

   – 종강격(從强格, 인성 일색으로 이루어진 사주)

   – 전왕격(專旺格, 일명 一行得氣格, 한 가지 오행으로 구성된 사주)

    · 곡직격(曲直格)

·염상격(炎上格)

·가색격(稼穡格)

·종혁격(從革格)

·윤하격(潤下格)

③ 化格(化氣格이라고도 한다.)

- 화토격(化土格)

- 화수격(化水格)

- 화금격(化金格)

- 화목격(化木格)

- 화화격(化火格)

- **기타 별격(別格)**

  - 군겁(비) 쟁재격(群比劫爭財格)

  - 식상생재격(食傷生財格)

  - 재자약살격(財滋弱殺格)

  - 재다신약격(財多身弱格)

  - 관살혼잡격(官殺混雜格)

  - 천원일기격(天元一氣格)

  - 시상편재격(時上偏財格)

  - 년시상관성격(年時上官星格)

  - 자요사격(子遙巳格) 등 빈도가 많은 것만 50어 가지기 있다.

1) 내격을 정하는 원칙

물론 원칙이 있다. 내8격과 양인, 건록격은 비교적 그 격을 정하기가 간단한데

첫째, 월지 지장간의 정기가 월간과 같으면 즉, 투출되면 그 정기를 일간에 비추어 격으로 삼는다.

년 : 壬辰

월 : 己丑 (丑의 지장간 = 癸. 辛, 己)

일 : 壬子

시 : 丙辰

위의 사주 월지 丑에는 정기가 己土로서 월간에 己가 나타나 투출되었으므로, 일간 壬에서 己를 보면 육친으로 정관이 되어 곧 정관격으로 부른다.

둘째, 월지의 지장간이 월간에 투출되지 않았으면 다음으로 시간을 보아, 시간에 투출되어 있으면 그것을 격국으로 삼고, 시간에도 없으면 년간을 보아 년간에 투출되어 있으면 그것도 격국으로 삼을 수 있다. 즉, 월간, 시간, 년간의 순서로 격국을 정한다는 말이다.[34]

셋째, 월지 정기의 천간이 어디에도 투간 되어 있지 않으면 다음은 중기의 투간자를 보고, 중기에도 없으면 초기의 투간된 천간을 월, 시, 년의 순서대로 보아 격국으로 정한다.

넷째, 이상에 아무 것도 해당되는 것이 없으면 월지의 정기에 나타난 천간을 그대로 육친통변성으로 하여 격국으로 정한다.

다섯째, 월지가 子, 午, 卯, 酉의 4왕일 때는 투간 여부를 따지지 않고 그대로 정기를 격국으로 한다.

※ 왜 그럴까? 자오묘유는 순수한 오행의 기운으로 이루어진 지지로서, 그 자체로 흔들리지 않는 존재가 되기 때문이다.

위의 원칙은 내8격 격국을 정하는 원리이다. 이 원칙에 따르면 대부분의 사주의 격국은 정할 수 있을 것이다. 다시 말하거니와 격국을 정한다는 것은 그 사주의 간판격인 전반적 성격의 틀을 정해 두는 것이다. 따라서 어떤 사주가 격국이 정해졌다는 것은 그 사람의 기본적인 인생의 흐름을 예견해 볼 수 있는 유용한 단서가 된다는 점에서 격국은 중요한 것이다.

다음 표에 격국에 따른 그 사주의 기본적 성격과 능력 등을 정리해

---

[34] 일간은 나이기 때문에 월지 지장간의 투간자를 검토하지 않는 건 당연하다.

둔다. 이상의 격국을 정하는 원칙을 적용하면 내8격의 격국을 분리해 낼 수가 있을 것이다. 그러면 내8격의 격국과 양인격 및 건록격에 대하여 실례를 들어 설명한다. 어떤 명리서에는 양인격과 건록격을 외격으로 분류한 것도 있는데, 엄격히 말하면 이들 격국은 비견과, 겁재를 놓는 격국이므로 내격으로 봄이 타당하다.

[표 54] 내격 사주별 기본 성향

격국	기본성향	적성 및 직업
정관격	직업에 충실하고, 준법성 투철, 계획적	참모, 기획관리직, 안정직
편관격	모험심, 투기성	모험과 투기, 용기가 필요한 직업
정재격	이재에 밝은 사업적 수완	투기성 없는 개인사업
편재격	임기응변, 투기성향	자영업, 디자이너, 설계
정인격	정통 학문적 성향, 문서 취급, 연구	교직, 예능, 연구직
편인격	편법의 학문	방송, 연예, 학원 강사, 작가, 기자, 기술자
식신격	낙천적 성격, 미식가, 풍류	대인관계 많은 의식주 사업, 문학 등
상관격	달변, 예술, 연예방면 재주, 인기인	연기인, 예술, 발명, 종교 등

① **정관격**

년 : 丁丑

월 : 甲寅 = 戊 +丙 +甲

일 : 己未

시 : 戊辰

월지 寅의 지장간 甲이 월간 甲에 투출되었다. 따라서 일간 己에서 월간 甲을 육친성으로 나타내면 정관격이 된다. 다른 예를 보도록 한다.

년 : 丁酉

월 : 壬寅 = 戊 +丙 +甲

일 : 辛巳

시 : 丙申

월지 寅의 지장간 정기에는 투출된 천간이 없고, 중기의 丙이 시간

에 투출 되어 나타났다. 일간 辛에서 시간 丙을 보면 정관이다. 따라
서 정관격이 된다.

② 편관격

년 : 壬申

월 : 甲寅 = 戊 +丙 +甲

일 : 戊午

시 : 丙子

월지 寅의 지장간 정기의 甲이 월간에 투출되어 일간 戊에서 甲을
보면 편관격이다.

③ 정재격

년 : 丙子

월 : 己丑 = 癸 + 辛 + 己

일 : 甲辰

시 : 庚戌

월지 丑의 지장간 정기의 己가 월간에 투출되어 일간 甲에서 己를
보면 정재가 되므로 정재격이다.

④ 편재격

년 : 甲申

월 : 己未 = 丁 +乙 + 己

일 : 乙卯

시 : 壬辰

월지 未의 지장간 정기의 己가 월간에 투출되었다. 따라서 일간 乙
에서 己를 보면 편재가 되므로 편재격이다.

⑤ 정인격

년 : 戊子

월 : 庚寅 = 戊 + 丙 + 甲

일 : 己巳

시 : 丙寅

월지 寅의 지장간 중기의 丙이 時干에 투출되어 일간 己에서 丙을 보니 정인이 되어 정인격이다. 지장간 초기에 戊가 연간에 투출되어 있으나, 위에서 공부한 격국을 정하는 순서대로 월에 없으면, 시를 보고, 시에 없을 때 년을 보며, 지장간의 천간도 정기, 중기 초기의 순으로 격국을 정하기 때문이다.

⑥ 편인격

년 : 乙亥

월 : 癸卯

일 : 丁亥

시 : 丁丑

이번에는 지장간을 볼 필요가 없다. 왜일까? 월지가 子午卯酉 4정은 순수한 오행으로 이루어져 있기 때문에 그 자체로 흔들림이 없는 격국이 된다고 배웠다.

⑦ 식신격

년 : 丁未

월 : 戊午

일 : 乙酉

시 : 庚辰

위 편인격의 예와 마찬가지로 월지 午는 일간 乙木의 식신이므로 식신격이다.

⑧ 상관격

년 : 己亥

월 : 甲子

일 : 庚辰

시 : 己巳

월지 子水는 음양이 바뀌어 일간 庚金에서 子水를 보면 상관이라 상관격이다.

⑨ 양인격

앞 장에서 양인살을 공부한 바 있다. 양인살은 양일간이 12운성 상으로 왕에 해당하는 지지라고 했다. 쉽게 말하면 陽인 일간에서 월지를 보아 양인살에 해당하면 무조건 양인격이 성립된다. 아래 표와 같이 일간에서 보아 월지가 겁재에 해당하는 경우인데 (戊土만 午가 인성이다), 신약, 신강편에서 공부한 것처럼 이 양인격은 월지가 같은 오행의 겁재 또는 인성이므로 우선 월령에서 득령을 하고 시작하게 된다.

양인격이 되는 지지는 子午卯酉 4정이고, 일간은 양간만 있음을 알 수 있다. 같은 동기인 여자가 응원할 테니 싸워보라고 권하는 형상이다. 싸우는데 칼을 쥐어주는 것과 같다. 그래서 칼 '인(刃)'자를 쓴다. 따라서 다른 주에 같거나 생하는 오행이 많으면 사주가 아주 강해지는 특성을 가지고 있다. 이런 경우가 되면 강한 자신의 세력을 눌러주는 용신인 관살이 사주와 대운에 있어야 사주가 중화되어 길해지는 것인데 그렇지 못하면 양인살의 흉한 작용이 난동을 부리거나 흉포해지기도 한다. 양인격은 다음의 일간일 때 아래의 월지지가 오면 성립된다.

[표 55] 양인격의 성립

일간	甲	丙	戊	庚	壬
월지	卯	午	午	酉	子

⑩ 건록격

양인격이 겁재인데 비해, 건록격은 비견(戊, 己 土는 인성)에 해당된다. 이 건록격은 일간에서 월지를 보아 12운성으로 건록(관대)이 되어 쉽게 국을 찾을 수 있다. 따라서 이 격국도 월지가 비견과 건록으로서 득령을 하여 사주가 매우 강해질 요인을 갖추고 출발하게 된다. 어떤 사주가 건록격에 해당한다면 사주가 태강하지 않은지를 살피고 눌러줄 수 있는 육친성이 있는 가를 두루 살펴야 한다.

[표 56] 건록격의 성립

일간	甲	乙	丙	丁	戊	己	庚	辛	壬	癸
월지	寅	卯	巳	午	巳	午	申	酉	亥	子

2) 외격(外格)

70~80%에 해당하는 내격사주는 사주를 풀이함에 있어 적용 용신을 억부법 즉 일간의 강약에 따라 강하면 누르거나 감해주고, 약하면 도우거나 생해주는 것으로 정하는데, 다음에 자세히 설명할 것이다. 그러나 사람 중에도 좀 유별난 인간이 있듯이 사주에도 특수한 외격 사주가 약 20~30% 정도가 된다. 따라서 이 외격사주는 일반적인 용신을 적용하여 풀이하면 잘 맞지 않게 되는 것이다.

다시 말해 사주의 오행 구성이 별나게도 한쪽으로 치우쳐 있거나, 합을 하여 본래의 성질을 버리고 강하게 똘똘 뭉쳐지는 화격(化格)사주처럼 별종의 사주를 통틀어 외격이라 한다. 외격사주라고 하여, 운명의 흐름이 단적으로 '좋고 나쁘다'를 따질 수는 없다. 얼마나 좋은 대운을 만나느냐에 따라 운명의 길흉이 갈리게 됨은 당연한 이치이다.

① 종격사주(從格四柱)

종격사주란 곧 종살이 간다는 종이라 생각하면 된다. 왜냐하면 사주의 구성이 외곬으로 구성되어 도저히 일간인 나 혼자의 힘으로 어떻게 할 수가 없어서 차라리 한 쪽으로 치우친 세력에 순종하여 살아가는 것이 낫다고 판단하기 때문이다.

생각해 보면 간단하다. 임금이 자기를 믿고 따르는 신하가 하나도 없고, 신하들이 한 마음으로 똘똘 뭉쳤을 때 임금 혼자 신하의 뜻에 맞지 않는 정책을 고집한다면 화가 미침은 당연하고, 도리어 신하에 의해 축출 당하거나 죽임을 당하게 되는 이치와 같은 것이다.

구한말 안동 김씨의 세도정치가 서슬 퍼럴 때 임금이 도리어 김씨 세력에 의지하여, 김씨가 잘 되어야 임금이 잘 되는 때의 이치와 같다고 보면 되겠다. 많은 역술가들이 이러한 외격사주를 내격의 사주로 풀이하여 숱한 오류를 범하는 경우를 가끔 볼 수 있다. 태생 자체를 별종으로 태어난 인간은 별종답게 대해 주고, 그 사람의 특성에 맞는 진로와 적성을 찾아주어야 출세를 하고 옳은 인간으로 성장하게 되는 것이다. 그러면 종격사주는 어떻게 구성되고, 어떤 격국의 사주들이 성립되는 지를 공부해 보도록 하자.

• 종아격(從兒格) 사주

용어가 생소할 뿐이지 그 뜻은 명료하다. 종아란 아이 '아(兒)'자 즉, 자식을 따라간다는 말인데, 일간인 내가 생하여 아이라 할 수 있는 식신과 상관에게 종살이 하러 간다고 생각하면 간단하다. 왜 그런가? 사주의 구성이 온통 식상으로 구성되거나 또 식상이 많은데 비견과 겁재가 있으면 비겁이 식상을 도와서 사주의 판도가 식상의 천하로 바뀌게 된다.

이 비겁이란 존재는 나와는 같은 세력으로서 원래는 나를 도와 일간을 강하게 하는 육친이지만, 식상이 사주내에 있으면 일간을 돕기보다는 우선 식상을 생하는데 더욱 주력하게 된다. 종족보존의 본능인 셈이다. 따라서 할 수 없이 식신과 상관의 세력에 순종하여 종살이 하러 가는 것이 일신을 의탁하기가 차라리 순조로운 것이다. 그래서 주인으로 모시기로 한 식상이 식상의 자기운을 만나서 부자가 되어야 종도 배불리 먹고 잘 지낼 수 있는 이치라 생각하라.

종아격이 성립되는 기준은 무엇보다 일간이 강약으로 보아 아주 쇠약하고, 일간이 생하는(즉 식상)오행이 지지에 방합이나 합국으로 앉은 경우 또는 지지가 방, 합을 이루지 않더라도 식상으로만 이루어졌으면서도 식상을 극하는 오행이 없이 식상의 천국이 되어진 사주를 말한다. 그리고 식상이 전부가 아니더라도 비겁이 있으면 비겁은 식상을 생해주기 때문에 식상의 세력이 너무나 막강해져서 종아격이 성립되는 것이다.

※ 비견과 겁재는 사주 내에서 이중성격을 보이는 특징이 있다. 식상이 없을 때는 일간에게 좋은 친구 같은 후원 세력이 되지만, 식상이 있으면 일간을 돌보지 않고 식상을 먼저 생해주려고 한다. 이는 모든 생명체는 낳아줌으로서 종족을 보존하려는 원리와도 일맥상통하는 것이라 이해해 주기 바란다.

년 : 甲辰

월 : 乙卯 ⇒ 寅+卯+辰으로 이중, 삼중 방삼합 木方을 구성하고 있다.

일 : 壬寅

시 : 壬辰

지지가 寅卯辰으로 강한 방삼합 木局을 형성하였고, 천간조차도 木과 木을 생하는 壬水로 구성되어 일간은 식상을 생하느라 모든 힘이 빠져서 도저히 의지할 곳이라고는 없다. 그래서 이런 경우를 종아격이라고 하는데, 이러한 사주는 섣불리 일간을 도와주는 인성운 보다는 주인격인 식상 木의 운이 들어와야 발복하는 것이다.

일간이 힘이 빠진다고 하여 시간의 壬水 비견으로 도와달라고 해도 비견의 이중성은 식상을 도리어 생해주고 만다. 여기서 생각해 볼 것이 있다. 사주내에 비겁이나 인성이 전혀 없이 식상의 세력으로만 이루어진 사주는 종아격에 이설이 없으나, 비겁이나 인수가 한 두 개라도 있는 사주는 종살이 할까 말까를 망설이게 된다. 자기를 도와주는 세력과 생해 주는 세력을 믿고 어쩔까 망설이는 형국이 되기 때문이다.

이런 경우는 '가(假)'자를 붙여 가종아격이라고 하는데. 그만큼 감정을 달리 해야 하며, 격국의 판단이 어려워지므로 세밀히 살펴야 하

는 것이다. 종팔자로 태어나려면 확실한 종팔자로 태어나는 것이 좋
다. 그래야 대운에서 자신이 따라갈 운이 들어오면 뒤돌아보지 않고
따라가게 되어 운로가 열리는데, 가종격의 경우는 망설이는 만큼 운로
가 열리지 못하기 때문이다. 다음에 예를 든다.

년 : 戊辰
월 : 乙卯 ⇒ 寅+卯+辰으로 이중, 삼중 방삼합 木方을 구성하고 있다.
일 : 壬寅
시 : 甲辰
壬일간이 寅卯辰 木方에다가 천간도 木의 세상이라 종아격이다.

년 : 戊戌
월 : 己未
일 : 丁未
시 : 丙午
일간 丁이 지지에 식상 土를 많이 만나 감당할 수 없을 듯한데, 일
간의 동조세력인 비겁 丙과 午가 있어 한 번 쯤 종살이 가기 싫으니
같이 살자고 친구에게 구원을 요청해 보는 형국이다. 그러나 土가 무
리지어 왕성한데다, 비겁은 상황에 따라 식상을 먼저 생하려는 본능이
있어 종살이를 하지 않기에는 역부족이다. 무정한 비겁이라 아니할 수
없다. 이런 경우를 가종아격이라고 한다는 것은 앞에 설명하였지만,
가종아격은 용신 대운을 만나더라도 眞종아격 보다는 역량이 떨어지
는 경향이 있음을 기억해 주기 바란다.
　이상 종아격에서 살펴본 것처럼 기왕에 자아를 버리고 종살이를 갔
다면 주인인 식상이 잘되어야 종의 일신도 편하다. 따라서 종아격 사
주는 대운에서 자기세력인 식상운을 만나야 발복하는 것이다. 그렇지
않고 일간을 생해주는 인성운이 오거나, 일간과 같은 비겁운이 세월에

서 오면 자기를 도와주는 세력을 믿고, 이때까지 잘하던 종살이에 싫증을 내면서 기고만장 하려는 거만함을 보이게 되는 것이다.

그렇게 되면 당연히 주인은 화를 낼 것이 뻔하지 않겠는가. 그러면 그 집구석은 보나마나다. 그러다가는 정말 밥도 얻어먹지 못하는 신세가 될 수도 있다. 인성운이 들어올 때면 인성은 문서운이라고도 하였으니 자연히 문서관계로 손해를 보게 되며, 비겁은 가까운 친구나 동업자에 의한 파산 등이 예견되기도 하는 등 해당 육친성에 해당되는 분야를 극히 조심해야 한다.

이처럼 종격사주에서는 일간의 힘을 부추기는 운을 공통적으로 싫어하게 되는 것이다. 또한 주인이 극을 하거나 주인이 극을 당하는 세월의 운이 오면 당연히 아주 흉하게 되며, 주인인 식상이 생해야 하는 재성운도 주인의 기운이 빠져나가게 되니 별로 좋지 않다고 본다. 이렇게 되면 주인이 세월을 돕는 꼴이라 자업자득 하는 손해를 볼 수도 있는 것이다.

한편 종아격 사주는 식상의 기운이라 식신, 상관이 상징하는 직업 예컨대, 대인관계의 식당업이나, 종교, 예술, 기자, 교사나 표현력을 요구하는 직업 등에 종사하면 좋다고 보는 것인데, 종격사주는 이러한 이치에 입각하여 감정을 하여야 하는 것이므로, 내격의 억부용신법으로 보는 감정과는 사뭇 그 방법이 다르다 하겠다.

• **종재격(從財格)**

년 : 壬申

월 : 辛酉

일 : 丁酉 ⇒ **酉+丑** 合金인데 또 金이 지천으로 널렸다.

시 : 辛丑

일간 丁이 어디에도 뿌리를 내리지 못한 채 공중에 떠 있는 상태인데, 酉丑 합금에다가 申酉 반합 金局으로 온통 재성 천지이다. 일간이 식상이 아닌 재성으로 온통 둘려 쌓였다는 것 말고는 그 원리는 종아격과 같다.

　종재격도 일간을 헷갈리게 하는 인성이나 비겁이 없어야 진정한 종재격이 성립된다. 당연히 종재격 사주는 대운이나 세운에서 재성이 와야 좋은 것임은 말할 필요가 없다. 또한 식상운이 온다면 식상은 주인인 재성을 생해주니 좋아질 수밖에 없다. 이를 '식상생재'라 하는데, 식상이 도와주는 형국이니 장사하는 사람에게는 대인 관계운이 좋아진다고 보아 손님이 불어나게 되는 것이다. 그러나 비겁운이 오면 종살이 하는 일간을 꼬득여서 좋지 않은 일이 발생하게 된다. 자기 세력을 믿고 종놈이 까불기 때문이다.

　비겁은 형제나 친구이기 때문에 형제간에 재성인 재물을 놓고 다투는 일이 발생할 수도 있다. 직장 잘 다니던 사람이 친구와 사업한다며 까불다가 한방에 떨어 먹는 이치와 같다고 보면 된다. 생각해 보라. 비겁은 재성을 극하는 오행이니 너무너무 당연하게 주인인 재성이 극을 당하게 되니 주인을 배신하는 형국이며 자연히 나한테는 떨어지는 것이 없다.

　앞에서도 말했지만 종격사주의 특징은 종살이 하는 일간의 힘을 보태주는 오행인 비겁과 인수는 절대적으로 불길하다는 것이다. 또한 종재격사주에서 관성운이 온다면 이 또한 주인인 재성이 관성을 생해주느라 기운이 빠지게 되니, 관성은 남자에게는 직업이기도 하고, 여자에게는 남자이니 직장에 문제가 생기기도 하고, 여자는 남자와 이별을 맞거나 파탄에 이르기도 하는 것이다.

　그러면 인성운이 오면 어떨까? 그것은 생각해 볼 필요도 없다. 재성이 와야 좋은 주인에게 인성운이 온다면 주인인 재성은 인성과 극을 하는 대립을 해야 하기 때문에 불문가지 좋지 않을 것은 자명한 일이다. 그 중에도 인성과 재성이 싸워서 개판이 되는 형국이므로 문서, 계약관계는 아주 나빠지고, 인성은 또 학문이기도 하니 학생사주라면 공부나 시험운이 좋을 리가 없으며, 남자에게 재성은 또 아내이므로,

아내와 풍파가 잦고, 심하면 파탄을 맞기도 하는 것이다.

종재격 사주의 사람은 어떤 종류의 직업이 좋을까? 재성의 특징이 이재(理財)와 장사, 금융, 창고업 등을 상징한다고 하였으니 자연히 그에 따른 직업적 특성의 발현이 나타날 것이다. 어떤 명리서에는 종재격 사주는 재물을 따라가는 사주이므로, 반드시 부자나 재벌이 될 팔자라고도 하는데, 그렇게 보는 것이 아니라, 대운과 용신, 세운과 종합적 구성을 살펴서 보아야 하는 것이다.

종재격사주에도 종아격에서처럼, 자기세력이 한 두 개 정도 있으면 그것을 믿고 종살이를 할까 말까 망설이면서 자꾸만 뒤돌아보게 되는데, 이런 경우를 가종재격이라 한다. 차라리 머슴 팔자를 타고났으면 깨끗이 머슴으로 살아가면 일신이 행복하련만 호시탐탐 자기세력을 그리워하며 뛰쳐나가려고 하니 가종격사주는 일생이 자칫 방황과 갈등, 불안한 인생살이로 연결되기도 하는 것이다. 다음의 가종재격의 실례를 하나 들어보자.

시	일	월	년	사주
辛	乙	戊	戊	천간
정관	×	정재	정재	육친
巳	丑	子	戌	지지
상관	편재	편인	정재	육친

일간 乙木이 어느 곳에도 뿌리 내리지 못하였는데도, 월지 子水가 일간을 수생목 하여 일단 득령은 하였다. 그러나 월지는 양쪽의 丑戌土에 꼭 끼어 있어서 일간을 생해주기에는 족탈불급이라 아니할 수 없다. 게다가 일지 巳火는 화생토로 土의 기운을 강하게 하고 있으니 어쩔 수 없이 재성을 따라가야 하는데, 그래도 미련이 남아 자꾸만 뒤돌아보는 형국이라 가종재격이 되었다.

- **종살격(從殺格. 종관격이라고도 한다)**

나를 극하는 오행 즉, 살(殺)하는 관성을 따라간다고 종살격이라고

한다. 마찬가지로 사주의 구성이 온통 관성으로 이루어져 일간 혼자서 어떻게 해 볼 수가 없는 경우이기 때문에 관살에 의지하여 종살이 하는 것이 일신을 편하게 보전하는 길이기 때문에 종살격이 되는 것이다.

　　년 : 戊戌
　　월 : 辛酉 ⇒ 酉+戌 合金을 강하게 놓은 데다, 연월간도 이들 동기세
　　　　　력이다.
　　일 : 乙酉
　　시 : 乙酉

위의 사주는 우선 일간이 전혀 뿌리 내릴 곳이 없고 온통 금극목의 관성이라, 오직 다른 오행이라고는 연주에 있는 戊戌의 두 개의 재성밖에는 없다. 재성은 오히려 관을 생하는 육친으로 일간에게는 이설 없이 관살을 따라가는 종관격 사주가 되었다.

종관격사주의 운행을 살펴보자. 너무나 당연하게도 관성운이 와야 발복하는 것은 이견이 있을 수 없고, 재성운도 종놈의 기를 빼면서 관성을 생해주니 재성의 상징인 재운이 열리고 남자에게는 여자가 생기는 등 좋을 수밖에 없다. 그런데 종격사주에는 일간을 강하게 하는 인비겁운이 오면 주인과 얼굴 한 번 붉혀야 하는 운이라 이미 설명한 것처럼, 대판 다투는 형국이므로 인성을 상징하는 문서, 학문 등의 인간사가 박살나는 수가 생긴다. 또 식상운은 직접 관성을 상하게 하는 운이므로 최악의 경우가 되는 것이다.

종관격 사주의 사람은 기획파트의 회사원이나, 안정직, 공무원, 공안직이나, 의사, 주방장 등 곳이 곳대로 하는 직업이 좋다.

➡ 보충설명

종격사주에서 중요한 것은 일간이 힘을 얻으면 안 된다는 것이다. 타고나기를 종팔자로 태어났으면 운명에 순응하여 일신을 보전하는 것이 일단은 최선이라는 것이다. 종의 자식이 지혜와 힘을 갖추고 태

어난다면 그 주변에 사람이 모이고 그러면 하나의 세력이 되어 기존의 집권층에 반역을 꾀하는 역사를 우리는 많이 보아왔다. 그러나 역사적으로도 그러한 반란이 성공한 예는 극히 드물고, 모두가 비극적 종말을 맞게 되는 것처럼, 종격사주가 팔자가 좋기 위해서는 확실한 종격이 되어 좋은 대운을 맞는 것이다.

가종격의 인생은 정신적으로 불안하고 불만의 일생을 보내기 쉽고, 항상 어떤 일에 매진하지 못하는 정신적 방황과 갈등의 삶을 사는 경우가 많다. 종재격 사주라 하여 그 주인공이 정말 종이 되라는 것은 아니고, 다만 인생의 흐름이 종격의 운에 따라가야 한다는 것으로 종격사주의 사람 중에서도 좋은 운을 만난 사람은 재벌이나, 정계 등에서 크게 이름을 떨치게도 되는 것이다.

어떤 서적에는 종재격 사주는 재물을 따라가는 팔자를 타고났으므로 富者는 따 놓은 당상이라고 설명하는 명리서도 있지만 그런 것은 결코 아니다. 여기서 한 가지 짚고 넘어갈 것은 실제로 운명감정에서 종격사주를 확실하게 분리해 내기가 쉽지 않다는 것이다. 다음의 예를 보도록 하자.

년 : 癸酉

월 : 辛酉 ⇒ 巳+酉+丑 金局을 놓았고 월천간에 투간까지 되었다.

일 : 乙巳

시 : 丁丑

乙일간이 酉월에 태어나서 실령 한데다가 월지 酉金이 월간에 투출되어 金氣가 강하고, 지지가 巳酉丑 삼합 金局으로 관살 구덩이가 되었다. 따라서 종살격으로 가려는 가운데, 가만히 보니 癸水 인성이 있어 일간은 망설이게 된다. 그런데 이 癸水는 金으로부터 생을 받고 있어 능력이 있는 인성이다. 그래서 강한 金氣로부터 생을 받아 그 기운으로 다시 일간 木을 수생목하니 어찌어찌 종격을 면하게 되었다.

이런 경우를 겨우 종격을 면했다고 보아 종격이 파토 났다고 하여 파격(破格)이라고 하는 것이다. 파격사주란 쉽게 말해 이것도 저것도 아닌 어정쩡한 사주인지라 용신이 힘이 없게 되어 용신이 무력한 바, 매사가 무기력하고 일신이 답답한 경우가 많게 되는 특징이 있음을 알아두기 바란다. 이처럼 사주 구성상 종격으로 볼 수 없는 사주를 종격으로 보는 경우가 종종 있게 되므로 주의해야 한다.

② 전왕격(專旺格) 사주

글자 그대로 사주가 전적으로 일간과 같은 한두 가지 오행으로 왕성하게 이루어졌다고 해서 전왕격이라 하는데, 종격과 구별되는 것은 일간이 자신의 성질을 버리지 않고 주체적으로 자신과 같은 오행을 기쁘게 맞이한다는 것이다.

타고나기를 전신이 木기운으로 타고났는데, 강한 기운을 누른다고 섣불리 압침이나, 못 몇 개 박아봐야 도리어 못만 굽게 된다는 원리인바, 차라리 木의 기운을 보태어 주어 木기운으로 한가락 하면서 성공하라는 것이라고 보면 된다. 따라서 이 전왕격도 종격에서 강한 세력을 따라가는 것처럼, 왕성한 오행운을 만나야 발복하는 것이다.

사실 이 전왕격 사주의 빈도는 그리 높지 않기 때문에 다음에 설명하는 간단한 구성원리와 행운을 익혀두는 것으로 족할 것이다.

• 종왕격(從旺格)

사주가 온통 비견, 겁재로만 이루어져 일간이 왕성한 비견 겁재에 일신을 의탁하여 종살이 하며 살아가야 하는 사주를 말한다.

년 : 壬寅

월 : 癸卯 ⇒ 양인살을 놓았고, **寅+卯** 合木을 깔아 일간이 비겁으로 아주 왕성하다.

일 : 甲寅

시 : 乙亥

사주가 월지 卯木으로 양인격인데, 온통 비겁 일색인데다가 수생목

하여 더욱 비겁을 왕성하게 하고 있다. 이러한 사주는 당연히 비겁운이 제일 좋고 인성운도 좋으나, 상극운인 재성과 관성은 흉하다.

• **종강격(從强格)**

사주가 득령하고 신강이라는 점에서 종왕격과 비슷하나 비겁보다는 인성이 더 많이 있을 때 성립하는 격국이다. 종왕격과 다른 것은 종왕격은 식상운이 크게 나쁜 것은 아니지만, 이 종강격은 식상운이 인성과 상극이 되기 때문에 극히 나쁜 운이 되는 것이다. 착오가 없어야 한다.

년 : 壬子

월 : 癸卯

일 : 甲子

시 : 甲子

온통 甲일간을 생하는 水 일색의 인성으로 종강격이 되었다.

• **곡직격(曲直格. 曲直印綬格이라고도 한다)**

곧바로 뻗어나가는 나무의 성질이라는 뜻이다. 즉, 이 격국은 우선 일간이 木일 때만 검토 대상이 된다. 지지가 合木局을 이루어 木星이 강해졌거나, 합이 아니라도 木 일색으로 구성되고, 木의 기운을 극하는 金氣가 없으면 성립 되는 것이다. 따라서 사주 여덟 글자가 거의 또는 모두 木으로 구성된 사주이므로 이러한 사주의 사람은 나무의 특징적 성정인 인자함과 아량, 도덕심이 강한 특징을 보이게 된다. 그래서 곡직인수격이라고도 하는 것이다.

년 : 壬寅

월 : 癸卯 ⇒ 寅+卯+辰 방삼합 木方을 형성하였다.

일 : 甲辰

시 : 甲子

일간이 득령 하였는데, 甲木 외의 오행이라고는 子, 壬, 癸水가 있을 뿐이다. 그런데 이들 水는 수생목 하여 도리어 木의 기운을 보태주는

데, 지지는 寅卯辰 방삼합하여 木 천지를 이루었다. 더 말할 것 없이 곡직격이다. 곡직격 사주는 왕한 오행인 같은 木運이 올 때가 좋고, 木을 생하는 水運도 좋으나, 극을 당하는 관, 재운은 흉하다. 하나의 예를 더 들어본다.

년 : 壬寅

월 : 癸卯 ⇒ 寅+卯+辰 방삼합 木方을 형성하였다.

일 : 甲申

시 : 戊辰

일간이 역시 득령하고, 寅卯辰 방삼합하여 확실한 곡직격 같으나, 일지 申金을 시천간 戊土가 생조해 주고 있어, 활발한 金이 난동을 부리는 바람에 파토가 되어 파격이 되었다. 이러한 사주는 차라리 외격인 전왕격으로 이어져야 하는데 그렇지 못해서 金이 원수인 셈이라 金의 운을 싫어할 수밖에 없게 된다고 보는 것이다. 곡직격 사주의 사람의 직업은 당연히 木기운과 관계되는 임업, 가구, 조경업 또는 木을 생해 주는 물과 관계 되는 직업 등이 좋다.

• 염상격(炎上格)

불꽃 '염(炎)'字에서 알 수 있는 것처럼 불이 피어오르는 것이라 하여, 火 기운 일색의 사주로 구성된 격국을 말한다. 木의 곡직격과 마찬가지로 일간이 火星인데, 지지에 火局이 오거나 火 일색의 지지 또는 일색이 아니라도 火를 생해주는 木이 있으면 성립된다. 물론 일간을 극하거나 일간이 극하는 오행이 있으면 기운이 빠지므로 전왕격이 되지 않는다. 그러나 그러한 오행이 있다하더라도 전혀 힘을 쓸 수 없는 상태라면 무방하다.

년 : 丙午

월 : 癸巳

일 : 丁巳

시 : 甲辰

일간 丁火와 연간 丙火에 시천간 甲木이 火기운을 생조 하고 있는데다가, 지지 巳午 火가 강하게 火국을 형성하고 있어 염상격이다. 앞의 설명에 일간을 극하는 오행이 있으면 안 된다고 하였는데, 하고 의문이 가는 것은 당연하다. 그러나 잘 보라. 월간 癸水는 지지가 뜨거운 사화 위에 외롭게 앉아있어 뿌리도 없이 상하의 丙丁 火에 꼭 끼어 메마른 채 도무지 힘을 쓸 수 없다. 또한 시지의 辰土가 토극수 하니 이 사주는 염상격으로 보기에 무리가 없다. 염상격도 火운을 반가워하고, 火운을 돕는 木운도 좋으나, 극이 되는 水運과 金운은 불운하다.

• 가색격(稼穡格)

조금 어려운 한자이다. '가(稼)'는 농사지을 '가'이고, '색(穡)'은 거둘 '색'이다. 한마디로 농사짓는다는 말인데, 농사는 어디에서 짓는가? 땅 즉, 土가 있어야 하므로 土를 소중히 여긴다. 土일간이 지지에 土 합국이나 강한 土기운이 오면 성립 된다. 힘이 있는 관살이 있으면 파격이 된다.

년 : 癸未

월 : 壬戌

일 : 己丑

시 : 戊辰

월과 년에 壬癸水가 있으나 지지에서 절각되었고, 지지 모두 辰戌丑未 四庫 土로 이루어져 있어 볼 것 없이 가색격이다. 이런 경우 대운이나 세운에서 土운이 들어와야 좋고, 관운이나 재성운은 불길하다.

년 : 甲戌

월 : 戊辰

일 : 己巳

시 : 甲戌

위의 경우를 주시해 보라. 일단은 일간이 일시 甲己 合土를 이루어 순수한 土기운이 아닌 변종된 土 기운인데다가, 년과 시에 甲木이 목

극토하고, 지지는 辰戌이 합국을 형성하지 못하면서 辰戌충과 巳戌 원
진이 되었다. 따라서 지지가 土의 완전한 역할을 하지 못한 나머지 가
색격이 될 뻔한 격국이 파토가 나고 말았다. 이런 운은 기왕에 파토가
날려면 확실하게 파토를 내주는 木기운이 들어와서 목극토해야 발복
하게 된다.

• 종혁격(從革格)

일간이 金星이고 지지가 金局 또는 金星 일색일 때 종혁격이 성립된
다. 왜 종혁격이라 하는가? 종혁이란 혁을 따라간다는 말인데, 혁은 혁
신 곧 갱신(更新)한다는 뜻이고 그 발음이 庚과 같아 庚金이라 종혁격
이라 한다. 종혁격도 당연히 金을 극하는 火氣인 관성이 없어야 한다.

년 : 辛酉

월 : 乙酉 ⇒ **巳+酉+丑** 金局을 놓고, 천간에 火土가 강하다.

일 : 辛巳

시 : 己丑

일간 辛金이 지지에 강한 巳酉丑 金局을 만나고, 시천간 己土가 생
조하여 종혁격이 되었다. 종혁격 사주도 의당 자기 세력인 金운이 와
야 발복하고, 金을 생하는 土운을 반가워한다. 한편 火기운은 화극금
으로 흉하고, 극을 해야 하는 木기운인 재성운에는 재물 다툼과 남자
에게는 여자문제가 뒤따르게 된다.

• 윤하격(潤下格)

윤하란 물이 아래로 흐른다는 뜻인데, 壬癸 일간이 득령 하고 지지
가 水局을 이루거나 강한 水氣를 형성하면 성립된다.

년 : 甲辰

월 : 庚子 ⇒ 申+子+辰 水局을 놓고 천간에 金이 강하다.

일 : 壬申

시 : 庚子

壬水일간이 지지에 申子辰 水局을 만났고, 관살이 전혀 없다. 윤하격

도 水운을 만나야 발복하고 자기세력인 水운을 생하는 金운도 반긴다.

③ 化格(化氣格)

화격이란 일간이 다른 천간과 합하여 자기 자신 본래의 오행의 성질을 버리고 다른 오행으로 변했는데, 지지가 온통 변한 오행의 세력이면 결국은 종격을 구성한다는 원리이다. 어떤 서적에는 일간이 년, 월, 시 어느 천간과도 합이 되었는데, 지지의 세력이 같다면 성립한다고 하는 학설이 있고, 월+일의 합 또는 일+시의 합을 요구하는 설이 있지만, 연천간을 제외한 월과 시, 둘 중 합이 되면 검토 대상이라고 보는 것이 옳다.

그것은 연천간은 일간인 자신에게 직접적인 큰 영향을 미칠 수 없기 때문이다. 다만 월과의 합과 시와의 합은 그 역량이 다소 차이가 나게 된다. 왜냐하면 종격은 어차피 수동적 팔자이므로 부모의 몸과 합이 되는 것이 자식의 몸에 내가 능동적으로 합이 되는 것보다 강한 종격을 구성하기 때문이다.

이 화격도 다른 종격과 같이 변한 오행의 왕성한 기운을 깨트리는 관살이 있으면 파격이 되고, 지지의 오행이 합이 되어 극이 되거나 설기가 되면 옳은 화격이 성립될 수 없음은 말 할 필요가 없다. 화격에서 중요한 것은 일간이 뿌리가 없어야 하고, 다른 오행이 일간의 주체성을 생조해 주지 않아야 망설이지 않고 합을 따라갈 수 있다는 것이다.

• 화토격(化土格)

년 : 己丑

월 : 戊辰

일 : 甲辰 ⇒ 甲+己 合土에 지지가 火土 일색이다.

시 : 己巳

일시가 甲己 合土로 화하였는데, 지지가 온통 土 일색이고, 시지의 다른 오행 巳火도 화생토로 왕성한 土를 돕고 있어 볼 것 없이 화토격이다. 일간 甲木은 결코 木의 성질을 고집할 수 없이 土를 따라갈 수

밖에 없다. 따라서 이런 사주는 土운에 발복하고 土를 생해주는 火운
도 길하다.

• 화금격(化金格)

년 : 癸丑

월 : 辛酉 ⇒ 巳+酉+丑 金局이다.

일 : 乙巳 ⇒ 乙+庚 合金 되었고 지지에 3합 金局을 만났다.

시 : 庚辰

乙庚 合金인데, 지지에 월지 酉를 중심으로 강한 巳酉丑 金局이 앉
았다. 시지 辰土 또한 토생금으로 확실한 화금기격을 이루었다.

• 화수격(化水格)

년 : 甲辰

월 : 丙子 ⇒ 자+진 合水를 이루었다.

일 : 辛丑 ⇒ 丙+辛 合水에, 지지에 水 반합이 물 천지를 만들었다.

시 : 壬辰

丙辛 合水하고 지지엔 子+辰 水局이 앉아 있어 화수격이다. 월간의
丙火 관살은 이미 丙+辛 合水 되었고, 지지의 엄청난 水 위에 앉았으
니 불로서의 제 구실을 못한다.

• 화목격(化木格)

년 : 丙戌

월 : 壬辰

일 : 丁卯 ⇒ 丁+壬 合木에 지지 卯+辰 木方이다.

시 : 甲辰

丁壬 合木에다 지지에도 卯辰 合木이 왔다. 戌土가 있지만 卯戌로
지지 合火 하여 토극수 하기에는 역부족이다. 화목격이다.

• 화화격(化火格)

년 : 丙戌

월 : 戊戌

일 : 癸巳 ⇒ 戊+癸 合火 하고, 일지 巳火에 연월지 모두 뜨거운 戊
土다.

시 : 甲寅

戊癸 合火하고, 寅午戌의 반합 火에 丙과 巳를 甲寅木이 생조하는
火일색이다. 따라서 화화격이다.

④ 기타 별격

• 군겁쟁재격(群劫爭財格. 군비쟁재격이라고도 한다)

군겁쟁재란 비겁들이 무리 '군(群)' 즉, 떼를 지어 재물을 다툰다는
뜻이다. 비겁이란 형제라 볼 때, 재성인 밥 한 그릇에 여러 형제가 아
우성치며 밥그릇을 다투는 형상이니 일생 곤궁을 면키 어렵다. 이러한
사주는 남자에게 재성은 아내와 재물인 만큼 처복과 재운이 없으며,
형제간에도 재물 다툼이 많게 되는 것이다.

신강사주에서 이러한 군비쟁재격이 의외로 많은 예를 보인다. 세상
살이에도 "친구 따라 강남 간다."는 말처럼 친구가 많다보면 매일 저
녁 술 마시느라 실속 없이 재물이 나가고, 술 취한 친구 집으로 데리
고 오거나하여 마누라 고생시키며, 재산도 없는 사람이 친구 말 듣고
보증이나 덜컥 서주다가 알몸거지가 되는 경우가 있다.

이런 격의 사주를 가진 사람은 사업이나 동업을 하지 말고, 착실한
월급쟁이가 되어 근면하게 살아가는 인생관을 가지는 것이 좋다

시	일	월	년	사주
丙	壬	癸	壬	천간
편재	×	겁재	비견	육친
午	子	亥	子	지지
정재	겁재	비견	겁재	육친

무려 5개나 되는 비견과 겁재가 시의 丙午 재성(재물과 밥그릇)을
떼거지처럼 달려들어서 서로 먹으려고 다투고 있다. 얼핏 보면 일간이

비겁을 따라가는 종왕격 사주와 비슷하나, 고약하게도 시지 丙午가 간여지동(천간과 지지가 같아서 뿌리가 있음) 재성이 놓여 있어서 미련을 버리고 종살이 할 팔자도 못된다. 재성은 재성대로 수없이 달려드는 비겁 때문에 죽을 지경이다.

이처럼 출생 시 하나 때문에 평생을 곤궁하게 살 팔자가 되기도 하는 것이다. 위의 경우와 같이 종격이 되지도 못한 채 가난한 집안에 자식 많듯, 많은 형제가 밥그릇 다툼하는 사주 격국을 군겁쟁재격이라고 하는 것이다.

• 재관무의격(財官無依格)

글자 그대로 재성과 관성이 사주중에서 생조 받지 못했거나, 형충극을 당하는 바람에 의지할 데가 없다는 말이다. 재성은 남자에게 재물과 여자이고, 관성은 명예와 관록, 자식이며, 여자에게도 재물과 남편이니 한 마디로 팔자에 처자식이 없거나 재물이 없는 거지다.

확실하게 이 격국이 놓이면 여자는 남편이 없으니 수녀나 스님이고, 남자는 거지가 되거나 잘되면 신부, 스님 등의 기구한 운명을 살다 가는 것이다. 실제로 이러한 사주를 가진 사람 중에서 명예와 부귀와는 거리가 먼 종교계의 큰 지도자나 성직자가 나타나는 것도 우연이 아니라고 하겠다.

시	일	월	년	사주
甲	戊	甲	丙	천간
편관	×	편관	편인	육친
寅	戌	午	午	지지
편관	겁재	정인	정인	육친

관성인 木이 3개나 있어 관성이 튼튼한 것 같으나, 지지에 寅午戌 3합하여 막강한 火氣가 놓인 데다, 丙火까지 합세하여 관성인 木을 활활 태워버리니 관성은 잿더미가 되어 "철새는 날아가고"가 되어 버렸

다. 관성이 기대보지도 못하고 의지할 데가 없다.

여자에게 관성은 남자이고, 남자에게는 직장운과 명예, 관록 등을 말하니, 이런 사주의 명운은 그 분야가 날이 센 꼴이 되기 십상이라는 것이다. 또한 사주에 재성도 없으니 재와 관이 모두 의지할 곳이 없어서 재관무의격이 되었다. 남녀 공히 배우자와 재물운이 신통할 수가 없는 것이다. 만약 이 사주에 강한 재성이 왔다면 화기를 중화하고 재성은 관성을 생하여 좋은 명운이 될 뻔하였다.

• 재다신약격(財多身弱格)

재성의 역할을 한 번 생각해 보자. 재성은 남녀 공히 재물을 상징하고, 남자에게는 여자를 뜻하기도 하는데, 사주에 재성이 너무 많으면 도리어 그림의 떡이 되고 만다. 과유불급. 지나치면 없느니만 못하다는 말이다. 자연히 재성이 많다는 것은 사주가 신약하게 되었다는 말인데, 사람의 몸이 적당히 강건해야 재물도 옳게 쓸 수 있다는 것이다.

만약 이런 사주가 대운이나 세운에서 또다시 재성운이 오면 이성문제가 복잡해지고, 남자는 여자에게 기를 빼앗기며, 사업이나 장사가 잘 될 리가 없게 된다. 완전히 사주가 온통 재성이라면 종재격으로 종살이를 가겠건만, 그렇지 못한 것이 바로 재다신약격 사주이다.

재다신약이 되면 많은 재성을 눌러주는 비겁운이 와야 발복하고, 재성이나 식상운이 오면 아주 흉하게 된다. 종재격 사주와 구별이 잘 되지 않는 경우가 있으므로 주의를 요한다.

시	일	월	년	사주
丙	乙	己	壬	천간
상관	×	편재	정인	육친
戌	丑	未	子	지지
정재	편재	편재	편인	육친

사주 표면에만 재성이 4개로 엄청 많기는 하지만 년에 壬水와 子水

가 있어 일간을 생하여 주고 있으니 주체성을 버리고 종살이 하러 가기에는 억울하다. 이런 사주가 바로 재다신약격이 되는데, 재다신약격 사주의 특징은 위에서 언급한 것처럼, 운 좋게도 대운이나 세월에서 호운을 만나지 않는 한, 일신상 운로와 사업운이 꼬이고 이성문제와 손재가 많이 따른다는 것이다.

재성이란 한 마디로 남자에게 여자와 재물을 의미하는 것인데, 재물과 여자가 많으면 무엇 하겠는가? 몸이 약하면 그림의 떡이라! 재물을 쓸 수 있는 기운도 없고 많은 여자를 다스릴 능력도 안 된다.

더구나 여자사주에 재다신약이 놓이면 재성이 관성을 생하는 육친이라 관살의 역할도 하므로, 남자의 역할도 하면서 많은 남자가 달려드는 형국이라, 많은 남자가 따르는 여자이다 보면 자칫하면 남편으로부터 의처증으로 시달리거나 남편에게 매 맞고 살 팔자가 되기도 하는 것이다.

➡ 격국의 보충설명

지금까지 많은 부분을 격국의 설명에 할애하였으나, 이 외에도 격국의 종류는 수 백 가지가 된다. 전통 명리학은 격국의 학문이라고 해도 과언이 아닐 만큼 격국을 중요시한 경향이 있었다. 따라서 漢字로 된 수 없이 많은 격국 때문에 옳은 학문을 접해 보기도 전에 질리게 만든 것이 이 격국이기도 하다.

실제로 격국을 몰라도 용신을 뽑고 사주를 감명할 수는 있다. 그러나 격국을 모르고 사주를 풀이한다는 것은 자동차의 차종을 모르고 엔진을 수리해 보겠다는 이치와 같다. 따라서 본 장에서는 사주를 풀이 하는데 있어 꼭 필요하다고 생각되는 내·외·별격의 중요한 실전용 격국만 모아 해설을 붙였으며, 더 이상의 격국은 솔직히 불필요한 시간낭비라는 것을 밝힌다.

⑯ 사주학의 키워드 用神

1) 용신이 뭐꼬?

이제 드디어 용신편이다. 사주학에 조금이라도 관심을 가진 사람이라면 용신이라는 말을 들어보았을 것이다. 용신이란 의사가 환자를 진찰하고 그 환자를 살릴 필요한 약이 무엇인가를 처방하는 것이라 생각하면 좋을 것이다. 또한 일간을 임금에 비교하였을 때 어떤 신하를 두어야 나라가 번창할 것인가를 결정하여, 그에 필요한 인재를 등용하는 것이 용신이라 보면 된다.

역량 있고 건강한 신하가 가까이 있어서 쉽게 인재를 구할 수 있는 나라는 국정이 순조로울 것이나, 인재가 임금의 꼴이 싫어 산 속에 은둔하거나, 가까이 있어도 자질이 없고 또 약질이라 골골한다면 그 신하는 써 먹을 수가 없게 되는 것이다. 사주에서도 그 사주가 필요로 하는 용신이 건강하고 가까이에 있어 언제라도 주군을 도울 수가 있다면 인생행로는 그만큼 순조로워지게 된다.

달리 한 번 생각을 해 보자. 여기 어떤 환자가 있다. 그 사람을 살릴 약은 해열제인데, 아무리 몇 날 며칠을 기다려도 해열제를 파는 약장사는 오질 않고, 몸을 덥히는 약을 파는 사람만 사시장철 찾아온다면 그 환자의 생명은 보나마나가 될 것이 아닌가. 설령 해열제가 있다고 해도 약품의 질이 조잡히여 복용할 정도가 되지 못한다면 그도 뻔한 결과가 될 것이다.

이처럼 용신은 절대적으로 중요한 것이다. 궁극적으로 사주추명학을 공부한다는 것은 용신을 알기 위한 과정이라 해도 과언이 아니다. 우리가 이렇게 먼 공부의 과정을 헤쳐 온 것도 사주마다에 꼭 필요한 용신을 알기 위한 기초연마 과정이라고 보면 틀림없을 것이다.

용신을 자유자재로 확실히 알면 사주학의 공부는 끝이 난 것이나 다름없다. 그만큼 용신의 결정은 어렵다. 마치 의사에 따라 같은 환자라도 심장질환이라고도 하는가 하면, 위장병이라고도 진단하는 것과 같이 오진은 비일비재 발생하는 것처럼, 용신의 판단은 많은 경험과 숙련을 필요로 하는 것이다.

어차피 인간은 완벽할 수 없듯이 완전무결한 사주는 결코 있을 수 없다. 따라서 어떤 사주에서건 그 사주가 필요로 하는 용신이 있게 마련이다. 어떤 책에는 용신이 아예 없는 사주도 있고, 용신이 여러 개인 사주도 있다는 이론을 제시한 책이 있으나35) 어떠한 사주에건 용신은 있게 마련이다. 용신이 있으면 용신을 도우는 오행인 희신과 용신을 괴롭히는 기신도 있게 마련이다.

물론 아주 드물게 사주의 구성이 완벽하게 조화되어 어떤 오행도 용신으로 잡을 필요가 없는 사주가 있다. 이런 사주는 일생 어떤 운이 와도 순풍에 돛을 단 것 같은 호운을 누리는 경향이 있다. 그러나 그런 사주는 지극히 드물기 때문에 사주에는 당해 사주가 가장 필요로 하는 용신이 있다는 '사주유용신(四柱有用神)' 이라는 대원칙은 유효하다고 보아야 한다.

그러한 용신이 사주 내에서 충극을 받거나 뿌리가 뽑힘이 없이 튼튼히 생조를 받아 힘이 있는데다가, 대운과 세운에서 당해 용신운이 온다면 그 사람의 인생은 순풍에 돛을 단 것이나 다름없게 되는 것이다. 그렇다면 그토록 중요하다는 용신은 어떻게 표출하며, 어떤 종류의 용신을 대위시켜야 하고, 그렇게 뽑은 용신은 사주감정에 어떻게 적용하는 지를 살펴보도록 한다.

앞에서 설명한 외격사주의 별종사주는 그 강력한 세력이 용신이 됨으로 논외로 하고, 여기서는 약70~80%를 차지하는 내격사주의 용신 표출법만을 설명한다.

---

35) 김동환 『실전용신특강』 동학사. 2006

2) 용신의 종류와 채택원리

안타깝게도 계산기를 두드려 기계적인 방법으로 일정한 용신을 표출해 낼 수 있는 방법은 없다. 환자에 따라서 X-레이를 찍어야 진단을 할 수 있는 경우가 있고, 혈액검사를 해봐야 정확한 진단과 처방을 할 수 있는 질병이 있는 것처럼, 용신도 사주의 상황에 따라서 그때그때 적용법을 달리해야 하는 것이다. 그러기 위해서는 우선 당해 사주의 격국을 살펴 정격이냐, 외격이냐를 결정해야 한다.

외격의 사주는 일반 용신 채택법으로는 결코 옳은 용신을 표출해 낼 수가 없다고 앞에서 공부하였듯이 외격사주는 별종의 사주라 하였으므로, 별난 성격대로 인생의 행로를 잡아주어야 하기 때문이다. 별난 성격이 인생에서는 크게 성공하는 사례가 적지 않고 보면, 사람의 팔자는 타고난 격국 보다는 힘 있는 용신과 대운이 받쳐주어야 대성하게 되는 것이다. 그러면 용신을 표출하는 기준과 적용법을 설명하도록 한다.

① 억부용신(抑扶用神. 일명 강약용신이라고도 한다)

음양오행 사상의 본질은 중화됨을 궁극적 이상으로 삼는다. 따라서 지나치게 강하거나, 약해서도 안 된다고 보는 것이다. 따라서 어떤 사주가 강하면 억제하여 눌러주거나, 지나친 걸 설기(泄氣)시켜 중화시켜 주고, 약하면 부양해서 도와주어야 하는데, 이때의 누르거나 빼 주고, 도와주는 육신을 억부용신이라고 한다. 몸이 약하면 보약을 먹이고, 너무 강하면 기운을 빼주자는 것이 이 억부용신의 원리인데, 내격 사주의 7~80% 정도는 이 억부법으로 용신을 표출할 수 있다. 다음의 예를 보도록 하자.

시	일	월	년	사주
癸	丁	己	丙	천간
편관	×	식신	겁재	육친
酉	卯	巳	午	지지
편재	편인	겁재	비견	육친

앞의 사주를 잘 살펴보자. 우선 일간이 월지 巳火 겁재로 득령을 하여 신강으로 출발을 하였다. 그런데 또 비겁인 丙과 午의 자기세력이 있고, 강한 일간을 생조 해 주는 卯 인성까지 있어서 사주가 무척 강해져 있다. 따라서 강한 세력을 눌러주는 억부용신을 채택하여 기운을 빼주어야겠는데, 문제는 어떤 육친으로 기운을 빼주느냐가 중요하다.

다시 말해 항생제를 쓰느냐, 해열제를 쓰느냐 하는 문제와 비슷하다. 힘을 빠지게 하는 육친은 무엇 무엇인가? 관성, 재성, 식상이 기운을 빼준다고 하였다. 마침 위 사주에는 일간의 힘을 빼주는 것으로 관도 있고 재성도 있다. 그렇다면 어떤 육친성으로 기운을 빼주어야 할까? 얼른 봐도 火 비겁이 세 개나 되고, 巳+午 합까지 있다. 위의 사주를 강하게 하여 문제를 발생시킨 것은 다름 아닌 비겁인 것이다.

따라서 원인을 제거 해 주는 것이 중요한 만큼, 많은 비겁을 극해서 눌러주는 관성이 재성 보다 즉효약이 되는 것이다. 물론 재성도 비겁이 극을 해야 하는 관계로 강한 기운을 빼낼 수는 있으나, 재성을 용신으로 하면 많은 비겁이 재성 자체를 공격하게 되므로, 용신으로 채택하려는 재성이 죽을 지경에서 힘을 쓸 수가 없어 주군을 옳게 도와주지 못하게 된다. 그러나 관성은 그야말로 포도청 같은 관청의 위엄으로 일간의 세력을 꼼짝 못하게 눌러주니 유력한 용신이 되는 것이다.

그런데 만약 관성이 없어 재성을 채택할 수밖에 없다면 이런 경우를 명리학에서는 용신무력 이라고 하여, 용신이 힘이 없어 운로가 잘 열리지 못한다고 보는 것이다. 용신이 있긴 있으되, 생조해 주는 뿌리가 없거나, 용신이 심한 공격을 받아 힘이 빠진 경우도 마찬가지다. 만약에 이런 사주가 관성이 있어 뿌리가 있고, 힘이 있는 관성이라면 용신유력이 되어, 대운에서 용신운이 오기만 하면 크게 발복하게 되는 것이다.

따라서 위의 사주는 癸水의 관성이 있으므로 이 관성을 용신으로 하면 지지 酉金이 금생수로 생조하여 줄 뿐 아니라, 酉金은 또 己土의 생을 받고, 己土는 많은 火로부터 힘을 얻는 바, 사주의 균형을 잡게 되어 만사형통이 된다. 이 사람은 대운이나 세운에서 관성운 水運이 들어와야 발복하고, 문제를 발생시킨 비겁운이 들어오면 좋지 않다. 당연한 말이다. 다른 예를 들어본다.

🔹 이 부분 매우 중요하다.

시	일	월	년	사주
丙	甲	癸	壬	천간
식신	×	정인	편인	육친
申	子	亥	辰	지지
편관	정인	편인	편재	육친

일간 甲이 亥水 편인 월에 태어나서 득령 하였는데, 또 인성이 많아 사주가 매우 강해지고 있다. 그러나 이 사주는 인성이 많아서 강해진 원인을 제공하고 있기 때문에 먼저의 경우처럼 관을 용신으로 잡으면 관성은 도리어 인성을 생하여줌으로, 누르려던 것이 거꾸로 힘을 더 보태주는 결과가 된다. 따라서 이런 경우에는 인성을 직접 극해서 눌러주는 土재성을 용신으로 채택하여야 하는 것이다.

위의 사주의 경우 辰土가 용신이 되는데, 辰土는 년 지지에 외롭게 떠있을 뿐 아니라, 자신의 힘을 보태줄 시 천간의 丙火는 너무나 멀리 떨어져 있는 무정한 딩신이고, 그나마 申+子+辰 水局에 기담히면서 土 재성의 성질을 바꿔버린, 그야말로 용신이 부평초 같은 용신무력이 되었기 때문에 발복이 여의치 않을 것임을 알 수 있다.[36]

이처럼 상황에 따라 무궁하게 변하는 것이 용신법이다. 다음은 일

---

36) 이미 삼합에 대해서 설명하였지만, 삼합은 월지지가 중심이 되어 일 지지를 끼고 합이 될 때가 가장 강력한 합이 된다고 하였다. 위의 경우는 월지가 배제된 합이라 그렇게 강력한 연합군을 형성하는 건 아니지만, 그래도 辰土는 자신의 본분을 쉬 잃게 되는 경우임은 부인할 수 없다.

간이 약해진 경우의 예를 들어보자.

시	일	월	년	사주
丙	戊	辛	壬	천간
편인	×	상관	편재	육친
寅	子	酉	辰	지지
편관	정재	상관	비견	육친

우선 戊土 일간이 酉 상관 월에 태어나서 득령치 못하였는데, 연지지 辰土 비견과 時의 丙火 편인을 제외하고는 온통 일간의 기운을 빼는 식, 재, 관의 육친으로 이루어졌다. 연지에 있는 나의 세력 비견은 너무 멀고, 辰+酉 合金까지 되었다. 시천간에 인성이 있으나 전체적으로 일간은 신약하다. 약하면 보약으로 부양하라고 했다.

그렇다면 보약이 되는 용신은 무엇일까? 비겁과 인성이 있다. 우선 비겁을 생각해 볼 수 있겠다. 그러나 辰土 비견은 辰+酉=合金이 되어 식상으로 성질을 바꿔버린 야속한 당신이다. 설령 바꾸지 않았다 하더라도 이 경우의 비겁은 지지가 비 ⇒ 식 ⇒ 재 ⇒ 관의 순서로 관성을 생하여주고 있기 때문에 강하여진 관성에 의하여 관성이 다시 비겁을 극하게 되어 용신이 죽을 지경으로 무력하게 되는 것이다. 그러므로 비겁은 용신으로 쓸 수가 없게 되었다.

그러면 인성을 검토해 보자. 시천간에 丙火 인성이 있다. 인성은 일간을 직접 도와주니 우선 힘을 보강해 주기도 하겠지만, 강해진 관성이 용신이 될 인성을 관성(寅木)생 인성(丙火)하니 도리어 생하여 주는 형국이라(사주학 용어로 '살인상생격-殺印相生格'이라고도 한다) 너무나 좋은 일석이조의 용신이 되어 용신이 힘을 얻게 되는 것이다.

또 인성은 지지에 바로 寅木이 있어서 목생화로 뿌리조차 튼튼하다. 이처럼 어떤 사주에 검토할 수 있는 용신이 여럿이면 원인관계를 살펴야하며, 나아가 용신으로 쓸 오행의 통근, 형충 등을 따져 뿌리 있고 힘 있는 오행을 용신으로 삼아야 하는 것이다. 이렇듯 사주 8글자의 변화는 무쌍한 것이다. 또 다른 신약사주의 예를 들어본다.

시	일	월	년	사주
癸	乙	戊	壬	천간
편인	×	정재	정인	육친
巳	未	辰	寅	지지
상관	편재	정재	겁재	육친

일간 乙木이 많은 재성을 만나 기운이 빠지면서 신약으로 흐르고 있다. 시지의 巳火는 화생토로 재성을 도리어 강하게 하고 있어 재성이 난무하는 형국이다. 약한 것을 보강해 주어야겠는데, 가만히 보니 일간을 도와주는 세력으로 정인과 겁재가 마침 사주내에 있다. 그러면 어떤 육친으로 용신을 잡아야할까?

이 사주는 재성이 많아 화(禍)가 된 사주이다. 따라서 재성을 눌러주는 세력으로 약을 쓰면 되겠다. 그래서 비겁 극 재성이라 하였으니 비겁을 용신으로 정하였다. 이 경우 섣불리 인성을 용신으로 삼으면 많은 재성의 세력이 인성을 꼼짝 못하게 극을 하므로, 인성이 맥을 출수가 없어 용신역할을 할 수가 없는 것이다. 이처럼 억부용신은 강하면 기운을 빼주거나, 강한 기운을 눌러주는 육친으로 용신을 삼고, 약하면 약한 원인을 제거하여 주거니, 악한 일간을 보조해주는 육친을 용신으로 삼는다는 용신채택법이다.

전술 하였거니와 내격사주의 대부분은 이 억부법으로 구할 수 있으므로 사주 감정시에는 일단 억부용신을 우선 생각해 볼 필요가 있다. 그러나 내격사주 중에도 사주구성이 특이하여 억부법으로는 옳은 용신을 구할 수 없는 경우가 가끔 있으니 다음과 같은 용신채택법이 바로 그것이다.

② 조후용신(調候用神. 일명 한난(寒暖) 용신이라고도 한다)

만약 어떤 사주의 구성이 火氣가 엄청나게 많다면 그 사주는 한마디로 불구덩이가 되어 뜨겁고 사물이 모두 메말라 죽어갈 것이 뻔하다. 뜨거운 한여름의 목마른 갈증에는 시원한 물줄기가 이 세상의 어떠한 것보다도 반가운 것이 아닐 수 없다. 따라서 사주내에 水가 있다면 그 수를 용신으로 삼아 뜨거운 화기를 중화 시키자는 것이 바로 조후용신법이다.

또한 어떤 사주가 金이나 水氣가 지나치게 많다고 하자. 그러면 쇠붙이의 성질은 가을의 서늘한 기운이요, 물도 겨울의 추운 기운이므로, 이러한 사주는 따뜻한 난로를 그리워하게 된다. 따라서 火氣로서 차가운 기운을 따뜻이 중화시켜 주자는 것이 이 용신법의 원리이다. 다음의 예를 보자.

시	일	월	년	사주
癸	乙	丁	戊	천간
편인	×	식신	정재	
亥	未	巳	午	지지
편인	편재	식신	상관	

지지가 남방 巳午未 火局을 이룬데다, 월간 丁火가 지지 午와 未에 뿌리를 내리고 있어 火氣가 펄펄 끓고 있다. 또한 연 천간 戊土는 흙 중에도 건조한 土로서 사주가 전반적으로 메마르고 뜨겁게 달구어졌다. 따라서 가문 땅에 단비가 오듯, 물이 반가운 용신이 되는 것이다.

그런데 이런 사주를 강약용신을 적용하여 비겁을 채택하면, 도리어 비겁인 木이 목생화 하여 불기운에다가 섶을 던지는 꼴이 되고 마는 것이니, 실제 사주를 감명함에 있어서는 세심한 주의가 필요한 바, 실로 용신의 채택은 주의를 요한다 하겠다. 또 다른 예로『적천수』에 나오는 사주의 예를 들어본다.

시	일	월	년	사주
甲	庚	丙	己	천간
편재	×	편관	정인	육친
申	辰	子	酉	지지
비견	편인	상관	겁재	육친

『적천수』에 추울 '한(寒)"자를 쓰서 한격(寒格)으로 소개된 사주이다. 庚金 일간이 맹추위 속인 子월에 태어났고, 지지에 申+子+辰 水局을 깔았으며, 년에 습토인 己土와 차가운 酉金이 놓였다. 지지가 水局이니, 말하자면 방바닥에 불기운이라고는 없는 냉골인 셈이다.

그런데 실내공기랄 수 있는 천간에는 난로에 해당하는 丙火가 있고, 시천간에는 난로의 땔감이랄 수 있는 甲木이 있다. 그래서 이 사주는 丙火가 조후용신이고, 甲木이 용신을 생하여주는 반가운 희신이 되는 것이다.

③ 通關용신

사주의 구성이 어떤 두 개의 세력으로 양분되어 다투고 있는 형국인 경우가 있는데, 이들 다투는 세력을 중재하여 주는 용신이 바로 통관용신법이다. 쉽게 말해 다투고 등을 돌리고 있는 두 사람을 화해시켜 주는 용신인 셈인데, 다음의 예를 보도록 한다.

시	일	월	년	사주
甲	甲	甲	甲	천간
戌	戌	戌	戌	지지

기이하게도 사주 8글자가 모두 甲木과 戌土로만 이루어져 있다. 천간의 甲木 세력과 지지의 戌土 세력이 1:1로 목극토 하면서 팽팽히 다투고 있음을 알 수 있다. 따라서 다투고 있는 두 세력을 화해시킬 육친이 필요하다. 두 세력을 소통시켜 주기 위해서는 火로서 목생화 하

고, 화생토 하면 만사형통이다.

다행히 지지 戌의 지장간에는 丁火가 있어 이를 용신으로 삼으니 이 경우 두 세력을 통관시켜 순환시켰다 하여 통관 용신이라고 하는 것이다. 실제로 이 사주는 인진왜란 때 적장을 껴안고 南江에 몸을 던진 의기 논개의 사주이고, 조선조 최장기 집권을 기록한 영조대왕의 사주이기도하다.

영조대왕의 대운 흐름은 중반 이후 용신인 화운과 용신을 생하여 주는 목의 운으로 흘렀기 때문에 장수와 함께 최장기 집권 왕이 되었으나, 논개의 경우 대운이 水와 金운으로 흘러 둘 다 용신을 극하거나 용신이 극을 해야 하는 운명이라 젊은 나이에 나라를 위해 몸을 던지게 된 것이다.

만약 그녀에게 위대한 결단의 의지가 없었다면 액운 속에서 이름 없는 한 여인의 삶으로 그쳤을 것이라 생각해 보면 사주 못지않게 인간의 의지와 노력이 중요한 것이라 하겠다. 물론 이러한 특수 사주 외에도 사주의 구성이 양대 세력간 다투는 사주가 있으니 이럴 때 두 세력간에 중재하고 화해시키는 용신이 통관용신인 것이다. 다음의 사주 예를 보자.

시	일	월	년	사주
戊	甲	乙	甲	천간
辰	辰	巳	寅	지지

사주의 구성이 일간 甲을 기준으로 동기세력인 비겁이 셋, 재성이 셋으로 팽팽한 대립을 하고 있다. 이럴 때 비겁과 재성 사이를 중재하는 식상이 있다면 둘 사이를 소통시키는 역할을 하게 될 것이다. 마침 월지에 巳火 상관이 있어 용신으로 쓰면 목생화→화생토 하면서 둘 사이에 다리가 놓여 관통이 되므로 이를 통관용신이라 한다.

④ 병약(病藥)용신

사주가 한마디로 어떤 특정 기운 때문에 병이 들었을 때 그 병 든 원인을 제거해 주는 육친이 병약용신이다. 병이 있으면 약이 있다는 오행순환의 원리에 입각한 용신채택법인데, 실제로 병약용신은 강약용신의 연장선상에 있다고 보면 된다. 다음과 같은 경우를 보자.

시	일	월	년	사주
乙	戊	庚	甲	천간
未	午	午	子	지지

위의 사주는 일간이 戊土로 양인을 놓으면서, 뜨거운 午월생이라 너무나 메마른 대지가 되었다. 게다가 월일시가 모두 뜨겁고 메마른 火土運이라 시원한 물 한 줄기가 시급하다. 연지에 子水가 있지만 甲木과 乙木을 생하느라 병이 든 형국이다. 그러니 월간 庚金으로 하여 병(病)인 木을 베어버리면 불을 생하지도 않거니와 또한 金으로 子水를 생하는 수원지가 되니 용신이 된다는 논리가 병약용신인 것이다.

3) 용신의 원군과 적군(기신忌神, 희신喜神, 구신仇神, 한신閑神, 약신藥神)

무슨 놈의 神도 이렇게 많은지 공부하는 분위기 질리게 하는 것 같지만, 용어가 생소한 한자어일 뿐 알고 보면 아주 간단한 원리이다. 역술서마다 용어를 달리하여 용신에 병이 된다하여 병신(病神), 또는 약이 된다하여 약신, 용신을 극하는 신 즉, 기신을 다시 극해준다고 하여 용신에게는 은혜롭다는 뜻으로 은혜 '은(恩)'자 은신(恩神)이라는 등의 용어를 사용하기도 하는데, 용신도 오행 중 하나이거니와 용신을 제외한 위의 네 가지의 용어로 통일해서 검토하는 것만으로 충분하기 때문에 용신의 개념을 다시 한 번 정리해 본다는 차원에서 공부해 보도록 하자.

기신이란 글자 그대로 기피한다는 뜻의 기신으로서, 용신을 극하는 오행을 말한다. 용신을 극하는 오행은 기피대상일 수밖에 없고, 용신을 생해주는 것은 그만큼 반가운 것이란 뜻에서 기쁠 '희(喜)' 즉 희신이라 한다. 역학은 음양오행의 틀을 벗어나지 않으므로 모든 것은 음양오행의 법칙 안에서 생각하면 된다. 즉, 어떤 사주의 용신이 水로 정해졌을 경우를 생각해 보자. 이 사주를 가진 사람은 대운이나 세운 또는 직업 등에도 물의 기운이 자신을 살리는 오행임을 재론하면 사람 실없어진다.

그러면 당연히 물을 생해 주는 金운이 오면 좋을 수밖에 없다. 그래서 기쁘기 그지 없으니 기쁘다 구주 오셨다는 의미에서 기쁠 '喜'자 희신이라 하는 것이다. 싱거울 만큼 간단한 이론이다. 대신 水를 극하는 土운이 오면 어떻게 될까? 토극수 하여 용신을 극하니 용신의 물 흐름을 막아 하는 일마다 우여곡절이 많고 일이 꼬이게 되는 것이다. 그러니 기피해야함은 말 할 필요가 없다. 그래서 기피할 '기(忌)'자를 써서 기신이라 한다.

그러면 火기운은 어떠한가? 용신이 기피해야할 기신인 土기운을 생해주니 이거야말로 불구대천지 원수일 수밖에 없다. 그래서 원수 '구(仇)'자를 써서 구신이라 한다. 土와 火는 각각 기신과 구신이 되고 그러면 나머지 木은 어떻게 되는가? 용신의 입장에서 보면 수생목이 되니 용신의 힘이 빠진다. 그러나 내가 극하거나 극을 당하는 것이 아닌 만큼 그만큼 당장 피해를 입는 일은 없다. 그래서 한가할 '한(閑)'자를 써서 한신이라 하는 것이다.

그러나 이러한 용어들은 언제나 기계적 의미로 사주에 적용되는 것은 아니다. 즉, 희신이 나에게 필요한 용신을 생하여 준다고 하여 항상 나에게 이로운 것은 아닌데, 이는 마치 항생제를 투약하면 세균은 죽여서 당장의 질병은 치료할 수 있을지 모르나, 내 몸의 면역력을 떨어뜨리고 질병에 대한 저항력이 약화되어 몸이 더 약해질 수 있는 원리와 같다고 보면 된다.

그러니 용어에 얽매이지 말고, 사주의 상황에 따라 아군과 적군을 가려내는 대처능력이 필요하다 하겠다. 용어가 좀 어려우면 나름대로 희신은 예쁜 놈, 기신은 죽일 놈, 구신은 원수 같은 놈 등으로 편리한 대로 이해해 두면 족할 것이다. 다음에 용신과 희신, 기신 등의 관계를 [그림 26]에 정리해 둔다.

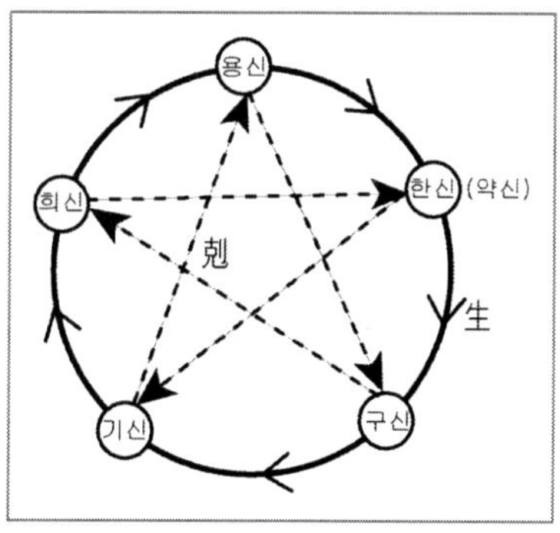

[그림 26] 용신, 희신, 기신, 구신, 한신

위와 같은 경우 한신을 다시 생각해보면 木은 한신이되 기신인 土를 뒤에서 다시 극을 해 줌으로 용신에게는 약이 된다고 하여 약신이라고 할 수 있으나, 이렇게 확대 해석을 하다보면 木은 다시 희신을 극하는 구신 火를 뒤에서 나시 생하여 주니 화근이 되는 病이 되어 병신이 되기도 하는 것이다.

또한 木은 희신인 金의 기운을 금극목으로 빼주기도 하니, 용신에게는 좋을 리가 없는 것이다. 그러니 사주를 감정할 때는 용어와 편견에 빠지지 말고, 음양오행의 대원칙에서 그때그때 적용해 나가는 지혜가 필요하다. 용어에 얽매어 숲속에서 길을 잃지 말아야겠다.

3부

실제 사주팔자 읽기

01 사주감명 원칙 및 응용 실례

　지금까지 우리는 제1부와 제2부의 긴 여정을 통해 사주팔자 그 비밀의 문을 열기 위한 원리탐구와 열쇠복사 기술을 배웠다고 생각하면 된다. 역학의 세계를 원론과 본론으로 나누어 구성원리와 체계 및 사주감명을 위한 도구로서의 역학 시스템을 공부해 왔는데, 이제부터는 그 원리와 익힌 열쇠 복사기술을 활용하여 실제 자물쇠를 따고 비밀의 문을 열고 들어가 보자.

　인간의 미래의 운명을 유추해 내는 도구에는 역점, 관상, 풍수, 기학(氣學), 기문둔갑(奇門遁甲), 육임(六壬) 등 많은 예측시스템이 있으나 이들은 모두 음양오행을 사상적 바탕으로 하여 고유의 논리적 사유체계를 형성하여 왔다. 이들 중에서도 우리들이 궁리해온 운명예측도구로서의 사주추명학은 보편적 진리에 매우 접근한 가장 쉬운 시스템이라 할 수 있는 것이다. 다시 말해 사주추명학은 관상이나 풍수학 등에 비해 그만큼 주관적 개연성을 배제할 수 있는 학문적 기호체계를 유지하고 있다는 말이다.

　관상학의 경우를 예로 들어본다고 해도, 감정자의 그 날의 기분과 컨디션, 개인의 주관적 선입견이 절대적으로 개입할 수 있는 데 반해 사주추명학은 관찰자의 주관적 선입견을 최대한 배제할 수 있다는 객관성이 담보되는 장점을 지니고 있다. 이를 위해 우리는 먼 역학의 여정을 헤쳐 온 셈이며, 이는 궁극적으로 운명을 예측하기 위한 도구로서의 학문을 습득하기 위함이었다.

　불확실한 미래에 대한 두려움은 인류의 풀지 못한 최대의 과제였다. 사람의 미래의 운명을 예견한다는 것은 한 마디로 가슴 설레는 일이 아닐 수 없다. 이미 정해져 있는 운명이라고 하여 체념하고 받아들이기 보다는 운명에 대비하여 흉한 것은 피해 가고, 길한 것은 찾아 가자는 효용론적 학문이 사주추명학인 만큼 보다 교훈적, 철학적 차원에서의 접근이 요구된다 하겠다.

그러나 어떠한 시스템도 모든 세부적인 사항을 모두 다 규정 할 수는 없는 것이다. 흔히들 사주추명학의 적중 확률이 얼마인가 하는 회의론을 제기하는 경우를 간혹 보게 된다. 그러나 이러한 질문에 대해서는 의미를 둘 필요가 없다. 인간의 운명을 결정하는 요인은 여러 가지가 있기 때문이고, 적극적 사고와 적선, 노력으로 어느 정도 운명을 바꿀 수 있기 때문이라고 전술 하였다.

인간의 사주를 경우의 수로 계산한다면 1,036,800개나 되거니와 이들 모두를 설명할 수는 없는 것이다. 따라서 지금까지의 역학도구를 망라하여 운명의 흐름을 예측·추단해 나갈 수밖에는 없다. 바닷물의 맛이 짜다는 것을 알기 위해 바닷물 전부를 마셔보지 않아도 되는 것처럼, 지금부터는 사주를 감명하는 원칙과 응용법에 대해 한 컵의 바닷물을 맛보듯 사례를 들어 공부해 보도록 한다.

1) 사주감정의 순서

당연히 사주 8글자를 확보해야 한다. 그리고 남녀의 구분이 필요하다. 그러면 준비는 끝이다. 또 하나 만세력과 부록에 나오는 감명지와 필기구 정도는 있어야겠다. 그러면 우선 사주를 감정하는 순서를 나열해 본다. 본 감정순서는 종합 총정리를 겸한다는 마음 아래 지금까지의 공부를 바탕으로 차근차근 습득하고 다음의 유형별 각론을 읽어주기 바란다.

(1) 감정순서

① 사주 여덟 글자의 천간, 지지를 구한다.
- 무조건 절기력의 절입시간을 기준하고, 야자시와 명자시, 시간지를 구함에 있어 시두법(時頭法)의 적용에 유의하여야 한다. 특히 동경표준시의 오차 및 Summer time이 적용 되던 해의 출생자는

간지 적용에 오류가 없어야 한다.

② 대운과 대운수를 구한다.

- 남녀별 순행과 역행에 따라 대운의 행운 간지를 정하고 대운수를 붙인다. 대운수는 별도로 계산할 필요 없이 만세력의 대운수를 따르면 된다.

③ 육친성과 지장간을 붙이고, 사주 8글자의 음양의 구성을 살핀다.

- 일간을 기준하여 7개 간지의 육친 통변성(비견, 겁재, 식신, 정관 등)을 매긴다.

- 지장간은 매우 중요하다. 사주 감정에 만능으로 쓰인다.

- 사주 8글자가 음으로만 구성된 음8통과 양8통이 있으면 사주 감정시 그 특징을 감안해 주어야 한다.

- 육친이 연월일시 즉, 조상, 부모, 배우자, 자식 등 어느 위치에 앉는 가를 살핀다.

④ 사주가 합, 충, 형, 파, 원진, 공망 등으로 당초의 기능에 변화가 없는 지를 살핀다.

- 합이 되면 격국이 변할 수도 있고, 당초의 의미가 강해지거나 변하기도 한다. 또한 공망이 되면 그 자리가 없어진다고 하였으며, 형충이 되면 색다른 상징을 내포함으로 반드시 짚고 넘어가야할 부분이다.

⑤ 12포태법에 의거 12운성을 붙인다.

- 좌수지법에 의거 남녀 구분 없이 일간이 양이면 순행하고, 음이면 역행한다.

- 12운성은 사주 감정시 인생의 흥망도 암시하지만, 사주의 강약을 정할 때도 참고한다.

⑥ 당해 사주의 강약을 정한다.

- 왕, 상, 휴, 수, 사와 득령, 득세, 득위 여부, 통근과 투간 및 12포
태의 강약운 까지를 따져 신강사주인가, 신약사주인가를 정하고,
특히 강약 중에도 아주 강한 태신강(太身强) 또는 태신약(太身弱)
이 아닌 지를 구분한다.

⑦ 강약이 정해지면 다음으로 당해 사주의 격국을 정한다.

- 내격과 외격을 우선 구분하고, 내외격의 격국을 정하는 원칙에
따라 격국을 구한다.

- 격국이 정해졌다는 말은 그 사주의 전반적 특성이 나타났다는
말이기도 하고, 종격 사주의 경우는 곧 용신이 정해졌다는 걸 의
미한다.

⑧ 용신을 정한다.

- 내격사주의 대부분은 강약용신으로 구한다고 하였다. 사주가 특
별히 뜨겁거나 건조, 냉습한 경우에만 조후용신을 적용하고, 경
우에 따라서는 드물게 통관용신을 검토할 수도 있다. 용신만 정
확히 정해지면 그 사람의 직업이나 전반적인 성격 등을 격국과
대비하여 유추할 수 있고, 대운과 세운상의 길흉과 육친의 희신,
기신 등을 비추어서 가족관계와 재물운, 명예운, 자식운 등 모든
것을 알 수 있게 된다.

- 한 가지 더 살필 것은 들어오는 대운이 당해 연도나 사주중의 특
정 육친성과 더불어 합 또는 삼합이 되거나, 형충 및 살성 등을
구성하게 되면 그에 따른 길흉이 발현 됨으로, 총체적 사주 풀이
가 되도록 해야 한다. 그래서 용신이란 사주 감정의 열쇠라 할
수 있다.

⑨ 각종 길성과 살성 및 12신살을 붙인다.

- 길성과 살성은 전통 명리서에 나오는 것만도 수 백 가지가 된다.

이들을 다 적용할 수도 없거니와 적용할 필요도 없다. 그러나 사주 감정에 있어 길성과 살성은 결코 소홀히 대할 수 없는 분야이기도 하다. 따라서 앞서 공부한 정도의 길성과 살성은 꼭 검토하여 감정의 보조수단으로 삼도록 한다.

⑩ 이상의 사항을 유기적으로 검토하여 종합적인 사주풀이가 되도록 한다.

위와 같이 개괄적 사주풀이 순서를 기술하였으나, 막상 실전 감정에서는 이처럼 일목요연한 감정이 잘 이루어지는 것은 아니다. 무엇보다 많은 실전과 사례중심의 연마를 통하여 보다 능숙하고 완전한 사주감정이 가능해지는 만큼, 이는 의사가 환자를 진찰함에 있어 많은 연구와 임상경험을 요구하는 이치와 같다. 따라서 사주감정에 왕도는 없는 만큼 스스로의 노력과 많은 경험을 통해 자신의 학문적 영역으로 승화시켜 나가야 할 것이다.

무조건 많은 사례의 사주를 풀어보는 실습을 되풀이 하는 것이 필수적이다. 주변의 아는 사람들의 사주를 입수하여 그 사람이 살아온 과거사와 비추어 강약과 용신, 대운 등을 대입해 보면서 감명에 임하면 빠른 성취를 기대할 수 있을 것이다. 그러면 지금까지 연마한 모든 지식과 감정순서에 입각하여 실전적 사주풀이의 예를 들어서 사주는 어떻게 풀이하며, 육친과 용신, 대운과 세운, 각종 살성 등은 어떻게 적용 되는지를 종합적으로 설명토록 한다.

2) 사주감정의 실제

감명도에 실제로 기록하는 연습을 해보도록 하자. 사주의 예는 여자, 1960년 생으로 서머타임이 적용되던 해이고, 출생지는 우리나라 중앙부에 위치한 지역이므로 경도에 따른 오차는 감안하지 않아도 된다. 따라서 아래와 같이 사주팔자와 대운이 정해졌다.

시	일	월	년	사주
乙	己	癸	庚	천간
官	×	財	食	육친
亥	酉	未	子	지지
財	食	比	財	육친

대운	천간	壬	辛	庚	己	戊	丁	丙	乙
	지지	午	巳	辰	卯	寅	丑	子	亥
	연령	4	14	24	34	44	54	64	74

➡ 총평

위의 사주는 여명(여자)으로 연천간이 양간이므로 대운은 역행하게 되고, 대운수는 자신이 태어난 날로부터 이전의 절기까지 역으로 세어 가면 13일이 되므로 13÷3을 하면 4 나머지 1이 되어, 나머지는 1사 2입 즉, 1이면 버리고 2면 나누인 수에 더한다 했으므로 그대로 4가 되며, 대운은 壬午, 辛巳, 庚辰… 순으로 역행한다.

己土 일간이 未월에 태어나니 월지에 지장간(丁, 乙, 己)에 단단히 통근되어 득령 하였으므로 우선 신강으로 출발하였으나, 이 未土 비견 은 자신을 생해줄 火 인성이 사주 어디에도 나타나지 않아, 고독하고 힘이 없는데다가, 연지와 시지 및 월 천간에 강한 水 재성이 앉았고, 일지와 연천간이 식상이며, 시 천간이 편관이라 모두가 일간의 힘을 빼는 육친인 바, 아주 신약한 사주로 변했다. 월지장간 중기 乙이 시 천간에 투출되어 내8격 격국을 논하자면 편관격 사주이나, 왕성한 재 성을 식상이 또 생하여 주고 있어, 신약한 사주가 많은 재성을 만나게 된 바, 재다신약격 사주가 되고 말았다.

재성이 많아 신약이 된 사주는 비겁을 용신으로 삼고, 비겁을 생하 여 주는 인성운은 희신이 된다고 배웠다. 따라서 土성인 비겁을 사주 중에서 찾아보니 월지 未土가 비겁이라 용신으로 채택해야겠는데, 월 지 未土는 년월 子+未 원진에다가, 己土 일간에서 보면 甲乙木이 관성 이고 남편인데, 木의 입장에서는 未土가 무덤 속으로 들어간다는 입묘살에 해당되어 용신이 무력하고 남편궁에도 문제가 있는 형상이다.

용신인 未土에 힘을 주고 생해 줄 원군인 火 인성은 사주 표면 어디에도 나타나지 않은 채, 지지의 세력 또한 용신의 힘을 빼는 金水운으로만 둘러싸여 고립무원 상태에서 용신무력이 되고 말았다. 용신이 힘이 없다는 말은 희, 용신운을 만나도 쉽게 발복할 수 있는 역량이 떨어진다고 볼 수 있거니와 재다신약격은 많은 재물을 지녀도 몸이 약해서 사용할 수 없는 그림의 떡이 된 경우와 같다고 전술한 바 있다.

조후용신으로 검토해 보아도 비록 未월에 태어나 득령 하였다고는 하나, 5개나 되는 왕성한 金水운으로 사주가 구성되어 몹시 춥고, 도도한 金水의 물줄기가 흐르고 있어 이를 덥히고 제방을 쌓을 火土가 필요한데, 火는 未중 지장간의 丁火가 고작이다. 丁火는 촛불, 형광등, 별빛과 같은 불이라 했다. 그러니 丁火로 어찌 추위를 다스릴지 더디고 답답한 모습이다.

이 사주는 재성이 많아 힘이 빠지는 격이니 재성이 구신(仇神)이라 아버지의 덕이 없거나 일찍 생사별 하게 되며, 일지 배우자 궁인 酉金 식상이 재성을 생하여 병이 되고 있고 또한 남편성인 乙木 관성이 용신 비겁을 극하는 기신이라 남편이 나의 원수 같은 존재가 되니 부부 인연이 불길할 것이다.

시지 亥중 지장간 甲木이 관성이며, 일간인 나와 甲+己로 합이 되니 호적에 올리지 못할 숨겨둔 애인이니 유부남을 보고 살거나, 관성운이 오는 49세 이후 寅木 관성 대운에는 새로운 남자를 만날 수 있을 것이다. 또한 재다신약격 사주가 결혼 후 대운이 불리하면 잦은 부부불화와 남편의 폭력과 횡포, 망언에 시달리게 되는데, 관성이 입묘에 들어가는 39세 己未 세운에 남편과 이혼하고 남매를 데리고 살아가고 있다.

12운성상 년에 포가 드니 조상의 운기가 미약했겠고, 연지 기준 일지 酉金은 도화살이라 만인 접대하는 물장사 계통에도 종사하고 있고, 남자를 끄는 매력도 지니고 있다. 己 일간에 火土 희용신인 바, 오행

土의 상징대로 신의와 신앙심 깊고, 인정이 많은 반면, 乙+庚으로 合金되어 뚜렷한 주관이 결여되기도 하며, 자존심도 많아 질투와 시샘도 아주 많은 편이다.

한마디로 매우 피곤한 인생살이인 것이다. 재다신약은 재물을 추구하려고 부단히 노력하는 팔자인데, 몸이 약하다는 뜻이니 돈! 돈! 돈! 만 따라갈 뿐 어찌 재물이 쉬 내 것이 되겠는가? 사주가 돈이 되려면 재물인 재성을 식상이 생조해 주면서 돈의 창고와 관리감독자라 할 수 있는 관성이 적당히 조화를 이루어야 하는데, 이 사주는 식상이 재성을 생하여, 그렇잖아도 왕성한 재성이 더욱 왕성해 졌고, 관성 乙木이 약하여, 돈은 열심히 좇아가지만 돈 가두고 관리·감독할 관성이 표면에 없어 돈 되기는 어려운 사주라 하겠다.

식상이 旺하니 손재주와 표현력이 좋아 특히 음식솜씨가 좋고, 예능적 재질도 겸비한 사주라 일지 장성으로 주변에 많은 사람 따른다. 직업은 火土를 다루는 직업이 유리하며, 사주원국이 한습 하니 추위를 많이 타며, 부인병과 자궁의 질환에 유의하여야 할 것이다. 일지 귀문관살이라 한 때 신경병적 질환이나, 무속에 관심을 가져도 본다. 본 사주는 월지 모궁(母宮)이 용신이라 깊은 어미의 은혜 잊을 길 없겠고, 巳午未 火운의 지배를 받는 23세까지의 유청년기는 인성 희신운이라 모궁의 은혜로 유복한 편이었다.

寅卯辰 동방 木운이 끝나는 44세 戊土 대운부터 용신운이라 일신이 안위하고, 49세 寅木 대운은 기신운이라 길보다는 흉한 편이나, 대운 지지 木운이 끝나는 때라, 그 작용력은 크지 않겠다. 54세 丁丑 대운부터 丙火 대운이 끝나는 68세까지는 희, 용신운을 만나니 일신의 안위는 보장된다 하겠다.

다음은 남자 사주의 예를 든다. 壬辰년 陽年干 생이니 대운 순행하고 다음과 같이 사주와 대운이 구성된다.

시	일	월	년	사주
丙	癸	庚	壬	천간
財	×	印	比	육친
辰	巳	戌	辰	지지
官	財	官	官	육친

대운	천간	辛	壬	癸	甲	乙	丙	丁	戊
	지지	亥	子	丑	寅	卯	辰	巳	午
	연령	8	18	28	38	48	58	68	78

이 사주는 계수 일간이 戌월에 나니 실령 하였다. 戌월은 절기로 찬 이슬이 내린다는 한로(寒露) 이후라, 국화가 피고 기러기가 높이 날아 가니 대지는 겨울을 준비하는 만추를 향해가는 달이다. 따라서 개울물 이나 웅달샘 같은 癸水 일간도 한기를 느끼는 계절에 태어나 한습하 다. 또한 지지가 온통 土 관성 일색인 데다 일지 巳火와 일간 丙火가 재성으로 土 관성을 생하니, 일간 癸水를 생할 庚金 인성은 많은 흙더 미 속에 묻힌 형국이 되었고 신약하다.

격국을 따지자면 정관격 사주에, 비록 연간에 壬水 비겁이 있다하나, 사주가 신약한 가운데 辰土는 습한 土요, 壬과 庚은 냉하고 습하여 조 후용신인 불기운으로 덥혀줄 필요가 있다. 그러나 불기운을 생할 木이 사주 표면 어디에도 없으니 재성은 보급부대가 없어 의지할 데가 없게 되었고, 약한 재성은 많은 관성을 생할 엄두를 내지 못하니 결국 재성 과 관성이 의지할 곳이 없다는 '재관무의(財官無依')가 되었다.

따라서 재성은 남자에게 아내와 재물이고, 관성은 직업운과 자식을 뜻하니 재성도, 관성도 생조 받지 못하여, 직장과 아내, 자식, 재운이 신통치 못하게 된다. 연월이 壬辰, 庚戌로 두 개의 괴강살을 구성하고, 연월과 시가 辰戌로 이중으로 충을 한 데다, 월일이 巳戌 원진을 놓으 니 육친, 동기간의 덕이 부족할 것이며, 아마도 가정을 이루기 어려우 리라.

괴강살이 강한 사주는 사주가 신강하고, 구성의 소통이 원할 해야 길격의 사주가 된다고 배웠는데, 이 사주는 신약하고 편벽되어 운로가 그만큼 미치지를 못하고 말았다. 辰戌 土가 왕성하고, 연지 辰土 기준 년과 시가 이중으로 화개살이 중첩되니 이 사주는 속세를 떠나 道를 구하는 종교적 스승의 길이 제격이라 하겠다. 실제로 대 성인이나 성 직자 중에 재관이 생조 받지 못하는 즉, 재관무의격 사주구성을 가진 분들이 의외로 많은 것은 우연이 아니라 할 것이다.

실제로 이 사주의 주인공은 대운이 습토(濕土)에 해당하는 33세 丑 土 대운에 아내와 이혼하고, 혼자 아들 하나를 키우며 어렵게 살아오 다가, 53세 卯대운 중 甲申 세운, 庚午월에 아들을 잃고 혼자 독수공 방 살아가고 있다. 30대 초중반의 丑土 대운은 가뜩이나 많은 관성으 로 신약한 사주에 또다시 관성운이 왔고, 의지처가 없는 재성 아내는 주체할 수 없는 관성인 아들을 두고 고무신을 바꿔 신고 떠난 것이며, 50대 초반의 卯대운은 식상운으로서, 상관 세운인 甲申년에 아들인 관성을 상하게 하니 아들을 잃게 된 것이다.

한편 이 사주는 癸水 일간에 관성인 辰土가 고장(庫藏)이 되어 입묘 살을 이중으로 구성하였으니 남자 사주에 관성은 아들이라 아들을 잃 게 되었고, 강한 관성의 암시대로 공직에 진출하였으나 많은 관성이 생하며 나아갈 수 있는 인성 庚金이 홀로 미약하니 공직에서의 직위 도 미미한 채, 재산도 그냥 달랑 소형 아파트에서 초로의 인생을 외롭 게 살아가고 있다.

이처럼 사주 오행의 육친상의 과부족과 상생 상극은 한 사람의 운 로를 결정하는 희비의 쌍곡선이 됨을 상기하여, 사주 감정에 타산지석 으로 삼아주기 바란다.

또 다른 감명 실례를 인용한다. 1963년생 여자이며, 출생지의 경도 오차와 서머타임의 적용은 없고 대운은 여자 음 연간이라 순행한다.

시	일	월	년	사주
癸	戊	丙	癸	천간
亥	寅	辰	卯	지지

대운	천간	丁	戊	己	庚	辛	壬	癸	甲
	지지	巳	午	未	申	酉	戌	亥	子
	연령	10	20	30	40	50	60	70	80

戊 일간이 辰월생이라 득령하여 신강으로 출발하였으나, 지지가 寅卯辰 木局에 亥卯 合木, 亥寅 合木으로 木천지가 되어 관성으로 화하였다. 따라서 관살이 일간을 일제히 극하여 신약사주로 변했다. 일간 戊土는 년과 시의 천간과 이중으로 戊+癸 合火하여 자신의 성질을 잃어버리고 火星 인수로 변하였는데, 戊癸 천간합은 무정지합이라 배웠다.

따라서 사주에 고독의 암시가 서려있음을 알 수 있고, 또다시 월지 辰 중 지장간 중기 癸水와 일간 戊가 다시 戊+癸 합신 하였으니 한마디로 이 사주의 주인공은 내 자신 나도 모르는 주체성 없는 사주라 할 수 있으며, 시주 卯木에 목욕과 연살(年殺)이 동주하여 욕 도화가 되니 주변에 남자가 많고, 남편 외의 애인 두게 되거나, 색정으로 인한 애정문제가 예견된다.

그러나 그들로 어찌 자신의 고독감을 다스릴 수 있으랴. 막강한 관성이 지지에서 합국을 이루어 설쳐대는 형국이니 많은 남자 상대하는 직업이 좋을 것이며, 결혼은 아주 만혼을 하거나 나이 많은 신랑에게 시집을 가야 편중된 사주상의 나쁜 암시를 피해갈 수 있다. 그렇지 않으면, 왕성한 지지의 木 관성은 합이 되어 자신의 배출구만 열심히 찾으니 여자팔자에 관성은 남편인데, 남편은 저 자신을 태울 궁리만 열심히 하고 있어 주색잡기에 외도하게 되며, 남편은 있으나 마나 한 존재가 되기 십상이다.

아버지와 재물성인 癸亥 水는 식상 金기운의 생함을 받지 못하여 재성이 의지할 곳 없어 힘이 없는 재성무의가 되었다. 따라서 아버지

운이 약하여 일찍 사별하였고, 재물은 새어나가기 쉽다. 격국을 논하자면 월지 辰중 중기 癸水가 천간과 지지에 투출되어 정재격이라 할 것이나, 정관과 편관(卯와 辰 그리고 지장간 속의 甲, 乙)이 혼재된 채, 각기 혼합을 하고 있으니 관살혼잡이라고도 한다.

여자 사주에 관살이 혼잡 되면 남편과 애인을 혼잡하여 살을 섞는다는 뜻이기도 하니 알콩달콩 행복한 부부운은 기대하지 않는 것이 좋다. 지지 木에서 합이 된 세력이 천간 丙火를 생하고, 丙火는 다시 일간을 생하고 있어 전왕격이나 종격사주도 되지 못하였다. 그래도 왕성한 木의 세력을 용신 삼으면 木은 즐겁게 火를 생하고, 나를 극하는 관성 자신의 기운을 빼서 신약한 사주를 중화·소통하는 한편, 火 인성은 화끈한 생을 받아 다시 나를 화생토로 생해여 줌으로 일거양득이 되는 것이다. 이런 사주를 사주학 용어로 살성인 관성이 인성을 생하여 준다고 하여, "살인상생격(殺印相生格)"이라고도 한다.

따라서 관성과 인성이 이 사람에게는 용신과 희신이 된다. 따라서 木火운이 와야 좋은 사주가 되는 것이다. 억부용신이 아닌 좀은 까다로운 사주라 하겠다. 따라서 巳午未 火운이 지배하는 39세 대운까지는 비교적 평탄한 삶을 유지하다가 40이후 식상 金 대운은 용신이 극을 당하는 대운이라 남편은 무절제한 생활로 신병으로 고생하게 되고, 신약사주인데 일간 土의 기운이 대운 庚金과 辛金을 토생금 하느라 설기되니, 형제나 주위 동료로 인하여 나의 기운이 빠지는 형국이다.

따라서 대운에 있는 庚申 金운과 이어서 들어오는 辛酉 金운이 남편성인 관성 木을 금극목으로 강타하기 때문에 남편의 건강 특히 木 장기인 간장 계통에 질병이 올 수 있고, 자신의 애인으로 인한 망신운도 조심해야겠다. 실제로 이 여인의 남편은 간암으로 투병중이며, 본인도 金운이 용신 木을 극하면 골관절 계통과 호흡기, 신경계통에 질환이 올 수 있으므로 유의하여야 한다.

본 사주의 水 재성은 통근·투출되어 뿌리가 있으므로 재운은 있으나 사주에 의지할 식상이 없으며, 그나마 재성 亥水는 亥+寅 合木으로 전근을 가서 재물을 지키기는 어려운 경향도 있다 하겠다. 火 인성이 희신이므로 화려함을 좋아하겠고, 직업은 일지 12운성상 생과 지살 (地殺)이 동주하여 부동산, 문서운이 좋겠으며, 아니면 혼잡된 왕성한 관성의 상징대로 많은 남자를 상대하는 직업도 좋다.

이상에서 세 개의 사주를 예로 들어 개괄적 총운을 검토하여 보았다. 사주는 대개 이런 방식을 동원하여 본다는 모델을 제시하기 위해 어디까지나 전체적 큰 흐름을 대운과 용신에 비춰 전개되는 운명의 양상을 개관한 것일 뿐이다. 사주의 감명에는 왕도의 공식은 있을 수 없으며, 그 때 그 때의 상황에 따른 유기적 사주풀이에 익숙해지지 않으면 안 된다.

누차 강조하였지만 사주팔자는 중화를 이상으로 여기며, 중화를 찾아 그 사람의 분복에 맞는 행로를 찾아주는 철학으로서의 상담자 역할을 다해야 한다. 지금까지의 연구를 바탕으로 보다 합리적이고 정확한 감명을 하여, 본 역학의 시스템이 인간사랑이라는 궁극적 순기능으로의 본분을 다할 때 까지 연마하고, 자신을 부단히 갈무리 하는 일은 영원한 숙제로 부과하며, 지금부터는 인생의 운명이 전개되는 양상을 유형별로 구분하여 실제 사주를 검토해 보기로 한다.

다양한 인생행로를 살아온 사람들의 실제 사주팔자의 구성과 대운, 용신 등을 추명해 본다는 것은 사주팔자 감정의 실제 감각을 익히는 매우 유용한 공부가 될 것이다. 대부분의 사주가 필자가 직접 감명한 사주를 예로 들었고, 개인의 비밀보호가 필요하다고 인정되는 명식은 제한적으로 사주구성의 큰 틀을 벗어나지 않는 범위에서 일부 명식을 수정하였음을 밝힌다. 또한 비교검토를 위한 일부 유명인이나 재벌, 정치인들 같은 공인의 사주는 기존의 역학서와 인터넷 포털 사이트 등의 인물검색 자료를 인용하였다.

생산과 분배의 원칙 즉, 규모의 경제는 인류의 탄생과 함께해온 영원한 숙제가 아닐 수 없다. 역사상 어떠한 시대, 어떠한 정치체제 하에서도 빈부의 차이는 상존해왔고, 아무리 경제가 발전하여 복지국가가 된다 해도 부자와 가난은 공존할 수밖에 없다.

어느 누구는 평생을 호의호식하며, 수많은 사람을 거느리고 초호화 주택에 고급 외제차를 타고 살며, 누구는 평생을 가난의 굴레에서 빚쟁이 등살에 전전긍긍 하다 노숙자가 되거나, 거지같은 한 많은 삶을 자살로 마감하는 사람도 있다. 또 대부분의 많은 사람은 평생을 소시민으로 자신의 일터에서 처자식을 위해 모든 삶의 열정을 태워가며, 그냥그냥 빚지지 않고 조금씩 늘어가는 적금통장을 바라보며 평생을 살다가, 마치 세일즈맨의 죽음처럼 죽는 날까지도 돈의 속박에 얽매인 채 살다가 떠나가게 된다.

누구는 거지의 자식으로 태어났어도 자수성가하여 시대에 이름을 남기는 부자가 되기도 하고, 누구는 조상으로부터 물려받은 그 많고 많은 재산 다 날려먹고는 거꾸로 거지가 되는 사람도 있다. 이런 현상은 왜 생기는 것일까? 모름지기 고급학문이라면 어떠한 사회현상도 설명할 수 있어야하듯, 사주추명학도 이 문제에 대한 해답을 내놓아야만 할 것이다.

그러나 솔직히 그것이 그리 쉬운 문제가 아니다. 시중의 많은 역술서에 보면 재벌인 고 정주영, 이병철, 박흥식 회장 등의 사주팔자를 열거해 놓고, "재물을 상징하는 재성이 뿌리를 내리고, 일간이 튼튼한 신강사주에 용신이 청년기 이후 일생을 대운과 함께 동주해 주니 재벌이 될 수밖에 없지 않았겠느냐!"라는 등의 해설을 붙이고 있는 것을 볼 수가 있다. 물론 틀린 말은 아니다. 그들의 사주는 분명 보통의 범인(凡人)의 사주와는 달리 재성이 왕성하고 사주 오행이 순환상생하여 조화를 이룬 대격임은 부정할 수 없다. 그러나 사주팔자만 가지고, 한국에서, 아니 세계에서도 몇 백대 기업 안에 들어가는 재벌총수가 되었다는 추명은 솔직히 결과론적 해석일 수밖에는 없다. 재벌은 통상 그냥 부자가 아닌 부자의 상위개념으로서 거부를 말한다. 앞에서 이미 사주로는 부자가 될 사주라 하더라도 1조원 재산, 5000억 재산, 100억 부자 등으로 구별해낼 재간이 없고 또한 관리가 되더라도 장관인지, 차관인지, 차관보인지는 구체적으로 분류해낼 방법이 없다고 전술한 바 있다.

다만 육친성이 상징하는 사주의 운격대로 유형화 하고, 범주화 하는 것이 사주학인 것이다. 그러니 재벌이 될, 재벌이 되지 않으면 안 될 사주는 단연코 없다고 말 할 수 있다. 타고난 사주의 격이 부자가 될 사주는 분명 있으나, 재벌이 되는 것은 사주+후천적 의지와 천시를 잘 맞춘 결단성과 처세의 지혜가 동조 되어야만 되는 것이다.

한편 거지는 어느 선부터를 거지라 할 것인가? 지난 절대빈곤의 시대에는 먹느냐, 굶느냐의 문제라고 할 수 있으나 지금 이 시대에는 자기만 먹으려고 하면 무료급식이라도 배곯지 않고 살 수 있는 시대가 되었다. 그러니 거지 또한 상대적 개념으로서의 거지일 뿐이다. 외관 상으로는 멀쩡하게, 작지만 내 집에 처자식 거느리고 살아도 매일 같이 빚에 쪼들려 돈 빌리러 가야하고, 돌려 막기에 카드깡으로 연명을 하는 사람이라면 한 푼을 구걸하는 거지와 다를 바 없는 깃이다.

사주로 거지의 유형화를 시도하는 것은, 꼭 '재벌이 될 사주요.' 하는 것보다는 쉽게 범주화 할 수 있다. 그러나 설령 사주학의 지식으로 이러한 사주를 감명했다고 해서 "당신팔자는 거지팔자니 그냥 그렇게 살아라."라고 했다가는 그 결과는 필자가 굳이 설명하지 않아도 족할 것이다. 아마 그날 저녁은 혼자 소주 몇 병 마시며, 멱살잡이 당했던 분풀이를 해야 할 지도 모르는 일이다.

재벌도 부자의 사주를 갖고 태어난 것에 더하여 후천적 노력과 처세술이 겸비한 지혜로 자신을 업그레이드해야 가능한 것처럼, 이러한 사주도 후천적 노력과 의지로 어느 정도는 개천명(改天命)할 수 있는 것이다. 본 장에서는 우리들 사회적 동물인 인간이 살아가면서 가장 근본적 문제이면서 중요한 관심사라 할 수 있는, 어떤 사주가 부자 사주이고, 어떤 사주는 빈털터리의 사주가 되는 지 그리고 그 시기는 언제인지 등을 공부하면서 역학의 깊이를 더해가는 단원으로 삼기로 하자.

1) 부자팔자

부를 상징하는 재물은 사주학에서 재성을 말함은 익히 알고 있는 사실이지만, 재성도 일반적으로 월급이나 고정수입 같은 정재가 있는가 하면 투기, 일확천금 같은 유동성의 큰 재물을 상징하는 편재도 있다. 재성은 또한 남자에게는 여자를 상징하거니와 재물과 여자는 남자의 힘과 능력에 의해 좌우되기 때문이다. 따라서 재운이 좋고 여복이 있으려면 내가 강해야한다. 그래야 많은 재물을 감당할 수 있고, 여자도 만족시켜 줄 것이 아닌가?

부자가 되려면 우선 재성이 사주원국에 단단히 나타나되 뿌리를 튼튼히 내려 통근되거나 투출되고, 식상의 생조를 받으면서도 재성이 막힘이 없도록 사회적으로 소통하고 보관할 관성이 사주에 예쁘게 나타나야 부자가 될 기본골격을 갖추었다고 할 수 있다. 소통과 보관이 안 되면 어찌되겠는가? 한마디로 돈이 아니라 악성 폐기물이 된다. 이런 사람이 수전노가 되거나, 탈세를 밥 먹듯 하여 세무조사를 당하고, 이웃으로부터 지탄을 받는 졸부가 되는 것이다. 안에서부터 썩을 수밖에 없게 된다.

그러니 사주가 중화되고 일간도 강약으로 보아 힘이 있어야할 것이며, 재성도 왕성해야 우선 부자를 꿈꿔볼 수 있는 사주가 되는 것이다.

그런데 사주에 재성만 3개, 4개 또는 5개 이상 왕창 나타나서 타 오행을 짓밟거나 약화시키면 어찌되겠는가? 그렇다면 재성은 내가 극하는 것인 만큼 일간이 많은 재성을 극하다보면 당연히 힘이 빠져서 신약사주가 될 수밖에 없다. 이런 경우가 되면 **재다신약격**이 되어 오히려 재물이 나를 병들게 하는 독이 되고, 재물은 그림의 떡이 되고 마는 것이다.

대부분 이런 팔자가 돈을 밝히고 집착하게 되는데, 이상하게 열심히 재물을 좇아가도 돈에 눈이 붙은 것인지 용케도 피해서 달아나게 된다. 일간에 힘이 없는 사람의 사주에 재성이 많이 나타나면 자신의 몸이 약해도 이상하게 물질에 집착하는 탐닉 현상을 보이는 경향이 많다.

주변의 사람들 중에 죽도록 열심히 노력하고 돈을 벌려고 하는데, 죽어라고 안 되는 사람은 대부분 사주의 구성에 재다신약이 놓이거나 군겁쟁재격 같은 한마디로 재성을 중심으로 중화되지 못한 사주의 배열이 많은 것을 확인 할 때면 고생하며 배워온 공부가 헛것만은 아니구나 하는 생각이 들기도 할 것이다.

다시 한 번 설명하자면 부자가 되는 사주학상의 원리는 이렇다. 먼저 돈 자체인 재성이 사주팔자 내에 뿌리를 내릴 수 있는 단단한 바탕이 있어야 할 것이며, 돈을 버는 기술과 돈을 찍어내는 공장이라 할 수 있는 식상이 재성을 생조 하여야 하고, 아울러 재성은 다시 돈을 잘 소통시키고 적절히 보관할 줄 아는 관성을 생해야만 한다.

사주를 감정할 때 어떤 사주에 재성은 단단히 나타났으나, 식상의 지원이 없다면 그는 돈을 빌 기본은 타고났는데, 기술과 돈 비는 미리가 없어 그림의 떡이 된 경우며, 재성은 약한데 식상만 발달한 사주는 돈버는 방법은 아는데, 잔머리만 굴리고 큰돈은 벌지 못하게 된다. 그리고 부자가 되려면 재성이 용신이 되거나, 희신이 되어야 하는데, 재성이 기신이나, 구신이 되면 재물운은 날 샌 것이나 마찬가지가 된다.

또한 관성이 없다면 설령 돈을 번다고 하더라도 돈이 쉽게 새어나가게 되는데, 관성은 관청처럼, 억제하고 눌러주는 위엄의 상징인 만큼 관성이 있어 돈을 눌러 앉히는 창고 역할을 해야 3박자를 갖춘 부자가 될 수 있는 것이다. 정리하면 먹을 복과 베푼다는 의미의 식상이 돈을 상징하는 재성을 안정적으로 생해주면 우선 부자가 될 기본팔자를 타고 났다고 본다. 식복과 베풀 줄 아는 역량을 갖추고 재물을 생해주는 팔자로 태어나면 부자가 될 기본 조건은 우선 갖춘 것이 아니겠는가?

이를 격국으로 식상이 재성을 생하는 사주라 하여 **식상생재격이라** 하는데, 일단 돈 벌 역량과 그릇이 되었다고 할 수 있거니와 여기에 더하여 관성이 벌어들인 돈의 소통과 보관역할까지를 맡아 준다면 가히 부자의 틀을 완비했다고 할 수 있을 것이다. 아래에 사주학의 고전이라는 『적천수』에 나오는 사주의 예를 들어 설명한다.

부자로 출세하는 사주

시	일	월	년	사주
庚	辛	辛	壬	천간
寅	酉	亥	申	지지

대운								
	천간	壬	癸	甲	乙	丙	丁	戊	己
	지지	子	丑	寅	卯	辰	巳	午	未

위 사주는 辛 일간이 많은 비겁을 만나 우선 일간이 신강함을 알 수 있다. 따라서 강하면 일간으로 하여금 생하도록 하여 기운을 빼내거나, 일간을 극하여 기를 누르거나, 일간이 스스로 극하도록 하여 힘을 빼는 것이 용신이 된다고 배웠다.

마침 사주의 표면에 일간이 극할 시지에 寅木 재성이 나타나서 용신으로 쓸 수 있고, 이 재성은 연간 壬水 상관으로부터 수생목으로 생을 받고 있다. 또한 월지 亥水가 복주머니로 자신의 지장간에 壬水의 뿌리를 튼튼히 내려주었을 뿐 아니라, 물의 생산 공장인 많은 비겁 金星이 있어 에너지 공급도 빵빵하다.

관성이 표면에 없는 것이 흠이지만 寅木의 지장간에 있는 丙火 관성이 적당히 재물을 가두는 창고역할을 하면서, 차가운 사주의 흠을 불기운으로 덮혀주고 있으니 부자로 출세하는 사주라 하겠다. 재성 寅木이 寅申으로 충하고 있으나, 亥水가 申金의 생을 받아 오히려 寅 재성을 통관시키니 흉도 복으로 넘기게 되었다.

말년의 火土운은 용신의 기운을 설할 뿐 아니라, 巳午未 火대운이 시작되는 丁巳 대운에는 일지 酉와 巳酉 金局을 이루게 되므로 용신 寅木을 금극목으로 충극하여 사망에 이르게 되었다. 뭐 사주는 대충 이런 식으로 보는 것이라고 알아두고, 나름대로 많은 예를 자기 식으로 추명해 보는 연습을 해 주기 바라며, 다음은 그 이름만 들으면 대한민국 국민 누구나 다 기억하는 현대그룹 창업주 정주영씨의 사주이다. 시중의 서적 중에는 사주 일부가 틀린 저서도 있었지만 많은 역학서에는 다음과 같이 정주영씨의 사주를 정리하고 있다.

∷ 재벌이 된 사주〈乙卯생 남자로 대운수는 6이 되어 대운은 역행한다.〉

시	일	월	년	사주
丁	庚	丁	乙	천간
丑	申	亥	卯	지지

대운	천간	丙	乙	甲	癸	壬	辛	庚	己
	지지	戌	酉	申	未	午	巳	辰	卯
	연령	6	16	26	36	46	56	66	76

위 사주는 일간 庚金이 일지 申金에 뿌리를 튼튼히 내렸고, 시지 丑土로부터 생을 받으니 신강사주가 되었다. 관성 丁火가 인성 丑土를 생하고, 재성인 乙과 卯의 木星은 亥水 상관으로부터 상관이 재성을 생한다는 상관생재를 받고 있을 뿐 아니라, 연월지 亥+卯 합 木局에 乙木 재성이 통근되었으니 큰 부자가 될 운명적 암시를 지니고 있다 하겠다.

이 사주는 庚金 일간에 일시가 비견과 인성으로 신강사주이고, 丑土로 생을 받는데다가 일지에 단단히 뿌리를 내린 金기운이 막강한 사주이다. 따라서 金은 불로서 제련하여 유용한 물질을 빚어내나니 관성 火가 용신이 되고 재성 木은 희신이 된다. 가난한 농부의 아들로 태어나 소학교를 마치고, 아버지의 농사일을 돕다가 가난의 탈피를 위해 여러 차례 가출을 하였고, 약관 23살에 미곡상회인 경일상회를 차린다. 이때가 酉金 대운 중 丁丑년으로 용신 세운이었다.

이어 32살 되던 1946년 申金 대운 중 丙戌년 용신 세운에 현대자동차공업사를 설립하였다. 이어 대운이 식상과 용신인 巳午未 관성으로 계속하여 흘러주니 우리나라 국가경제 발전에 거대한 획을 긋게 된 것이다. 일간 庚金이 金이 실한 금실(金實)사주가 되었고, 庚+乙 合金으로 자신의 성질로 합이 되니 한마디로 철의 사나이라 불릴만했고, 쇠붙이 같은 불굴의 의지와 건강으로 절망을 극복한 신화 창조의 주인공이 될 수 있었다.

용신인 丁火 관성은 일간의 좌우에서 횃불처럼 두 개가 쇳물을 주조하는 가마의 역할을 하고, 월지 亥水 상관은 제련된 쇠를 담금질 하여 냉각시키는 물이 되니, 巳午未 南方 火 대운에 현대자동차, 현대건설, 현대조선 같은 세계 굴지의 건설 중공업 기업체를 창업할 수 있었으리라. 쇠와 불로서 부를 축적해 가는 과정은 넓게 보면 사주의 상징성과 깊은 관련이 있었다 하겠다.

다음은 자수성가한 중소기업 사장의 사주를 예로 든다. 재벌은 아니지만 성실히 노력하여 재물을 쌓고 사회에 좋은 일도 많이 하면서 다복한 노후를 살아가고 있는 명으로, 대운과 사주원국을 비교하면서 공부하기 바란다.

●● 노력으로 부자가 된 사주 〈庚辰년 남자로 대운수는 3이 된다〉

시	일	월	년	사주
壬	丁	乙	庚	천간
寅	丑	酉	辰	지지

대운	천간	丙	丁	戊	己	庚	辛	壬	癸
	지지	戌	亥	子	丑	寅	卯	辰	巳
	연령	3	13	23	33	43	53	63	73

丁일간이 酉월에 태어나서 월지 편재가 되어 격국으로는 편재격이 되었음을 알 수 있다. 월지 재성 酉金이 庚金에 투출되고, 乙庚 合金, 辰酉 合金으로 재국이 되면서 다시 월일지 酉丑이 合金으로 재성을 놓아 재성이 튼실하다. 그러면서도 寅木과 乙木은 일간 丁火를 생하고 있고, 壬水 관성이 있어 재물의 보관과 소통을 맡고 있다. 재성이 관성 壬水를 생조해 주고 그 관성은 다시 寅木 인성을 생하여 일간도 결코 약하지 않으니 부자가 될 기본조건인 재왕신왕이 되었다 하겠다.

이 사주의 용신은 일간 丁火가 재성 금을 제련할 수 있도록 火氣를 공급해 주는 木火 인비운(인성과 비겁)이 필요한데, 중년 이후 이어지는 寅卯辰 木운과 火 대운의 도움으로 일신의 안락과 부귀를 읽을 수 있다. 사주 원국의 오행이 연→시→일→월 순으로 순환상생하고 있는데다가, 丁 일간에서 월지 酉金은 천을귀인이라는 길성이 되고, 월지 酉에서 寅은 천덕귀인이며, 연간 庚金은 월덕귀인에 해당하여, 하늘이 돕는다는 길성이 중복되고 보면 이만한 사주도 흔치 않다 하겠다.

다만 많은 합이 만들어낸 재성의 강한 에너지에 비해 이를 후원할 식상 土운이 자신의 성질을 잃어버리고 酉金과 辰+酉 합, 酉+丑합이 되는 바람에 균형을 상실하고 있고, 아무래도 약한 비겁운 탓에 형제간 외로움은 어쩔 수 없으며, 월지 재성인 酉金 도화살로 한때 아내의 바람기와 가출로 인해 인간적 고뇌를 겪을 수밖에 없었다. 다음은 사주학의 고전에서 자주 인용되는 평생 부자의 사주를 예로 들어 설명한다.

●● 평생 부가 따르는 사주

시	일	월	년	사주
戊	丙	乙	己	천간
子	寅	亥	酉	지지

대운	천간	甲	癸	壬	辛	庚	己	戊	丁
	지지	戌	酉	申	未	午	巳	辰	卯

丙일간이 亥월에 태어나서 득령치 못했으나, 亥중 戊土가 시천간에 나타나 식상격인데, 일지 인성 寅木은 일시 천간에 투출되었고, 월지 亥水의 생을 받는 乙木 인성이 있어 사주가 신강하다. 연지에 재성 酉金이 있다. 그런데 연 천간 己土 상관이 재성 酉金을 생하여 '상관생재'하고 있고, 이 酉金은 월지 亥水 관성이 있어 재물의 보관과 관리가 가능하다. 다시 亥水 관성은 월천간 乙木 인성을 위로 생하니 마치 갈 '之' 자 모양으로 짜 맞춘 듯 사주가 막힘없이 소통되고 있다.

어디 그뿐인가? 관성 亥水와 子水의 힘을 받은 寅木과 乙木 인성은 일간 丙火를 목생화로 찬란한 불꽃을 피우고 있다. 그러니 이 불꽃 丙火는 도대체 삭으라들 기미가 없이 드넓은 대지인 戊土 식신을 화생토로 생하였으니, 황금들판에 먹을 곡식이 그득한 형국이다.

오행이 막힘없이 상생해주며, 어느 육친 하나도 막히거나 홀로의 외로움 없이 소통되는 사주를 '오행연주(五行連走)' 즉 오행이 연달아 바통을 이어가며 달린다는 뜻인데, 바로 이 사주가 그러한 사주이다.

일부러 만들려고 해도 잘 없는 사주로, 이러한 사주는 용신의 적용이 별다른 의미가 없다. 굳이 오행의 강약비율에 따라 작용력이 유리한 용신이 있겠으나, 대운에서 기신운을 만난다 해도 질고액난이 오거나 크게 빈한하지 않고, 평길운을 유지하며, 좋은 관운이나 재운을 만난다면 일약 명리가 높아지거나 대부호가 되는 법이다.

이 사주의 주인공도 평생을 큰 부자로 지냈으며, 자식복과 건강복도 겸하여 천수를 다하고도 남음이 있었다고 전한다. 이처럼 사주는 치우치지 않고 중화되어 막힘과 끝 간 데가 없는 사주가 최상격임을 누누이 강조한 바 있지만, 실제로 실시간 태어나는 인간의 사주가 완전한 중화를 이루기는 정말 어렵다.

따라서 70-80%에 해당하는, 넘치거나 치우친 사주를 누르거나 설기해 주고 또는 생하거나 보약을 주는 방법 등으로 용신을 정하는 것인바, 용신이 대운의 만남 여부와 유·무력에 따라 일생의 희비불행이 교차되는 것임을 다시 한 번 상기해 주기 바란다.

◉◉ 종재격으로 부자사주 〈己丑생 남자로 대운수는 1이 된다〉

시	일	월	년	사주
己	甲	甲	己	천간
巳	戌	戌	丑	지지

대운	천간	癸	壬	辛	庚	己	戊	丁	丙
	지지	酉	申	未	午	巳	辰	卯	寅
	연령	1	11	21	31	41	51	61	71

사주의 배열이 한눈에 보아도 심상찮은 조짐이 보인다. 연월일지가 모두 丑戌로 土 재성 천지이다. 월일지 戌土라 바짝 메마른 흙 위에 큰나무가 서있는 형국이다. 게다가 시지의 巳火는 메마른 땅에 건조함만 더하는 불기운이다.

천지가 의지할 데 없이 상관과 재성뿐인데, 월간에 甲木 비견이 있어 일간은 의지해 보고자하나 도와줄 생각은 않고 월지의 戌土 상관만 생할 뿐이다. 야속하지만 마음 고쳐먹고 떠나는 길이 종살이 길이다. 영락없이 종재격이다. 종살이도 土 재성으로 가는 종이라 주인의 넓은 땅에서 풍년을 만나면 곳간이 넘치고 팔자 한번 늘어지게 된다. 종재격이 이 정도로 놓이기도 쉬운 일이 아니라 하겠다.

대운을 검토해 보자. 종재격 사주는 운행에서 재성이나 식상운을 만나야 대발한다고 배웠다. 유·청소년기는 대운이 金水 권운과 인성으로 흐르고 있다. 종재격 사주에 인성운이 오면 재성이 직접 극하느라 힘이 빠지고, 관성운이 오면 재성이 관성을 생하느라 돈이 되지 않는다. 이 사주의 주인공도 어려서 어머니를 잃고, 계모슬하에서 갖은 고생을 겪었다.

인성이 약하여 학교와 학문의 길은 일찍이 접고, 가구공장과 건자재상 등에서 직공과 점원으로 전전하며 지독하게 돈을 모았다. 20대 후반 未土 대운에 부동산, 건축업 등에서 작은 물건을 취급하더니 대운이 巳午未 식상 희신운으로 달리는 3-40대 들어서는 이 분야에서 준 재벌의 반열에 오르게 된다.

자신이 생각해도 두려우리만치 돈이 굴러들어오면서 부동산 경기가 종재격의 뒤를 밀어주었으니, 종격에서 만나는 길한 세월운이 얼마나 중요한 가를 보여주는 증거라 하겠다. 연지 기준 시지 巳火는 지살이 되며, 戌土는 최고의 길성인 반안살이 되고, 종재격도 土 종재라 땅과 부동산 관련 운과는 기막히게 맞아 떨어지게 된 것이다.

더구나 50대에는 대운 천간 지지가 절각되거나, 개두됨이 없이 정확이 土 재성 용신운으로 달려주었고, 60대 초반인 지금은 丁火 대운 희신 상관운이라, 이만한 사주의 주인공이라면 한 세상 잘 살고 가는 아름다운 사주의 예에 속한다 할 것이다.

다만 노년의 대운에서 비겁 木운이 올 때, 종재격에서 비겁운이 오면 종놈이 분수를 모르고 세월을 믿고 날뛸까 두렵다. 종격에서 가장 두려운 것이 인성과 비겁운인데, 이 사주의 주인공도 평생을 자신이 잘나서 승승장구 해온 줄 알고 노후에 무리한 투자 등의 노욕이 올 수도 있으니 운명에 감사하며 수성(守城)에 힘써야 할 것이다.

이상에서 재벌과 부자 사주의 실례를 들어 검증해 보았다. 큰 부자는 하늘이 만든다는 말이 있지만, 부자사주의 공통적 조건은 재성이 튼실하고, 일간도 적당히 힘을 갖춘, 재성이 왕성하고 일간도 신왕이며, 관성과 식상 등의 공급과 소통구조가 원활해야 한다는 것이다. 그러나 중요한 것은 아무리 좋은 틀을 가진 부자사주라 해도, 사주 원국과 대운 사이에 많은 살성이 구성되어 살벌해 지거나, 대운과 세운의 흐름이 흉신과 기신운으로 흐른다면 일희일비, 일신의 곤궁을 피할 수 없게 된다.

이런 사람을 일러 단적으로 때를 잘못 만난 사람이라고 할 수밖에 없겠다. 그리고 부자가 되는 사주에 종격사주가 두각을 나타낼 수 있다는 점이다. 앞서 배운 종재격 사주를 말함인데, 종재격 사주란 사주의 육친성이 온통 재성으로 일색이 되거나 재성을 생하는 육친이 일부 있을 뿐, 울울창창 재성으로 뭉친 사주라 하였다. 그래서 섣불리 강약으로 용신을 삼을 게 아니라, 아예 재성에 항복하여 큰 기세를 따라가라 했음을 기억할 것이다. 이런 사주가 대운과 세운에서 또 다시 재성을 만나면 그야말로 재복과 처복이 대발하는 경우가 많다.

2) 가난한 팔자

시대에 따라 가난의 정의는 달라질 수밖에 없다. 절대빈곤의 시대에는 세끼니 거르지 않고 배불리 먹을 수 있다면 결코 가난하다고는 하지 않았다. 그러나 이 시대에는 가난의 개념은 그러한 엥겔계수의 극복에 있는 것이 아니라, 문화적, 사회적으로 중산층의 대열에 끼지 못하면 가난하다고 정의 하는 것이다.

대도시의 서민아파트만 해도 수억을 호가하지만 그들이 스스로 부자라 생각하는 사람은 아무도 없다. 따라서 가난한 팔자라는 것도 어디까지를 가난한 팔자라고 이름 붙일 수 있을 지에 대하여는 이견이 있을 수밖에 없지만, 일생 빚과 생활고에 시달리며 고통 속에 살아가는 사람을 만나기가 아주 쉬운 일이고 보면, 이 부와 가난의 양극화 문제는 자본주의 사회의 영원한 모순으로 존재할 것이다.

그러면 어떤 사주가 가난한 사주가 되는가? 부자가 될 사주의 조건을 갖추지 못한 팔자가 가난한 팔자라 하면 좀은 무성의한 답변이 되겠지만 그것이 정답이다. 사주 원국과 지장긴 및 대운에시도 재성이 나타나지 않거나, 나타나도 그 뿌리가 뽑혀 절지에 있는 경우와 식상의 생조와 직업운인 관성의 소통이 불비한 사주, 그리고 재성과 관성이 의지할 곳이 없거나 형, 충, 공망된 채 나쁜 살성이 중첩된 경우가 우선 부자와는 거리가 먼 사주라 할 수 있겠다.

직업운이 신통치 못하면 가난해 지는 것은 당연할 것이고, 재물인 재성이 고갈 되거나, 불타 없어지는 경우에 해당하는 사주도 가난한 사주에 해당한다. 즉, 어떤 사주에 木이 재성인데, 사주와 대운에 火氣

가 왕창 배치되어 있고, 불을 끌 물이 없다면 재물은 고스란히 불에 탄 채 재가 되어 "철새는 날아가고"가 되고 말 것이다.

또한 어떤 사주에 金이 재성인데, 광물질인 金을 생산해 내는 광맥과 같은 흙이 없거나, 戊戌未 같은 바짝 메마른 흙으로만 덮여 있다면 어찌되겠는가? 또는 반대로 너무 많은 흙더미 속에 재물이 깊이깊이 묻혀있다면 어찌 그것을 캐내어 재물로 쉬 이용할 수 있겠는가? 이처럼 사주도 생산과 분배, 중화와 타협이 중요한 것임은 말 할 필요가 없다. 재물의 분량은 일정할 수밖에 없는데, 그것을 뜯어먹겠다고 달려드는 사람이 많은 형국의 사주라면 그도 가난의 숙명적 암시를 지니고 태어난 것이며, 아무리 엄청나게 많은 재물을 지니고 태어났다 해도 그를 관리하고 지킬 능력을 갖추지 못했다면, 밑 빠진 독에 물 새어나가듯 사라지는 재물은 주인을 돌아보지 않는 법이다. 돈이란 것에 눈이 있는 것인지, 사람의 얼굴을 철저히 가리는 이유가 바로 여기에 있다.

앞에서 공부한 것처럼 이러한 경우에 해당하는 사주의 격국으로, 재관이 의지할 데가 없다는 뜻의 **재관무의격**, 작은 재물을 앞에 놓고 많은 비견과 겁재가 뜯어먹겠다고 달려든다는 **군겁쟁재격**, 재물이 많기는 한데, 그를 감당할 체질이 안 된다는 뜻의 **재다신약격** 등의 사주 유형이 있다는 걸 상기해 주기 바란다. 그러니 선현들이 자신에게 주어진 분수를 알고 작은 것에 만족할 줄 아는 것을 청빈낙도라 가리켰던 것이다. 그러면 가난한 사주는 어떻게 구성되어 운명적 암시로 나타나는 지에 대해 몇 가지 사주 예를 들어 검토해 보기로 하자.

그러면 사주원국이나 지지 장간 어디에도 재성이 나타나지 않으면 무조건 가난한 거지팔자가 되는가? 이는 다시 원론적 이야기가 되겠지만, 사주는 선천적 운명의 암시에 더하여 후천적 창조의지가 보태어진 결과로 나타난다고 하였다. 따라서 재물을 상징하는 재물이 아예 없다면 재물은 애초에 갖기가 틀린 것이 아닌가? 하는 반론을 제기할 수 있음은 물론이다.

그러나 필자의 경험에 비추어보면 절대적 확률에서 재성의 운기가 사주와 대운에서 신통치 않은 사주가 부자가 된 예는 15% 정도에 불과 했다. 그만큼 재성인 육친의 사주구성은 부와 재물과의 높은 유의성을 지닌다고 보면 좋겠다.

일부 전통 사주서적에는 재성이 왕하고, 일간이 강하지 못하면 무조건 부자는 글렀다고 풀이하는 문헌도 있는데, 일률적 적용은 곤란하다는 것을 염두에 두기 바란다. 대운과 세운에서 재성이 통기(通氣)되어 나타나거나 사주원국과 3합되어 재국을 형성하는 경우에도 부를 쌓을 수 있기 때문이다.

가난한 사주 재다신약의 여자사주 〈壬寅생 여자로 대운수는 5가 된다.〉

시	일	월	년	사주
辛	辛	甲	壬	천간
卯	卯	辰	寅	지지

대운	천간	癸	壬	辛	庚	己	戊	丁	丙
	지지	卯	寅	丑	子	亥	戌	酉	申
	연령	5	15	25	35	45	55	65	75

辛 일간이 辰월에 태어나서 일단은 득령(得令) 하였으나 寅+卯+辰 木局으로 합이 되어 재성으로 변했고, 월간 甲木 재성과 시지 卯木 재성으로 온통 재성 천지이다. 그기에 일시의 辛金으로부터 생을 받은 壬水 상관은 木 재성을 열심히 생하고 있다. 따라서 일간은 연 천간 壬水를 생하랴, 많은 재성을 극하랴, 힘이 빠질 대로 빠져버린 채 극도로 약해지고 말았으니 재다신약임은 삼척동자도 알 수 있을 지경이다.

사주가 이처럼 한쪽 기세로 흐르면 아예 종격이 되어서 재성을 따라가는 종재격이 되면 대운과 세운에서 재운을 만난다면 대부, 대귀하게 되는 법이거늘, 야속하게도 태어난 시의 辛金 비견이란 놈이 힘을 보태어줄 것처럼 꼬득이는 바람에 일간은 비견 아우를 믿고 종살이를 포기하고 말았다.

　그런데 믿었던 당신 비견은 나를 돕는 것보다 자신의 식상 壬水를 생하는 데 주력하게 됨을 우리는 이미 앞장에서 배웠던 터. 이 사주의 주인공 팔자 한번 억울하게 되고 말았다. 그래도 눈 딱 감고 종을 해 보려고 해도, 월지 辰土는 축축한 흙이라 제법 辛金을 생해줄 듯 생색을 내고 있으니 종재격은 도저히 불가능한 사주인 것이다. 그러니 어쩌랴! 사주팔자의 암시대로 사는 것이 인생이니 그러한 운로대로 살아가는 수밖에….

　종격이 되지 못한 극도의 신약사주라면 자신을 생하고 도우는 인성과 비겁운을 용신 삼고 대운과 세운에서 인비운이 오기를 기대해야겠다. 그러나 대운의 흐름이 寅卯 木方 재운과 亥子丑 水方 식상운으로 달리니 팔자 한번 왕창 어긋났다 할 것이다. 다행히 대운 25세 辛丑운과 35세 庚子운은 인비운으로, 개두 되거나 절각되지는 않았던 바, 젊은 날에는 순조로운 직장생활도 했고, 남들이 부러워할 만큼의 결혼도 하여 잠시 평화로운 가정을 꾸리기도 하였으나, 여자사주에 식상 자식은 나를 더욱 지치게 하는 재성을 생해주는 기신이 되니, 자식을 낳고 이혼의 가시밭길로 접어들었더라.

　어머니인 월지 辰土 인성도 寅卯辰으로 탈바꿈하여 고무신 바꿔 신고 나를 외면해 버린데다가, 남편성인 관성은 사주 표면 어디에도 없이, 연지 寅木 지장간 중에 丙火로 웅크린 채 나와 丙+辛 合水로 암합하고 있는 줄 알았다면, 독신 아니면 결혼은 아주 만혼하거나 나이 차이 아주 많은 남편 만났어야 했거늘… 이런 역학의 조화가 있는 줄 몰랐던 사주의 주인공이 무슨 죄가 있으랴!

　배우자 자리인 일지는 공망이 되었을 뿐 아니라, 일시지 양 도화살까지 놓고 말았으니 이 정도면 이제까지 본서로 공부해온 독자라면 안타까운 탄성을 울릴 만도 할 것이다. 더구나 어머니궁인 월주는 甲辰 백호살로 어머니와의 인연도 박하고, 그나마 조상대에 이름 날리고 살았던 것은 연지 寅木이 천을귀인을 구성한 탓이랄 수 있겠다.

12운성도 태, 묘, 포, 포로 달리고, 현재 대운이 亥子丑 水운의 막바지에 있는지라 이런저런 장사를 하며, 지금껏 일신을 건사하는데 많은 고생을 하고 있으니 가난한 사주라 아니할 수 없겠다. 그러나 "가난한 자 복이 있다."고 했던가? 55세 戊戌 대운부터는 대운이 바야흐로 인비운으로 달리니 메마른 대지에 단비를 적시듯 노후의 일신은 보장되고, 그간의 노고도 보상받는 운로가 열릴 것이다.

이 사주는 원래 재운은 기본적으로 갖추고 태어났으나 내 몸이 그것을 따라갈 수 없는 그림의 떡이 된 사주로, 이 주인공도 돈을 좇아 열심히 따라는 가지만, 가까이 가는 만큼 더 멀어진다는 재다신약격의 전형이 되고 말았다. 다른 예를 들어보자.

●● 가산을 탕진하고 신용불량자가가 된 남자사주 〈己亥생 남자로 대운
   수는 9가 된다〉

시	일	월	년	사주
乙	庚	辛	己	천간
酉	申	未	亥	지지

대운	천간	庚	己	戊	丁	丙	乙	甲	癸
	지지	午	巳	辰	卯	寅	丑	子	亥
	연령	9	19	29	39	49	59	69	79

庚일간이 未월에 태어나 능령하였고 월전간과 일시지에는 각각 비겁이 나타났으며, 연 천간의 己土가 월지 未土로부터 투출되면서 일간을 강력하게 생하고 있다. 게다가 시지 酉金은 양인이라 무지막지한 金천지가 되었다.

그렇다면 金의 일방 기세라 우선 전왕격 사주의 종혁격을 생각해봐야한다. 종격이 되려면 사주내에 튼튼한 세력의 다른 오행이 없어야 함은 물론이다. 시천간에 일간이 극해야할 乙木 재성이 있긴 하다. 그

러나 이 乙木 재성은 연지 亥水로부터 생을 받기에는 너무 먼 당신이고, 게다가 乙+庚 合金으로 자신의 본성마저 바꿔버렸으며, 酉金 절지 위에 앉았으니 이 사주가 종혁격 사주가 되는 데는 누구도 의의를 걸 수는 없는 사주라 할 것이다. 따라서 이 사주는 대운과 세월에서 비겁과 인성운을 만나야 발복하거니와, 반대로 관, 재, 식상운이 오면 인생의 운로가 흉하게 전개된다.

초년의 庚午 대운은 용신 庚金이 지지로부터 절각되어 불리했던 바, 고등학교를 겨우 졸업할 수 있었다. 인성보다 비겁이 왕하면 일찍부터 공부보다는 친구 따라 강남 가는 격이 되고 만다. 그래도 청년기인 다음의 대운 己巳 대운은 己土 인성 희신이 지지 巳火 관성으로부터 생함을 얻어 시골 군청의 임시직 공무원이 될 수 있었다.

사주의 격국과 대운으로 보아 이 남자가 선택한 최선의 길이었다고 볼 수 있다. 인비로 종한 사주는 재성이 기신이 되므로, 재운과 사업 같은 것은 아예 거리가 멀고, 고정적이고 안정된 직장에서 먹고 사는 것이 가장 상책이다.

그런대로 30대 중후반까지는 대운이 戊辰 인성 희신으로 달려주어 일찍 결혼하여 아들 딸 하나씩 두고, 직장 내에서도 인화력과 명석한 판단력으로 공무원으로서 크게 남부러울 것 없이 살아오게 되었다. 원래 이 종혁격 사주는 강한 金기운의 작용력으로 판단력이 냉철하고, 왕성한 비겁의 암시로 주변에 많은 사람도 사귀는 사주이다. 그리고 자식궁도 괜찮은 것이 시지 酉金은 양인으로 전왕격 사주에 힘을 보태는 운이라 아들딸이 공부도 잘하여 아들은 전도가 창창한 의과대학에 들어가게 되었다.

박봉의 공무원으로 힘에 겹더라도 사주의 타고난 대로 근검하며 살면 되었을 것을 문제는 40대가 되어 丁卯 대운에 들어서면서부터 문제가 발생한다. 종혁격 사주에 재성 木운이 오면 강력한 비겁들이 견물생심 재물을 보고 탐하는 일대 아우성이 일어난다. 그래서 조금씩 주식이니, 투전으로 눈을 돌리게 된다.

전술하였지만 이 사주는 재물과는 거리가 멀어도 한참 먼 사주인데, 어디 눈먼 돈이 있어 이 남자의 뜻대로 굴러온단 말인가? 냉철한 잔머리와 판단력으로 되는 것이 투전판이라면, 머리 좋은 수학선생이 돈을 벌어야 되는데, 절대 그렇지 못한 게 인생이라는 연극무대이다. 이 사주는 庚金 일간이 종혁된 사주라 겁 없고 간덩이 크기로 두 번째 가라면 쌍심지 켜들 사주인지라, 처음엔 잔 돈푼 좀 벌어들이니 배팅이 점차 커지게 된 것이다. 그러다 경기침체, 주가폭락의 악재를 만났다.

이쯤에서 좋은 공부했다고 접고, 월사금 정도 지불했다고 생각하면 될 것을 간에 고무풍선을 달았는지, 본전을 건진다고 그때부터 이 돈, 저 돈 주변의 친인척, 걸리는 대로 돈 끌어와 투기에 광분했으니 이때의 대운이 종혁격의 힘을 사정없이 빼는 재성의 중심에 와 있다는 걸 어찌 알았으랴! 더욱 다급해진 김에 급기야는 사채를 끌어와 본전만! 본전만! 부르짖은 것이 주변의 친인척들 줄 도산 만들고, 집은 경매에 넘어가는 신세가 되고 말았다.

사채업자들이 어떤 사람들인가? 본인의 월급은 물론이고, 아내 앞으로 들어오는 작은 수입마저 압류해 가는 통에 급한 나머지 부인과는 작전상 합의 이혼하고 신용불량자로 전락하는 신세가 되었다. 다행히 부인이 기술이 있어 작은 가게를 꾸려 자식들 건사는 해가고 있지만, 평생을 갚아도 못나 갚을 빚너미 속에 무대책의 임울한 날들을 살아가고 있다.

배우자궁이 庚일간에 申金으로 십간록이고, 일지와 시지가 일간 庚에 통근되어 부인 덕에 밥술을 해결하는 팔자인 것이다. 그 상황에서도 아내가 실질적으로 떠나지 않고 이 남자와 살아가는 것은 이처럼 일시의 가정궁이 본인인 일간에 통근되어 가정운 하나만은 아주 좋은 운이기 때문이다. 그러나 앞으로의 대운도 결코 만만한 게 아니어서 50대에 들어선 이 남자의 나머지 인생길도 기대할 것이 크게 없는 것으로 보이니, 사주팔자에 타고난 분복을 파악하여 지금부터라도 작은 행복에 만족하며 살아가는 지혜를 배웠으면 하는 마음 간절하다.

●● 재물과 인연이 없는 성직자의 사주 〈丙戌생 남자로 대운수는 7이 된다.〉

시	일	월	년	사주
甲	戊	甲	丙	천간
寅	午	午	戌	지지

대운	천간	乙	丙	丁	戊	己	庚	辛	壬
	지지	未	申	酉	戌	亥	子	丑	寅
	연령	7	17	27	37	47	57	67	77

위 사주는 戊土 일간이 午월의 무더위에 태어나 득령하니 월지 午火 정인으로 곧바로 정인격 사주가 되었다. 월 일 지지가 戊午 양인을 구성하니 사주가 엄청 강해지고 있다. 사주의 전반적 구성요건을 보자. 木 관성이 3개(寅木 지장간의 甲木까지 4개)나 있고, 지지는 寅午戌 삼합하여 火局을 이루고 있다.

한마디로 훨훨 타고 있는 아궁이에 많은 땔감이 공급되고 있는 형상이다. 그리고 년의 丙戌 또한 火와 메마르고 뜨거운 戌土로 이루어져 사주 전체가 맹렬히 끓고 있는 데도, 시원한 감로수 같은 재성인 물은 어디에도 없다.

그러니 재성은 남자에게 있어 재물과 여자인데, 이 사주의 주인공 또한 재물과 여자와는 거리가 먼 채 솔직히 말하면 암자를 지키는 분이다. 우선 재물과는 거리가 먼 가난한 사주임을 알 수 있겠다. 그러면 직업운이랄 수 있는 관성은 어떠한가? 표면상 관성은 3개나 있으나 재성인 水의 생조는 아예 받지 못한 채 명예와 직업을 상징하는 관성이 불기운에 온몸을 던져 사르고 있으니, 명예를 초개처럼 태워 세상을 밝히는 성직자로서의 운명의 길을 어찌 거역할 수 있었겠는가?

이런 경우는 설령 재성이 하나 정도 있다고 해도, 불타는 木火의 맹렬한 기세를 꺾지 못할 것인바, 이를 사주학 용어로는 많은 관성이 약한 재성을 놓고 서로 생해달라고 다툰다하여 '군관쟁재격(群官爭財格)'이 될 뿐이고, 어차피 든든한 직업이나 재물과는 인연이 없는 재관무의격이 되고 만다.

사람은 재물운이 없으면 직업운인 관성이라도 투철하여야 직업인으로서 명예와 지위를 보장 받는 법인데, 위의 사주의 경우 재성도 관성도 의지할 곳이 없이 여자와 재물 그리고 명예와는 초연한 스님이 되었던 것이다. 다음은 부모형제 동기간의 복도 없이 밥그릇 건사하기 바쁜 가난한 사주의 예를 들어보겠다.

:: 배고픈 빈털터리 사주 〈丙午생 남자로 대운수는 7이 된다.〉

시	일	월	년	사주
庚	丙	癸	丙	천간
寅	戌	巳	午	지지

대운	천간	乙	丙	丁	戊	己	庚	辛	壬
	지지	未	申	酉	戌	亥	子	丑	寅
	연령	7	17	27	37	47	57	67	77

위 사주는 우선 비겁이 3개나 되고, 丙일간이 월지 巳월에 태어나서 건록이 되니 건록격임을 쉽게 알 수 있다. 한마디로 엄청 강한 신강사주가 되었다는 말이기도 하다. 게다가 지지는 巳+午 合火에 寅午戌 3합으로 火局을 만들어 비겁의 천지를 연상케 한다.37) 그러면서도 종격도 되지 못한 것이, 일지 戌土 식신이 두 얼굴을 한 채 시상의 庚金 재성을 생하면서 때로 많은 火기운을 등에 업고 재성 밥그릇을 내미니 종살이 하기는 조금 억울하다는 생각을 하게 된 것이다. 그런데 자세히 살펴보면 시지 寅木 중의 지장간 丙火에, 사주원국의 火 비겁 그리고 합이 된 막강한 火 비겁까지 재성인 庚金 밥 한 그릇을 두고 떼거지로 달려드는 형상을 하고 있으니, 비겁은 형제 동료라, 형제 동료

---

37) 월지가 가담치 않은 삼합이라 외교적으로 말하자면 UN이 인정한 강력한 동맹은 아니지만 새로운 세력을 형성한 건 사실이다.

간의 덕도 없고, 내 밥그릇 뺏어가려고 아우성을 치는 기신이 되는 것이다.

이러니 평생 일간 나는 배고픔을 면치 못하는 가난한 사주를 예약해 놓은 사주라 하겠다. 또한 모궁인 월지 巳火가 내 밥 뺏는 자리가 되었고, 인성인 寅木마저 寅午戌 합하여 비겁의 세력으로 말을 바꿔 탔으니 이 사주의 주인공은 어려서 어머니를 잃고, 밥 먹고 살기 급급한 가난한 삶을 살아올 수밖에 없었다.

이러한 사주구성을 곧, 많은 비겁 형제들이 밥그릇 하나 놓고 다툼을 한다는 뜻의 군겁쟁재격(또는 **群比爭財格**)이라 하는 것이다. 이러한 사주 구성이 놓이면 주변에 도움 안 되는 쓸데없는 친구 같잖은 친구들이 많이 끓고, 자신의 실속은 없이 마누라 고생을 실컷 시키게 되는데, 강한 사주의 암시 탓에 꼭 무슨 동업을 한다고 그나마 조금 있는 재물을 다 날리고, 빈털터리가 되는 사례를 많이 감정하게 된다.

화약을 지고 불로 들어가는 게 낫지, 동업이라니 참 용기는 가상하지만 죄 없는 처자식은 어찌한단 말인가? 이런 사주는 대운과 세운에서 재운이 들어와도 맹렬한 기세의 火 비겁 탓에 용광로에 엽전 던지는 격이 되고 마니, 癸水 정관에 의탁하여 고정 월급 받는 직장을 천직으로 삼아 욕심 버리고 사는 것이 최상의 길이라 하겠다.

부친의 유산 털어먹고 사는 남자사주 〈乙酉생 남자로 대운 수는 2가 된다〉

시	일	월	년	사주
甲	丁	丙	乙	천간
辰	巳	戌	酉	지지

대운	천간	乙	甲	癸	壬	辛	庚	己	戊
	지지	酉	申	未	午	巳	辰	卯	寅
	연령	2	12	22	32	42	52	62	72

丁火 일간이 戌월에 태어났다. 戌중 지장간에는 丁火가 중기로 3일을 관장하는데, 일간에 투출되었으며, 월천간과 일지에 비겁과 木 인성이 천간에 나타나 사주가 신강하다. 이 사주는 식상과 재성이 나타나 있어 사주가 크게 신강하거나, 신약 하지도 않은데, 안타깝게도 사주원국에 그 흔한 관성 하나가 얼굴을 내밀지 못해 사주의 순환소통에 결정적 장애가 되고 말았다.

시지 辰중 癸水가 유일한 관성인데, 辰은 이 사주의 관성인 水의 입장에서 보면 입묘된 고장이니 남자 사주에 관성이 없거나 꼭꼭 숨어 있는 형국이라 어찌 사회적 명예와 관록을 보장받겠는가?

사주원국에 관성인 물이 없이 메마른 土인 戌土와 丙巳火가 뭉쳐있고, 월일이 丙戌, 丁巳 백호대살이라 사주구성이 어디를 봐도 길격의 배치는 보이지 않으며, 성격도 메마르고 편협한 편이다. 월일지에 巳+戌 원진살이 구성되었고, 남자사주에 일주가 丁巳로 고란이어서 부부 금실을 기대하기는 애초에 어렵게 되었다.[38]

비겁과 인성이 많아 신강된 사주인지라 이 사주의 용신은 연월지 酉+戌로 合金된 재성을 용신 삼는 수밖에는 달리 방법이 없다. 재성이 용신이라 남자에게 아버지와 아내이니 이 남자 평생 아버지의 유산과 아내의 바지런한 덕으로 먹고살게 된 것이다. 연월지가 용신인 재성이니 부친 되는 사람 시골이지만, 내 땅 안 밟고 지나다닌 사람 없다할 만큼 많은 재산을 남겼다.

대운을 비춰보면 초년운은 辛酉 金 용신운에 힘입어 60년대 초엽, 중학교도 보내기 어려웠던 시절 그 당시에 고등학교와 대학을 서울로 유학을 갈만큼 부모덕으로 유복했다. 그런데 이 사주는 학문의 별인 甲乙木 인성이 관성 癸水의 생조가 없으니 학문의 길은 애초에 어렵게 되어 대학을 중도 작파하고 간부후보생으로 장교로 군에 입대하게

---

38) 고란살은 여자에게 주로 적용하는 살이지만 남자사주에도 일부 적용한다는 것을 상기할 필요가 있다.

된다.

　그러나 관성의 활약이 시지 지장간 중에서 어둠 속에 웅크린 판에 군인으로서 승진하고 명리가 높아지는 것도 기대할 수 없다. 그래서 결혼 후 대위로 제대하고 낙향하여, 직장이랄 수도 없는 예비군 중대장 좀 하다가, 물려받은 많은 과수원 농사며, 양계 같은 영농을 해보았지만, 어디 농사는 아무나 하나? 木이 기신이고, 金 재성이 용신인 사람이니 어찌 과수와 영농이 당키나 하겠는가? 과수나무를 쇠톱으로 잘라내는 판국의 사주이니 과수농사도 작파하고 말았다.

　이때가 壬午 대운으로 바야흐로 관성 壬水의 명예욕의 허욕이 발동하기 시작한다. 대운 지지는 온통 巳午未 남방 火局의 기신운으로 흐르는데, 대운 壬水는 지지 午火를 개두까지 하면서 덮어 누르며, 시쳇말로 정치판에 뛰어든 것이다. 지역의 국회의원 등 정치인, 공무원들과 교분을 넓힌다고 내 주머니 돈 신나게 쓰며, 마누라는 대농가를 건사하느라 골 빠지는 줄 모르고, 신나고 꽃피는 세월을 보낸 것이다.

　정치인들이란 것이 그렇다. 자신이 조금이라도 필요하다 싶으면 그 앞에서는 모든 걸 들어줄 것처럼, 보좌관을 주겠다, 면장으로 발령을 내주겠다며, 온갖 허언과 공약으로 이용할 대로 이용해 먹고, 불리하면 하시라도 모르쇠로 외면하는 게 그들의 속성이 아닌가? 그 말에 속아 이 남자, 야금야금 재물 축내가면서 정치인의 수족과 나팔수 역할을 자처하고 다녔으니 한마디로 용감하다해야할지, 무식하다해야할지 분간이 잘 가지 않는 사람이기도 하다.

　이때가 한창 용신 재운의 힘을 기신 火가 화극금으로 설기시키는 대운이라, 하는 일마다 되는 일이 없고, 재산은 열심히 손 흔들며 떠나가는 세월이었던 것이다. 관운의 명예욕을 완전히 버린 것은 아니지만 어느 정도 꿈을 깨고, 40살이 가까워 시작한 것이 주유소 사업이었다. 참 삼월이도 웃을 일이 아닌가? 火 비겁이 기신인 사람이 불덩이라 할 수 있는 휘발유 장사를 한다고 달려들었으니, 대운이 좋지 않을 때는 생각하는 것마다 반대로, 꼬이는 일만 용케도 찾아내는 것이 사주팔자의 작용력이란 사실을 새삼 느끼게 한다.

그 일도 몇 년 만에 문을 닫고 백수로 무위도식하며, 돈 떨어지면 빚내고 부모가 물려준 땅 하나 둘씩 팔아서 갚으며, 부친 덕에 편안한 백수로 살아왔다. 그래도 명예와 관록에 대한 집착은 버릴 수가 없어, 지역조합장 출마에 두 번 도전하였지만 대운도 야속하게 巳火 겁재 기신운이었으니 그야말로 재물을 겁탈 당한다는 글자 그대로 낙선하고 빚만 지는 결과를 초래하고 말았다.

그런데 삼 세 판이라는 세 번째 도전에 임한 50대 庚辰 대운 들어서는 경금 재성이 용신운이라 천신만고 끝에 당선되는 영광을 안기도 했다. 아마 이때가 이 남자가 직업다운 직업을 얻어 본 처음이자 마지막이 된다. 어렵게 얻은 자리일수록 지키는 일이 중요하건만 4년 임기를 마친 후 재선에 출마하여 아깝게 낙선하고 마니 그의 관운은 그것이 전부였던 것 같다.

辰土 대운은 용신 金을 생하는 희신운이었지만, 대운 지지가 寅卯辰 木局으로 흐르는 초입이었던지라, 木은 이 사주의 기신 火를 생하여 주는 원수와 같은 구신운이기도 했던 때문이다. 이 사주는 평생을 용신인 재성 부친과 아내 덕에 노후에 들어선 지금껏, 물려받은 재산이 남아서 팔아가며 잘살고 있으니 사주학을 공부하는 학인이 연구의 과세로 삼을 에라 하겠다.

3) 언제 부자가 되고, 언제 가난해지는가?

"사람 나고 돈 났지, 돈 나고 사람 났나?", "못산다고 괄시 마라, 사람팔자 알 수 없다. 쥐구멍에도 빛 들 날 있다." 뭐 이런 말 악을 쓰며 소리 지르는 사람치고 살맛나는 사람 있겠는가만 고달픈 삶의 굽이에서 서민들의 자탄 겸 자위의 변으로 등장하는 말들이다.

우리 인생사가 일생동안 고난 없이 넉넉한 살림에 걱정 없이 살아가기가 얼마나 어려운가? 주변을 둘러봐도 걱정 없이 사는 그런 사람 아마 열 명의 이름을 열거하기가 어려울 것이다. 아들을 잃고 죽은 자식을 살려달라고 울며 애원하는 여인에게 부처께서는 죽음이 없는 집 집마다의 겨자씨 하나씩을 얻어 그 씨앗이 열 톨이 되면 부처의 원력으로 자식을 살려주겠노라고 하셨으나, 그 여인은 결국 그 열 톨 씨앗을 구하지 못하고 크게 깨닫게 되었다는 전래 불교설화처럼, 어느 집이고 가난과 질병, 죽음은 끊임없이 우리 곁을 맴돌며 괴롭히게 된다.

대대로 물려받은 가난을 숙명처럼 지니고 질박한 삶을 사는 사람도 있고, 고아로 태어났어도 자수성가하여 일생을 풍미하는 사람이 있는가하면, 물려준 재산 다 말아먹고 거지가 되는 사람 등 인생사의 시나리오는 실로 다양하다. 지금 가난해도 부자가 될 수 있는 사주의 암시가 있다면 희망의 등불로 삼고 더욱 열심히 노력할 것이며 중반, 후반으로 갈수록 재산을 탕진하고 가난해질 암시를 지닌 사주를 가졌다면 유비무환의 자세로 철저히 대비하는 자세로 인생을 살면 길한 것을 취하고, 흉한 것은 피해갈 수 있는 사주학적 선기능인 취길피흉 하는 삶을 살아갈 수 있을 것이다.

예로부터 돈이 사람을 따라와야지, 사람이 돈을 따라가서는 백전백패 한다는 속담은 누구나 알고 있듯이 한 사람의 사주상의 재물운은 반드시 짚어봐야 할 숙제가 아닐 수 없다. 중복된 설명이지만 재물운은 우선 사주의 구성이 앞에서 공부한 것처럼, 재성이 기운을 받아야 함은 물론이고, 육친의 소통이 원할 하면서, 대운과 세운에서 용신과 희신운을 만나되 사주가 신약하기 보다는 신강 하여야 재복을 기대할 수 있는 것이다.

또한 재성이 용신인데, 대·세운에서 재성운이 와 준다면 돈이 생기고 재운이 상승하는 호운을 만남은 말 할 필요가 없다. 또한 어떠한 운명의 시점을 보는 데는 그 사주의 용신을 극하는 기신이 연월일시 어떤 주에 자리를 하고 있는가를 살필 필요가 있다. 연월일시는 각각 유년, 청년, 장년 및 노년을 상징한다는 설명을 기억할 것이다. 따라서 기신이 앉은 주에 해당하는 시대가 가난한 시기가 되는 것이다.

그리고 대운에서 용신이나 희신이 초반, 중반, 말년 어디에 나타나는가를 주의 깊게 보아야 함도 말할 필요가 없다. 그러면 본 장에서는 언제 가난해 지고, 언제 부자가 되는지 또는 재물이 언제 생기는지 등 재물의 희비쌍곡선에 대한 감정기법에 대해 실례를 들어 연구해 보기로 한다.

●● 초년에 가난하고 뒤에 부자가 된 사주 〈壬申생 남자로 대운 수는 1이 된다〉

시	일	월	년	사주
丁	戊	壬	壬	천간
巳	辰	子	申	지지

대운	천간	癸	甲	乙	丙	丁	戊	己	庚
	지지	丑	寅	卯	辰	巳	午	未	申
	연령	1	11	21	31	41	51	61	71

戊土 일간이 추운 子월생이라 꽁꽁 얼어붙은 대지다. 연월에 재성 壬水가 중복되고 월지 子水까지 있어 사주가 신약하다. 신약사주를 보강해줄 일지 辰土 비견은 申子辰 水局에 가담해 버렸다. 신약하기도 하거니와 조후로 보아도 언 땅 일간 戊土를 덥혀줄 火 인성이 필요하다.

일핏 보면 재국이 깅하게 놓이고 신약하여, 가난한 사주의 진형인 재다신약으로 보이지만 이러한 사주는 세심한 관찰이 필요하다. 비록 일지는 申子辰 水局에 가담했으나 지지 장간들 중에는 戊土가 투출되었고, 시지의 巳火 인성까지 일간에 투출되어 나타나났는데, 천간과 지지가 각기 간여지동으로 힘이 있다. 따라서 비겁을 용신 삼고, 비겁을 생하는 인성을 희신으로 삼으면 강약, 조후용신이 모두 충족되니 일거양득이다.

따라서 이 사주는 火土 대운에 운이 트인다. 그런데 초년의 癸丑 水

대운은 기신으로 유년의 고생이 심했고, 이후 이어지는 청소년기와 청년기는 木 관성운으로 신약한 일간을 목극토로 극을 하여 많은 어려움을 겪었다. 그러나 30대 들어서면서부터 용신이 정확하게도 火土 용신과 희신운으로 장장 40여년을 흘러주니 이 사주의 주인공은 고진감래란 말 그대로 앞은 빈한하였으나 뒤로 갈수록 팔자가 좋아지면서 큰 재물을 쌓을 수 있었다.

이 사주는 전술한 것처럼 연월주가 기신이라 유·청년기가 불길한 시기가 된 것이다. 재성이 기신이라 하여 무조건 재운이 박약한 것은 아니고, 이처럼 사주의 운행이 희용신의 질서를 따르면 발복케 되는 것이다. 그래서 사주의 좋은 것이 대운 좋은 것만 못하다고 하는 것이다.

▮▮ 초년에 부유하고 뒤에 가난해 지는 사주 〈己巳생 남자로 대운 수는 8이 된다.〉

시	일	월	년	사주
乙	丁	庚	己	천간
巳	未	午	巳	지지

대운	천간	己	戊	丁	丙	乙	甲	癸	壬
	지지	巳	辰	卯	寅	丑	子	亥	戌
	연령	8	18	28	38	48	58	68	78

丁火 일간이 午월에 태어나서 득령 하였고, 지지가 모두 巳午 火 비겁에, 일지 식신 未土마저 巳午未 남방 火局을 이루었다. 한마디로 엄청 신강사주가 되고 말았다. 빠지려면 확실히 빠지는 게 좋은 법인데, 이 사주가 사주구성상 전왕격이나, 종격이 되지 못하는 것은 己土 식신과 庚金 정재, 乙木 인성이 저마다 다양한 메뉴를 선보이며 앉았기 때문이다.

따라서 신강사주는 우선 일간을 극하여 누르는 관성을 용신으로 삼고 싶은데, 사주 어느 구석에도 관성인 물 한 방울이 없으니 차선책으로 재성을 용신삼고 식상은 희신 삼아야겠다. 연월 천간에 용·희신이 앉고, 월지 午火는 십간록이라는 길신이 앉으므로 부모의 유산이 많았고, 청년기까지는 재운도 왕성하였다.

그러나 28세 丁卯 火 대운은 용신인 庚金 재성을 직접 화극금 하여 이때부터 재물은 급전직하 하게 된다. 이어서 따라오는 대운 역시 기신과 구신인 丙寅 대운이고, 이어지는 대운도 木운과 水운으로 흐르니 용신과 희신이 극하거나 생해야 하는 운으로 연결되어 중년 이후의 가운은 파탄지경이 되고 말았다.

⓪③ 애정운과 결혼운, 부모형제, 자식복과 가정의 행·불행은 어떻게 보나?

사람이 태어나서 부모의 슬하에서 양육되어 교육을 받아 세상에 나오고, 결혼을 하여 가정을 꾸려 자식 낳고 또 그 자식에게 자신이 부모로부터 받은 보살핌을 베풀며, 늙고 병들어 죽어가는 것이 인간의 굴레를 지니고 세상에 나온 우리 인간들의 숙명적 얼개라 할 것이다. 그 중에서도 결혼은 남녀 공히 전 생애에 걸쳐 운명의 지침을 좌우하는 최고의 이벤트라 아니할 수 없다.

그래서 예로부터 결혼은 인륜지대사라 하였고, 결혼의 성패 여부는 인생의 성패로 직결될 수밖에 없는 것이었다. 누구나 한번 하는(원칙이 그렇다는 얘기다) 결혼인 만큼 모두 다 좋은 인연을 만나 가시버시 서로 사랑하며, 아들 딸 낳고 행복하게 살았으면 좋으련만 현실은 결코 그런 바람과는 거리가 멀다. 그렇다면 사주학으로 그러한 운명을 미리 알아 창조적 선택을 하거나 나쁜 결혼운에 미리 대비할 수는 없을까? 당연히 있다.

배우자를 상징하는 일지와 육친이 사주 중에서 든든한 힘을 받고 있고, 공망되거나 입묘살이 놓이는 등의 불길한 상징이 없이 막힘없는 상생의 소통이 원활하면 우선 결혼운이 좋을 것임을 추명해 볼 수 있겠다. 반대로 배우자궁이 아예 나타나지 않으면서 사주원국이 지나치게 편중되어 중화를 상실하거나, 상대적으로 미약하여 뿌리가 없이 절지 위에 고독한 경우 또는 나쁜 살성과 형충 등으로 병이 든 경우라면 결혼운의 불길을 예측해 볼 수 있는 것이다.

그러면 사례별로 실증적 사주를 놓고 결혼운을 감정하는 공부를 해 보도록 한다. 어차피 모든 사주를 나열할 수는 없으니 사례에서 제시하는 관명법을 참고하여 스스로가 많은 사주를 풀이해 보는 습관을 길러주기 바란다.

1) 결혼과 애정운의 모든 것, 이혼하거나 홀로 사는 팔자 따로 있다?

현재 우리 한국사회는 이혼공화국이라 할 만큼 만연된 이혼풍조로 도덕적, 사회적 기강이 해이해지고, 결손가정의 아이들이 양산되어 심각한 사회문제를 야기하고 있다. 여권의 신장과 호주제의 폐지 및 활발한 여성들의 사회진출과 경제적 자립이 이혼율의 급속한 증가에 일조를 한 것이 사실이거니와 한번은 필수, 두 번은 미덕, 세 번은 선택이라는, 한마디로 말씀도 안 되는 여성들의 이혼에 대한 가치관의 변화도 가정해체를 가속화 시키는 원인 중의 하나가 되고 있는 실정이다.

통계에 의하면 결혼한 3.5쌍 중 1쌍이 이혼을 하고, 나머지 혼인상태를 유지하는 2.5쌍 중 잠재적 이혼상태에 있는 경우를 감안할 때 결혼한 부부 2~3쌍 중 거의 한 쌍 이상이 이혼을 한다는 것이니 그 심각성을 말해서 무엇 하겠는가?

인간의 행복의 기초는 가정이며, 국가와 사회도 개인과 가정이 뭉쳐서 만들어내는 조화로운 유기체적 조직사회가 아닌가? 그러면 사주에도 이혼이 예견되는, 이혼할 수밖에 없는 사주의 구성이 따로 있을까? 이혼을 할 수밖에 없는 사주가 따로 있다면 왜 조선시대에는 한 건도 나타나지 않다가 이 시대에 와서야 이렇게 급증하는 것일까?

조선시대에는 시대적 환경이 이혼이라는 용어 자체를 인정하지 않았을 뿐이지, 사주팔자에는 분명 가정의 파탄과 이혼을 예견하는 상징적 암시는 작용하고 있었다고 보아야한다. 그 시대에도 귀밑머리 풀고 백년해로 하지 못한 채 청춘과부에 기녀가 되거나 창녀, 첩실이 되어 여자로서 가정적 행복과는 거리가 먼 불우했던 운명의 주인공들도 수없이 많았다.

한번 결혼하면 죽어도 그 집 귀신이라는 종속적 굴레의 철학이 지배하던 그 시대에도, 평생을 남편으로부터 애지중지 사랑받으며 귀부인으로서 평생을 행복하게 살아간 여성도 많았고, 독수공방 오동잎 지는 소리에 애간장을 찢으며 한숨으로 평생을 산 사람도 있었다.

자식복도 천차만별, 하나 같이 부귀 명예를 겸전하고 자자손손 가문을 빛내는 자식을 둔 가정이 있었는가 하면, 천하의 불한당이 되거나, 심지어 자식에게 폭행과 살해까지 당하는 원수 같은 패륜의 자식으로 인하여 눈물과 한숨이 끊이지 않는 가정도 있다.

남자의 경우는 어떠한가? 남존여비가 시대의 철학이던 그 당시라고 해도 결혼하는 족족 상처(喪妻)를 하여 홀아비가 되거나, 전혀 아내에게서는 아무런 만족도 찾지 못하고 한량으로 밖으로만 나돌며, 파락호로 일생을 마치는 사람도 적지 않았다. 현대의 부부사이도 남의 눈과 자식 때문에 어쩔 수 없이 헤어지지 못한 채, 한숨과 원망으로 죽지 못해 형식적 부부관계를 유지하는 쌍이 우리 주번에 널리고 널린 게 현실이다.

여권의 신장 탓에 심지어 아내에게 매 맞고 사는 남자들도 적지 않다니, 아내의 외출에 어디 가느냐고 물었다고 응급실에 실려 온 남자가 하나 둘이 아니라는 말은 이미 구 버전이 되었고, 심지어 아내와 눈 마주쳤다는 이유만으로 무장해제 당한 채 쫓겨나는 것이 이 시대의 남자라는 개그가 있는 걸 보면 시대가 변해도 단단히 변한 게 사실인 모양이다.

그나마 남편이 경제적 능력이라도 있다면 모를까, 백수건달에 밤일까지도 못하는 고개 숙인 남자가 남편이라면 그것이 원수이지 누가 원수이겠는가? 차라리 죽어서 없어져 주는 것이 소망인 부부사이도 적지 않을 것이다.

그렇다면 가정의 파탄과 이혼 같은, 헤어지지는 못하더라도 이빨 갈며 살아야 하는, 산란한 가정궁의 운로를 나타내는 사주는 어떻게 밝혀낼 것인가? 간단한 답변이 준비되어 있다. 사주상 가정궁의 육친관계와 생, 극 ,합, 충 및 가족관계의 작용력, 나아가 살성 및 대·세운 등을 사주추명으로 읽어내면 그 사람의 결혼운과 가정운의 얼개를 짚어낼 수 있을 터이다.

남녀 공히 일지는 배우자궁이고, 육친으로는 여자에게 정관이 남편이며, 편관은 애인, 정부, 혼인 외의 남자관계로 추명하게 된다. 남자는 정재를 아내로, 편재를 애인 또는 혼인 외의 여자관계로 보게 되는 것은 전술한 바이거니와 이들 각 육친의 뿌리가 튼튼하면서 원활한 생조를 받고, 좋은 길성과 동주한다면 우선 배우자의 운이 튼실한 조건을 구비하게 된다.

그러나 배우자궁인 일지가 타 지지와 형·충·극이 되거나 뿌리가 없이 공중에 뜬 상태 또는 입묘살, 고란살, 과숙살, 원진살 같은 불행과 고독을 상징하는 살성이 같이 앉으면 당연히 배우자운의 불운을 추측해 볼 수 있는 것이다. 또한 육친상 관성이나 재성 즉, 남편이나 아내 성이 지나치게 많거나 해당 육친이 공망이 된다면 어떨까? 그야말로 과유불급이고, 공망이 되면 철새는 날아갔다는 뜻이니 긴 설명이 필요 없을 것이다.

만약 남자사주에 재성이 지나치게 많다면 그것은 불문가지, 일간이 신약해졌다는 말인데, 재성은 여자이니 일생에 걸쳐 여자 꾀나 만나게 된다. 여자가 주변에 끓으면 무엇 하겠는가? 내 몸이 약하니 그림의 떡이 된다. 이런 남자가 결혼을 하면 신약한 자신의 몸으로 많은 여자를 감당할 수 없는 형국이니 열등감 생기기 쉽고, 모든 여자가 그런 줄 알고, 아내를 의심하는 의처증마저 생기기 십상이다.

배우자궁이나 특히 이러한 불길한 암시에 더하여 12운성마저 병, 욕, 사, 절 등이 밀려오면 거의 확실하다할 정도로 불길한 운로가 이어지게 된다. 예를 들어 남편인 관성에 입묘살이 든 사주가 있다면 그 남편은 이미 무덤 속에 있다는 뜻이니 과부되기 쉽고, 아내인 재성에 욕이나 병이 들면, 아내가 바람피우거나 병약하니 처복을 기대하기가 어려워지게 되는 것이다.

이러한 상징적 암시는 길성일 때 보다는 나쁜 쪽일 때 더욱 강하게 그 암시가 적중하는 경향이 있다. 그리고 이 분야의 사주를 감정함에 있어 빼놓지 말아야할 것은 음양의 조화이다. 음양이 무엇이던가? 곧 남녀의 조화를 말한다. 따라서 어떤 사주8글자가 양이나 음으로만 이루어진 사주(이를 양팔통 또는 음팔통이라 한다.)가 있다면 그만큼 음양의 조화법칙에서 벗어난 것이므로, 당연히 그에 따르는 상징적 작용이 발현된다.

여자사주가 지나치게 신강한 사주에 남편의 사주 또한 매우 강한 사주라면 아내로서의 본래적 위치를 지키기는 어렵게 되고, 부부금실은 사사건건 대립적 양상으로 전개될 것이다. 한편 배우자궁은 일지라고 했으니, 일주의 천간과 지지가 음양이 같은 간여지동이라면 음양의 조화법칙에 위배되어 우신은 외형적 대립의 양상을 띠게 된다는 점을 주지해 주기 바란다.

배우자궁은 곧 가정운으로 이어지게 되는 만큼 배우자운이 미약할 때 자식복도 미약해짐을 부인할 수 없을 것이다. 따라서 배우자궁인 일지와 자식궁인 시지가 형충 되거나, 흉성의 암시가 강하다면 해당 육친과 가정궁의 불운을 예측해 볼 수 있다. 그러나 사주추명학의 기본자세가 종합적이고, 유기적인 판단을 요구하는 것처럼, 이 분야 또한 지엽적이고 단편적인 판단을 지양하고, 전체적이며 합리적 판단을 하여야한다.

그러면 실제의 사주 예를 들어 배우자 운과 가정운은 어떻게 예측하고 추명하게 되는 지를 실증적으로 공부해 보도록 하자.

⬤⬤ 세 번 이혼하고 홀아비로 사는 남자사주 〈壬辰생 남자로 대운수는 8이 된다〉

시	일	월	년	사주
丙	癸	庚	壬	천간
辰	巳	戌	辰	지지

대운	천간	辛	壬	癸	甲	乙	丙	丁	戊
	지지	亥	子	丑	寅	卯	辰	巳	午
	연령	8	18	28	38	48	58	68	78

어디에서 본 듯한 사주명식인 줄 아는 독자라면 제대로 된 사주학을 공부한 셈이다. 그렇다. 앞장에서 실제 사주풀이의 예제로 나왔던 사주명식이다. 불운한 결혼운과 불발된 가정운의 전개는 어떻게 되는가를 연구하기에 좋은 예이기 때문에 이 분야에서도 가정궁을 위주로 추명해 보기로 한다.

우선 남자 사주에 있어 여자는 재성인데, 재성인 시천간의 丙火와 일지 巳火가 표면에 나타났으나, 식상 木이 표면에 없으니 재성이 생을 받지 못한 나머지 관성도 의지할 곳이 없는 재관무의가 되었고, 월일이 巳+戌 원진을 구성하면서, 연월시가 각각 辰戌로 양 충을 구성하고, 辰+辰 자형살이 또다시 암약하고 있다.

게다가 연월이 壬辰, 庚戌로 쌍으로 괴강을 만드니 괴강이 옳은 작용으로 길한 역할을 하려면 사주의 구성이 신강하고, 육친의 배열이 중화되어야 한 시대의 풍운아 또는 애국자나 추앙 받는 거물의 사주가 되는 법인데, 이토록 형충에 원진 등이 난무하면 사람의 위인 됨이 일간 癸水의 상징처럼 골짜기에 졸졸 흐르는 옹달샘물처럼, 연약하고 의지가 박약하게 되는 것은 안 봐도 비디오가 되는 법이다.

나아가 연월일시의 지지 지장간 모두에 각각 戊土가 있어, 이 戊土

가 나 일간과 복수로 戊+癸 암합으로 火 재성이 되니 축복받지 못할 여자관계만 이어지고, 표면에 나타나는 본처는 생조 받지 못하는 재성 무의가 되어 호적만 더럽히는 결혼이 된 채 연상, 연하, 유부녀 등 인정받지 못할 여자깨나 끓게 생겼다.

특히 이 戊+癸 합은 양천간 戊土가 자신이 극하는 일간 癸水와 합하자고 먼저 달려오는 형국이라 여자들이 먼저 추파를 던지는 특징이 있거니와, 이미 배운 것처럼, 戊+癸 합 무정지합은 규범, 고독을 상징하기도 하여, 여자가 먼저 좋아하고, 여자가 먼저 떠나가는 카츄샤 사랑이 되기 쉽다. 사주 구성이 이렇게 전개되면 재성인 많은 여자들이 먼저 짝짜꿍 합을 하자고 본명의 남자에게 달려드는 형국이 된다.

게다가 남녀불문 하고 일간이 水日인 사람은 외모가 번듯한 경우가 많다. 그러니 많은 여자들이 서로 자신만이 이 남자의 애인인 줄 알고 합을 하겠다고 자처하고 나서니, 이 남자의 진정한 사랑을 받아줄 여자가 있을지 의문이다. 이 남자의 애정운이야 그렇다 치고 가족운과 자식운을 살펴보자.

형제 동기운을 보는 비겁이 연 천간에 홀로 외로운데, 연지 辰土로 토극수 당하니 뿌리가 없어져 여러 형제가 있다 해도 형제 덕이 별로 없다. 또한 남자에게 관성은 아들인데, 水 일간에 관성 辰은 입묘살이요, 水 일간의 관성 土를 기준하면 戊 土가 또 관성 입묘살을 구성하니 아들을 잃는 아픔도 겪을 수 있는 임시를 지니고 있다.

실제로 이 사주의 주인공은 火 재성이 대운 土를 생하느라 힘이 빠지는 33세 丑土 대운중 다시 재성이 수극화로 극을 당하는 癸亥 세운에 아내와 이혼하였고, 혼자 어린 아들을 키워오다가, 역시 丑土 대운 끝자락의 戊辰 세운에 두 번째 결혼을 하였으나 그해 戊辰 세운을 넘기지 못하고 또다시 이혼을 하였다.

戊辰 세운은 천간 지지가 같은 土의 간여지동으로, 아내성인 재성이 화생토로 설기되는 불리한 세운이라 원래 木의 생조를 받지 못하

던 재성이 감당할 에너지를 빼앗기면서 호적을 정리할 수밖에 없었던 것이다. 이제껏 3번의 혼인을 했으나 모두 실패하고 말았다.

더구나 아들인 관성 土를 극하는 대운인 53세 卯木 대운 중 甲申 세운 또한 천간 甲木은 목극토로 관성을 극하고, 지지 申은 관성인 土가 생하느라 설기되어 하나 뿐인 아들을 잃고 혼자 쓸쓸히 살아가고 있다. 壬辰, 庚戌 양 괴강 또한 고독의 암시가 중첩되고 있음은 우연이 아닌 것이다.

●● 남편과 자식을 버리고 재가하는 여자사주 〈丁酉생 여자로 대운 수는 6이 된다〉

시	일	월	년	사주
壬	丁	壬	丁	천간
寅	巳	寅	酉	지지

대운	천간	癸	甲	乙	丙	丁	戊	己	庚
	지지	卯	辰	巳	午	未	申	酉	戌
	연령	6	16	26	36	46	56	66	76

앞에 제시한 남자의 첫 번째 아내의 사주다. 우선 일주가 丁巳 고란살을 구성하고 있다. 어떠한 사주라도 맨 먼저 봐야 하는 것이 일주다. 일주는 사주팔자의 중심이고 곧 자신이 아닌가? 丁火 일간은 본능적으로 자신의 몸을 지속적으로 태울 수 있는 땔감과 조후를 찾는 법인데, 맹춘인 寅木월에 태어나서 득령은 하였으나, 아직은 천지에 봄 색깔은 이른 때이다.

그래서 일지의 巳火가 그리운 원군인데, 월과 시지가 寅木으로 월일 寅巳, 일시 寅巳의 양쪽 협공의 형살을 놓고 말았다. 일시 형충이나 파, 해가 되면 일단은 가정궁에 일대 파란이 예견된다고 이미 수차례 전술하였듯이 일주가 丁巳 고란살에, 일월시가 이중으로 형살을 구성하니 범상한 여자사주가 아닌 것은 알고도 남음이 있다.

게다가 壬水가 정관 남편인데, 연월일시가 모두 저마다 丁+壬 합목으로 합하여 木 인성으로 변하였다. 한마디로 별 희한한 사주가 다 되었다. 천간끼리는 이중 삼중으로 합하였는데, 그 밑의 지지끼리는 또 이중으로 형살이고, 寅巳는 형살이면서 또한 파살까지 되니 가정과 내외간이 파토가 나는 형국이다.

일주 丁巳는 외로운 방울새라는 고란살에 천간, 지지가 같은 오행으로 간여지동이다. 일주 간여지동이면 과부, 상부(喪夫)하기 쉬운 경우에 해당하고, 배우자궁에 공망까지 겹쳤으니 애정운과 결혼 운은 이미 파란을 예고 있는 매우 편벽된 불리한 사주를 타고 났음에 이의를 제기할 수 없게 되었다.

사주표면에 식상이 나타나지 못했고, 酉金 재성은 저 먼 연지에서 외로우니 먼 곳에 있는 재물을 그토록 그리워할 수밖에 없다. 실제로 이 여인은 돈에 대한 집착이 지나치게 강하여 돈을 찾아 남편을 배신하고, 자식을 버리는 명식에 해당한 결과가 되었다. 월일시의 강한 인성과 천간 丁+壬으로 合木된 인성까지 가세하여 일간을 생하니 무척 강한 신태강사주가 되었다.

인성이 너무 강하면 인성의 극을 받는 식상이 매우 쇠약해지는데, 이런 경우를 어머니가 강해서 자식이 쇠약하다는 뜻으로 '모강자쇠(母强子衰)라고도 한다. 따라서 이 사주의 용신으로 검토해 볼 수 있는 것은 강한 인성을 금극목으로 제압할 수 있는 재성 酉金이 유일한데, 고립무원의 응원군 하나 없는 酉金이 용신 역할을 해줄 것을 기대하는 건 어렵게 되었다.

그렇다고 寅木 지장간 중의 戊土 상관을 이용해 화생토로 일간의 기운을 설기시키는 것을 용신으로 끌어오자니 땅위에서 寅巳로 이미 형이 되었고, 파살로 파토까지 났으니 이 사주는 용신이 없는 것이나 마찬가지다.

이렇게 되면 대운에서 신강사주의 막강한 힘을 보태주어서 화근이 된 인성과 비겁운의 기신운이 오면, 나쁜 쪽으로는 아주 민감하게 반응하여 엄청 험난한 운로가 다가오게 되지만, 용·희신운이랄 수 있는 金土 재성과 식상운은 온다고 해도 크게 상합할 수 없어 길운의 행로는 보장받기 어려운 구조가 되는 것이다.

이 사주의 대운을 살펴보자. 초년과 중년운이 야속하게도 정확히 寅卯辰 인성운과 巳午未 비겁의 기신운으로 흐르고 있다. 인성이 화근이 된 기신이라 공부와 학문과는 거리가 멀어 지방 고향에서 실업고등학교를 졸업하고 상경하여 회사생활을 잠시 하였다. 그러다 중매로 辰土 대운 24세 庚申 세운에 위의 남자와 결혼하게 된다.

우선 위의 남자의 사주원국과 본 여명의 사주를 표면만 놓고 보아도 남녀간의 일천간이 丁癸로 서로 충극 하고 있고, 시 천간은 각각 壬丙 칠살이 되면서 월과 시지 또한 여자가 목극토로 남자를 극하고 있는 것이 보인다. 외형적 단식판단이긴 하지만, 남녀의 상합이 곤란할 것을 깔고 시작한 결혼이라 할 수 있겠다.

이런 두 사람이 결혼식을 올렸다는 사실 자체가 신기할 따름이다. 게다가 이 여인이 결혼한 세운은 庚申 세운으로서, 세운지지 申과 사주 원국에서 이미 이중으로 구성된 寅巳 형살이 더불어 寅巳申으로 삼형살을 또다시 이중으로 구성하는 해였던 것이다. 寅巳申 삼형살이 무엇이던가? 지세지형이라 하여 냉혹, 흉터, 수술 등이 예견되며. 분주하고 변화 많은 삶을 살거나 자기를 과신하다가 손해를 보기도하며, 자기주장이 많아 주위의 미움을 사기도 하는 살인 것이다.

원래 여자 사주가 신태강하고 사주구성이 편벽되면 결혼운은 기대하기 어렵게 된다. 이 사주는 재성이 번듯하게 나타났어야 용신이 정상가동이 되어 대운에서 찾아오는 용신운의 발복을 기대할 터인데, 재성 酉金은 고립무원이고, 희신인 식상은 지장간에 웅크린 채 재성을 도울 수가 없다. 그래서 이 사주의 여인은 사주가 본능적으로 필요한 재성 즉, 재물에 그토록 집착하게 된 것인 지도 모른다. 사주 천간에 정관성인 남편 壬水가 월과 시 양쪽에 놓인 채 자신과 丁+壬으로 천간합을 하니 법상 지지에 뿌리가 없는 남편이 둘인 형국이다. 그러니 첫 남편과 결혼한 후 이 여인은 그토록 무작정 이혼을 요구했다고 하니 상식으로서는 이해가 안 가는 사주팔자의 암시력이 자못 신비할 뿐이다.

사주가 이렇게 구성되면 일지 배우자궁이 공망 되어 본 남편을 배신하고, 용신 재성을 돕지 못하는 식상이 얄미워 남편을 배신하고 자식을 버린다는 '배부기자(背夫棄子)'에 해당하게 된다. 실제로 이 여인은 乙巳 대운 28세 甲子 세운에 세 살 된 아들과 남편을 등지고 이혼을 하게 된다. 乙巳 대운은 신강사주에 힘을 더하는 기신운이며, 세운 또한 甲子년으로 기신운이었던 것이다. 이어 이 여인은 그해 甲子년을 넘기지 않고, 상처(喪妻)한 남자의 재취로 재혼을 하게 된다. 그 남자에게는 이 여인의 자신이 두고 온 아들과 동갑의 전처소생의 아들이 있었다고 하니 낳은 자식, 기른 자식 각각인 '생양이자(生養異子)'가 된 것이다.

대운의 흐름을 살펴보자. 이때부터 신강사주인 이 여인의 대운은 장장 30년을 정확하게 신강사주 화약에 섶을 던지듯 비겁 火운으로 흐른다. 이렇게 되면 건강상 체액이 고갈될 수밖에 없고 여러 가지 신경통, 골관절 계통의 질병이 찾아오게 된다.

재혼 후 이 여인은 31세 丁卯 세운에 딸을 낳게 되는데, 이 딸아이도 척추길환이 있는 등 고초를 겪었다. 丁卯 세운도 기신에 해당하는 木火운이라 길운을 기대하기는 어려웠다 하겠다. 앞으로 말년의 대운이 재성 용신으로 흐르니 세월이 희·용신운에 해당하는 바, 그간의 사주상의 불길한 운로와는 좀은 자유롭게 일신이 안락한 노후가 펼쳐지리라 믿는다.

시	일	월	년	사주
戊	辛	庚	己	천간
戌	未	午	丑	지지

대운	천간	辛	壬	癸	甲	乙	丙	丁	戊
	지지	未	申	酉	戌	亥	子	丑	寅
	연령	9	19	29	39	49	59	69	79

辛 일간이 午월에 태어나니 정관격 사주로 득령치 못했으나, 5개나 되는 엄청난 土 인성이 일간을 생하고 있어 신태강 사주가 되었다. 일간 辛金과 庚金 겁재가 끝도 없는 흙더미에 묻혀 명기가 되지 못한 채 답답하고 갑갑한 사주임을 한눈에 알 수 있다.

土의 성질이 오행상으로 중앙이며, 신의를 상징하는데, 이렇게 태과하게 집중 배치되면 성격에 융통성이 없는 답답한 인품을 가질까 두렵다. 이를 일러 금덩어리가 흙더미에 묻혔다는 뜻으로 '토다금매(土多金埋)'라고도 한다. 아예 치우치려면 종격으로 가도록 사주가 완전히 외곬으로 흐르는 게 좋은데, 왕성한 인성 土를 따라 종강격으로 가려하니, 丑戌未 3형살과 丑午 원진이 가로놓여 있고, 월간 庚金이 토생금으로 왕성한 土기운의 일정부분을 자신의 몸으로 설기시켜 주니 종강격이 되지도 못한다.

이러한 사주는 거목인 甲木이 있어 흙속에 뿌리를 뻗어 헤집어주거나, 많은 土를 흩어놓을 수 있는 큰물인 壬水가 물 공장처럼 버텨주어야 사주가 소통이 되는 법인데, 사주 어디를 봐도 그러한 오행은 보이질 않으니 어찌하랴. 인성이 태과하면 오히려 어머니의 덕이 부족한 바, 이 여인은 어머니의 사랑도 크게 받질 못했다.

남편성인 월지 午火 정관은 정관을 생해줄 식상 木이 표면에 없어 허약하기 짝이 없는 상태인 데도, 주제를 모르고 태과한 인성만 생하고 있으니 남편운이 불길한 것은 불문가지라 하겠다. 월일지가 午未로

合火되어 어찌 보면 관성 火가 뿌리가 있어 약하지 않은 것 같으나, 하필 너무 많아 사주를 엉망으로 만든 인성과 합이 되었고, 未土는 시지 戌土와 연지 丑과 더불어 丑戌未로 3형살을 이룬 채, 관성 午火를 생할 식상 木이 사주표면 어디에도 나타나지 않아서 관성이 의지할 곳이 없다.

이러한 사주를 '관성 무의'라고 이미 배웠지만, 관성이 의지할 곳이 없다는 뜻이니 일단은 남편운은 날 샌 것이나 마찬가지가 된다. 더구나 辛金 일간에 戌土는 안타깝게도 관성이 입묘가 되니 더 말을 하기가 미안할 지경이다. 실제로 이 사주의 주인공은 남편으로부터 평생 살가운 사랑 한번 받아보지 못하고 위에서 언급한 것처럼, 있으나 마나한 존재로 차라리 없느니만 못한 상태이며, 관성 午火가 기신인 인성을 생하는 원수 같은 구신(仇神)이니 남편이 원수나 다름없는 암시를 지니고 있다.

배우자와 가정궁인 일시가 형살을 놓거나 충극이 되면 일단은 가정의 행복은 기대하기 어렵다고 보고 사주를 풀어가도 좋을 만큼, 가정궁의 형충 파극은 중요한 의미를 지닌다. 이 사주도 일시 형살에 연월이 丑午로 원진살을 구성하고, 시지 戌土는 관성(夫星)입묘살까지 겹치고 있어 매우 불길한 형국이다. 또한 연지 丑에서 시지 戌을 보면 과부살이라는 과숙살이 도사리고 있으니 시지는 말년을 의미하는 바, 말년으로 갈수록 고독의 암시도 강해질 조짐을 보이고 있다.

게다가 시주 戊戌은 급격, 극단, 집단의 우두머리, 의혈남아 등을 상징한다는 괴강살을 구성하니, 괴강살이 길작용을 하려면 난세나 시대의 풍운아로 정치지도자 또는 어두운 세계의 보스가 되어야 하거늘 여자사주의 구성이 이렇게 전개되면 알콩달콩 금실부부는 애초에 기대하기 어렵게 된다. 하지만 묘한 것은 이 사주의 주인공은 태과한 인성의 암시대로 초등학교 교사의 길로 접어들었으나 관운이 미약하여 일찍이 선생의 길을 접고, 40대 후반 들면서 대운 재성과 식상운이 들어옴에 따라 태과한 인성이 중화되면서 식상 표현력과 예능적 기질의 발현으로, 창조적 의지의 조화로운 개발을 통해 사주의 불리함을 오히려 승화시키고 있으니 우리의 인생도 위기는 곧 기회라 할 수 있지 않겠는가?

남편이 아니면 남편보다 더 좋은 예술과 더불어 살면 되는 것이다. 아마도 이 주인공은 인생후반부의 대운이 태과한 인성의 기운을 설기시키고, 자신의 예술적 창조역량을 점화시킬 수 있는 식상운으로 달려주니 행복한 창조적 노후를 보장 받을 수 있는 사주라 하겠다.

●● 호적상 남편 없이 정부(情夫)만 있는 여자사주 〈戊子생 여자로 대운수는 9가 된다.〉

시	일	월	년	사주
壬	丁	乙	戊	천간
寅	巳	卯	子	지지

대운	천간	甲	癸	壬	辛	庚	己	戊	丁
	지지	寅	丑	子	亥	戌	酉	申	未
	연령	9	19	29	39	49	59	69	79

丁 일간이 卯월에 태어나니 편인격 사주가 되었다. 일간지 丁巳가 월주와 시주 양쪽으로부터 목생화 인성으로 생을 받고 있고, 일주가 오행이 같은 간여지동으로 건록을 놓아 사주가 신강함을 한눈에 알 수 있다. 게다가 일간마저 일시 丁+壬 合木으로 화하여 일방적 기세로 일간을 강하게 하고 있는 인성을 부추기면서, 연지에 외롭게 떠있는 약한 식상 戊土마저 강하게 극하니 사주 전체가 인성의 천지가 되었다.

일지 巳火가 있어 木기운을 다소 빼내는 역할을 해낼듯하지만, 巳火란 것이 무엇이었던가? 활활 타오르는 불이 아닌 땅 속의 불 또는 잿더미 속에 감추어진 불씨 같은 것으로, 지장간에 丙火를 품고 양화를 향해가는 불이기는 해도 한마디로 거목 목재에 성냥불 붙이는 격이라 역부족이다.

이럴 때는 섣불리 강한 인성을 누르겠다고 강약용신인 재성 金을 끌어왔다가는 강한 나무에 칼날의 이만 빠지는 꼴이 되고 만다. 따라서 외격사주를 공부하면서 배운 대로 인성에 아예 항복하여 종강격 사주로 살아갈 팔자임에 여지가 없겠다. 그러니 용신은 木이 되고, 木을 생하는 水는 희신이며, 木을 극하는 金은 기신이 된다.

우선 이 여인의 애정운인 남자운과 행복운인 가정궁과 자식복을 검토해 보자. 여자에게 관성이 남자다. 연지 子水가 음양이 바뀌어 편관이고, 시의 壬水가 정관인데 일시가 丁+壬으로 합목 한데다, 연지 子중의 지장간 壬水가 丁+壬 합목으로 또다시 암합하니 관살이 혼잡 되어 호적에 올릴 남편은 없이 이래저래 살을 섞는 밤의 남자만 있는 모습이다.

丁+壬 합목이 무엇이던가? 丁+壬 합목은 '인수지합'이라 하여, 교태와 자애로운 인성의 성격을 띤 남녀의 합을 의미하므로 연하의 남자를 밝히게 되더라. 더구나 관성을 생해줄 재성인 金星도 일지 巳火 중 庚金 하나만 웅크리고 있을 뿐이니 한마디로 재성과 관성이 의지할 데가 없다는 재관무의가 되었고, 사주표면의 약한 관성마저 막강한 인성을 생해주어야 하니 어찌 옳은 남편 구실을 하겠는가.

그러니 남편 복을 기대하기는 어렵게 되었고, 여자가 남편 덕 없이 살려면 재운이 뒷받침이 되어야 할 터인데, 재성마저 의지할 데가 없이 새성이 기신이 되니 재물복도 좋을 리 있다. 그러면 자식복과 가정운은 어떠한가? 남편의 덕이 없으면 자식 덕도 없다는 민간의 속설이 있기는 하지만 이 여인은 안타깝게도 가정궁인 일시가 寅+巳로 형살 되었고, 기구하게도 연월이 또 무례지형이라는 子+卯로 형살을 놓으니 이렇게 되면 군인, 법관, 경찰 등의 형권을 다루는 직업이나, 외과의사 아니면 칼을 잡는 주방장으로 진출하지 않는 한 인생의 행로에는 수많은 구설과 이성문제, 냉혹과 구속, 무례, 남편 무덕 등의 불길한 암시가 따를 수 있음을 앞 장 <형살의 구성>편에서 배웠다.

연월이 형충이면 조상과 부모의 뿌리가 뽑히기 쉬워 부모형제 덕이 없을 확률이 높고 또한 형살은 칼을 의미하기도 하며, 대운과 세운에서 또다시 3형살이 만들어지거나 육친과 12운성에 나쁜 운이 같이 들어올 때, 수술이나 감옥에 갇히는 등 불운이 오기도 하는데, 실제로 이 여인은 대운이 용신을 극하는 불길한 庚金 대운 중 세운 丙子년에 또다시 子+卯 형살이 겹쳐 자궁수술을 받았으며, 세운 戊寅년 寅+巳 형살이 또다시 겹치는 해에는 도박혐의로 실형을 살기도 하였다. 이처럼 사주를 감명할 때는 대운과 유년운 그리고 사주원국의 육친과 상징적 의미를 결부시켜 추명 하는 습관을 길러주기 바란다. 이 사주는 그래도 초중반의 대운이 용신인 木운과 亥子丑 水운의 인성과 관성으로 흘러주고 있다.

木성은 인성이라 넉넉지 못한 가정환경에서도 중고등학교를 마칠 수 있었고, 20대가 시작되는 관성 운에서는 희신 水가 추구하는 상징적 암시대로 일찍이 화류계의 물장사로 진출하니, 밤의 꽃으로 수많은 사내들의 넋을 빼놓기도 했다. 丁巳 일주는 외로운 방울새란 뜻의 고란살이 겹치고, 월지 卯는 도화살이 되니 庚대운이 시작되는 49세까지의 장장 30년 세월을 노류장화로 술과 사내들 속에서 한 세상을 풍미 하게 되었다.

대운이 개두 되거나 절각됨도 없이 희신인 관성 水운으로 달려주었으니 이 여인은 구멍가게에라도 막걸리 잔만 가져다놓으면 관성인 뭇 사내들이 술 팔아주려고 아우성을 치는 꼴이 된 것이다. 丁火 일간은 타오르는 예쁜 촛불처럼 타고난 매력을 지니거니와 丁+壬으로 또 합을 하니 타고난 교색으로 화류계 진출은 운명적인 선택일 수밖에 없었으리라. 그러니 밤만 되면 돈 보태 주려는 사내들이 날마다 이어졌으니, 오늘 벌어 오늘 다 쓰도 내일이면 또 돈이 굴러들어오니 굳이 돈 모으는 일 따위에 절실할 필요가 무에 있었겠는가?

그러나 운명의 그래프는 예외가 없는지, 50대로 들어오면서부터는

申酉戌 金局이 지배하는 불길한 기신의 재운이 기다리고 있고, 용신 木을 직접 극하는 金운이 온 것이다. 이제 이 사주는 어디를 보아도 대운이 화끈하게 뒤받침 해주던 좋은 시절은 가고, 용신을 극하고 용신의 힘을 빼는 고단한 세월만 기다리고 있으니 안타까울 따름이다.

그러니 이러한 사주를 미리 알아 미래에 대비하고, 착실한 저축을 하여 불길한 운로를 극복할 수 있도록 항해도를 제시해 주는 것이 사주추명학이라 할 수 있는 것이다.

아무튼 이 사주는 남편궁인 관성이 기운이 빠질 대로 빠져 매우 무력한데다, 재성이 표면에 없어 재관 자체가 불길하고, 자식인 식상 戊土는 子水의 절지 위에 놓인 채, 초강력 인성에 의해 명함도 못 내밀고 극을 당하고 말았으니, 슬하에 자식도 없이 양자 하나에 의지하여 경제적으로도 매우 곤궁한 노년을 맞이하고 있다. 이처럼 이혼과 가정파탄 그리고 자식운의 행불행은 전술한 것 같은 운명적 공통성을 지니고 사주상에 나타나게 된다는 것을 알게 되었으리라 믿는다.

남편이 자살하고 혼자사는 여자사주 〈丙午생 여자로 대운수는 1이 된다〉

시	일	월	년	사주
丁	己	壬	丙	천간
卯	亥	辰	午	지지

대운	천간	辛	庚	己	戊	丁	丙	乙	甲
	지지	卯	寅	丑	子	亥	戌	酉	申
	연령	1	11	21	31	41	51	61	71

이 사주는 己土 일간이 辰월에 태어나 득령 하였고, 연지 午火 인성은 건록이 되면서 火土 인비 기운이 왕성하여 신강사주가 되었다. 게다가 일시 亥+卯 합목이 되어 목생화로 火氣를 생하고 있어 용신으로 우선 불기운을 감소시키는 水 재성을 검토해 볼 수 있겠다. 월간에 壬水라는 큰물로 火 인성을 누르면서 官星을 생하여주면 辰월의 春土를 갈아서 열매를 얻을 수 있을 것이다. 그러나 이 사주는 재성을 생해줄

식상 물 공장 金이 사주의 어디에도 나타나지 않아 壬水 재성이 힘이
없다.

　따라서 이 분야, 즉 여자에게 아버지이며 재물이기도 한 재운은 인
연이 한참 멀다는 것을 알 수 있다. 실제로 이 여인은 아버지로부터
사랑은 고사하고, 부녀가 원수나 다름없는 관계가 되었다. 여자 신강
사주면 남편 입장에서 만만한 여인이 아니란 걸 대한민국의 남자들이
알아둘 필요가 있다. 한마디로 존심 강하고 야망이 세서 남편이나 아
버지에게도 잘 지려하지 않게 된다.

　여자 사주라도 신강사주에 사주 구성과 운행이 제 자리에 잘 놓이
면 대귀, 대발 한다하였으나, 이 사주는 용신인 壬水가 연월 壬丙 七
殺이 되어 살을 맞았고, 전술한 것처럼 용신 재성을 생해줄 식상 金의
지원이 全無하니 용신이 무력하다. 따라서 관성을 생해줄 재성의 능력
도 극히 미약하여 재관무의격이 되고 말았다. 그렇다면 亥+卯 합목으
로 고무신 바꿔 신은 亥水 대신 월지 辰중 지장간의 癸水 재성을 용신
으로 할 수밖에 없다.

　용신인 재성 水를 기준하면 용신 癸水가 辰土 묘고(墓庫)에 들었으
니 어찌 답답하고 갑갑하지 않으랴. 용신이 장간에 웅크리면 대운에서
용신운이 와도 발복이 더디거나 미미하고, 흉운에는 이상하게 잘 반응
하는 네거티브 시스템이 작동되는 경향이 있다. 이 사주는 월지에 습
토인 辰土가 있고, 일지에 亥水가 있어 재성인 水기운이 약하지 않은
것 같으나, 연주 丙午는 양인이라 火氣가 성하고 일지 亥水는 12운성
상 일간의 胎에 해당되며, 일시지 亥卯 木局이 목생화로 성기(盛氣)하
여 인성 火氣가 강하다.

　인성이 무엇인가? 어머니와 문서, 학문을 말하는 별이다. 왕성한 인
성 때문에 이 사주 주인공의 어머니는 매우 강한 사람이며, 따라서 재
성은 무력하게 되니 재물 및 아버지와 인연이 멀고 또한 재성이 생해
야하는 남편성인 관성이 힘을 쓸 수 없다. 인성이 왕한 신강사주면 학

문은 유리한데, 무력한 용신과 고립된 관성인 남편을 감안하면, 이 사주는 결혼을 아예 안 하거나, 아주 늦게 결혼하여 아버지 같은 신랑 만났어야했다.

조부모 궁에 건록이 드니 조상대에 부자 소리 들었을 것이며, 연월 천간 壬丙 칠살에, 조모궁에 육친을 해하는 육해살이 드니, 父와 祖가 상극이다. 월일이 辰亥로 원진이고, 배우자궁인 일지 亥중 甲木은 甲己 合土로 나와 합치고 또 일지 卯와 다시 혼합하면서 일간 己에서 월지 辰은 욕 도화가 되니 사주의 암시대로 드러내지 못할 숨은 애인 한 둘은 두어야할 것인즉, 평탄한 부부생활과 가정운은 애초에 어려운 사주이다.

월주가 壬辰 괴강살로, 여자지만 성깔과 자존심 강하고, 연지와 월일지를 살피자면 과숙살에 홍란살을 구성하는데, 과숙살과 홍란살이 무엇인가? 한마디로 노처녀, 과부로 늙거나 붉은 방울새라는 뜻이 아닌가? 이 사주의 대운과 운세를 비교해 보자. 대운 辛卯, 庚寅은 지지가 寅卯 木운이라 용신 水가 수생목 하느라 힘이 빠지지만, 천간 庚과 辛金은 희신운으로 유년은 비교적 유복하게 공부도 잘하고 대학까지 졸업하여 전문직으로서 직장생활을 시작하였다.

문제는 丑土 겁재 대운과 戊子 대운이다. 신강사주에 비겁운이 오면 강한 인성 火기운은 더욱 기세를 만나 타오르게 된다. 지지 子水 재싱 용신운도 천간의 대지 흙더미로부터 도극수로 개두되이, 뿌리가 없어 재관이 의지할 곳 없는 본 사주가 죽을 지경에 처하게 된다. 실제로 이 여인의 남편은 子 대운 중 丙戌년에 의지가 박약하고 히스테리가 극에 달한 채 세상을 원망하며, 아내를 학대하던 운명의 굴레를 뒤로 하고, 약한 卯木 관성이 큰 불 속에서 일순간 사그라지듯 스스로 자살이라는 극단의 시나리오를 선택하고 말았다.

남편으로부터 한번도 사랑은 고사하고 살가운 말 한마디 들어보지 못한 이 여인의 애정궁과 결혼운은 이렇게 한(恨) 만을 남기고 끝이

난 것이다. 현재 이 여인은 의료인으로서 전문직에 종사하면서 두 아이를 키우며 홀로 살아가고 있다.[39]

월지에서 일지 亥는 급각(急脚)살이니 골관절 계통의 건강에 유의하여야 하고, 전반적으로 용신이 지지에 숨어있어 발복이 더딘 가운데, 대운의 기복이 일희일비하여, 매사를 대하는 성격 또한 싫증이 교차하게 될 것이다. 신강사주이지만 년 월과 일시가 각각 양4통, 음4통으로 대립하니, 대인관계나 외교에 능하지 못하여, 직업으로는 자영업이나 사업은 절대불가하고, 육영사업이나, 사회봉사업이 적격이다.

다음은 재운과 관운은 미약하지만 덕성스런 아내를 만나 가정적으로 행복한 남자의 사주를 관명해 보기로 한다.

---

39) 의약업계나 위생, 화장품 사업 등 의료관련 업에 종사하는 사람의 사주명식은 아래와 같은 상관성를 지닌다.

🔳 사주가 불비해도 좋은 아내를 얻는 남자 사주 〈庚子생 남자로 대운수는 9가 된다.〉

시	일	월	년	사주
庚	壬	甲	庚	천간
戌	申	申	子	지지

대운	천간	乙	丙	丁	戊	己	庚	辛	壬
	지지	酉	戌	亥	子	丑	寅	卯	辰
	연령	9	19	29	39	49	59	69	79

壬水 일간이 申월에 태어나서 득령 하였고, 시 천간에 庚金이 투출하여 격국으로 편인격 사주가 되었다. 우선 엄청 많은 편인 金이 일간을 막강하게 생조하고 있고, 연지 子水는 일간에 양인이니 일간이 강할 대로 강해진 신강사주임을 지금까지 이 책으로 공부해온 독자들이라면 모를 리 없다. 문제는 워낙에 인성이 강하여 혹시 종격으로 종강격이 되는 게 아니냐는 의문이 갈만큼 신강한 사주이다. 그러나 일간 壬水는 자신이 생하는 식신 甲木을 사랑하는 본능이 있다. 그리고 연지 子水도 金의 기운을 어느 정도 나눠가지려 하기 때문에 그런 원군을 믿으며, 결코 종살이 갈 생각은 하지 않게 된다. 그러니 종격은 검토 대상이 아니다.

그렇다면 이 사주는 가야할 길이 뻔하다. 막강한 인성 金을 제압하여 사주를 중화시킬 튼튼한 육친을 찾아야 한다. 그런데 저 막강한 편인을 어떻게 제압해야할까? 한마디로 사주가 매우 편중되어 있음을 알 수 있는데, 사주에 튼튼한 불기운이 있다면 당장 용신으로 쓸 수 있겠다. 이 사주는 金水의 일방적 기세로 이루어져서 매우 한습(寒濕)한바, 조후용신으로도 火 재성이 용신이 되겠고, 앞장 부자사주 편에서 전술한 것처럼, 金이 튼튼한 금실사주는 많은 광물질을 제련하여 유용한 금속을 얻을 수 있는 담금질을 위해서라도 불이 필요한데, 사주표면 어디에도 火 기운은 없다.

그러니 아쉬운 대로 시지 戌중의 丁火를 끌어와야겠는데, 그렇게 되니 용신은 땅속에 숨어있고, 그 많은 金을 제압하기에는 용신의 역량이 너무나 떨어질 수밖에 없게 되어 용신 무력이 되고 말았다. 이렇게 되면 비록 대운에서 확실하게 용신운으로 달려주지 않는 한 발복이 더디고 대발하기는 어렵게 된다.

편인은 사주용어로 효인살(梟印殺)즉, 올빼미 '효'를 쓰서 올빼미처럼 저를 낳아준 어미를 잡아먹는다는 뜻의 아주 흉살로 간주한다. 그런데 편인은 식복과 베풂, 사교성 등을 상징하는 식신을 직접 극하기 때문에 식판을 뒤엎는다는 뜻의 '도식(倒食)'이라고도 하는 것이다.

따라서 이러한 사주의 암시가 있으면 엎어진 아쉬운 식신에 집착하여, 식도락이나 의식주, 사교와 베풂에 집착하는 경향을 보이게 된다.

실제로 이 사주의 주인공은 동창회장 같은 사교와 베풂을 좋아하고, 술집, 음식점 같은 식신의 육친에 해당하는 업을 주로 영위해 왔지만, 사주의 구성이 이렇게 되어 약하기 그지없이 인성 金의 직격탄을 받는 甲木 식상의 암시가 재성을 생활 여력이 없어 도무지 돈이 될 생각을 않게 되는 법이다. 하는 업이나 장사마다 재미를 보지 못하고, 세월이 갈수록 빚만 오롯이 늘어가는 인생을 살아왔다.

또 남자사주에 재성은 아버지이고 아내인데, 시지 戌土에 암장된 丁火 재성인지라 사주 주인공의 아버지는 큰 부자 소리를 들었지만 말년이 병약하여 자리보전을 하였고, 암장된 재성 아내인 지라 40이 다되어서 만혼을 하였다. 관성도 시지 戌土로 고립무원에서 재성이 없어 생조를 받지 못하니 재성관성이 의지할 데가 없으니 남자사주에 관성이 무력하면 관록을 먹거나 사회적 지위와 명예가 높기는 지난한 일이 아닐 수 없는 것이다.

그런데 이 사주의 가정궁이라 할 수 있는 일시의 구성을 보자. 일시 申+戌로 합하고 다시 지장간에서 丁+壬 합목으로 인수지합을 이루었다. 그래서 아주 늦게 결혼하였지만 자신을 극진히 모시는 아내를 얻어 늦둥이 딸 하나를 둘 수 있었고, 지금은 작은 회사에서 근근히 생활하지만 부부금실은 아주 좋은 행복한 가정을 꾸려가고 있다.

이 사주는 시주 庚戌 괴강을 구성하여 의리를 존중하고 매우 강한 성격의 소유자이기도 하다. 앞으로 대운의 흐름이 寅卯辰 木운으로 흘러, 용신을 도우는 희신인 식상운에 해당하므로 아내가 운영하는 작은 식당영업도 조금씩 발전할 것이다. 다음은 여자사주로 직장 관운은 좋으나 부부운이 불길한 사주를 검토해 본다.

◗◖ 남편덕 없이 혼자 사는 여자 공무원의 사주 〈壬寅생 여자로 대운 수는 8〉

		시	일	월	년	사주
		壬	戊	甲	壬	천간
		戌	戌	辰	寅	지지

대운	천간	癸	壬	辛	庚	己	戊	丁	丙
	지지	卯	寅	丑	子	亥	戌	酉	申
	연령	8	18	28	38	48	58	68	78

戊 일간이 辰월에 태어나고 일시가 戊戌, 壬戌 겹으로 괴강이다. 일주 괴강이고 타 주에 괴강이 놓이면 일반적으로 괴강격으로 분류한다. 문헌에 따라서는 壬戌을 괴강에 넣기도 하고 괴강으로 보지 않는 경우도 있는데, 壬戌의 성격상 괴강에 수용하는 것이 맞다. 괴강사주는 아주 강해야 운명의 흐름이 괴강이 지향하는 쪽으로 흘러 길하게 되는 법이다. 그러나 여자 사주에 괴강이 잘못 놓이면 독단, 고집, 독수공방, 극부, 고독 등 나쁜 암시로 작용하게 된다.

월일시지가 辰戌土 비견이라 신강이다. 그런데 월일시지는 辰戌로 이중으로 충이 되었고, 월주 甲辰은 백호대살이다. 그래서 사주가 아주 길격이 되지를 못했다. 그래도 많은 비견이 나누어 먹을 재관성 水木이 둘씩 있으니 군비쟁재관격은 아니라 식록의 걱정은 없겠다. 일주 괴강에 신강사주면 충신열사가 되거나 투사, 협객, 군·검경에 종사하는 게 유리한데, 이 여자는 사주의 암시대로 일찍이 공직에 투신, 단속권 있는 공무원이 되었으니 직업의 선택은 어쩔 수 없었던 모양이다.

월주, 일주 및 시주가 모두 백호살 또는 괴강인데, 남편인 관성 甲에 백호가 임하니 남편 되는 사람, 辛丑 대운에 교통사고로 죽을 고비 넘겼다. 여자 일주 괴강은 남편 덕 없거나, 배우자의 부모나 가족들과 내가 잘 맞지 않는 경우가 있다고 했다. 그것도 월일 충, 월시충이 더하니 이렇게 되면 가정 궁이 가만있질 못한다.

庚子 대운은 관성 甲이 직충을 받게 되는데 이때부터 남편의 외도가 시작되었다. 남편은 딴 여자와 눈이 맞아 살림 차려서 나가 살고 이 여인은 혼자 독수공방을 지키고 있다. 사주 전반이 고독을 암시하고 있으며, 총명하고 의리와 리더십이 강하게 나타나는데, 고집 꽤나 있으니 차라리 남자로 태어나는 게 좋을 뻔했다.

많은 화개살이 12운성 墓와 동주하니 중이나 수녀 될 뻔도 했지만 신강에 재관이 약하지 않으니 여자라도 관록을 먹고, 庚寅 세운에는 용신 寅木 관성 운이라 승진도 하겠고, 전문직 간부 공무원으로서 입지를 넓혀나갈 것이다. 이 사주는 아무래도 관성을 용신으로 삼아야겠는데, 앞으로의 대운이 만만치 않다.

58세 戊戌 대운부터는 火土金의 기·구신 운으로 흐르고 사주원국의 많은 메마른 조토(燥土) 戌과 대운 戌土운이 다시 辰戌로 3박자 충을 하는 형국이니 자식의 운을 기대하기 어렵고, 외롭고 고단한 말년을 살아가게 될 것이다.

●● 남편이 변태성욕자인 여자 〈丁巳생 여자로 대운 수는 6이 된다〉

시	일	월	년	사주
戊	壬	甲	丁	천간
申	寅	辰	巳	지지

대운	천간	乙	丙	丁	戊	己	庚	辛	壬
	지지	巳	午	未	申	酉	戌	亥	子
	연령	6	16	26	36	46	56	66	76

壬水 일간이 辰월에 태어나고 시천간에 戊土가 투출되어 편관격 사주가 되었다. 편관을 '편관칠살'이라고도 하듯, 여자 편관격 사주는 특히 사주의 배열이 좋지 않을 때 편관 7살의 무서운 횡포가 따를 수 있기 때문에 세심한 관찰을 요한다.

이 사주는 일간이 壬水 일주로 '수일여명(水日女命)'이라고 하여 여자 사주에 일간이 水星이면 대부분 미모를 자랑하게 된다. 특히 월간이 金星으로 일간을 금생수로 생하여 주면 '금수쌍청(金水雙淸)'이라 하여 매우 아름다운 여자가 되는 확률이 높다. 이 사주는 금수쌍청은 아니지만 수일여명으로 이 여인도 매우 아름다운 미모를 갖추고 많은 남자들을 설레게 하는 매력을 갖추었다. 미인박복이라 했던가? 사주 배열에서 우선 가정의 행복에 최대의 적인 가정궁에 일시 형충살인 寅+申이 야속하게 나타났다. 2형살 중에서도 이 寅申은 매우 횡포가 심하여 사정없이 극하면서 충살까지를 구성하는 살임을 배웠을 것이다. 일단은 가정의 행복은 기대하기 어렵게 되었다. 일지 배우자궁이 일시 형충에 가담하였고, 게다가 월주 甲辰은 백호대살을 끼고 앉았다.

사주가 일간의 힘을 빼는 편관과 식신, 재성의 천지이고, 일간을 생하거나 돕는 동기세력은 시지 申金이 유일하다. 매우 신약한 사주가 되었다는 말이다. 그렇다면 일간을 돕거나 생하는 오행을 시급히 끌어와야 한다. 이 사주는 일간을 도우는 세력이라고는 시지 申金 인수가 유일하니 달리 용신을 검토해 볼 여지기 없디. 그런데 이 申金은 일시 寅申 형충으로 병이 들었고, 申金을 생해줄 관성도 횡포가 심한 편관성 뿐이라 용신이 매우 힘이 없다.

일지 배우자궁에 지살이 들었으니 먼 타국의 교포남편을 얻게 되었는데, 지장간 중에도 戊土 편관만 들끓고 있다. 이렇게 되면 관성이 남편 구실을 하기보다는 가학적 성욕을 즐기는 변태성욕자가 되기 쉽다. 실제로 이 여인의 남편은 성격이 매우 편벽되고 마약에도 손을 대며, 시간만 나면 섹스를 즐길 궁리만 하는 등 아내를 괴롭히고 있다.

지장간까지 도합 6개나 도사린 편관성에다가 현재의 대운이 未土 정관 대운이다. 편관과 정관이 세월에서 혼잡 되어 일대 혼란이 왔고, 36세 戊土 대운은 다시 편관 대운에 놓이게 된다. 사주원국에 관살 혼잡이 되면 재가할 확률이 높고, 대운과 세운의 운행에 관살 혼잡이 오면 남편과 생사별 하고 다른 남자를 보는 것으로 고서에 전하고 있다.

현재 세운 또한 편관인 庚寅 세운에서 이 여인은 이혼을 위한 소송과 별거에 들어갔거니와 월간과 일지에 식신을 둔 일간의 작용력과 대운을 생각할 때 이 사주는 중년을 혼자 사는 것이 가장 편한 길로 보인다.

표현력과 재능의 육친성인 식신이 목생화로 생재하니 노력으로 예술적 성취도 이루어내는 사주이나, 사주원국과 30대의 운행이 불비하여 결혼 운에 파란이 많았다. 다행이 중년 이후의 대운이 용신운인 金運으로 흐르니 위안으로 삼을 수 있지 않을까?

신혼에 남편이 병사한 여자사주 〈甲寅생 여자로 대운 수는 1이 된다〉

시	일	월	년	사주
壬	乙	辛	甲	천간
午	卯	未	寅	지지

대운	천간	庚	己	戊	丁	丙	乙	甲	癸
	지지	午	巳	辰	卯	寅	丑	子	亥
	연령	1	11	21	31	41	51	61	71

乙木 일간이 未월에 태어나서 뜨겁고 메마른 흙에 뿌리내린 화초와 같다. 월령상 득령치 못했으나 일지에 건록을 깔아 이미 강해졌는데, 비겁 木이 년과 일지에 나타났고, 월일지 卯+未 합이 되어 木局을 깔았으며, 시천간에 壬水 인성이 있어 사주가 엄청 신강해졌다.

강약으로는 辛金 관성으로 강한 비겁을 눌러주고 싶지만 월천간의 辛金 관성을 한번 살펴보자. 월지에 未土 재성을 깐 것까지는 좋았으나 월지 未土 재성은 卯+未 합으로 木의 조직에 가담해 버렸으니 辛

金의 주위에는 5개의 비겁 세력이 꼼짝없이 포위하고 있어, 숨통을 꽁꽁 막고 말았다. 그러니 관성은 고립무원의 관성무의가 되었으니 어찌 저 막강한 신강세력의 용신으로 쓸 수 있으랴. 급한 대로 조후를 적용하여 시 천간의 壬水를 끌어와 마른 흙 위의 乙木에게 물을 주자니, 시지 午火 위에서 데워진 물이라 그것도 여의치 못하다. 원래 물이란 수원과 흘러갈 곳이 있어야 그 특성을 발현 하건만, 월간의 辛金이 고립무원에서 壬水 물의 수원 노릇을 해주기를 기대하는 건 불가능하니, 이 사주는 그야말로 용신이 무력함을 넘어 용신이 없는 사주나 마찬가지가 되었다.

관성의 운이 대운이나 세운에서 온다고 해도 혼자의 몸으로 저 많은 비겁 떼거지들을 극하고 눌러서, 사주의 중화를 잡아주기가 매우 어려운 일이 아닐 수 없다. 이런 경우를 사주학에서는 강한 나무결에 쇠붙이 칼의 이빨이 부러졌다고 '목다금결(木多金缺)'이라고도 한다.

그렇다면 신강사주를 설기하는 재성 土를 차선책으로 검토해 보자. 그나마 未土는 木局으로 변했고, 수많은 비겁이 껍데기뿐인 未土 재성을 뜯어먹겠다고 달려드는 군겁쟁재가 되니 이것도 처방이 아니다. 죽으나 사나 세월에서 관운 金이나 재성 土운이 와서 원수 같은 비겁을 다소라도 눌러주는 길 밖에는 도리가 없게 생겼다. 이 사주의 초년운과 청년기의 운은 다행이 金土운으로 흘러 가정적 어려움 없이 약학대학에 진학하여 남들이 부러워하는 인생의 힘찬 행보를 내디딜 수 있었다.

졸업후 공직으로 진출, 이 시대의 전문직 직장인으로서 사회의 첫 출발을 내디뎠으나, 문제는 丁卯 대운에 들어서면서부터 약할 대로 약한 관성을 화극금으로 사정없이 강타하기 시작하면서 발생한다. 이럴 때는 절대 일생의 운이 걸린 변화나 모험 같은 이동을 자제해야 하는데, 어느 누가 그런 인생의 상담역을 해 주었겠는가?

丁卯 대운 중 甲申 세운에 이르러 세운 지지 申金 관성이 사주원국

의 관성 辛金 형님을 꼬득이니 지인의 중매로 덜컥 혼인이 성사 되고 말았다. 이 사주는 사주 전체에 관성이라고는 단 하나 편관 辛金밖에는 없으니 외형상으로도 정실남편을 모시기에는 애초에 어려움이 있는 사주였고, 결혼을 해도 남편이 병약하거나 단명할 수 있는 사주였었다.

게다가 일주가 乙卯로 비견이 되어 간여지동이니 부부운이 그리 좋을 리 없는 암시도 있었던 것인데, 이 사주의 주인공이 만난 남편은 직업이 경찰관으로서 근무지가 수 천리나 떨어진 곳에 있었으니 사주상의 암시 그대로, 결혼을 하였어도 정부처럼 떨어져 살게 된 것이다.

甲申년운은 지지에서 천간이 절각되었고, 申金은 사주상 寅申과 형충으로 충돌하니 결혼을 하더라도, 이듬해 乙酉 세운의 金왕절인 가을까지라도 기다리는 것이 좋지 않았나 싶다. 아무튼 만인의 축복을 받고 신혼의 단꿈이 채 가시지도 않아 건강하던 남편에게 불치의 병이 찾아든 것이다. 젊으나 젊은 남편에게 너무나 가혹한 시련이었지만 의학적으로는 어찌해 볼 도리가 없었고, 세운 丙戌년이 들어 그 사이에 2세는 어머니의 뱃속에서 자라나고 있었다. 세운 丙戌년은 지지 대운 丁火 식신과 丙火 상관이 약할 대로 약한 병든 관성 남편을 강타하는 운이니 남편은 그 해를 넘기지 못하고 세상을 떠나고 말았다.

丙戌년의 지지 戌土는 조토로서 오히려 천간 丙火를 도우는 세력이 되고, 丙火의 강한 기운을 꺾어놓을 수도 없었다. 떠난 사람은 떠났지만, 뱃속의 유복자 또한 어쩔 수 없이 낙태할 수밖에 없는 선택에 처하게 된다. 이 여인의 사주 감정을 읽는 혹자 중에는 이 여인의 경우 어떠한 남편과 결혼했어도 그 남자는 죽게 되어 있단 말인가? 하고 의문을 제시할 지도 모르겠다.

아주 좋은 반문이다. 그래서 일지 건록을 놓은 여자가 사주가 불길하게 놓이면 길한 운에는 보통 정도로 지나가고, 나쁜 운에는 아주 나쁘게 작용하는 경향이 있다. 이런 사주의 여인이라면 남편의 사주가 아주 강력한 양인격 사주에 형권을 잡은 아주 강한 사주의 소유자를 만나면 한마디로 물과 불이 상호 결제(수화기제 水火旣濟)를 하듯, 극양과 극음이 상호 상배하여 오히려 일신의 복락을 얻는 경우도 있게 되는 것이다.

이 여인의 대운과 세운을 검토해 보자. 중년 이후의 대운의 흐름이 寅卯辰, 亥子丑의 기신운으로 흘러 미래가 안개 속이다. 그런데 丁卯 대운 중 庚寅 세운은 정관 庚金이 일간 乙과 乙+庚 合金하여 정관성을 생하니 재혼의 남자 인연을 만날 지도 모르겠으나, 그 지지 寅木은 배우자 궁의 卯木과 寅+卯 합을 하여 木으로 변하니 이 사주의 기신에 해당하므로 새로운 인연을 만남에 신중을 기하기 바란다.

▓▓ 40대 올드미스의 사주 〈辛亥생 여자로 대운수는 1이 된다.〉

시	일	월	년	사주
庚	庚	辛	辛	천간
辰	申	卯	亥	지지

대운	천간	壬	癸	甲	乙	丙	丁	戊	己
	지지	辰	巳	午	未	申	酉	戌	亥
	연령	1	11	21	31	41	51	61	71

庚金 일간이 卯 木왕절에 태어나서 실령 했으나 일지 비견과 시지 인성을 깔고, 천간과 지지에 비겁이 중첩되어 매우 강한 신강사주로 변했디. 즉 약한 것이 변히여 강히여졌다고 히어 '약변위강(弱變爲强)' 이라고도 한다.

천간이 드물게 오행상 金星으로만 배치되어 천간이 일행득기(한 가지 오행)로 이루어졌고, 월지 卯木을 제외하면 사주 일곱 글자가 모두 한랭한 金과 亥水, 습토 辰으로 연결되어 사주가 너무도 한랭하고 습하다. 비겁의 기세를 따르는 종왕격으로 가자니 연월지 亥+卯가 合木局으로 재성을 놓아 일간이 뭐 얻어먹을 거나 있을까 하고, 열심히 亥水를 생하는 판에 종격이 되기도 글렀다.

또한 종격이 되기에는 일시지가 申+辰 合水로, 약하나마 식상을 보니 아무래도 종살이는 어렵게 된 것이다. 金氣가 저리도 튼튼하게 빠진 금실사주를 만들었더라면, 그 金을 녹이고 다뤄서 옳은 그릇을 만들 수 있도록 가마불 같은 힘 있는 관성 火도 같이 앉혀주는 조상이 있었다면 얼마나 좋았을까마는, 이 사주 땅속 어디에도 火 관성은 3박 4일을 찾아봐도 보이질 않는다. 그러니 용신을 운운해서 무엇 하랴!

굳이 용신을 삼는다면 亥+卯 합목 재성을 용신삼아 강력한 金이 금극목 하느라 힘이 빠지는 걸 기대해야겠는데, 그 많은 金이 극을 해대는데 어찌 木局 재성이 살아남을 수 있겠나? 게다가 시지 辰土 인성은 습한 흙으로, 땅속 광물의 金 기운을 오히려 생해주니 일간의 힘이 빠져 사주가 중화되기를 바라는 일은 장닭이 오리알 낳기를 기다리는 것만큼이나 어렵게 되었다.

군비겁쟁재가 이만큼 확실히 되기도 어려운 예에 속한다 하겠다. 그러니 형제 동기가 내 밥그릇 빼앗아가는 원수나 다름이 없다. 그런데도 이 여인은 사주의 암시대로 열심히 이재를 해보려고 펀드니 주식에 조금씩 투자를 하는 모양인데, 제발 그만두라고 하고 싶어도 돈 한 푼 보태줄 형편도 아닌 필자가 감 놔라, 밤 놔라 할 수도 없는 일이 아닌가? 그러니 세월에라도 좋은 운이 들어와야 남편성 없는 무관 사주의 불리함을 떨쳐버리고 결혼이라도 한번 해보게 될 것이다.

그러면 대운과 사주를 같이 놓고 간명을 해보자. 이 여인 30대 까지는 대운이 巳午未 南方 관성 火局으로 달려주어 태신강 사주의 기운을 극해주면서 대운 천간 甲木과 乙木이 지지에 통근되니 무난히 중·고등학교와 대학을 졸업할 수 있었고, 관록을 먹는 공직에 몸담을 수 있었다. 그런데 이 사주는 41세 丙申 대운부터 대운 지지가 申酉戌 비겁운으로 흐르면서부터는 그나마 좋은 시절도 끝이 나는 운으로 접어들게 된다.

태신강 사주의 화근을 제공한 기신운인 비겁운이 장장 30년을 예약해 놓은 채 징하게 달려주기 때문이다. 대운 천간에 丙, 丁火 관성이 오지 않느냐고 반문할 지도 모르겠다. 그래서 대운 천간이 지지를 개두하고는 있지만 아주 흉한 내리막길로는 가지 않겠으나, 사주원국이 이 지경이고, 대운 천간의 관성 火를 생할 木財가 부족한데 어찌 관성의 길작용을 크게 기대할 수 있겠는가? 어쩌면 乙未 대운의 끝자락 庚寅 세운쯤에는 대·세운이 관성과 재성으로 흐르니 이때 남편감을 만날 수 있을 지도 모르겠다. 이 사주는 金으로 도배한 金태왕 사주에, 일주에는 庚辰 괴강까지 동주하여 성격이 차고 외곬수이며, 성질도 급하여 타협을 잘 모르는 성격이다. 배우자궁인 일지가 申金 기신이라 결혼운이 불발인데다, 일주 배우자궁이 같은 오행으로 구성된 간여지동이면 여자사주에 독수공방 지키기가 십상이라 하였을 뿐 아니라, 여자 사주에 시주 괴강이면 고독, 극단, 말년의 외로움 등이 보여서 부부가 해로하고 가정이 따사로운 운은 기대하기 어려울 것으로 보인다.

남편운이 극히 불길한 여자사주 〈乙巳생 여자로 대운 수는 6이 된다.〉

시	일	월	년	사주
戊	辛	戊	乙	천간
子	丑	寅	巳	지지

대운	천간	己	庚	辛	壬	癸	甲	乙	丙
	지지	卯	辰	巳	午	梶	申	酉	戌
	연령	6	16	26	36	46	56	66	76

이 사주는 辛丑 일간이 정월에 태어나서 실령 하였고, 월과 시에 戊土가 투간 되어 정인격 사주다. 월천간, 일지, 시천간이 모두 어머니 성인 인성이 되어 좌우 아래를 포위한 것처럼 둘러싸고 있고, 子+丑 합토 인성에 연지 巳火 관성이 土 인성을 또 생조하여 신강사주가 되었다.

사주 신강이면 사주의 구성에 균형을 맞춰주고 조화를 유도하는 유력한 오행이 있어야할 터. 그러나 신강사주를 눌러줄 관성인 火氣는 내가 기피해야할 별인 무성한 인성을 도우니 오히려 원수와 같음이라. 여자 사주에 관성이 무엇인가? 관성이 곧 남편인데, 남편이 기피 대상이니 이 사주의 여자 남편운 하나는 기구하게 타고났다 하겠다.

게다가 관성인 남편은 월지 모궁 寅木 재성과 寅巳 형살을 이루고 또한 공망이 되고 말았다. 공망이 무엇인가? 사주 용어로 날아가고 없음을 말함인데, 배우자궁이 날아가고 없으니 어찌 온전한 남편의 덕을 기대하랴. 또한 관성 巳火에 12운성 死가 앉으니 살았어도 죽어있음이나 마찬가지라 할 수 있다.

따라서 이 사주를 살리는 길은 오행으로 木星인 재성이 들어와서 흙더미 속을 뚫고 꼭꼭 묻힌 나 자신을 파헤쳐 내야겠건만, 乙木 재성은 년 천간에 위치하여 할아버지 쟁기질 하는 걸 기다리듯 하고, 월지 寅木 재성은 寅巳 형살이 된 데다, 공망까지 겹쳐 날아가 버렸으니 이 일을 일부러 만들려고 해도 어려운 사주가 되었다고 하겠다.

혹자는 공망이 형살이 되면 도리어 없음이 날아가 버리므로 오히려 길하다고 하는 사람이 있으나, 12운성 死와, 답답할 胎에 양대 공망까지 도사리니 어찌 피할 것인가? 그나마 사주 대운에서 木星인 재성이 달려주면 흉함은 사라지고 길함이 고개를 들 것이나, 대운의 운행도 40대 중반인 현재 최악의 기피할 육친인 巳午未 관성 火운으로 달리고 있으니, 지금까지는 즐거움보다 한탄함이 많은 세월임은 불문가지다.

또한 2009년 세운은 己丑년이니, 그렇잖아도 흙이 많아 흙더미 속에 꽁꽁 묻힌 보석을 찾아낼 수 없는 판에 또다시 흙더미로 덮치는 격이니 아예 쓰러진 사람 흙으로 덮는 형상이라 '토다금매(土多金埋)'가 되었다. 일과 시가 子丑 습土 되어, 다시 인성으로 변한 팔자이니 이렇게 되면 웬만한 관성 남편이 있어도 그 많은 인성에 아예 기가 질려버리게 된다.

사주의 암시대로 이 여인은 일찍이 남편과는 생이별 하고 자식 남매를 데리고 홀로 살아가고 있으나, 시지 자식궁에 육친을 해하는 육해살이 들고, 과다한 어머니 성인 인성이 자식성인 식상을 극하는 형국이니 자식에게 지나친 애정이나 관심도 좋지 않겠다. 인성이 많으면 문서나 학문을 살려 전문직으로 외로운 길을 가다가, 늦게야 천생의 배필을 만나야 하였을 것을 이제 와서 이일을 어찌하겠나.

그러나 다행히 46세 癸未 대운부터는 식상의 설기하는 운이 움직이니 막강한 土 인성이 토극수로 설기되며, 꽁꽁 덮인 흙더미 속에서 한 줄기 소통의 빛이 보일 수 있겠으나, 癸未 대운은 대운이 절각되어 바라는 소통의 운로를 완전히 열어주는 대운은 되지 못할 것이다.

이 사주는 연월의 지장간에 丙火 정관이 땅속에 숨어서 나 자신과 丙+辛 合水로 암합을 하니 숨겨둔 애인이 남편 구실을 하는 사주인데, 실제로 이 여인은 유부남과 암암리에 정분을 소통하며 살아가고 있다. 사주학의 고서에 이르기를 인성이 태과하여 신강사주가 되면 고독, 이별, 색난, 파재가 뒤따르고, 어머니가 많은 형국이라 친어머니 외에 또 다른 어머니가 있을 수 있으며, 전술한 바와 같이 편인은 밥그릇을 엎는 도식이며, 효인살이 되니 길작용보다는 흉한 암시가 강하게 나타나는 사주라 하겠다.

이 사주는 辛丑 일주로서 사주가 신강 하니 사주의 강한 인성이 중화되고 구성이 좋았다면 좋은 관성운을 만나서 제련을 하듯 담금질을 했더라면 여자라도 만인을 구제하는 대기가 되었을 사주이다. 앞으로의 내운이 甲申, 乙酉로 이어저 목극도로 활로를 시도해 보겠으나, 역시 대운이 금극목으로 절각되어 크게 용신의 길작용을 기대할 수는 없을 것으로 보인다. 배우자궁에 12신살 화개살이 들었으니 남편 대신 종교를 의지처로 삼아야할 사주이기도 하다.

●● 매 맞고 사는 여자사주 〈辛丑생 여자로 대운 수는 6이 된다.〉

시	일	월	년	사주
丁	壬	己	辛	천간
未	戌	亥	丑	지지

대운	천간	庚	辛	壬	癸	甲	乙	丙	丁
	지지	子	丑	寅	卯	辰	巳	午	未
	연령	6	16	26	36	46	56	66	76

壬水 일간이 亥월에 태어나서 득령하여 신강으로 출발하였으나, 연천간의 辛金 인수를 제외하면 사주 전체가 土 관성이 4개나 되고, 재성 丁火가 1개가 되어 아주 신약한 사주로 변했다. 용신을 운운할 것도 없이 월지 亥水 비견과 연천간의 辛金 인수밖에 달리 선택의 여지가 없다.

亥水는 동기세력이나 저토록 많은 土 관성이 극을 해대면 버틸 길이 없다. 그러니 辛金 인수를 용신 삼으면 많은 土 관성이 辛金을 생하고, 다시 辛金은 일간을 금생수로 생하여 일간이 중화가 되는 '살인상생격'의 모습을 갖추게 된다. 여기까지는 좋다. 그러나 이 사주를 자세히 살펴보자. 이 여인은 水 일간의 '수일여명'으로서 미모가 아주 빼어났고, 수많은 남자들의 애간장을 끓이게 했다. 대운을 살펴보면 초년에 庚子, 辛丑 대운의 인성 용신운으로 달려주었으니, 유복한 가정의 외동딸답게 귀하게 자라고 공부도 잘하여, 주변의 부러움을 한 몸에 사게 되었다. 대학에 다니던 辛丑 대운 중에는 5월의 여왕에도 뽑혀 그 명성이 끝 간 데가 없는 것처럼 보였다.

그런데 21세 들어서면서부터 丑土 관성의 암시가 준동하기 시작한다. 이미 사주원국에 丑戌未 3형살이 구성 되어있는 데다가 또 대운에서 丑土 대운이 와서 2중 3중으로 3형살이 들어온 것이다. 정·편관이 혼잡 되어 기신이 된 사주에 정·편관으로 3형이 구성되면 편관 칠살이 기세 등등 날뛰게 되는데, 칠살의 암시는 매우 잔인하여 형벌, 관재, 사고, 수술 등으로 나타나게 된다.

이렇게 되면 남자로 인한 고난과 시련이 시작될 수밖에 없다. 이 여인을 짝사랑하는 대학의 선배가 있었는데, 이 남자는 집안이 가난하고 모든 면에서 이 여인에 비해 열등한 조건이었으니, 그렇잖아도 목을 매겠다는 비까번쩍한 남자들이 널리고 널렸는데, 그 사랑을 관철시킬 수는 없는 일이었다. 급기야 이 여인이 22살 되던 壬戌 세운에 그 남자는 후배들을 시켜 여인을 납치하기에 이른다. 지금의 남편은 그때의 후배중의 한사람이니 이 여인의 운명도 가련한 팔자라 아니할 수 없겠다.

결국은 순결을 잃고 원하지 않는 임신까지 하게 되었고, 차가운 수술대에 올라갈 수밖에는 없었던 것이다. 그리고 이들 선후배 사이에는 아름다운 이 여인을 차지하기 위한 칼부림이 벌어졌으며, 이들은 모두 감옥을 다녀오게 된다. 지금의 남편은 출옥하고부터 거의 스토커가 되어 이 여인이 자신의 인생을 망친 장본인이라며 시도, 때도 없이 횡포를 부리기에 이른 것이다.

이 여인은 대학을 졸업한 후 중등학교 교사가 되었으나, 학교까지 찾아와 결혼해 달라고 시끄럽게 구는 바람에 반 강제에 의한 결혼을 하고 말았다. 이 사주는 편중되어 엄청나게 득세를 한 정·편관성이 관살 혼잡이 되었고, 편관성의 횡포와 3형살의 호된 맛 그리고 일주 壬戌이 괴강살인데, 신약사주가 되어 애정운이 불행의 암시를 깔고 시작되었다.

이런 사주의 암시를 진즉에 알았으면 절대로 남 앞에 나서지 말고, 조용히 학창시절을 보내고, 나이 차이 아주 많이 나는 남편과 결혼하면 사랑받고 잘 살 수도 있었던 것 같다. 이 사주는 남자운인 관성이 애초에 엄청난 세력으로 뒤엉겨진 채 편벽되어 있으니 예쁜 얼굴에 비해 변태적 성애로 혼잡 될 우려가 있으며, 배우자 궁인 일지 戌土가 과숙살에 해당하고 또한 丑土 공망살에다, 일지에 관성 입묘살까지 드니 남편의 운은 애초에 기대하기가 어려웠던 것이다.

이런 사주도 대운과 행운이 잘만 들면 불길한 사주원국의 암시를 비켜갈 수 있었겠건만, 보다시피 중년에 들면서부터는 야속하게도 신약사주의 기운을 빼는 식상과 재운으로 대운이 흘러가고 있다. 그러니 이혼을 한다 해도 더 나은 미래를 보장 받기는 어렵게 되었다. 지금도 여전히 남편의 심한 의처증과 폭행은 계속되고 있으나, 일지 배우자궁의 戌 중 丁火가 일간인 나와 丁+壬으로 합하여 헤어지지도 못하고, 교사와 어머니라는 체통 때문에 원수 같은 남편이지만 그럭저럭 쉬쉬하며 살아가고 있다.

12신살로 丑土는 천살이 되니 하늘을 보고 탄식한다는 말이 현실이 된 것이다. 이 사주는 일시 천간이 丁+壬 합이 되고, 일지 戌 중 丁과 다시 丁+壬으로 합하며, 시지 未 중 丁과 또다시 丁+壬으로 내가 합을 하니, 한마디로 합에, 합을 위한 합의 사주라 할 수밖에 없는 사주다.

그러니 다정도 지나치면 병이 되듯이, 지지의 숱한 암합은 축복받지 못할 숨겨둔 애인이 반듯이 또는 여럿 있게 마련이다. 따라서 이런 사주를 가진 아내를 둔 남편은 의처증과 가학적 쾌감의 기질을 자신도 모르게 따라가는 경향이 있게 된다.

실제로 이 여인은 시지 未 중 丁火와 丁+壬 合木하여 자신이 가르친 유부남 제자를 애인으로 두고 정염을 불사르고 있다. 그러니 남편에게서 매 맞은 화풀이를 연하의 애인을 가학적으로 지배하며 보상받고 있다는 그녀의 말에는 일면 수긍이 가지만, 어떻게 도덕적인 면죄부가 될 수 있겠는가? 남편의 매질이 이제는 은근한 쾌감으로 받아들여진다는 그녀이고 보면, 이 여인은 가학과 피학본능을 동시에 갖춘 여자라 하겠는데, 사주땜 한번 톡톡히 하며 살아가는 셈이다.

2) 부모형제, 자식운은 어떻게 보나?

조상과 부모 없이 태어난 사람이 있을 수 없듯이 우리 인간은 태어나서 살아가는 동안 부모형제, 배우자, 자식이라는 육친의 굴레를 벗어나서는 살아갈 수는 없는 것이다. 좋은 부모에 가정적으로도 유복한 집안에서 태어나 형제간이 화합하고, 부모의 보살핌 속에서 교육을 받고 사회에 진출하여 출세하고, 착하고 아름다운 배우자를 얻어 아들, 딸 낳아 행복하게 살아가는 것이 우리 사회적 동물인 인간이 추구하는 가장 기본적이고, 이상적인 삶의 얼개가 된다.

그러나 이런 평범한 바람과는 거리가 멀게, 태어난 직후 버려져 천애고아로 고아원에서 생활하거나, 부모형제가 있어도 나에게 도움을 주기는커녕 오히려 원수와 다름없는 경우도 얼마나 많은가? 자식의 일도 마찬가지. 이 세상 어느 부모가 자식이 잘못되기를 바라겠는가만, 하라는 공부는 안 하고, 사고뭉치에 감옥소를 제 집 드나들 듯 하는 원수 같은 자식도 많다.

그러면 역학적으로 이러한 부모형제, 자식운은 어떤 원리로 각자의 인생에서 작용력을 가지는지, 살아가면서 왜!?라는 물음을 가지지 않을 수 없는 이 문제에 대하여 사주추명학적 접근을 해보도록 하자. 앞장에서는 결혼과 배우자운에 대하여 주로 검토하였으나, 본장에서는 부모 형제운과 자식복에 대하여 검토해 보도록 한다. 자식은 전생의 빚진 인연이라고 하지만, 인생의 행불행은 자식에 의해 결정지어진다고 해도 과언이 아니다.

부모에게 효도하고, 공부도 잘하여 사회에 출세하며, 행복한 가정을 이루어 살아주는 자식이라면야 얼마나 행복하겠나만 그런 부모의 바람과는 거리가 멀게, 자식 때문에 한숨과 고통으로 살아가는 사람들이 의외로 주변에 많은 게 현실이디.

자식운에 해당하는 육친성이 남자는 관성, 여자는 식상이므로 자식궁인 시천간 지지와 육친성이 형충합이 되거나 길흉성의 동주 여부를 살피고, 그 뿌리가 생조를 받아 힘이 있는지 또는 공망이나 절지로 뿌리가 뽑히지나 않았는지를 관찰하면서, 그것이 희·용신에 속하는지 아니면 기신이 되었는지의 여부 및 대·세운과의 운행관계 등을 살피면 종합적 판단을 할 수 있을 것이다.

대부분의 사주팔자가 애초의 구성이 나쁘면 어느 한쪽만 나빠지는 것이 아니라, 이것저것이 같이 나빠지는 경우를 많이 접하게 된다. 그래서 속설에는 "서방 복 없는 년, 자식 복도 없더라.", "부모가 부자니 병신 같은 자식에게도 서로 딸을 줄려고 하더라.", "부모가 저 꼴이니 자식인들 오죽하랴!" 등의 말들이 있게 된 것이다.

자신의 사주에 자식궁이 나쁘게 앉으면 태어난 자식의 사주도 부모의 자식복과 무관하게 명기를 갖추고 태어나기가 쉽지 않은 법이다. 세간에 '개천에서 용이 났다.'는 말이 있기는 하지만 조상부모와 나 그리고 자손은 수레바퀴의 궤적처럼 이어져 있다고 보기 때문이다. 그러면 사주팔자의 실례를 들어가면서 사주 구성이 자식운과 부모형제 운과는 어떻게 영향을 미치는지에 대해 사주추명학적 관점에서 공부해 보도록 하자.

◉◉ 無子하기 쉬운 여자사주 〈乙卯생 여자로 대운 수는 3이 된다.〉

시	일	월	년	사주
癸	丙	戊	乙	천간
巳	午	子	卯	지지

대운	천간	己	庚	辛	壬	癸	甲	乙	丙
	지지	丑	寅	卯	辰	巳	午	未	申
	연령	3	13	23	33	43	54	63	73

丙火 일간이 子월에 태어나서 실령 하였으나 일지 午火는 양인살을 구성하고, 시지 巳와 巳+午 火局이 되며, 연주에 乙卯 인성 木과 戊+癸 合火가 있어 사주가 신강해졌다. 월지 子水 관성이 일주 丙午의 午와 子午 충이 되니 양인살의 불같은 성질은 형충 됨을 아주 싫어하는데, 여자사주지만 성질 꾀나 있고 깡다구도 있게 생겼다.

시젯말로 한없이 좋다가도 한번 한다면 하는 사주구성인 것이다. 이 사주의 자식은 월천간의 戊土 식신이 되는데, 일간을 건너 시천간 癸와 戊+癸 합을 하여 火의 성질로 바뀌었고, 자식궁인 시지 巳火는 공망이 되어 자식이 없는 형국이다. 巳중 지장간 戊土가 식신으로 자식이지만 공망된 땅속의 자식이고, 사주원국에 재성이 없어 자식인 식상이 생할 곳이 없이 소통이 멈춘 상태와 같으니 자식을 얻기 어려운 사주에 해당한다.

이 사주의 용신을 알아보자. 인성과 비겁인 木火가 강해서 신강사주가 되었으므로, 재관으로 용신을 삼아야겠는데, 관성 월지의 子水는 시천간 癸水에 투출되었지만 子午로 충이 되어 곤란하게 되었고, 시천간 癸水는 巳火 불 위에 앉은 물이라 관성의 역할을 하기가 어렵게 되었다. 모든 오행의 본질이 그렇듯이 극과 생을 같이해야할 상황이 되면 극보다는 먼저 생을 한다고 배운 것처럼, 이렇게 되면 수극화로 火 비겁을 누르는 일보다는 수생목으로 인성을 생해주는 것에 더 몰두하게 된다.

그렇게 되면 수생목 → 목생화 하여 신강사주의 세력을 더 키워주는 결과를 가져올 것이다. 그렇다고 재성을 용신으로 쓸려고 하니 巳 중 庚金이 유일한데 땅속의 庚金이 지상의 왕성한 火기운을 소화해서 기운을 빼줄 수도 없는 일. 식상 戊土로 설기 시키려고 해도, 戊+癸 合火된 데다가, 일간 丙으로부터 받은 생을 배설해낼 곳이 마땅찮으니 이래저래 이 사주는 용신이 없거나 극히 무력한 지경이 되고 말았다. 그래서 이 사주는 대운에서 희·용신운에 따른 발복이 없고, 다만 대운에서 인성과 비겁운이 오지 말기를 바라면서 사주의 힘을 설기시켜 중화해 주는 식·재·관운이 오기를 바라는 수밖에는 없겠다.

그런데 이 사주의 대운을 보면 寅卯辰 인성 木運과 巳午未 비겁 火運으로 흘러주니 좋지 않은 세월이 달리고 있음을 알 수 있다. 따라서 이 여인은 결혼한 지 8년이 지났지만 아직껏 자식이 없고, 전문 직장인으로서 주말부부로 살아가는데, 부부 애정은 그냥 형식에 치우친 채 살아가고 있다.

연월에 浴이 앉고 또 이중으로 도화살을 구성한 데다, 일주 丙午의 양인살이 子午로 충을 하여 흉작용이 나타났기 때문이다. 한마디로 멋

좀 부리며, 한때 바람기 한번 신나게 몰아칠 사주이니 어쩌면 자식운
이 좋기를 바란다는 것이 지난한 일이 아니겠는가?

평생 백수에 자식복 있는 남자사주 〈庚辰생 남자로 대운 수는 2가 된다〉

시	일	월	년	사주
丙	辛	庚	庚	천간
申	丑	辰	辰	지지

대운	천간	辛	壬	癸	甲	乙	丙	丁	戊
	지지	巳	午	未	申	酉	戌	亥	子
	연령	2	12	22	32	42	52	62	72

사주에 시 천간의 丙火만 없다면 金土의 일방기세로 종격이 되어
대운 중반 申酉戌 비겁운에 일약 발전하는 호운이 될 뻔하였다. 글자
하나가 결과로는 엄청 큰 차이를 만든 셈이다. 그래도 종격을 검토해
보려고 해도 시 천간의 丙火 관성이 일간과 丙+辛 水로 합이 되어 주
제를 모르고 기세를 따르는 걸 거부하고 있다. 이렇게 되면 옳은 관성
이 되지도 못한 변절된 관성 탓에 직업과 명예, 관운은 어렵게 되고
만다.

사주가 金 3개, 土 3개로 팽팽히 대립되어 있는 데도 인성과 비겁으
로만 구성되어 있기 때문에 丙火가 통관용신의 작용도 할 수가 없고,
한랭한 庚, 申金과 辰, 丑 습토의 한습함을 제거할 조후기능과 강약기

능을 丙火 관성이 맡아주어야 할 텐데, 그러자니 재성이 표면에 나타나지 않아 용신이 제 구실을 해낼까 걱정이다.

게다가 연월 庚辰 괴강까지 사주 한번 고약하게 꼬여버린 셈이다. 辰土 지장간에 乙木 재성이 있기는 하지만 습한 땅 속의 초목이니 어찌 관성 火의 힘을 보탤 재목이 되겠는가? 이래저래 재관이 의지할 데가 없고, 용신의 힘이 없는 용신무력이 되어버렸다. 그래도 이 사주는 丙火 관성을 용신 삼는 수밖에 달리 방도가 없는데, 대운과 사주원국을 비교하면서 검토해 보자.

초반 운은 巳午未 南方 火局의 용신운이다. 대운이 천간으로부터 개두되어 역량은 떨어지지만 그래도 火 관성운은 용신운으로서 경상도 시골 깡촌에서 공부도 곧잘 하여, 어렵기 짝이 없는 형편에 서울로 유학, 명문대학을 졸업할 수 있었다. 정말 논 팔고, 소 팔아 대학을 시킨 것이다. 그런데 이때가 癸未 대운으로 용신운의 끝자락에 왔고, 일지 丑과 丑未로 형충이 되니 관재살이 두려운데, 그만 병역을 기피하고 만다.

예나 지금이나 병역 미필자의 입지는 좁을 수밖에 없어서 이 남자 이후로 평생 직업다운 직업을 한번도 가져보지 못하고, 아내 덕에 근근이 먹고살며 자식 남매 학교 보내기에 급급한 인생을 살아가게 된다. 중년의 대운도 申酉戌 비겁 구신운으로 흐르고, 대운 천간의 甲乙丙 희·용신을 금극목으로 절각하니 일신의 영화는 날 샌 운이 된 것이다. 그래도 이 사주는 시주의 丙火 관성이 용신이라 자식이 잘되는 자식 복 있는 사주에 해당한다. 그래서 아들은 사관학교를 졸업하여 무관으로서 승승장구하고 있고, 딸도 국가기관의 연구관으로 출세하였다.

시	일	월	년	사주
戊	庚	辛	辛	천간
寅	申	丑	丑	지지

대운	천간	壬	癸	甲	乙	丙	丁	戊	己
	지지	寅	卯	辰	巳	午	未	申	酉
	연령	4	14	24	34	44	54	64	74

庚金 일간이 섣달 丑월의 추운 때에 태어나고, 연 월간에 辛金 겁재
가 있으며, 일지에 다시 申金 건록을 놓아 매우 강한 신태강 사주가
되었다. 사주에 金기운이 넘치고 습토인 丑土 인성이 토생금하여 매우
한습하기 때문에 불기운을 끌어와 우선 몸을 덥혀주고 싶은데, 불기운
이라고는 시지 寅 지장간 중 丙火가 고작일 뿐이다. 그나마 일시가 寅
申으로 형충을 맞아 기대할 수 없게 되었다. 그렇다면 뒤돌아보지 말
고 인성과 비겁운의 일방 기세를 따라가는 사주로 보면 될 것이다. 바
로 앞에 예로 든 사주와는 일간을 제외하면 金 3개, 土 3개로 똑 같은
것 같은데, 이렇게 차이가 나게 되었다. 따라서 세월에서 인비운인 金
土운이 오는 것이 좋고, 식상 水運이나, 재성 木運이 오면 흉하다. 그
렇다면 관운이 오면 어떠한가? 관성 火는 화생토로 인성을 생해주기
때문에 길할 것 같으나 종하는 사주의 일간을 극하기 때문에 반길반
흉이 된다.

이 사주는 재성이 기신이 되니 아버지 운이 좋지 않다. 이 사주에서
재성은 寅木인데, 사주표면에 식상 水가 나타나지 않아 생조 받지 못
한 채 힘이 없고, 寅申 형충까지 겹쳤다. 더구나 12운성과 12신살로는
역마에 절지가 되니 이 여인의 아버지는 일찍 출가하여 산중은자가
되었다. 어머니궁인 월지 丑土 인성은 공망되었고 또한 墓가 드니 일
찍 사별치 않을 수 없었던 것이다. 실제로 이 여인은 어머니 얼굴도

기억하지 못할 어린 나이에 어머니가 세상을 떠나고, 언니들과 계모의 손에서 자라게 된다.

사주학의 고전에는 비겁과 인성이 태과하면 이복형제와 또 다른 어머니 즉, '모외유모(母外有母)'의 명에 속한다고 일관되게 전하고 있는데, 이 여인의 계모는 최근에 세상을 떠났다. 초년의 대운이 기신인 木 재운으로 흘러 갓난아이 때 어머니를 잃고, 계모의 손에서 갖은 학대를 당하면서 언니들을 의지하며 성장하였으니 부모덕은 전무한 편이었다.

庚申 건록 일주로 사주에 金氣가 중첩되니 매우 냉철한 판단력과 명석한 두뇌회전력을 가졌을 뿐 아니라, 일방 기세로 흐르는 신태강 사주의 여자인 탓에 남편을 능가하여 맹열한 사회생활과 활동을 해야만 하는 사주이기도 하다. 庚 일간에 일지 申은 십간록이라 평생 밥그릇 걱정은 없으나, 가정궁인 일시가 寅申으로 형충하니 가정운이 불길하다 하겠다.

:: 어려서 조실부모하고 부모덕 없이 자수성가한 최고경영자의 사주 〈癸酉생 남자로 대운 수는 1이 된다〉

시	일	월	년	사주
乙	丁	丁	癸	천간
酉	丑	巳	酉	지지

대운	천간	丙	乙	甲	癸	壬	辛	庚	己
	지지	辰	卯	寅	丑	子	亥	戌	酉
	연령	1	11	21	31	41	51	61	71

사주팔자 여덟 글자가 모두 음으로 구성되었다. 월지 巳火는 지장간에 丙火 양간을 지니고 있지만 이런 경우를 음팔통 사주라하여 외곬, 고독, 고집, 인색, 집념 등의 작용으로 나타나는 수가 많다. 그리고 지지 전체가 이중으로 巳酉丑 金局을 놓았다. 丁火 일간이 巳월에 태어나 월령을 얻었고 월 천간에 비견이 나타났으나 연월이 丁癸 충이

되었으며, 지지 전국이 강한 3합국 재성을 만나 사주가 아주 신약하게 흘렀다.

사주원국과 지장간 어디를 찾아봐도 신약사주의 희망이 될 인성은 흔적조차도 없다. 이러한 사주의 경우 천간에 木 인성이 나타났다 해도 땅이 온통 철광석 같은 토양성분이라 뿌리를 내릴 수 없어 고사하고 만다.

이 사주의 주인공의 어머니는 어린 동생 셋을 남겨둔 채 세상을 떠났고, 그의 부친에 해당하는 酉金 재성은 공망이 되어서 날아갔는데, 월지 巳火 지살과 일지 丑土 화개살 및 12운성 墓와 3합까지 되니, 일본유학까지 마쳤던 인텔리였던 그의 부친은 6.25때 납치된 이후 생사조차 알 수 없었던 것이다. 6.25가 아니었어도 부친 되는 사람은 사주 구성상 산중거사나, 배리타향 하느라 처자식 건사할 범부가 되지는 못하였을 것이다.

연월천간이 丁癸충으로 칠살을 구성하니 그의 부조(父祖)가 상극하였음을 알 수 있겠는데, 어린 시절부터 할아버지의 손에서 자라게 된다. 이 사주의 용신을 살펴보자. 이 사주는 용신을 정하기가 매우 까다로운 예에 속한다. 신약사주의 1차 공식인 인성을 용신으로 잡아야겠는데, 사주 어디에도 木 인성은 흔적도 없고, 비겁 火를 용신하자니 월지 巳火는 巳酉丑 재국에 가담하였으며, 월천간 丁火 비견을 용신 삼으려니 丁癸 충으로 칠살을 놓아 쓸 수가 없게 되었다.

그렇다면 대운과 세월에서 木運이 오기를 바라거나, 木運을 생해주는 희운 水運을 대운과 세월에서 기다려야한다. 이렇게 용신이 사주나 지장간에서 조차 없으면 일신의 신고가 많을 수밖에 없고, 운명의 기복이 매우 큰 경향을 보인다. 대운과 사주를 비교해가면서 검토해 보자. 초년의 대운은 정확하게 천간 지지가 木運인 인성운이다. 비록 조실부모 하였지만, 인성은 학문이요, 乙卯 대운은 육친상 편인 조부를 뜻하므로 조부의 손에서 중·고등학교를 마칠 수 있었다.

부모의 이슬을 맞지 못하고 유년과 청소년기를 보낸다는 것이 얼마나 말 못할 고통이었겠는가? 한마디로 불행한 사주라 아니할 수 없겠다. 그러나 학문성인 인성이 용신으로 작용하는 세월이라 일간 촛불의 성질처럼, 등화가친의 모양대로 공부를 아주 잘하였고, 서울대학 상대에 우수한 성적으로 입학하게 된다. 이 사주는 지지 전국이 재국을 놓아, 재다신약격과는 다르지만, 철저하게 돈과 재물을 다루는 직업에 본능이 끌리게 된다. 따라서 금전적 수치와 계산에 냉철 하리 만치 철저하고, 丁癸 충이 된 약한 관성의 작용으로 소통을 잘 모르고 베풀지 못하는 인색한 구두쇠가 되기 쉽다.

또한 재성은 아내라 일찌감치 대학시절 결혼을 하고, 졸업한 뒤의 20대 중후반은 고향에서 교편을 잠시 잡았다. 그때부터 자신이 동생 셋을 교육시키며 가장으로서 신고의 날들을 보낼 수밖에 없었는데, 대운이 막 癸丑 편관 대운으로 넘어가는 시점이었고 인성운의 끝자락이었다. 30대 들면서부터는 편관대운인데, 일간과 丁癸로 충하는 세월이라 그리 좋은 운은 아니었지만, 한국은행에 입사하게 되었고, 조부가 세상을 떠나는 바람에 모든 가계를 돌봐야하는 어려움도 계속하여 따랐다.

이어 대운이 壬子 관성운으로 들고, 일간 丁火와 대운 壬水가 丁+壬 合木하여 용신 인성이 되니 이때부터 우리나라 최고기업인 삼성물산과 금호그룹 등에서 임원이 되고 최고경영자가 되는 승승장구 약진을 계속하였다. 일주 丁丑은 백호대살이라 사주와 대운이 잘만 놓이면 형권을 누리거나 수 천 명을 호령하는 권세를 장악하기도 한다고 하였다.

그러나 대운에서 형충을 구성하거나 고장(庫藏)에 들어가는 묘고(墓庫)에 해당할 때는 피 흘리고 죽는 혈광사가 올 수 있음도 주의해야한다. 이 사주의 주인공도 庚戌 대운이던 60대 후반, 戌土 상관으로 신약사주의 힘이 빠지면서 일지 丑과 丑戌로 다시 형살이 구성되었고, 戌土는 일간 丁火의 고장이 되므로, 위암수술을 받고 경진 세운에 세상을 떠났다.

시	일	월	년	사주
戊	壬	壬	丁	천간
申	子	寅	酉	지지

대운								
	천간	癸	甲	乙	丙	丁	戊	己	庚
	지지	卯	辰	巳	午	未	申	酉	戌
	연령	8	18	28	38	48	58	68	78

壬水 일간이 寅월에 태어났다. 일주 壬子가 양인이며 월 천간 壬水 비견에 투출되었고, 인성이 연과 시지에 나타나서 아주 신왕하다. 격국을 논하자면 월지 寅木 지장간의 초기 戊土가 시천간에 나타나서 편관격이다. 강열, 횡포, 성급, 폭력, 극부, 극처, 재물과 신체 손상, 재앙 등의 의미를 상징하는 양인살이 있으며, 강해진 사주는 원래 진압군이랄 수 있는 편관성이 있어서 경찰관 역할을 해 주어야 한다.

마침 시 천간의 戊土가 편관 칠살이 되어 사주를 눌러주면서 중화를 해 줄줄 알았는데, 이 편관 戊土는 재성의 생조를 받음이 없으니 홀로 그 역할을 수행해 내지를 못하고 있다. 연 천간 丁火 재성이 있으나, 월간 壬水 및 일간 壬水와 이중으로 丁+壬 合木하여 성질을 바꿔버렸고, 월지 寅木 중 丙火는 공망이 되어 날아간 재성인 셈이다. 따라서 이 사주는 인성, 비겁의 기세를 따르면서 金水를 용신 삼아야 하고, 식상, 재, 관운은 불리하게 된다.

초년 대운은 癸卯 정인 대운이라 부모덕에 행복한 생활과 학교교육을 받게 되었다. 그러나 용신의 힘을 빼는 甲辰 식신 대운 들어서면서부터는 문제가 생긴다. 피하고 싶은 운이 식신운인데 식신의 세월을 만나면, 여자에게 식신은 자식이면서 자궁, 생식기 등의 질환을 상징하는 의미도 가진다.

甲 대운 중 세운 甲寅년은 식신이 중첩되면서 자녀궁이랄 수 있는 시지 申金과 寅申으로 충을 하여 안타깝게도 어린 나이에 자궁적출 수술을 받았다. 여자로서 아기를 가질 수 없게 된 것이다. 그런데 청춘기에 맞은 甲辰 대운은 본명을 가진 여자에겐 아주 불길한 대운인바, 辰土는 일간 壬水의 묘고(墓庫)가 되어 내가 창고 속에 꽁꽁 처박히는 형국이며, 水 일간 기준 남편인 시 천간 戊土 편관과는 戊辰 입묘살을 구성하여 남편이 사라지거나 죽는다는 뜻의 입묘살이 성립되는 운로였던 것이다.

그런대도 바로 그 운세에 부모들의 명분에 굴하여 자의 반, 타의 반 결혼을 덜컥하고 말았다. 부부가 서로 사랑한다면 자식을 낳지 못한다는 사실이 옛날처럼 칠거지악이 되어 파혼의 대상이 될 수는 없겠으나, 이 여인은 식신이 공망이라 우선 자식이 없는 형국인데다가, 일주 간여지동 되어 고독, 독수공방의 운명을 피해가기가 지난한 일이었다.

더구나 양인 일주의 여자가 일시지에 申+子 合水가 되어 시천간 편관 戊土가 물에 떠내려가는 판이고, 발달한 비겁이 사주에 중중한 여인으로서 형식뿐인 결혼생활의 인고를 감내하면서 언제까지고 살아갈 수는 없는 일이었다.

앞으로의 대운은 바야흐로 바라던 희신운으로 흐르니 비록 가정궁과 자식운은 불발이지만 행복한 인생 후반을 창조적으로 살아가리라 믿는다.

04 직업, 명예, 출세운은 어떻게 보는가?

직업이나 명예, 출세욕 등은 사회적 동물인 인간에게 있어 곧 행·불행을 좌우하는 요소임은 재론의 여지가 없다 하겠다. 자신의 역량과 취미, 적성에 맞는 직업을 선택하여 신나게 일하며 승승장구 진급하고 능력을 인정받는 행복의 화신(化神) 같은 사람도 있지만 그러나 대부분의 직업인은 목구멍이 포도청이라 처자식 건사를 위한 현대판 노예가 되어, 정년퇴직 하는 그날까지 때려치운다는 허언을 반복하면서 퇴근길에 죄 없는 소주만 축내는 사람도 많다.

자신도 사장이 되어 보란 듯이 큰소리치며 결재 도장이나 찍으며 살겠다는 환상을 품은 채, 아침이면 또 덜 깬 숙취의 쓰린 속을 만원 전철에 싣고 직장으로 향할 수밖에 없는 사람이 얼마나 많은가? 예나 지금이나 인간의 가장 큰 행복의 바로미터는 부 또는 명예로 직결되는 직업운과 삶의 목적이랄 수도 있는 가정운과 건강운이라 할 것인바, 그 중에서도 사회적 신분의 지표가 되는 것이 바로 직업운이다.

그러면 역학적으로는 어떻게 직업운과 출세, 명예욕을 읽어낼 수 있는가? 지금까지 이 책으로 공부를 해온 독자라면 스스로 이미 답을 준비하고 있으리라 믿는다. "직업, 명예, 출세운 등은 육친상 관성의 작용력에 기인하므로 관성의 역량과 생극관계 및 대운과 세운의 뒤받침을 살피고, 12운성이 동주하는 왕·쇠운 여부와 사주 원국의 관성의 능력 및 용신의 생극 여부 등을 살피면 될 게 아니냐?"

정답이다. 직업운과 명예운이 길한 사주가 되려면 우선 관성이 힘이 있어야하므로, 재성의 순조로운 생을 받으며, 인성도 관성을 소통 시킬 수 있는 역량을 가지고 태어나야 한다. 관성이 직업과 명예인 만큼 문서와 학문 또는 결재 도장을 상징하는 재·관·인수의 3박자가 상호연결고리로 이어져 있으면 직업운과 출세, 명예운은 일단은 가지고 태어난 것으로 보면 좋다.

게다가 일간도 적당히 강한 신강의 격국을 지니고 태어나면 금상첨화가 된다. 그러니 앞 장에서 배운 재관무의격과는 반대가 되는 개념이다. 다른 말로 하면 재관무의가 되면 직업, 명예운도 기대하기 어렵다는 뜻이다. 그러나 그것이 그리 간단히 손에 잡히듯 쉽게 읽어낼 수 있는 것은 아니다.

오늘날의 직업군은 그만큼 다양하기도 하거니와 컴퓨터 IT분야 같은 신조된 직업운은 어떤 오행성으로 수용해야할까 하는 문제도 있고,

전통 사주학에서는 직업운이 아예 없는 사람이 남사당 패나, 무당 등이 된다고 하였지만, 오늘날로 이야기 하면 인기 연예인 그룹에 해당되는 그들을 그렇게 직업운이 없는 것으로 매도할 수도 없지 않겠는가?

옛날에는 직업이란 것이 거의 한정되어 있었다. 사농공상의 네 가지 직업군에 모든 것이 포함될 수 있었던 과거가 그리 먼 옛날의 이야기가 아니지만 지금은 직업의 유형도 이루 헤아릴 수 없을 만큼 많은 시대가 되었다. 심지어 손님의 스트레스 풀이를 위해 매를 맞아주고 돈을 받는 직업도 있다고 하니 우리 역술을 공부하는 학인들에겐 갈수록 험난한 숙제가 기다리고 있는 셈이다.

지난 과거에는 극소수의 양반지배계층을 제외하고 나면 보부상, 대장장이, 장사치, 무당 같은 손에 꼽을 정도의 직업군 외의 절대다수의 백성은 농사를 지었으니 이 분야에 있어서만은 사주학도 크게 고심할 문제가 아니었다. 아예 신분상의 한계를 가지고 태어나 낫 놓고 기역 자도 모르는 농군의 운로야 천지개벽 하지 않는 한 고정된 운명의 길을 갈 수밖에 없었으리라. 그러니 그 당시는 직업운 보다도 가정과 자식, 건강운 같은 대내적 사항이 주된 관심사였을 것이다.

또한 지난 세월에는 여자에게 직업이나 명예, 출세운이란 말 자체가 성립되지 않았지만 주변을 둘러보라. 고등고시나 공무원 시험 합격자의 70%가 여자이다. 어느 누가 약한 자여 그대 이름은 여자라고 했던가? 죽으려고 친지신명께 맹세하지 않은 힌, 이 땅에서 그런 말을 했다가는 사망 내지는 정신병동의 철창행을 각오하여야 하리라. 따라서 전통 사주학에는 아예 여자의 직업운을 보는 육친 자체가 없었고, 여자 사주에 관성이 빛을 발하고 주변 명식의 조화가 좋은 사람은 남편을 출세시키는 사주라고 풀이하였다.

격세지감을 느끼지 않을 수 없다. 관성은 남자에게는 직업, 명예, 정의감, 자식 같은 통변성으로 해석 되었고, 여자에게는 오로지 남자로만 보는 육친일 뿐이었다. 그러나 관성은 자신을 극한다는 입장에서 이제는 남녀 공히 직업운과 출세, 명예를 상징하는 육친으로 보아야 한다는 학문적 발상의 전환이 필요한 때이다. 남녀 할 것 없이 아무리 그만 두고 싶어도 그리 쉽게 그만 둘 수 없게 나를 꼼짝 못하도록 극하는 것이 직업이 아닌가?

그렇다면 어떤 사주가 직업운이 좋아 명예와 지위를 드높이고, 어떤 사주는 백수나 실업자 또는 말직의 자리에서 자리보전에 급급한 사주가 되는지를 실례를 들어가며 검토해 보도록 하자. 다시 강조하지만 이 분야도 조화와 생극을 살피고 기타 살성과 길신 및 대·세운 등을 종합적으로 감정하는 것임은 너무도 당연하다.

● 대통령의 사주 〈戊辰생 남자로 대운수는 7이 된다〉

시	일	월	년	사주
甲	己	乙	戊	천간
戌	未	丑	辰	지지

대운	천간	丙	丁	戊	己	庚	辛	壬	癸
	지지	寅	卯	辰	巳	午	未	申	酉
	연령	7	17	27	37	47	57	67	77

오랜 군사통치의 종지부를 찍고 문민정부의 새 정치 장을 열었던 전 김영삼 대통령의 사주다.[40] 한마디로 사주의 문외한이라도 사주가 해괴한 모습을 하고 있음을 쉽게 알 수 있다. 월과 시주의 천간에 甲, 乙 정·편관성이 각각 하나씩 나타났을 뿐 다섯 개의 천간 지지가 전부 비겁인 土로 구성되어 있다. 게다가 시천간 甲木마저 甲+己 合土로

---

40) 김영삼 전 대통령의 사주에는 여러 이견이 많다. 네이버나, 야후 같은 포털사이트의 인물검색에는 김 전 대통령이 1927년 12월 20일생으로 되어 있는데, 이 자료가 음력이면 정묘년, 계축월, 기미일이 되고, 양력이라면 정묘년 임자월 무자일이 된다. 어쨌거나 위에 제시한 사주와는 틀린다. 그런데 김영삼 대통령 자신이 호적서기가 잘못하여 자신의 나이가 많아졌다고 밝힌 바 있고, 많은 역술서에서도 일관되게 위와 같이 통일되어 있어, 위의 사주가 김 전 대통령의 사주임에 이설이 없을 듯 하다.

비겁의 세력으로 변해버렸다.

주변에 엄청 많은 친구, 동지 세력이 들끓고 있는 형국이다. 평생을 야당정치와 군부의 탄압 속에도 그를 따르던 당원과 민주산악회 등의 수많은 동지들을 연상해보면 이해가 갈 것이다. 이토록 많은 동기 세력 중에도 그나마 정·편관성인 甲乙木이 나 자신인 일간의 좌우에서 호위하듯 나타났다. 아무래도 심상찮은 직업을 가질 명운임을 쉽게 짐작할 수 있겠다.

이 사주를 정통의 방식대로 감정한다면, 논밭이라 할 수 있는 己 일간이 추운 12월의 丑월에 태어났으니 조후용신으로 볼 때 불이 필요한 것으로 간명할 수 있다. 그러나 급한 마음을 잠시만 돌리고 사주의 구성을 다시 한 번만 관찰해 보자. 관성 甲이 甲+기 合土로 변하여 이 사주는 강한 관살이 土에 합류하고 약한 乙木 편관성만 하나 남게 되었다.

앞에서 배운 격국편의 전왕격 사주 중 가색격을 떠올리는 독자가 많으리라 믿는다. 조금 어려운 한자지만. '가'는 농사지을 가(稼)이고, '색'은 거둘 색(穡)이다. 土 일간이 지지에 土 합국이나 강한 土 기운이 오면 성립 되고, 힘이 있는 관살이 있으면 파격이 된다고 배웠다. 이 사주는 두 말 할 것 없이 가색격이다. 지지에 辰戌丑未 4고가 깔리면 '순전사위격(純全四位格)'이라 하여 제왕의 지위를 얻는다고 전통 명리서에서 일관되게 진하고 있는 바, 대통령이 되었으니 특수한 직업에 출세와 명예는 물론 제왕의 지위에 올랐음을 어느 누가 부인하겠는가?

그런데 이러한 순전사위격이 팔자 한번 잘못 풀리면 대도나, 사기꾼의 전범이 되기도 한다. 필자의 지기 중에 순전사위격 사주의 소유자가 있었는데, 오랜 세월의 신의를 어느 순간 배신하고, 여러 사람에게 엄청난 금전적 피해를 입히고 송아지는 물 건너 가 버렸다. 그 인간의 위인 됨이 곧 죽을 지경인데도 어찌나 통이 큰지, 집구석이 기둥

뿌리 채 뽑혀서 파산지경이 되어도 걱정 하나 하지 않는 위인이었으니 사주의 암시가 나쁘게 나타날 때 어떤 흉조를 띄는지를 공부 한번 단단히 한 바 있다.

아무튼 김 전 대통령은 대운이 巳午未 南方 火運으로 달리던 辛未 희신 대운 중 1992년 壬申년에 제14대 대한민국 대통령에 당선되니 필부로서 이보다 더한 직업운과 명예운이 어디에 있겠는가? 다음은 이와 반대로 성실성에 비해 직업운이 불길하여 일신이 고달픈 한 남자의 사주를 예로 들어 판단해 보도록 한다.

●● 직업, 명예, 가정궁이 불길한 50대 총각의 사주 〈戊戌생 남자로 대운 수는 3이 된다〉

시	일	월	년	사주
戊	丙	甲	戊	천간
戌	子	子	戌	지지

대운	천간	乙	丙	丁	戊	己	庚	辛	壬
	지지	丑	寅	卯	辰	巳	午	未	申
	연령	3	13	23	33	43	53	63	73

丙일간이 子월에 태어나서 정관격 사주인데, 관성이 힘을 받을 재성이 표면에 없음을 한눈에 알 수 있다. 고립무원의 관성이 어찌 명예와 관록을 보장해 주랴. 한마디로 이 사주도 관성이 의지할 데가 없도록 작정하고 만든 듯한 기분이다.

년과 시지의 戌 지장간 중에는 辛金의 정재가 있으나 메마른 戌土인 흙속의 반짝이는 귀금속과 같은 金이니 관성인 물을 생산해낼 만한 그릇이 되지를 못한다. 이처럼 재성과 관성이 약하면 상대적으로 인성과 비겁이 그 빈자리를 차지하고 득세하여 대부분 신강사주가 되는 게 정상인데, 생조 받지 못하는 인성 甲木만 월상에 나타났을 뿐, 戊戌 식상 土의 기세가 강하여 일간이 아주 약한 신약사주가 되고 말았다.

다행히 월간 甲木은 지지 子水가 있어 우선은 에너지를 공급받을 수 있다. 따라서 甲木 인성이 용신이 되고, 子水 관성은 용신을 생하므로 희신이 되며, 金 재성은 용신을 직접 극하므로 기신이 되고, 土 식상은 기신을 뒤에서 생하여주니 원수 같은 구신이 되는 것이다. 신약사주는 대부분 일간을 생하는 인성이나, 동기세력인 비겁으로 용신과 희신을 삼지만, 이 사주는 식상이 왕한 경우에 해당됨으로, 비겁의 속성상 동기를 돕기보다는, 일종의 종족보존의 법칙이랄까, 자신이 생하는 식상을 먼저 돕게 되어 일간의 힘을 더 빠지게 하는 결과를 가져오게 된다.

그러면 이 사주를 정리해 보자. 재성이 기신이고 표면에 나타나지 않았으니 남자 사주에 재성은 아버지와 여자, 재물을 의미하는 바, 이 사주의 주인공은 아버지를 일찍 여의었고, 용신인 인성 어머니의 슬하에서 자라게 된다. 충청도의 빈한한 농가에서 태어났지만 인성이 용신이라 어렵게 고등학교를 졸업하게 되었고, 寅 대운 20세에 용신운이 암시하는 학문, 문서 등의 상징대로 사관학교에 입교할 수 있었다.

이때의 대운이 寅卯辰 東方 木局으로 흐르고 있으나, 대운 지지가 천간을 생하느라 용신의 대운 역량이 그리 강력하지 못하고, 관성이 희신이기는 하지만 관성이 무력하여 주어진 현실에 만족하며, 군인의 길을 갔어야할 명이었다. 그런데 33세부터 구신인 戊辰 대운이 오는 것도 모르고, 卯 대운 막바지에 고등고시 바람이 불이 대위로 전역하여 관리가 되겠다고 고시에 매달리게 된다. 이때의 세운마저 공교롭게도 火土의 한신과 구신운으로 흐르니 노력만으로 되는 것이 아닌 시험에 청춘의 모험을 걸었던 것이다.

계속된 낙방 끝에 후속대책으로 시작한 것이 작은 프렌차이즈 식품 사업이었는데, 소가 웃을 일이 아닌가? 이 사주는 아예 재성이 기신이라 재물운과 사업은 불가능하고, 당시의 대운도 戊辰대운의 구신운에다, 음식을 말하는 戊土 식상이 辰戌로 충을 하는 때라 실패는 예견되고 있었던 셈이다. 전 재산이랄 수 있는 얼마간의 자본금도 날리고 남는 것이라고는 신용불량자라는 명찰뿐이었고, 일신을 건사할 만한 직장생활도 하기 어렵게 된 것이다.

그러니 비정규직에서 하루하루 기약 없는 삶을 이어가야했고, 후반을 기약해야할 노후의 운명의 흐름조차도 巳午未 南方 火局의 한신으로 흐르며, 대운 지지가 절각되거나, 천간을 생하느라 힘이 빠지니 후반부의 인생도 그리 녹록한 것은 아니다. 사주 표면에 재성이 없고 지장간 속에 웅크린 사주라 결혼도 늦을 수밖에 없지만, 대운에라도 강한 재운이 들어오면 만혼이라도 하겠건만 50대에 들어온 대운 庚金 재운은 지지 午로부터 절각되어 이 사람 50대 중반에 이르기까지 노총각으로 하루의 일신 건사에 급급한 형편이다.

월일지 子水는 각각 연살(年殺)이라는 도화살을 구성하고 또한 홀아비살이라는 고신살이 동주하니, 일지는 배우자궁인 바, 어찌 순탄한 결혼생활을 꾸려갈 수 있었겠는가? 이 사주는 형제동기인 비겁이 한신으로 나에게 도움을 주지 못하니 무덕하고, 왕성한 식상 土로부터 극을 당하는 水에 해당하는 장기 즉, 신장, 방광계통이나, 순환기계통의 질병도 조심해야한다.

식상이 좋은 운을 만나면 의식이 풍족하고, 표현력과 예능적 능력 등으로 인기 있는 호인이 되지만 사주의 구성이 불길하면 질환, 고독, 수술, 불명예, 파산 등의 나쁜 암시를 띄게 되는 것이다. 한편 戊戌 식상은 이중으로 괴강살을 구성하고 있거니와 괴강은 사주 구성이 좋을 때는 병권이나 형벌권을 잡으며 대발하기도 하지만 사주가 이렇게 놓이면 사람 좋다는 소리는 들을지 몰라도 자존심과 고집으로 치닫는 야망만 늘어갈까 걱정이다.

다음은 명리고전『적천수』에 나오는 사주의 예를 들어 벼슬과 명예가 사주의 구성과 대운에 따라 어떻게 나타나는 지를 검토해 보자.

관운이 있는 남자사주 〈己卯년 午월생 남자의 경우〉

시	일	월	년	사주
丁	甲	庚	己	천간
卯	寅	午	卯	지지

대운	천간	己	戊	丁	丙	乙	甲	癸	壬
	지지	巳	辰	卯	寅	丑	子	亥	戌

甲일간이 午월에 태어나서 그대로 상관격이다. 년과 시지가 卯로서 각각 양인이 되었을 뿐 아니라, 일지 寅에 일간 甲은 단단히 뿌리를 내리고 있어 아주 신왕한 사주가 되었다. 신왕하면 누르거나 설기하는 오행으로 용신을 잡는다는 것은 두 말 하면 잔소리가 된다.

그런데 말똥에도 층계가 있듯 사주의 용신 적용에도 층계가 있는 법이다. 우선 왕성한 木기운을 극하는 庚金을 적용해 보자. 좋은 발상이지만 庚金은 지지 어디에도 뿌리를 내리지 못해 통근되지 못했다. 그러니 무심히 적용했다가는 용신무력이 되어 제 구실 못하고 일생 골골거리는 애물단지가 된다.

그러면 왕성한 木으로 하여금 저 자신이 극을 하느라 힘을 빼주는 오행은 없을까? 있다. 연 천간 己土가 목극토를 하니 왕한 기운이 빠질 것은 당연한 이치다. 그런데 己土는 년에 멀리 떨어져 고립된 데다가 역시 지지에 뿌리를 내리지 못했을 뿐 아니라 그 왕성한 木이 약한 己土를 시정없이 극을 헤멜 것이니 용신으로 채택한들 어디 견뎌내겠는가?

그러면 다음은 뻔하다. 왕한 木기운이 생을 해서 설기하는 것을 찾으면 된다. 그것이 바로 시 천간의 丁火가 된다. 丁火의 입장에서 木은 인성이 되어 아낌없이 주는 나무 같은 자애로운 존재가 되고, 木도 극하는 것보다는 생하는 것에 기쁨을 느끼며 용신도 힘을 받아 유력해지는 것이다. 그러면 용신과 대운을 비교해 보자. 이 사주의 주인공은 丁卯 대운에 과거에 등과하여 벼슬길에 나가고 현령이 된다. 상관격 사주에서 상관을 용신으로 쓴 결과가 되었다. 따라서 '상관용상관격(傷官用傷官格)'이라고도 한다.

이 사주는 木火의 기세에 따르는 가상관격이기 때문에 대운에서 비겁과 상관운 즉 木火운이 와야 명예가 높아지게 되고, 관성인 金運이나 인성인 水運이 오면 불길하게 되는 것이다. 따라서 대운 丁卯와 丙寅은 개두 되거나 절각됨이 없이 木火運으로 흐르니 승진을 거듭했고, 乙丑 대운은 기신 庚金과 乙庚으로 합을 하니 벼슬길에서 떨어지게 되었다. 다음은 여자의 명으로 전문직에 종사하는 호운의 사주 예를 들어 설명한다.

◆◆ 전문직 교사로 가정운도 좋은 여자사주 〈辛亥생 여자로 대운 수는 9가 된다〉

시	일	월	년	사주
壬	丙	甲	辛	천간
辰	寅	午	亥	지지

대운	천간	乙	丙	丁	戊	己	庚	辛	壬
	지지	未	申	酉	戌	亥	子	丑	寅
	연령	9	19	29	39	49	59	69	79

양인격이다. 丙일간이 午월생이면 그것으로 양인격이 되는데 월지에 앉는 양인이 가장 강하다. 양인살이 무엇이던가? 앞 장 살성편을 상기해 보자. 강열, 횡포, 성급, 폭력, 극부, 극처, 재물 손실, 재앙 등을 부르는 흉살이다. 그래서 양인살을 가진 사람은 굵고 짧게 살다가는 경향이 있으며, 한마디로 뜨거운 열혈의 기질이므로 때로는 의로운 보검을 지닌 충신열사가 되기도 한다.

그래서 기분나면 무한정 베푸는 성질도 있다. 한편 양인살이 대운이나 세운에서 형충을 만나면 불같은 성질과 폭력, 구속 등을 조심해야 한다. 그러나 양인살이 있더라도 사주구성과 용신이 힘이 있고, 대운에서 관운을 만나면 판검사, 군인, 칼을 잡는 외과의사 아니면 주방장 등의 직업으로 성공하기도 한다. 하지만 대운이 나쁘거나 용신을 공격하는 운이 오면 재물은 손재되고, 폭력사건에 휘말리거나 성질이 광폭해 지는 등의 작용을 조심해야 한다.

그래서 양인은 달래고 한편이 되는 합이 들면 아주 좋아지고, 형충이 되면 성질 한번 더럽게 날뛴다. 날뛰는 걸 잠재우는 일은 사랑하는 사람이 어루만지거나, 무장한 경찰관이 힘으로 누르는 방법밖엔 없다. 따라서 강해진 양인살에는 사주내에 관성인 살성이 있으면 자신을 눌러주고 억제해 주는 역할을 하므로 아주 좋아한다. 특히 편관 칠살이 있으면 더욱 좋다.

어떤 사주가 양인으로 강해졌는데, 마침 사주에 관성이 있으면 양인에 살성을 걸었다고 해서 사주학 격국용어로 '양인가살격(羊刃架殺格)'이라고 한다. 이 사주를 자세히 살펴보자. 월지 양인에 월간 甲木 인성 그리고 일지 寅木 인성이 寅+午 火局이 되어 무지막지하게 강해지고 말았다. 그런데 감사하게도 시 천간에 큰 강물과도 같은 壬水 편관이 떡-하니 나타나 있지 않는가?

경찰로 치면 특수기동타격대 정도에 해당된다 하겠다. 더구나 壬水는 辛亥 의 후원까지 받고 있어 능력이 있다. 그러니 일간 丙火와는 壬+丙 칠살이 되어 양인가살격을 구성하고 있고 시지 壬辰 괴광은 길작용으로 바뀌고 있다. 게다가 년의 金水와 시지 습토인 辰土가 제각각의 역할을 히고 있으니 여지 양인걱이지만 얼미니 디헹인기? 그래서 다수인의 형권이나 병권을 가진 직업은 아니라고 해도 수 천 명 학생을 가르치는 교사가 되어 전문직에 종사하며, 희신인 酉 대운에 고등고시에 패스한 남편을 만나 결혼하여 1남을 두고 있으니 부부가 상합하여 사주의 암시대로 길운의 인생을 살아가고 있다 하겠다. 다음은 군인으로 출세한 사주의 예를 들어본다.

시	일	월	년	사주		
辛	癸	丙	己	천간		
酉	卯	寅	巳	지지		

대운	천간	乙	甲	癸	壬	辛	庚	己	戊
	지지	丑	子	亥	戌	酉	申	未	午
	연령	7	17	27	37	47	57	67	77

癸 일간이 寅木 상관월에 태어났고, 월천간에 寅木의 지장간 중기 丙火가 솟아올라 정재격 사주가 되었다. 시주의 辛酉 인성을 제외하면 사주가 식상과 재관으로 구성되어 신약사주에 이견이 없겠다. 일간이 생하고, 극하느라 힘이 빠질 대로 빠졌으니 일간을 도울 인성과 비겁을 신속히 모셔와야 할 판이다.

그런데 사주에 비겁은 어디에도 없고, 시에 용신으로 쓸 인성 金이 버티고 나타났다. 연천간의 편관 己土는 연지 巳火로부터 생조를 받고, 巳火는 월일지 寅卯木으로 부터 생을 받으며, 寅卯木은 癸水로부터 후원을 받기 때문에 오행이 연주하여 희신과 용신을 받들게 되므로 용신이 아주 힘이 있다. 한마디로 사주가 소통이 아주 잘된 경우에 해당한다.

이렇게 사주원국이 일단 구성이 좋고, 상관 생재에 재생편관 하여 소통이 잘 되었을 뿐 아니라, 연월지가 寅巳로 형을 놓고, 癸水와 己土가 또 편관 칠살을 구성하였는데, 일시 卯酉가 다시 충을 만들었으니 백전노장의 사령관이 될 격국을 충분히 갖추었다 하겠다.

사주에 상관과 편관, 형살과 충이 많은 데도 불구하고, 사주의 소통이 좋고 흐름이 좋다는 것은 범상한 사주는 아니거니와, 편관과 상관, 형충이 많다는 것은 전쟁터를 누비는 장수에게는 생사의 봉착이 무시로 일어나고 죽고, 죽임의 냉철한 지휘력이 출세의 가치덕목으로 나타나기 때문에 예로부터 이런 사주를 무장의 사주라 하여 병권을 장악한다고 되어있다.

더구나 인성 金이 용신이면 칼과 무기로 출세한다는 상징적 암시를 더하기도 한다. 연지 巳火 재성은 천을귀인으로 존귀의 별이기는 하나, 역마와 동주하고 공망이 들어, 선대에는 집안이 어려웠다. 甲子 대운인 19세는 대운 건록이라 육군사관학교에 입교하였고, 희신운인 癸亥 대운 34세에 대령이 된다. 이어 36세에는 사단장에 승진하고, 辛酉 용신 대운 중 49세에서 51세에 걸쳐 군사령관에 보직되는 등 무관으로서 눈부신 승진을 거듭하였다.

그러나 辛酉 대운 중 己未 편관세운은 사주원국의 편관과 합세, 신약한 일간을 집중 공격하는, 편관살에 의한 화(禍)를 입는 세운이 된 것이다. 더구나 己未 세운의 未土는 일지 卯와 합하여 木의 세력이 강해지면서 시지 酉金 인성을 卯酉로 충을 하도록 유도하였고, 따라서 감옥에 갇힌다는 시지 酉에 앉아있던 수옥살과 시지의 12운성 病까지 꿈틀대면서, 대운 酉와도 酉酉 자형살까지 구성하였다.

이렇게 되면 시지의 난동은 자식이나 아랫사람, 부하에 해당되니 하극상에 의한 오욕을 안고 불명예제대를 하고 말았다. 이 사주는 천간 대 지지가 상호 생하거나 같은 세력으로 구성되어 아주 빛나는 승진가도를 달려왔으나, 말년의 대·세운이 나쁜 운로로 치달으며 회한을 남긴 사주가 되고 말았다.

남편덕이 없는 화류계 여자사주 〈戊戌생 여자로 대운 수는 7이 된다.〉

	시	일	월	년	사주
	甲	乙	戊	戊	천간
	申	亥	午	戌	지지

대운	천간	丁	丙	乙	甲	癸	壬	辛	庚
	지지	巳	辰	卯	寅	丑	子	亥	戌
	연령	7	17	27	37	47	57	67	77

乙 일간이 午월에 태어나서 식신격이다. 戊戌土 재성이 세 개나 되고, 월주 戊에서 午는 양인이라 재성이 매우 강하여 영락없는 신약사주다. 일지 亥水 인성은 시천간 甲木에 통근되었으나 土 재성의 극이 심하고 물을 생해줄 시지의 申金은 공망 되었을 뿐 아니라, 시천간의 겁재 甲木은 申金의 절지 위에 앉아서 강약으로 신약사주임에 아무런 이의가 없다 하겠다.

신약사주는 인성이나 비겁으로 용신 삼거나 사주가 심히 한난조습하면 조후를 검토한다고 배웠다. 이 사주는 작은 넝쿨식물 같은 乙木 일간이 태양이 작열하는 午월에 태어났으니 시급히 물을 주어야겠다.

그래서 물을 급히 찾아보니 일지에 亥水가 있다. 그런데 亥水 인성을 용신으로 쓰면 어떻게 될까? 亥水 물을 용신으로 쓰면, 작열하는 태양으로부터 목마른 일간 乙木에게 한 줄기 시원한 감로수를 주는 것 같은 역할을 하겠는데, 그렇게 되면 막강한 土 재성이 그냥 두고 보진 않을 것 같다.

재성인 土가 인성인 水를 직접 극을 할 것인데, 이것을 재물의 횡포라고 보면 좋겠다. 그래서 재성이 인성를 파괴한다고 하여 사주학 용어로 '탐재파인(貪財破印)' 즉, 탐욕스런 재성이 인성을 파괴한다는 뜻으로 쓰인다. 그래서 이 사주는 인성인 水를 용신으로 쓰면 좋겠는데 그것은 불가하게 되었다.

그렇다면 나머지 선택은 비견 甲木을 용신으로 삼는 수밖에는 없다. 마침 시간에 甲木 겁재가 있어 용신을 삼을 수 있겠다. 그러나 이 甲木 겁재는 일지 亥水에 뿌리를 내렸으나 시지 申金 위의 절지에 앉아 용신이 매우 무력한 지경이 된다. 용신이 무력하면 운세의 발복이 미약하고, 비록 용신운을 만나더라도 확실하게 길운이 나타나지 않은 채, 일생이 고난과 역경 속에 헤매는 경향이 많다고 배웠다.

이 사주도 용신의 힘이 없고 재성은 많은데, 신약하여 재물 운이 좋지 않은 재다신약에 해당한다. 더욱이 남편성인 시지의 관성 申金은 텅 비었다는 공망이 되었고, 12신살 겁재가 동주하니 남편 덕을 기대하기는 어렵게 되었을 뿐 아니라, 시지는 자식궁이라 자식복도 기대하기 어렵게 되었다. 실제로 이 여인은 남편과의 사이에 딸 하나를 두었으나 일찍이 이혼하고 딸과는 없는 듯 잊고 살아가면서 작은 식당을 운영하며 혼자 살아가고 있다.

학문과 문서운인 亥水 인성은 이 사주에서 용신 甲을 생하는 희신이지만, 미약한 나머지 학교는 중학교를 졸업하였고, 그 사주 식신격의 작용력대로 물장사인 화류계에 종사하게 되었다.[41] 초반 대운이 용신인 寅卯辰 東方 木局으로 흐르고 대운 천간도 개두되거나 절각됨이 없이 정확히 용신운으로 흘러, 30대와 40대 초반까지는 카페영업으로 제법 돈을 만지기도 하였으나 문제는 癸丑 대운인 亥子丑 인성 대운 들면서부터 문제가 생기기 시작한다.

이 사주는 원래 水 인성은 木 용신을 생하는 희신이기는 하지만 전술한 것처럼 탐재파인 즉, 막강한 재성은 인성이 오는 꼴을 보지 못하는 사주라 희신 인성을 강타하면서 재물의 질서에 일대 혼란이 오는 형국이다. 이때부터 매사가 꼬이면서 경제적으로 매우 곤궁한 삶을 이어가게 된다. 이 사주는 용신이 무력하여 큰 발복은 애초에 기대할 수 없고 자신의 분복에 만족하며 주어진 여건에 최선을 다해야 하는 사주였다. 또한 인성이 재성의 극을 심하게 받으므로, 어머니의 심신이 강건치 못하여 친정 모친은 너무나 인자하였지만, 앞으로 일찍 세상을 떠나고 말았다.

참고로 여자 사주에 물이 많거나 도화살이 동주하고, 남편성인 관성을 물이 범람하여 침범하는 경우 또는 水 일간에 金水 월간(또는 시간)이 상생으로 금수쌍청 하는 경우는 대부분 여자의 미모 수려하여,

---

41) 식신격 사주가 水 용신과 어울리면 식신은 음식과 요리 등 솜씨를 상징하니, 水는 곧 물장사를 의미하여, 여자 사주가 이렇게 구성되면 거의 화류계에 종사하게 된다.

사주의 암시대로 평탄한 결혼생활은 물 건너갔거니와 화류계와 홍등가 계통의 직업을 얻게 된다.

●● 관리로서 출세하고 시장까지 당선된 남자사주 〈己丑생 남자로 대운수는9가 된다.〉

시	일	월	년	사주
丁	戊	壬	己	천간
巳	戌	申	丑	지지

대운	천간	辛	庚	己	戊	丁	丙	乙	甲
	지지	未	午	巳	辰	卯	寅	丑	子
	연령	9	19	29	39	49	59	69	79

우선 이 사주의 천간과 지지를 먼저 보자. 우리가 이미 앞에서 배운 통근과 투출이 사주 네 기둥에 모두 성립되고 있다. 천간과 지지가 서로 생하거나 동기세력이란 말이다. 사주가 이렇게 놓이면 하늘과 땅이 돕는다는 상징 그대로 운로가 순리에 적응하면서, 발전적 운세로 명운이 달려주는 경향이 있게 된다.

사실 사주를 감정하다보면 네 기둥이 모두 천간 지지가 동기, 상생하는 케이스로 연결된 사례를 만나기가 의외로 어렵다. 또한 천간과 지지 전체가 서로 상충하는 '천전지충'의 예도 흔치 않다. 이 사주는 상생과 동기세력으로 구성되면서 일주 戊戌 괴강을 깔았다. 남자사주로 일주 괴강에 신강을 놓으면 한 자리 해먹는다고 고서에서도 전하는 것처럼, 이 사주가 바로 그런 사주다.

자세히 보지 않으면 이 사주 오행이 고루 배치되지 못해서 편벽된 사주로 강약용신을 적용해서 강한 비겁 土를 토극수로 설기하는 壬水 재성을 용신 삼는 경우가 생긴다. 그런데 이 사주는 일주 괴강을 구성하여 火土 인비 기세를 따르는 외격사주가 됨에 유의하여야 한다.

따라서 대운이 火土운으로 달려주면 대발한다. 초년운은 辛未 대운으로서 未土 용신이 천간 辛金을 생하느라 용신의 힘이 빠진다. 절대 빈곤의 시절 가난한 농촌에서 태어난 이 사주의 주인공은 농업고등학교를 졸업하고 대학진학을 포기할 수밖에 없었다. 초년운이 강한 인성으로 놓였으면 아마도 이 남자는 학문의 길로 들어가서 일생의 명운을 달리하였을 것이다.

고등학교를 졸업하였을 때의 대운이 庚午 대운으로 庚金은 비겁의 운을 설기하는 식신 대운이었으나, 대운 지지 午火는 강한 용신운으로서 천간 庚金을 절각하여 불리함을 일소하고, 지방직 말단공무원으로 사회에 첫발을 들여놓게 된다. 원래 이 사주는 사주원국과 지장간에도 관성이 전무하여 관리의 길은 불리할 것으로 보이지만 시지 巳火는 희신으로 최고의 길신이라는 십간록이 앉으니 하늘에서 녹을 준다는 복을 가지고 태어났고, 12운성으로 시지 巳火에는 건록 관이 동주하고 있는 것이다.

또한 중년 대운은 강한 寅卯辰 木 관성이 오면서 대운 천간 火土 희·용신을 강력하게 생하어주니 관칭이 나의 운을 얼이주는 대운구조에 해당한다. 43세 辰土 대운 중 辛未 세운에 사무관으로 승진하였고, 장장 30년을 대운 관성운이 천간의 火土 용·희신을 생해주는 운명이 달려주니, 54세 丁卯 대운에는 지방직 공무원으로서 하늘의 별을 따기라는 국장에 승진하기에 이른다.

丁卯 대운 또한 대운 천간 丁火 희신을 대운 지지가 생하여 주는 길운이었던 것이다. 이어서 58세 丙寅 대운 중 丙戌 세운에는 민선시장으로 당당히 당선되기에 이른다. 관성이 목생화로 희신운이며, 세운

丙戌은 정확히 火土 희·용신 세운이었던 것이다. 대운과 세운이 이처럼 확실하게 맞아떨어지기도 어려운 경우라 할 만큼 사주와 세월의 덕을 톡톡히 본 셈이다.

앞으로의 운로를 검토해 보자. 70이 다되도록 대운의 주자는 용신과 희신으로 달려주고 있으니 시장으로 재입성하는 것도 무난할 것으로 보인다.

❖ 예술가의 직업을 가진 남자사주 〈乙未생 남자로 대운수는 4가 된다.〉

시	일	월	년	사주
丁	庚	戊	乙	천간
亥	戌	寅	未	지지

대운	천간	丁	丙	乙	甲	癸	壬	辛	庚
	지지	丑	子	亥	戌	酉	申	未	午
	연령	4	14	24	34	44	54	64	74

庚金 일간이 입춘 후 寅木절기에 태어나서 득령치 못하였고, 월지 寅木의 지장간 초기에 戊土가 월천간에 투출되어 편인격 사주가 되었다. 강약으로 보면 동기세력으로는 연지 未土와 월천간 戊土, 일지 배우자궁에 戊土, 이렇게 세 개의 정·편인성이 나타났고, 상대세력으로는 두 개의 정·편재성과 식신 및 정관성으로 구성되어 세력의 판도가 만만찮게 구성되어 있다.

사주표면에 비겁은 없으나, 세 개의 土 인성을 눌러줄 寅木 재성은 12운성상 절지에 놓였으며 공망 되었고, 시천간 丁火 관성이 많은 인성을 뒤에서 생하여줌으로 신강사주로 변하였다. 사주 표면에 비겁이 없어 형제 동기가 없는 외로운 형국이고, 어머니의 지나친 간섭이나 과보호가 우려되는 사주이다.

인성이 많으면 극단적으로 어머니가 여럿이란 말이 되기도 하지만, 정·편인이 혼재되면 편인은 효인으로 고독, 이별, 색난, 파재 등을 의미하고, 정인은 지혜, 학문, 문서, 총명, 자비, 종교 등을 뜻하기도 하는데, 길성도 중첩되면 과유불급 흉신의 의미로 작용하는 경우가 많다. 실제로 이 사주의 주인공은 아버지가 후실을 두어 어머니가 둘이다.

용신을 살펴보면 아무래도 인성이 왕성하여 신강이 된 사주라 인성을 눌러줄 진압군인 木 재성을 끌어와야겠는데, 아시다시피 월지 寅木 재성은 절지에 공망된 육친이라 용신의 역량이 없고, 부득이 연 천간 乙木을 용신 삼기로 하는데, 이 乙木이란 연약한 초목이 망망한 土 인성의 대지위에 어떻게 뿌리를 내려 마구 흔들어주겠는가? 따라서 용신이 매우 무력하다.

그렇다면 대운과 세월에서 木運을 만나야겠는데, 용신 木運이 오면 좋고, 木을 생하는 水運 희신도 괜찮다. 그러나 土 인성이 오면 기신이고, 土 인성을 생하는 火 관성운은 구신이다. 초반운은 亥子丑 水運으로 흘렀고, 火 구신 대운을 대운 지지가 절각으로 묻었으니 식상 육친의 지배를 받아 표현력과 예능적 소양이 남달리 뛰어나 일찍이 미술의 특기자로서 미술대학에 진학할 수 있었다.

중년에 들어오면서는 申酉戌 金局으로 흘러 신강사주의 일간을 강하게 하고 있으나 대운지지 金運이 대운 천간을 금생수로 생하니 오히려 희신이 되어 국전, 공모전, 개인전 등에서 일약 발전을 하는 운으로 작용하였다. 관성이 구신이라 자식운이 길하지 못한데, 이 사주는 일주 괴강을 놓아 자존심과 인내력, 결단력도 강하며, 강한 인성 탓에 치맛바람 닐리듯 자식자랑 질하는 이미니처럼 자기표현괴 지랑도 능란하다.

일지 배우자 궁 戌은 관성입묘가 성립되었고, 12운성상 목욕이 동주하여 이 사주의 주인공 아내의 바람기로 한때 고생을 했다. 후반의 대운은 기신운으로 흘러 자신의 예술세계를 관리하고 마무리 하는데 주의를 하여야 할 것으로 보인다.

시	일	월	년	사주
辛	丁	壬	壬	천간
亥	酉	子	寅	지지

대운	천간	辛	庚	己	戊	丁	丙	乙	甲
	지지	亥	戌	酉	申	未	午	巳	辰
	연령	5	15	25	35	45	55	65	75

丁 일간이 子월에 태어나고 출생 시가 亥시이니 동짓달의 춥고 캄캄한 밤중에 고독하게 켜져 있는 촛불이 연상되는 사주이다. 격국을 논하자면 丁일간 子월생이라 편관격 사주인데, 천간 壬水 정관과 亥+子 合水로 관살혼잡이 되었다. 여자사주에 관살이 혼잡 되면 남자관계에 있어서 파란이 예견된다. 많은 남자가 서로 애인과 친구, 남편이라며 단체로 입장하는 꼴과 비슷하다고 보면 된다.

천지가 온통 水 관성인데, 또 일시지의 金 재성이 생관 하고 있고, 부평초처럼 홀로 떠있는 寅木 인성은 막강한 관성이 수생목으로 무한정 생해주는 물위에서 일엽편주 외로이 떠있을 뿐이다. 어두운 물위에 켜져 있는 丁火 불빛이라 교색과 미색을 겸비하고, 보는 이의 보호본능을 자극하고도 남음이 있다. 여기까지만 관명을 해도 일부종사에, 현모양처가 되기는 물 건너간 것임을 아는 데는 그리 많은 시간이 걸리지 않을 것이다.

도도한 물 천지라면 마른 흙이 있어야 시멘트 콘크리트를 비비든지 하여 물길을 다스리겠는데, 흙이라고는 시지 亥중 戊土가 고작이니 어느 세월에 땅속의 그 흙을 파와서 태평양 같은 水局에 제방을 놓는담! 사주표면에 마른 흙이 어지간히 나타나가지고는 이 흙이 토생금이나 하려고 들지, 제 고유의 제방 쌓는 임무를 기대하기는 어렵게 되었다.

그래서 일간이 자신의 몸의 촛불을 끄고 많은 관살에 종살격으로 종살이를 가려고 해도, 丁+壬으로 이중 합이 된 내 마음이 '내 마음

나도 몰라라'고 님을 안고 나자빠지고 말았다. 원래 사주에 물이 많으면 흐르는 물처럼 바위도 안고 돌고, 물레방아도 안고 돈다는 상징이 있듯이, 몸을 씻어 욕도화가 되어 음란, 색정, 주변정담의 암시를 갖기도 한다. 실제로 사주에 水氣가 많은 명을 가진 사람에게서 염문과 호주가 등이 많은 것을 통계적으로 알 수 있다.

또한 水氣가 많으면 약을 먹어도 물에 희석되는 형국이라 약효가 떨어지는 케이스에 속하기도 한다. 아무튼 이 여인도 그 지나친 정을 어쩔 수 없었던지 밤이면 피는 야화가 되어 이 남자, 저 남자와 술자리를 같이하며 살을 섞는 화류계의 꽃으로 뭇 남자들의 발자국 소리가 끊일 날이 없었다.

이 사주는 사주원국이 丁+壬으로 이중 合木이 되었고, 천간 일시는 辛과 丁으로 상충인데, 월지 子水 중 壬水 및 시지 亥水 중 壬水와 또다시 丁+壬 合木으로 이중삼중 합이 되었다. 다합이면 과유불급이고, 정도 지나치면 병이 되는 지라, 의처증, 이혼, 쉽게 정을 주는 염문 등의 강한 암시가 있는 바, 본남편은 없는 형국이고, 숨겨둔 애인만 겹겹이 존재하는 모습이다.

실제로 이 여인은 남편과는 진즉에 헤어졌고, 여자사주에 자식에 해당하는 식상은 표면에 나타나지 않은 채, 시지 亥水중의 戊土가 고작이라 딸 하나는 전 남편을 따라가고 말았다. 그러면 이 사주의 용신을 검토해 보자. 전술한 깃처럼 亥중의 약힌 戊土로는 제방토기 될 수 없으므로 土를 용신하기는 No can do!다. 그러면 다음으로 관성 水가 수생목으로 기운을 빼내는 木을 생각해 볼 수 있다. 엄청 많은 물에 나무가 떠있는 상황이지만, 도도한 壬水가 일간과 丁壬 合木으로 돌아선 걸 이용해 보자는 것이다. 생을 받는 것은 극을 받는 것과는 달라서 받는 대로 일간 丁火를 어머니처럼 생해주면, 신약한 일간이 힘도 받으면서 불빛이 밝아져 한습한 사주를 덥힐 수도 있을 것이다.

이 사주는 木火 인비를 용신 삼는 것이 상책이다. 따라서 대운과 세운에서 木火운이 와주면 매사가 순환 발전할 것이다. 그런데 야속하게도 초년과 40대 중반까지의 중년 운이 기신인 申酉戌 金局으로 흘러 용신 木을 직접 극하니 험한 세월이 아닐 수 없고, 대운 천간마저 기신 金을 생해주는 土운으로 달려줌으로서 가정과 애정 및 사회생활에 파란이 많았고, 사주 운명의 암시대로 일찍이 화류계로 진출했던 것이다.

게다가 35세 戊申 대운은 용신 寅木과 寅申으로 형충을 하니 애정 문제로 법의 신세도 졌으며, 돈도 새어나가려고 다투는 꼴의 세월이었다. 그러나 45세 丁未 대운부터는 죽을 때까지 대운이 희신과 용신으로 정확하게 달려주니 이 여인 고진감래랄까, 늦 팔자 하나는 분명 늘어지게 될 것이다. 이 사주는 비겁과 식상이 표면에 없어 자기주장이나, 표현력 등이 약한 조용한 성격의 여자로서 많은 남자들이 보호본능과 매력을 느끼게 만들기에 충분한 사주의 격을 지니고 있다.

국회의원 5선을 역임한 언론 · 정치인의 사주 〈戊辰생 남자로 대운 수는 5가 된다.〉

시	일	월	년	사주
庚	丙	癸	戊	천간
寅	寅	亥	辰	지지

대운	천간	甲	乙	丙	丁	戊	己	庚	辛
	지지	子	丑	寅	卯	辰	巳	午	未
	연령	5	15	25	35	45	55	65	75

丙火 일간이 추운 亥월에 태어나고, 월주의 癸亥 관성과 戊辰 土 식
상 및 시 천간 庚金 재성이 포진하여 사주가 신약하여, 강약으로 보나
조후로 보아도 일간 丙을 돕는 인성이나 火 비겁을 용신으로 삼아야
한다.

사주원국에 戊+癸 合火 비겁이 나타났고 寅木이 亥+寅 合木으로 월
주의 생을 받으며 튼튼하게 등장하니 용신이 아주 강하다. 이 亥+寅
合木과 戊+癸 합은 사주의 편중을 용신과 더불어 잘 소통시켜주는 아
주 예쁜 합이 된 것이다. 따라서 이 사주는 인성인 木과 비겁인 火運
에 발복하고, 인성 木을 극하는 金運은 기신이며, 기신을 생하는 土
식상운은 구신이 된다.

초년은 甲子와 乙丑 대운으로 인성운이라 대학를 졸업할 수 있었고,
청년기는 丙寅, 丁卯 대운으로 바야흐로 희용신의 천지라 신문사의 기
자로 사회에 진출 정치부장이 되었다. 丁卯 대운 중 40세 癸卯년에는
제7대 국회의원에 야당의원으로 당당히 당선되었고, 이어지는 寅卯辰
東方 木局의 용신 대운중에 제8대국회에서 제10대 국회에 이르는 동
안 연4선 국회에 입성하였다.

그런데 53세 되는 庚申년은 寅卯辰 木運의 마지막으로 용신이 퇴장
하는 辰土 대운의 말년이었고, 庚申 세운은 용신과 寅申으로 충을 하
면서 용신을 직접 극하여 불을 끄는 시기였던 것이다. 이어 54세 辛酉
세운에는 건깅에 치명직인 뇌정색까지 겹치며 퇴징하는 용신의 쓴맛
을 보아야했다. 그러나 55세부터 들어오는 己巳 대운 들어서는 신약
사주의 힘을 실어주는 비겁대운에 힘입어 58세 乙丑 세운에는 건강도
회복되면서 제12대 국회의원에 다시 당선되기에 이른다. 이 사주는
인성이 용신이라 총명하고 지혜롭고, 정의를 좋아하는 암시가 강해 이
사주의 주인공은 대학시절 학생운동의 선봉에 서기도 했는데, 기신인
庚대운 68세에 사망하였다.

●● 미용사의 사주 〈丙戌생 여자로 대운수는 9가 된다.〉

시	일	월	년	사주
戊	乙	丁	丙	천간
寅	卯	酉	戌	지지

대운	천간	丙	乙	甲	癸	壬	辛	庚	己
	지지	申	未	午	巳	辰	卯	寅	丑
	연령	9	19	29	39	49	59	69	79

酉월에 태어난 乙木이라 실령 하였는데 연월 천간에 丙丁 火가 나타나 일간 乙木을 덥혀주고 있는 것이 다행이다. 乙木 酉월은 편관이라 격국은 편관격이 되는데, 酉+戌이 합하고, 寅+卯가 합하여 다합이 되면서 월일은 다시 卯酉로 충을 하고 있다. 卯酉충은 편관 칠살이라 남편궁에 일대파란이 예견된다.

일지 卯로 건록을 놓았고, 시지 寅木이 있으나 사주 어디에도 인성이 없으며, 연월의 丙丁 火를 생하느라 木 비겁은 힘이 없는 모습이다. 사주가 신약으로 흘렀다. 따라서 인성 水와 비겁 木을 용신으로 검토해야겠는데, 인성은 지지장간 어디까지를 뒤져봐도 흔적도 없고, 비겁을 용신 삼자니 용신을 생하는 희신이 없게 되어 용신의 소통이 곤란한 바, 이래저래 용신무력이 되었다.

일지 卯木 비견이 卯酉로 충이 되었으니 일지 건록을 깔고 있는 사주인데도 비겁의 힘이 없는 특이한 상황이 나타난 것이다. 그러니 대운과 세월에서 인성운과 비겁운이 와주기를 기대해야겠다. 어머니가 인성인데 어머니가 무근(無根)이니 어머니가 없거나, 있어도 유야무야한 존재가 되기 쉽다. 인성은 또 학문과 학교, 문서 등을 상징하는데, 인성의 작용력이 없다. 실제로 이 여인은 어머니가 있었으나 평생 자식의 신세만 졌던 터라 어머니 덕이 없고, 학교도 국민학교를 졸업하는데 그쳤다.

남편에 해당하는 酉金 편관은 월지에 나타났는데, 연월 천간 丙丁火의 극을 받으면서 일지와 충을 하였고, 12운성상 끊어졌다는 '절'이 되면서 꼭꼭 갇힌다는 재살까지 불러들였다. 남편이 극히 무능하거나 단명 하는 예에 속한다 하겠다. 그래서 젊은 나이에 이 여인의 남편은 어린 아들 셋을 남겨 놓은 채 운명하고 말았다. 청상과부가 되어 가진 것 없고, 배운 것 없이 자식을 건사하기 위해 직업전선으로 뛰어든 것이 미용업이었다.

이 사주는 연월지가 酉+戌 合金하여 일지 卯木을 금극목 하니 합금은 가위이고, 卯木은 그야말로 초목처럼 자라나는 머리카락을 의미하니 가위손 직업은 아주 천부적 직업이 되었다고 할 수 있겠다. 기예와 표현력, 미적재능을 의미하는 식상이 비겁의 생조를 받으니 재능 있는 미용사로 일생의 업으로 삼기에 충분했던 것이다. 전술하였거니와 사주에 卯, 酉, 戌 중 둘 이상이 나타나면 의료인이나 의약업, 화장품, 위생업 등에서 흰 가운을 입는 직업군에 속할 확률이 높다. 그런데 이 사주는 卯, 酉, 戌이 모두 나타났으니 사주의 암시대로 친직의 직업을 선택한 것으로 볼 수 있다.

이 사주는 합이 많아 과어유정이고, 준수한 외모에 자존심도 강한 편이며, 일주 乙卯로 십간록이 되어 밥을 먹는 녹은 타고난 사주라 하겠다. 월지 편관 酉金의 지장간 중에 庚金 정관성이 일간 나와 乙+庚金으로 합신 하고, 일지 배우자궁 卯木의 지장간 乙과 또 다시 乙+庚 합금으로 합을 함으로서, 땅 속에 있는 남편 편관성을 대신하여, 호적에 올릴 수 없는 남자가 정관성의 역할인 남편 노릇을 하는 명식이 된 것이다.

　실제로 이 여인에게는 유부남인 애인이 반려자처럼 서로를 챙기고 돌봐주는 관계에 있으니 어쩌면 사주의 암시대로 삶의 양상이 흘러가고 있다 하겠다. 앞으로의 대운은 寅卯辰 木 비겁의 운을 통과하고 있으나 대운 천간이 개두되어 큰 운로의 발복은 기대할 수는 없지만 안일하고 화평한 노년의 삶이 이어질 것이다.

　지금까지 사회 각 직업분야의 대표적 사주의 예를 들어 일생의 길흉 및 명예와 출세의 운명적 암시는 어떻게 나타나는 지를 검토해 보았다. 적잖은 예를 들긴 했지만, 세상의 모든 사주의 감정과 추명이 이와 같이만 적용이 된다면 백발백중의 사주감명이 되겠지만, 한번 방향을 잘못 잡거나 선입견에 입각하여 판단을 해나가다 보면 전혀 엉뚱한 삼월이 풍선껌 씹는 소리를 내뱉게 되는 결과를 초래하기도 한다.

　물론 사주가 절대적일 수 없음은 원론편에서 누누이 설명하였지만, 잘못된 오류가 발생되었을 때는 솔직히 시인하고, 그 원인을 밝히는 노력을 게을리 하면 안 된다. 생년월일시가 정확한지, 강약의 적용이나 사주 격국의 오판에 의한 잘못된 용신의 적용은 없었는지, 찾아온 사람의 외모나 선입견에 치우쳐 접근이 잘못되지는 않았는지 등을 검토하여야 한다.

　원래 사주추명학은 방문자의 관상, 지난 과거의 큰 흐름, 성명의 길흉과 후천적 노력 및 창조적 인성 등을 종합상담을 통하여 판단하는 것이 원칙이다. 지금까지 본 것처럼 직업과 명예, 출세운도 사주가 상징하는 큰 틀 속에서의 상호작용에 기인한다는 점을 명심해 주기 바란다.

05 건강, 수명, 사망 시기 등은 어떻게 볼까?

인간이 태어나서 사회적 삶을 유지해 가는 데는 여러 가지 행복인 자의 필요·충분조건이 있겠으나, 건강의 문제는 가장 본질적이고, 원초적인 완전조건이라 아니할 수 없을 것이다. 지금까지는 인간의 외형적 행복의 잣대라 할 수 있는, 결혼 운과 가정 운, 자식복과 부와 명예, 출세 및 직업 운 등 사회 환경적 차원에서 인간의 사주팔자가 운명에 미치는 영향을 검토해 보았다. 그러나 무엇보다 타고난 건강 운이야말로 이들 요인을 초월하여 인간의 일생에 절대적 행복의 지표로서 작용함은 부인할 수 없다.

건강을 잃으면 모든 걸 잃는다는 평범한 진리는 모르는 사람이 없다. 그러나 필자의 경험으로는 사주추명학으로 가장 접근하기 어려운 분야가 이 건강 분야였다. 물론 음양오행학도 우주의 생성원리를 따랐고, 인체도 하나의 소우주임에 당연히 인체의 건강논리도 전반적인 사주팔자의 구성 골격을 따라간다 하겠으나, 후천적 노력의 개연성이 가장 많이 지배하는 분야가 이 건강분야이기 때문에 사주원국에 대한 감정만으로 건강 운을 짚어낸다는 것이 결코 쉬운 문제는 아닌 것이다.

사주학의 궁극적 이상향이 상생과 소통의 조화에 있음은 누누이 강조하였거니와 이 건강문제도 편벽되거나 지나친 과소가 없이 원활한 순환상생의 구성을 부일 때 타고난 건강을 보장 받는 것이라 할 수 있을 것이다. 후천적 노력과 창조의지는 어느 분야나 마찬가지겠지만, 특히 건강 분야에서만은 후천적 관리와 노력이 아주 중요하게 나타난다. 선천적으로 타고난 체질이 아무리 강건하다 해도 몸을 혹사시키거나 극심한 스트레스, 마약이나 중독성 있는 약물에 의존한다면 그 결과는 불문가지라 하겠다.

우리의 인체는 오장육부로 구성되어 있고 [표 57]에서처럼, 궁극적으로 이를 지배하는 메커니즘은 우주의 근본 운행질서에 의한다. 사주팔자는 전생의 업연과 윤회의 소산으로서, 상품으로 말하면 바코드에 해당한다고 이미 전술하였지만, 선천적 건강인자도 유전자의 암호처럼 사주팔자 속에 용해된 채로 인간의 일생을 좌우하게 된다.

[표 57] 오장육부의 오행과 오운육기

오행	木	火		土	金	水
성격(性格)	자신감	정열, 사랑		신앙심, 사색	살기(殺氣)	흡수, 저장
오장(五臟)	간	심장		비장	폐	신장
육부(六腑)	담낭(쓸개)	소장		위장	대장	방광
	삼초(三焦)/심포(心包)					
육기(六氣)	궐음(厥陰)	소음(少陰)	소양(少陽)	태음(太陰)	양명(陽明)	태양(太陽)
오운육기 (五運六氣)	궐음풍목 (厥陰風木)	소음군화 (少陰君火)	소양상화 (少陽相火)	태음습토 (太陰濕土)	양명조금 (陽明操金)	태양한수 (太陽寒水)

• 하늘은 여섯 가지 기운으로 돌아가고, 땅은 다섯 가지 운로로 돌아간다는 오운육기는 하도, 낙서편 참조
• 심포는 해부학적으로 보이는 장기가 아니라 기혈을 조화하는 기능만 담당하는 것으로 한의학에서는 보았다.

인체의 장기 또한 각기 상징하는 오행이 있어 상생상극, 순환소통 등의 작용력에 의해 해당 장기의 체질적 건강 운이 작동하게 되는 것이다. 당연히 사주팔자의 오행이 한쪽으로 치우치게 되면 상대세력은 극히 약하거나 충을 받게 될 것이며, 반대로 지나친 생조를 받는다면, 지나치면 병이 되듯이 그에 해당하는 건강에 이상이 오게 된다.

따라서 역학을 공부하는 목적이 이러한 운명적 암시를 미리 알아 취길피흉하는 적극적 대응에 있는 만큼, 사주학을 공부하는 학인으로서 어떤 사주의 건강상 암시된 문제점을 발견하였다면 섭생과 예방에 도움이 되는 오행학적 처방을 제시해야함은 당연한 일이라 하겠다. 그러면 본장에서는 사주팔자가 인간의 건강과 수명, 질고액난에 어떤 운명적 암시로 나타나는지에 대해 원리와 함께 사주의 사례를 들어 검토해 보기로 한다.

1) 건강운의 원리와 질병의 발생원인

사람의 건강을 좌우하는 요인도 지금껏 공부해온 음양오행의 합충 등의 상호작용 및 생극법칙과 강약의 조화에 기인함은 이미 전술한 바 있다. 현대의학에서도 질병의 발생원인은 체액균형의 부조화와 면역의 저하에 두고 있음은 주지의 사실이거니와 사주 오행이 한쪽으로 치우쳐 힘이 넘치게 되면 상대 오행의 균형에 부조화가 오게 되고, 극히 신약하거나 왕강한데 이의 조화를 잡아줄 오행이 없다면 병은 있는데, 약이 없는 형상이라 면역체계가 무너지면서 질병이 발생할 것이다.

따라서 이 건강운도 사주가 균형이 잡히고 조화와 상생의 소통이 가능한 명식이라면 건강도 당연히 타고난다고 보게 된다. 그러면 우선 아래의 표를 복습하는 의미에서 다시 한 번 눈여겨 보아주기 바란다.

[표 58] 음양오행별 오장육부

음양오행	木		火		土		金		水	
	+木 甲(寅)	−木 乙(卯)	+火 丙(巳)	−火 丁(午)	+土 戊(辰,戌)	−土 己(丑,未)	+金 庚(申)	−金 辛(酉)	+水 壬(亥)	−水 癸(子)
오장육부	담	간	소장	심장	위장	비장	대장	폐	방광	신장

오행은 각기 담당하는 장기가 있고, 같은 오행이라도 음양을 달리 하면 그 오행은 상호 보완적 관계에 있는 다른 장기를 담당하게 된다. 한 가지 오행에 구멍이 뚫리면 그 오행이 생해야할 오행은 물론, 그것을 생해 줄 오행에 해당하는 장기에도 문제가 발생한다.

사주의 음양구성이 음으로만 치우쳤다든지, 양으로만 치우치게 되면 천지 에너지 기운에 불균형이 발생된 것이나 같고, 따라서 조화를 전제로 하는 소우주 인체에도 태과불급에 의한 문제가 발생하게 된다. 사주 여덟 글자가 상호 극을 하는 오행이 많게 되면 질병으로 이어지기 쉽다.

어떤 오행이 어떻게 치우친 채 극을 많이 받는가에 따라 해당 장기나 기관에 고장이 나는 것은 당연한 이치이다. 우선 사주의 큰 얼개를 보아 천간에서 지지를 극함이 많은 사주는 인체 중에서도 하반신에 질병이 오기 쉽고, 지지에서 천간을 극하는 사주가 많은 명식은 인체의 상반신에 질병이 오기 쉽다. 물론 극을 심하게 당하는 오행이 어느 오행인가에 따라 해당 장기 분야의 질병이 오기 쉽게 된다.

음양오행사상은 이것이 있음에 저것이 있는 연기사상이며, 윤회사상이기도 하고, 순환·조화사상이기도 하다. 따라서 어느 하나만 좋다고 전체가 좋은 것이 아니다. 예를 들어 설명한다. 어느 사주에 木기운이 강하다면 木은 곧 간이고 담낭이니 그 사람은 간담이 크고 실한 반면(물론 지나치게 강하면 그 반대의 현상이 올 수 있다), 木氣가 극하는 土氣에 해당하는 비장과 위장이 약하고 힘이 없어 소화기, 위장병 계통의 병이 오게 되는데, 사주가 다음과 같이 구성이 된 경우가 해당된다.

년 : 戊戌
월 : 乙亥
일 : 甲寅
시 : 辛巳

甲木 일간이 월천간과 월일지에 水木의 동기세력을 두어 신강한데, 戊戌 土는 생조하는 원군 巳火가 멀리 떨어져 있고 일지와 寅巳 형살까지 두어 상대적으로 아주 약하다. 따라서 비위 계통에 문제가 있다.

년 : 戊戌
월 : 丙辰
일 : 己丑 = **甲+己** 合土
시 : 甲子 = **子+丑** 合土

만약 위와 같은 사주 배열이 있다면 土기운이 많고 강한데, 甲+己

合土까지 하여 비위가 튼실한 반면, 그렇잖아도 고립되어 약한 상대세력인 水기운 子水가 子+丑 合土로 화하면서 극히 약해지니 水에 해당하는 장기인 신장과 방광의 질병이 온다. 만약 반대로 水기운이 강하다면 신장과 방광이 튼실한 반면, 수극화로 극을 당하는 화기운인 심장과 소장이 작고 약해서 질병이 올 수 있다는 것이다.

火氣와 金기운 또한 이와 같은 원리로 상생, 상극에 의해 해당 기관의 질병을 야기한다. 사주팔자에서도 용신과 희신이 있어 편중되거나 화근이 된 사주를 중화시켜 바로잡아주는 것처럼, 사주상 건강운을 감명함에 있어서도 약이 되는 기운이 있게 마련이다. 즉, 간담이 나쁘다면 간은 木氣이고 신맛이니, 그 사람에게는 신맛 나는 음식과 이에 해당하는 방위 및 색깔 등으로 일상을 가꾸는 지혜가 있어야할 것이다.

다시 한 번 앞에서 배운 오행별 배치표와 상생상극도를 머릿속에 그리며 상기해 주기 바란다. 대체적으로 오행은 합을 반긴다고 하였다. 따라서 합이 들면 합하여 변한 오행에 해당하는 장기는 튼튼해진다. 즉, 甲+己 合土 되니 비위가 튼튼하고, 丁+壬 合木하니 木 장기인 간담이 튼튼해지는데, 나머지의 합도 같다.

년 : 壬子
월 : 甲戌
일 : 己丑 – 甲ㅣ己 合土로 일간인 니의 세력이 보강된다.
시 : 丙申

물론 이러한 합은 일간인 내가 합할 때 그 의미가 가장 강하다. 지금까지 많은 사주의 실제 예를 감명하면서 사주의 격국이 나쁜 사주도 세월의 흐름을 잘 만나면 일약 발복함을 배운 것처럼, 건강 운 또한 좋으면 좋은 대로, 나쁘면 나쁜 대로 고정되어 있는 것이 아니라, 대운과 세운을 거치면서 흉하거나 좋아지기도 하며, 용신이 衰, 病, 死地를 만나거나 대운에 용신이 묘고에 들어가면 생명까지도 위태로운 지경에 처하게도 된다. 그러니 모든 인간사의 길흉을 보는 사주학상의 포인트는 모두 같다고 보면 된다.

우선 木의 장기는 간과 담낭이다. 木의 기운이 너무 강하거나 약해도 간담계통에 병이 온다고 하였다. 만약 木기운이 너무 강하여 목극토로 土의 장기인 비위에 문제가 생겼다면 사주원국이나 대운, 세운에서 金기운이 오면 금극목으로 강한 木기운을 눌러 줄 것이며, 火기운이 오면 강한 木기운을 설기 시켜주는 동시에 약한 土기운을 화생토로 생조하니 병을 치료할 수 있게 된다.

만약 사주에 木과 土기운이 팽팽하게 대립한다면 간담과 비위가 모두 나빠지는데, 이럴 때 火기운이 있으면 木과 土 사이를 통관하여 소통시켜줌으로서 모두가 건강해 지는 것이다. 이러한 원리는 모든 오행의 태과불급 및 상충극에 의하여 발생하는 질병의 발병원리와 치료·회복의 원리에 공통으로 적용되는 것이니 만큼 개념을 잘 정리해 두기 바란다.

●● 간암, 당뇨 등 질환으로 고생하는 남자사주 〈己亥생 남자로 대운수는 7이 된다〉

시	일	월	년	사주
壬	己	己	己	천간
申	酉	巳	亥	지지

대운	천간	戊	丁	丙	乙	甲	癸	壬	辛
	지지	辰	卯	寅	丑	子	亥	戌	酉
	연령	7	17	27	37	47	57	67	77

己土 일간이 巳월에 태어나 득령 했고, 연월 천간에 비견을 만나 신강으로 출발했다. 비교적 신강사주가 잔병이 별로 없고, 죽을 때도 오래 고생하지 않고 사망하는 경향이 있기는 하나, 사주구성이 좋을 때에만 해당되는 이론일 뿐이다.

이 사주의 강약을 다시 한 번 살펴보자. 월지 巳火는 연지 巳火로

巳亥 충이 되었고, 일지 酉金과는 巳酉 합금을 구성한다. 또한 일 시 지는 申酉로 합하여 金局을 놓으면서 연월의 己土는 지지에 뿌리 내리지 못하여 사주가 오히려 아주 신약해지고 말았다. 강할 뻔 하다가 약체가 된 것이다.

월지 巳火 인성이 합이 되면서 金局에 가담하였고, 연지 亥水와 일시의 金局이 시 천간 壬水를 강하게 생조 하면서 사주가 온통 金과 물의 바다가 되고 말았으니 매우 습하고 한랭한 형국이다. 더욱이 연월일 천간의 己土는 마른 흙이 아니라 습한 土가 되니, 이 사주 한번 특이하다 아니할 수 없다. 金氣가 아주 강한데, 관성에 해당하는 木(간담)이 표면에 없이 연지 亥중 甲木이 고작이고, 표면에서는 巳亥로 충을 하니 木에 해당하는 장기인 간장이 좋을 수가 없게 생겼다.

게다가 강금(强金)에 사주가 냉습하니 풍질(風疾)이나 비뇨생식기 또는 당뇨병이 우려되는 사주인 것이다. 이 사주는 물이 넘치고 재성과 식상이 기구신이라 아내와의 금실은 기대할 수 없고, 亥중 甲木과 甲+己 합신하며 바람 꽤나 피우고, 주색잡기에 도끼자루 썩는 줄 모르는 형국이 되었다.

이 사주는 용신으로 삼을 육친이 마땅치 않다. 어쩔 수 없이 월지 인성 巳火를 용신 삼는 수밖에는 없겠는데, 보다시피 이 용신이 약하기 짝이 없다. 그래도 초년 운은 木火運으로 흘러 괜찮은 직장에 돈도 풍족하게 민지며 주색에 탐닉하게 된다. 사주의 특성상 몸조심을 했이야 했는데, 기다리고 있는 것은 亥子丑 水運의 호된 악운의 매운 맛이었다. 중년 들어 당뇨와 갖가지 만성질환에 시달리면서 기신 子水 대운 중에는 간암진단을 받고 투병중이다. 앞으로의 대운의 흐름도 안타깝게 기구신운으로 흘러가니 건강과 생명을 장담할 수 없게 되었다.

우리 속담에는 특히 간에 얽힌 일화가 많다. "간담이 서늘하다.", "간 큰놈이 널 장사 한다.", "간도 쓸개도 없는 놈."등 간에 관련한 설화가 많은데, 간은 오상으로 볼 때 仁에 해당하여 어진 마음을 대표한다. 그런데 간에 병이 들면 어진 마음이 사라지게 되고, 그러면서 언행이 난폭해지면서 화를 잘 내고 시기와 질투심이 잘 일어난다.

간이 크면 겁이 없다는 말이나, 줏대 없는 행동을 곧잘 하는 사람을 쓸개 빠진 놈이라 하는 말은 木의 장기인 나무는 위로 뻗어나가며, 아낌없이 주는 나무의 어진마음과 같이 그칠 것 없고 두려울 것 없는 인자한 마음이기 때문이다. 甲木을 일간으로 가진 사람은 대체로 몸집이 큰데, 몸집이 크게 되면 자연히 고혈압, 뇌졸중, 순환기 등의 혈관계통의 질환이 올 수 있다.

만약 일간이 甲木이고 木이 강한데, 물이 메마르거나 수극화로 극을 받아 물이 고갈된 사주라면 혈액순환에 문제가 생길 것이다. 또한 甲木이 강한데, 水가 태과하면 내 몸이 물속에 팅팅 불은 상태라, 이 역시 한랭한 원인으로 오는 중풍이나 관절염, 냉증, 순환기 장애가 올 수 있고, 태과한 水 기운이 설기 되지 못할 것인 바, 水에 해당하는 신장, 비뇨기계통의 소통장애로 질환이 올 수 있게 된다.

이렇게 간장계통의 질환이 오면 木에 해당하는 오행의 상징인 신맛이 나는 음식계통을 즐겨먹고, 생활습생도 푸른색이나 동쪽으로 공간을 이동하는 등의 노력이 유효하다. 그리고 위장계통의 질환에는 土의 오상으로 맛은 단맛이고, 색은 황색이며, 방위는 중앙이며, 金氣는 매운맛과 서쪽, 火는 쓴맛과 남쪽을, 水는 짠맛과 북쪽이 될 것이다.

현대의학은 무조건 염분섭취를 줄이라고 노래를 한다. 염분이 마치 만병의 발생원인 것처럼 확대 선전을 하지만, 알고 보면 소금이야말로 만병통치의 영약이 될 수 있다. 항암식품으로 세계가 주목하고 있는 우리 된장의 발효에는 소금이 필수적이다. 소금은 모든 유해 세균의 증식억제는 물론 세포의 면역력 향상에 없어서는 안 될 귀한 물질이기도 하다.

소금으로 평생 양치질만 해도 호흡기 질환이나 치주질환 및 구강관련 질환이 없는 것이 좋은 예라 하겠다. 음양오행학적 건강관리는 대운과 세운을 비춰보아 불균형 된 오행이 균형을 찾는 운이 들어오는 때와 오히려 불균형 된 명식에 더욱 가세를 하는 때가 언제인가를 살펴면서 자신의 건강운의 행로와 견주어 예방과 치료에 완급을 조절하는 지혜가 필요하다.

[표 59] 오행의 불균형에 의한 질병의 발생 양상

오행	사주의 조건	예견되는 질병
木	지나치게 많거나 강하면	간염, 간담질환, 담석, 관절통 등
	없거나 부족하면	안질환, 생리불순 등
火	지나치게 많거나 강하면	심장질환, 당뇨, 류머티스, 변비, 고혈압
	없거나 부족하면	저혈압, 자궁냉증, 가슴 떨림 등
土	지나치게 많거나 강하면	위궤양, 위염, 위암, 췌장, 맹장 등
	없거나 부족하면	소화곤란, 위경련, 잦은 복통 등
金	지나치게 많거나 강하면	기관지, 대장질환, 편두통, 치통, 골관절질환 등
	없거나 부족하면	폐질환, 신경과민, 치질 등
水	지나치게 많거나 강하면	신장, 방광 비뇨기질환, 요통, 냉증, 중풍, 당뇨 등
	없거나 부족하면	신경통, 전립선염, 순환기질환, 빈뇨, 정력감퇴 등

2) 병의 발생시기와 회복 및 사망 시기는 어떻게 알 수 있나?

질병의 발생원인은 음양오행학적으로 태과와 불급 또는 편중된 사주가 상대세력을 충극 하거나, 왕강한 기운이 득세를 하여 더욱 기승을 부리고, 결함된 사주조건에 또다시 세월에서 편벽된 오행이 배치된다면 해당 장기에 질병이 온다고 배웠다. 그러면 언제 질병이 발생하는가? 그 시기를 미리 알면 예방과 섭생에 아주 소중한 자료가 될 것이다.

사주학은 시간적 인자를 우선하는 음양오행학이다. 타고난 사주의 바탕이 하드웨어라면, 용신과 기구신 등이 교차하여 오는 세월의 움직이는 운로는 소프트웨어가 될 것이다. 마땅히 질병의 발생 시기나 회복, 사망시기도 타고난 사주의 바탕에 용신이 임하는 대운과 세운의 희, 기, 구신운 등을 살피면 된다.

명식이 부조화 되었는데, 대운과 세운에서 균형을 기할 수 있는 운이 온다면 질병도 발생하지 않고, 발병된 질환도 회복을 기대할 수 있게 된다. 그러기 위해서는 용신이 힘이 있어야 하는데, 용신에 힘이 있으면 세월에서 호운을 만나면 효과도 강하게 나타나고, 용신이 무력하면 질병도 이어지면서 많은 질고액난이 뒤따르게 되는 것이다. 사주가 일단은 신강한데 조화가 잘 이루어졌고, 용신이 유력하면서 대·세운이 호운으로 흐른다면 건강은 물론 일신의 운로가 부귀순탄하다.

사주에 따른 질병의 발생, 회복 및 사망시기 등을 감명할 때도, 희신이 오는 운이면 치료되거나 증세가 완화될 것이라고 판단하며, 반대로 기신운이 와서 편중된 사주를 더욱 악화시키면 없던 질병도 발생하고, 병이 악화된다고 판정하는 것이다. 또다시 강조하지만 사주팔자는 지나치지도 않고 모자라지도 않은 채, 세월에서 좋은 운을 만난다면야 금상첨화임을 재론해서 무엇 하랴. 그러나 대부분의 사주가 태과불급에 편중되어 균형과 조화를 이루기 어려우니 일생의 어려운 운로가 이어지게 되는 것이다.

사망의 시기를 감정하는 포인트도 절대적으로 기신운일 때를 면밀히 살필 필요가 있거니와 편중된 사주로 인해 질병이 발생했는데, 또다시 대운과 세월에서 불에 기름을 붓는 격의 기구신 운이 오고, 세운이 12운성상 衰, 病, 死, 墓, 絶에 해당하면 사망을 예측할 수 있다. 또 용신인 오행이 들어오는 세운과 묘고가 되거나, 사주원국과 대·세운이 합을 하여 형을 구성할 때 그리고 합을 하여 변한 오행이 기신에 해당하는 세운에 사망을 예측할 수 있게 된다.

그러면 사주의 실례를 들어 질병의 발생시기 및 사망시기를 판단하는 방법을 설명한다. 40대 후반에 지병으로 세상을 하직하고만 여자의 사주인데, 오랜 투병과 의지에도 불구하고 세상을 떠나게 되어 많은 안타까움이 남았던 예이다.

시	일	월	년	사주
丙	丁	癸	庚	천간
午	酉	未	子	지지

대운	천간	壬	辛	庚	己	戊	丁	丙	乙
	지지	午	巳	辰	卯	寅	丑	子	亥
	연령	1	11	21	31	41	51	61	71

丁 일간이 未월생이다. 사주표면에 木 인성이 나타나지 않았고 시주 丙午만 동기세력이다. 丙午는 양인이고 시지 午火는 건록이 되지만, 인성 木의 생을 받지 못했고 많은 재관성이 있어 사주가 아주 신약하게 흘렀다. 木火가 용신인데 木은 표면에 없고, 丙午는 고립되었다.

신약사주는 식상운, 재성운, 관성운 순으로 치명타를 입힌다. 생로병사의 고통 중에 낳는 고통이 가장 큰 것처럼 신약사주는 자신이 생해야 하는 식상운을 만날 때 위험하다. 월일 천간이 丁癸로 충이 되었고, 년과 시가 庚丙으로 극이며, 월지 未土에 월살이 임했다. 월살이란 고초살이라고도 하는데 신체가 메말라 가며, 쇠약해 지는 살이기도 하다. 또 연월이 子未로 원진이면서 害가 되었고, 子와 酉는 破가 되니 파토 난 것과 같다. 그리고 子午 충까지 구비하였다.

이 사주의 여인은 30대 들어 己土 대운에서부터 몸이 쇠약하고 깡마르기 시작하여 특별한 병이 없으면서도 온 몸이 아픈 특이한 질환에 시달리게 된다. 병원에서도 특별한 치료법도 없는 상황에서 신경쇠약과 불안, 정서장애 등 히스테리까지 겹쳐 종교에 의지해 보기도 하고 무당의 힘도 빌려보았으나 좋아지지 못했고, 늘 망념과 질병의 재액에 시달리게 되었다.

일지 酉가 귀문관살을 구성했다. 귀문관살은 정신에 이상이 온다는 살인데, 그 중에서도 일주의 귀문관살은 작용력이 강하다. 30대 후반의 己卯 대운은 실제로 용신운이기는 하나, 귀문관살이 앉은 일지와 卯酉로 충을 일으킨다. 이어서 오는 40대 戊寅 대운은 신약사주에 치명타라 할 수 있는 상관운이 들어왔고, 대운지지 寅木이 절각이 되어 40대가 상당히 어려운 시기였다.

그런데 40대 후반 세운 戊子년을 만나게 된 것이다. 원래 사주 감정에 있어 전반적 운로의 큰 흐름은 대운이 중요하고, 구체적 시기 같은 세부적 시운은 연운을 보는 것이다. 그런데 戊子년은 상관운이며, 子年은 12운성상 絶에 해당하고, 일지 酉와는 破가 성립된다. 그리고 시지 午火와는 子午로 충까지 하면서 기신월인 辛酉월 戊寅일에 세상을 떠났다.

부록

01 실제 사주 감정시 종합 감명 포인트

이 책을 통해서 원리와 이론 강해를 거쳐, 적잖은 실제 사주를 유형별로 감정해 보았으나, 막상 어떤 사주의 감정의뢰를 받고 보면 어디서부터 접근을 해야 할지 막막한 경우에 직면하는 경우가 있을 것이다. 사주를 감정하는 대원칙은 누차 강조하였으나, 여기서는 가장 많은 관심사를 풀어가는 법술에 대해 일목요연한 도표로 정리해 두고자 한다.

육친 상호간의 감정 및 용신과 12운성의 대·세운 적용에 있어 수시로 참고하면 아주 유용하게 쓸 수 있을 것인 바, 익숙해지는 연습을 하면 빠른 성취를 기대할 수 있을 것이다. 물론 절대적으로 의존하는 것은 바람직하지 못하니 나름대로 많은 명식을 접하면서 유추하는 자세로 임해 주기 바란다.

[유형별 감정 포인트]

감정 대상	사주의 조건	평가 및 판단
아버 지운	비겁이 많고, 재성에 사, 절, 묘가 앉으면	아버지가 무능 병약 또는 일찍 사별
	연월간, 재성이 충 또는 사,절,묘가 오는 해는	아버지의 흉사, 질병, 사고, 사망예측
	약한 재성에 비겁이 강한데 비겁세월을 만나면	아버지의 사업운 불길 및 손재발생
	재성의 뿌리가 튼실하고 식상이 생해주면	아버지가 유능하고 사회적 명망도 있다.
	편재가 많거나 도화, 욕, 합이 앉으면	아버지의 주색잡기, 바람기, 두 이미지 등
	재성에 입묘, 백호, 공망 등이 앉으면	그에 따른 길흉이 발현된다.
	재성이 약한데, 강한 인성에 눌리면	父가 母로 인해 가출, 공처가, 운로가 막힘
어머 니운	인성이 형충 또는 사, 절, 묘 되는 해에	어머니의 질병, 위독, 사망
	인성이 강한데 또다시 인성운이 오는 대세운에	어머니의 흉운, 구설수, 사회적 망신살
	인수가 장생이고 관성의 적당한 생조를 받으면	어머니가 인자하고 현모양처로 장수한다.
	정재가 태왕하면	어머니가 재혼할 수 있다.

감정 대상	사주의 조건	평가 및 판단
부모 공통	재성에 묘가 앉고, 충파되면	아버지가 먼저 사망하고
	인수에 묘가 앉고 충파되면	어머니가 먼저 사망한다.
	사주 지지가 양이 3이상이면	아버지가 먼저 사망하고
	시주가 양이면	아버지가 먼저 사망하고
	시주가 음이면	어머니가 먼저 사망한다.
남편 운	관성이 약한 여자사주가 식상 대세운을 만나면	남편의 파산, 질병, 입원, 사고, 사망 등
	정관에 사, 절, 묘가 놓이고, 세월도 그러할 때	남편의 일신상 위험 직면, 중병, 사망 등
	여자사주 관성입묘나 쇠.병.사.절 또는 세월에	남편 사망, 부부이별, 질병입원 할 수 있다.
	관성이 왕하거나 관살혼잡 되면	조혼 불리, 남자로 인한 구설 망신, 정부
	고란, 과숙, 도화, 목욕이 동주하거나 다합한 때	색정, 염문, 가출, 이혼, 재혼
	여자 신강에 식상이 있거나 식상운이 오면	남편을 극하고 재가 또는 자궁 등 수술
아내 운	비겁이 사주에 많으면	상처하기 쉽다.
	인성과 재성이 왕하면	부인이 아름답고 부인으로 인하여 부자 된다.
	신약사주에 재성이 인성을 극하면	부인이 악처고, 처로 인한 화가 많다.
	관성이 약해도 재와 식상이 소통되면	부인이 현모양처다.
	재성에 흉살이나 12운성 등의 융운이 오면	부인이 병골이고 그에 따른 액이 따른다.
	남자사주 신약에 재성이 왕성하면	남편은 확실한 공처가다.
부부 공통	신약사주의 일지에 재관이 임하면	부부싸움이 잦다.
	도화, 암합, 다합 등이 많으면	혼외정사, 음란, 부부운 불길
	일지가 희 · 용신이면	부부 공히 금실 좋고 사랑받는 부부 된다.
	여자는 식상운에	결혼하거나, 득남한다.
	남녀 공히 재관이 좋을 때	부부운이 길하다.
자식 운	남자사주에 사.절묘가 앉고 세월에서 또 만날 때	자식에게 아주 흉한 일이 생기거나, 액난
	남자사주 관성이 왕한데 또 관운을 만나면	자식에게 역시 대흉하다.
	여자사주에 식상이 약한데 재운을 만나면	자식이 병약하거나 흉운이 온다.
	여자사주에 식상이 쇠, 병, 사, 묘일 때	자식의 운로가 막히거나 병약 고통 있다.
	남자사주에 재관인이 생조하면	자식이 부귀 명예를 날린다.
	남녀 모두 시지가 형충 또는 형충운이 오면	자식에게 흉함이 있다.
자녀 공통	신약한 사주에 관성이 태왕하면	무자하기 쉽다.
	관성이 약한데 상관이 왕하면	불효자식 둔다.
	신강사주에 상관 왕하면	다자녀 하고, 자녀가 길하다.
	신강사주에 인성이 있고 재국을 이룰 때	자식이 부자 되고 자녀복이 있다.
	여명에 양간지가 많으면	아들이 많고, 그 반대면 딸이 많다.

감정 대상	사주의 조건	평가 및 판단
형제 운	비겁에 사,절,묘,쇠가 앉으면	형제가 곤궁하고 운로가 미약하다.
	신왕사주에 비겁운이 오면	형제, 동료로 인한 피해를 본다.
	비겁이 기신이거나 군겁쟁재면	형제가 오히려 원수가 된다.
	신약에 비겁이 생조를 받거나 용신이면	형제 동가 우애 있고 덕이 있다.
승진 합격	인수, 정관, 정재운일 때	합격하거나 승진한다.
	대세운에서 희·용신운이 오면	합격이나 승진의 영광 있다.
이동 시기	년운이 일월지를 충하는 해	이사나 이동이 있다.
	세월운에 역마나 지살이 들때	먼 곳으로 이사 가거나 직장이동 있다.
	역마와 일주가 합이 되는 해에	해외로 이동 있다.
	일시지에 역마가 되는 해에	이사 또는 외국행
결혼 시기	남자사주에 재성과 합이 되는 해	결혼한다.
	남자가 일지와 합이 되는 해에도	결혼할 수 있다.
	남자의 관성과 합이 되는 해에	결혼한다.
	남자가 재성운운이나 식상운에	결혼할 수 있다.
	여자는 정관 세운에	결혼한다.
	여자는 식상, 재운, 인수운에도	결혼 할 수 있다.
	여자사주에 월지가 충이 되는 해에	결혼 수가 있다.
관재 송사	관살이 혼잡되거나, 비겁년운에	관재구설 송사가 있다.
	태과한 관성사주에 세월에서 또 관운이 올 때	관재와 송사가 있다.
	사주원국과 대·세운에서 3형살이 구성될 때	재판, 송사, 구속 등이 있을 수 있다.
	상관운이 정관을 극하는 해에	관재구설 송사 있다.
	일지가 형살이 되는 해에	관재 특히 배우자에게 송사 있다.
	일주가 천전 지충 하는 해	관재 송사 구설 있다.
돈버 는운	신왕사주가 재운을 만나면	재물이 늘어나고 사업이 잘 풀린다.
	희·용신이 재성인데 세월에서 재성 합이 될 때	신규투자에 유리하고 발전 있다.
	신약사주가 신강운으로 상승할 때	돈을 벌 수 있고 배물운이 좋다.
	식신 상관격 사주가 재성운을 만날 때	재물이 늘어난다.
매매 성사	년운이 길신이고 인성운에 해당할 때	계약과 매매가 성사된다.
	인수가 형충되는 세운에는	계약파기 된다.
	역마가 충형되면	도난, 사기 시비가 있다.

감정 대상	사주의 조건	평가 및 판단
	남녀 공히 상관 년운에는	망신수를 조심
	여자는 관살이 혼잡되는 해에	이성문제로 곤욕을 치룬다.
기타	사주에 백호살이 있는데 세월에서 다시 만나면	해당 육친의 교통사고, 수술, 사망 등
	남자는 재살이 혼잡되는 해에	여자문제로 봉변이 있다.
	일주 역마인데 형충되는 해에	교통사고, 안전사고 조심

02 격국에 따른 용신 적용 조견표

용신의 개념은 전술한 바이나, 격국에 맞추어 아래의 도표대로 취용하면 크게 어긋나지 않을 것이다. 또한 생하고, 극하거나, 설진하고 상모함에 있어 일간인 나와 사주 중 타 오행을 견주어 내가 능동적으로 작용하느냐, 타 오행이 나에게 작용하느냐를 살펴서 신약, 신강에 따라 균형을 맞춰주는 오행을 용신으로 삼는다는 것을 잊지 말 일이다.

이 경우 강약용신, 조후용신, 억부, 통관용신 등은 당해 오행이 사주 중 적어도 3개 이상일 때에 격국과 종합하여 비교 검토한다는 것을 상기해 주기 바란다. (● : 아주 강함, ◎ : 아주 약함, ○ : 보통)

(1) 偏財, 正財格 四柱의 用神

일간의 조건			취하는 용신	길 신	흉 신	비 고
강	약	경우				
●		비견, 겁재가 많다면	식신, 상관	식신, 상관, 편관, 정관	비견, 겁재,편인, 정인	관성도 용신으로 쓸 수 있다
●		편인, 정인이 많다면	정재, 편재	식신, 상관, 편재, 정재	비겁, 인성, 편관, 정관	
	◎	식신, 상관이 많다면	편인, 인수	비견, 겁재, 편인, 인수	식신, 상관, 편재, 정재	
	◎	편재, 정재가 많다면	비견, 겁재	"	"	
	◎	편관, 정관이 많다면	편인, 인수	"	편관, 정관	

(2) 正官格 四柱의 用神

일간의 조건			취하는 용신	길 신	흉 신	비 고
강	약	경우				
●		식신, 상관이 많다면	편재, 정재	편재, 정재 편관, 정관	비견, 겁재	
●		편인, 정인이 많다면	편재, 정재	편재, 정재 식신, 상관	비견, 겁재 편인, 인수	
●		비견, 겁재가 많다면	편관, 정관	편재, 정재 편관, 정관	"	
	◎	편재, 정재가 많다면	비견, 겁재	비견, 겁재 편인, 인수	편재, 정재 편관, 정관	명식에 비견, 겁재가 없다면 인성을 용신으로
	◎	식신, 상관이 많다면	편인, 인수	편관, 정관 편인, 인수	식신, 상관 편재, 정재	
	◎	편관, 정관이 많다면	편인, 인수	비견, 겁재 편인, 인수	편재, 정재 편관, 정관	

(3) 偏官格 四柱의 用神

일간의 조건			취하는 용신	길 신	흉 신	비 고
강	약	경우				
●		비견, 겁재가 많다면	편관, 정관	편관, 정관 편재, 정재	비견, 겁재,편인, 정인	
●		편인, 인수가 많다면	편재, 정재	편관, 정관 편인, 인수	식신, 상관 편재, 정재	비견과 겁재운도 길신 역할
	◎	편관, 정관이 많다면	식신, 상관	식신, 상관	편관, 정관 편인, 인수	
	◎	편재, 정재가 많다면	비견, 겁재	비견, 겁재 편인, 인수	시신, 상관 편재, 정재	
	◎	편관, 정관이 많다면	편인, 인수	"	편재, 정재편관, 정관	

(4) 偏印, 印綬格 四柱의 用神

일간의 조건			취하는 용신	길 신	흉 신	비 고
강	약	경우				
●		편관, 정관이 많다면	편관, 정관	편관, 정관 식신, 상관	비견, 겁재 편인, 인수	관성이 없으면 식신 상관으로 용신을 정함
●		편인, 정인이 많다면	편재, 정재	편재, 정재 편관, 정관	비견, 겁재 편인, 인수	
●		편재, 정재가 많다면	식신, 상관	식신, 상관	편재, 정재	
	◎	편관, 정관이 많다면	비견, 겁재	비견, 겁재 편인, 인수	편재, 정재 편관, 정관	
	◎	식신, 상관이 많다면	편인, 인수	비견, 겁재 편인, 인수	식신, 상관 편재, 정재	
	◎	편재, 정재가 많다면	비견, 겁재	비견, 겁재	식신, 상관 편관, 정관	재성도 흉신으로 작용

(5) 食神格 四柱의 用神

일간의 조건			취하는 용신	길 신	흉 신	비 고
강	약	경우				
●		편재, 정재가 많다면	편관, 정관	편관, 정관	비견, 겁재 편인, 인수	
●		편인, 정인이 많다면	편재, 정재	편재, 정재 식신, 상관	"	
●		비견, 겁재가 많다면	식신, 상관	"	"	
	◎	편재, 정재가 많다면	비견, 겁재	비견, 겁재 편인, 인수	편재, 정재 식신, 상관	
	◎	식신, 상관이 많다면	편인, 인수	편관, 정관 편인, 인수	식신, 상관 편재, 정재	
	◎	편관, 정관이 많다면	편인, 인수	비견, 겁재 편인, 인수	편재, 정재 편관, 정관	

(6) 傷官格 四柱의 用神

일간의 조건			취하는 용신	길 신	흉 신	비 고
강	약	경우				
●		편인, 정인이 많다면	편재, 정재	편재, 정재 식신, 상관	편인, 인수 비견, 겁재	
●		비견, 겁재가 많다면	식신, 상관	편관, 정관 식신, 상관	"	경우에 따라서 관성도 취용 할 수 있다
	◎	식신, 상관이 많다면	편인, 인수	편관, 정관 편인, 인수	식신, 상관편재, 정재	
	◎	편관, 정관이 많다면	편인, 인수	비견, 겁재 편인, 인수	편재, 정재 편관, 정관	

(7) 建祿格 四柱의 用神

일간의 조건			취하는 용신	길 신	흉 신	비 고
강	약	경우				
●		편인, 인수가 많다면	편관, 정관	편관, 정관 편재, 정재	비견, 겁재 편인, 인수	관성이 없으면 식신 상관을 취용
●		편관, 정관이 많다면	식신, 상관	편재, 정재 식신, 상관	"	
●		식신, 상관이 많다면	편재, 정재	편재, 정재	"	
	◎	편재, 정재가 많다면	비견, 겁재	비견, 겁재	편재, 정재 편관, 정관	
	◎	편관, 정관이 많다면	편인, 인수	편인, 인수	"	
○	○	비견, 겁재가 많다면	정관, 편관	편재, 정재 편관, 정관	편재, 정재 식신, 상관	일간의 강약 불문
○	○	편인, 인수가 많다면	편재, 정재	식신, 상관 편재, 정재	비견, 겁재 편인, 인수	일간의 강약 불문

(8) 陽刃格 四柱의 用神

일간의 조건			취하는 용신	길 신	흉 신	비 고
강	약	경우				
○	○	편재, 정재가 많다면	편관, 정관	편재, 정재 편관, 정관	편인, 인수 비견, 겁재	일간의 강약 불문
○	○	편관, 정관이 많다면	편재, 정재	식신, 상관 편재, 정재	"	일간의 강약 불문
○	○	식신, 상관이 많다면	편재, 정재	"	"	일간의 강약 불문
○	○	비견, 겁재가 많다면	정관, 편관	편재, 정재 편관, 정관	"	일간의 강약 불문
○	○	편인, 인수가 많다면	편재, 정재	식신, 상관 편재, 정재	"	일간의 강약 불문
○	○	재, 관, 식상 섞인때	편인, 인수	비견, 겁재 편인, 인수	재, 관성과 식신, 상관	일간의 강약 불문

鑑命誌

姓名 :	性別 : 乾命/坤 命	出生地 :	鑑定日 :

生年月日 : ． ． ．(陽/陰) 當 : 歲, 띠 : 格局 : 用神 :

四柱元局	干支	天干	地支	地藏干	지장간의 합충	六親星	通根透干	吉星, 兇神, 空亡 等 각종 殺星 및 特徵	合, 刑, 沖, 怨嗔 等
	年								
	月								
	日				✕				
	時								

大運	天干							※ 四柱의 强弱 및 特徵 :
	地支							
	胞胎							
	年齡							

鑑命運	

무극 철학관(인)

지금까지 우리는 역학의 원리에 입각한 인간의 운명을 판단하는 도구의 하나로 사주추명학의 이론적 배경과 방법론적 해법에 대해 멀고 먼 여정을 항해해 온 셈이다. 대한민국에 태어나 살아가는 한국인으로서 팔자타령 한번 않고 살아갈 수 있는 사람이 과연 있을까?

한국인의 정체성 형성에 사주팔자만큼 지대한 영향을 미친 패러다임도 드물 것이다. "팔자라 거니 생각을 말자."라는 유행가의 가사가 있는가 하면, 한숨 섞인 인생의 굽이굽이마다 자신도 모르게 흘러나오는 탄식이 다름 아닌 "아이고! 내 팔자야!"같은 팔자타령이었다.

사람의 태어난 생년월일시 네 기둥의 천간 지지를 60갑자의 기호체계인 여덟 글자로 조합하여, 각 주의 음양오행학적 상생상극 관계를 유추함으로서 인생의 길흉화복을 예측 한다는 사주추명학은 그만큼 말도 많고, 탈도 많은 채로 인구에 회자되어왔다.

대부분 인생살이가 잘 풀리고 성공할 때가 아니라, 삶의 고난과 질고액난의 고통에서 헤어나지 못할 때, 세간의 점집에서 한 가닥 미래의 희망적 위안을 얻고자하는 소박한 민중염원의 돌파구가 되기도 한 것이 역학이다. 과연 태어난 연월일시를 음양오행학적 기호체계를 이용하여 그 사람의 인생역정과 희비의 운명을 짚어낼 수 있을까?

이 책을 통해 나름대로 많은 원리강론과 실제사주의 비교설명을 통해 오묘한 사주학의 안개 속을 항해해 왔으나, 그에 대한 정답은 그럴 수도 있고, 아닐 수도 있다는 것이다. 무책임한 답변 같지만 유감스럽게도 그것이 사실이다. 수 수 천년의 맥을 이어온 사주학이 전혀 아니라고 할 만한 논거도 없고, 완벽한 논리적 객관성을 유지하는 학문으로서의 시스템을 완벽하게 유지하고 있다고 할 수도 없기 때문이다.

반드시 사람의 인생행로가 사주팔자 정해진 대로만 흘러간다면 그 또한 얼마나 인간을 절망케 할 것인가? 미래의 불행이 결정적으로 예정되어 있는 사람이라면 어떠한 선행과 노력을 해도 극복할 수 없을 것이며, 행복이 예비 된 사람이라면 어떠한 악행과 만행에도 그렇게 될 수밖에 없다는 이야기가 아닌가? 이미 결정된 앞날을 거울을 보듯이 보여줄 수 있는 학문이란 있을 수도, 있어서도 안 되는 것이리라.

그러나 태양계 지구에 살아가는 우리 인간은 태어난 시간대의 태양계 행성의 우주적 조건을 받아들이며 살아갈 수밖에는 없다. 왜 그렇게 되는 것일까? 우리는 앞에서 많은 부분 그 원리에 접근해 보고자 수많은 가설과 방법론을 동원해 보았으나, 단언 하건데 그 답을 일이관지(一以貫之) 한마디로 제시할 지혜가 필자에게는 없다. 아마도 정확히 알고 있는 사람은 이 땅 위에는 없으리라 믿는다.

한때 필자도 그 문제에 대해 미친 듯 파헤쳐보려고 무모한 도전을 한 적이 있었다. 그러나 결론은 생사, 부귀빈천, 희비애락이 결국은 신의 영역이더라는 어처구니없는 해답일 뿐이었다. 태어나는 날자와 시간을 마음대로 바꾸어 출산하는 제왕절개나, 보편화 되어있는 인공수정으로 태어나는 것 또한 그 사람의 시대사회적 조건과 가족관계 인연의 인과가 없이는 불가능한 것이기 때문이다. 이 책은 사주팔자에 대한 보편적 지식과 잘못알고 있는 역학의 참모습을 정확하게 알리기 위해 씌이진 책이지만, 역학을 맹신도, 부정도 히지 않는다는 차원에서, 분명 세간의 그 많은 역학서적과는 맥을 달리한다는 자부심을 안고 집필하였다. 그만큼 학문적 사유에 입각한 정설을 취하고자 수많은 문헌을 연구하고, 분석하는 노력을 아끼지 않았다.

논리적 검증도 없이 기존의 역학서를 베낀 듯한 수많은 책들이 이 분야에 뜻을 가진 초심자들을 얼마나 혼란에 빠뜨리고 있는가를 놓고, 언젠가는 반드시 역학의 참 면모를 전달할 수 있는, 역학의 통일장 이론이라 할 만한 책을 내놓아야겠다는 야심의 결정이 이 책이 된 것이다. 이 책과 저 책, 이 이론, 저 이론을 접해오면서 저마다 자신의 이론이 정답이고, 자신이야말로 역학의 대가라면서 우기는 웃지 못 할 사계(斯界)의 현실을 무수히 보아왔기 때문이다.

어려운 이론이 아닌 수필을 읽듯 가볍게 읽어가는 중에 삶의 본질과 역학의 진수를 꽤 뚫을 수 있다는 사실은 얼마나 통쾌한 일인가? 그만큼 이 책은 이 분야의 초심자에서부터 역학의 고수에 이르기까지 읽고 느끼며, 자신의 학문을 되돌아보는 계기가 되도록 집필하는데 심혈을 기울였다. 그러나 역학의 언저리에서 세월만 축냈을 뿐, 천학비재한 설익은 필자의 학문으로, 집필을 마친 이 시점에서 돌아보는 발자취는 당초의 취지에 많이 빗나간 스스로의 한계를 통감할 수밖에 없는 아득한 심경 금할 길이 없다.

또한 역학 본래의 진의를 왜곡하는 적업을 쌓은 것이나 아닌지 심히 두려운 생각도 든다. 그러나 학문에 완성이 없듯, 부족한 부분에 대해서는 훗날을 기약코자한다. 아무쪼록 이 책이 역학의 참모습을 보다 정확히 세상에 알리고, 이 시대의 어렵고 힘 든 민중들의 가슴에 더 큰 덕성을 발휘케 하여, 희망의 메신저로서 지혜로운 삶의 지침서로 남기를 기원하면서 졸필의 붓을 거둬드린다. 함께해온 독자 제현의 건승을 빈다.

庚寅 盛春

저자 무극 정영화 식